国家哲学社会科学基金特别委托项目

责任单位：文化部民族民间文艺发展中心

中国节日志·春节（广西卷）

中国节日志编辑委员会
中国节日志·春节（广西卷）课题组

名誉主编　周巍峙
主编　雒树刚
本卷主编　徐赣丽

光明日报出版社

全国艺术科学规划重大项目
国家哲学社会科学基金特别委托项目
『十二五』国家重点图书出版规划项目

国家出版基金项目
NATIONAL PUBLICATION FOUNDATION

《中国节日志》编辑委员会

《中国节日志·春节（广西卷）》课题组

主　编： 徐赣丽

副主编： 李宇鑫　郭　悦

成　员：
任才茂　黄　洁　刘梦颖　刘丽琼　岑学贵　彭　晔　盘福东　莫纪德
陈金梅　罗树新　陈基东　陆潇玲　苏珍暖　李桥明　周　洁　周颖虹
吴　洁　盘　立

本卷评审专家（按姓氏笔画）**：**
徐万邦　潘其旭　张士闪

责任编审： 潘其旭

编辑部责任编辑： 魏　玮

凡例

一、《中国节日志》的“节日”，主要指中国各民族、各地区的民间传统节日、庆典、祭会等，是具有群体性、周期性，以及相对稳定的内容和程式的特殊时日。

二、《中国节日志》的内容时限不设上限，下限为编纂者调查时间。

三、《中国节日志》在文献梳理与实地调查并重的基础上，依据科学、客观、具体、全面、规范的原则撰写，同时兼顾民族、区域差异，力争全面反映节日的历史和现状。

四、《中国节日志》以单独节日立卷，由综述、志略、调查报告、后记等部分构成。其主要构成及功能如下：

(一) 综述：记述节日名称、分布区域、所在地区的自然生态和历史文化背景；叙述该节日的起源、传承、流布、变迁、组织、地区差异及现状等；简述节日活动的基本内容和过程；在本土文化语境中说明节日的意义和功能。

(二) 志略：根据节日的一般构成，按照节日时空、节日组织、节日缘起、仪式活动、表演艺术与口头传统、游艺娱乐、节日用品、节日文献等类别，分别设置本类别概说，其下根据节日的具体情况设置条目，对于各类别间交叉重叠之处，同时注明参照关系。

(三) 调查报告：以亲历、实录为原则，根据节日情况，由具体时间地点的节日调查报告及专题性调查报告两类构成，以完整记录调查点基本信息和节日过程。

(四) 后记：介绍各卷编纂者分工、调查过程、方法及其他需要说明的事项等。

总序

节日文化，总是牵动着人们关于生活的记忆和怀念。

家庭、长辈、同伴、乡亲、乡情，家乡连带着童年的欢乐与顽皮、长者的庄严与慈祥，好像留给人们一种无法释怀的文化记忆，节日总是与美好连接，与传统相通。庄严时，仪式伴随着敬畏与伦理，是期待和秩序，是未来的希望与祝福；祥和时，它令人淡忘生活的艰辛，把尊严和快乐送到所有角落；狂欢时，它恣意释放，给突破约束的本能找到出口。总之，节日使生命具有更丰富的节奏和更多的美感，也使社会在张弛之间更加富有弹性而变得温馨。正是这种切身的节日文化感受，标示了节日文化在人类社会文化中不可替代的作用。也正因为如此，节日成为全人类生活的必需。不同的文明体系里，不同的社会发展阶段中，人们都不约而同地创造着多姿多彩的节日文化，也正是这种美好的创造，使人类社会得以在节日中露出会心的微笑。

作为社会文化关系的纽带和文化传承创造聚集的联结点，节日成为文化研究者观察文化表象，洞悉文化内涵，了解时代变迁，收集各种文化符号，探寻文化深层结构的切入点。社会学、人类学、民族学、民俗学、艺术学等人文学科对节日研究的关注，不仅是学术方法论的建构，更是以人为本，关注民生的学术责任所在。随着社会生产力的提高，城市化、城镇化进程的推进和人们劳动剩余时间的增长，节庆中的创造力越来越反映着社会生活的多元化文化需要，对传统节日的研究，更成为从理念到方法上提高现代公共文化服务水准的基础工作。

作为一个文化艺术领域的“老兵”，或思考文化，或感受艺术，或体验文化艺术与大众生活的和谐，或了解民众的创造和需要，节日这个绚丽多彩的“舞台”，总是让我流连忘返；感叹其创造的智慧，观察其变迁的纠结，总是让我受益匪浅。故很愿意尽一点绵薄之力，为从事文化研究的专家和有志于此的后来者提供一点方便。因此有了《中国节日志》这样的学术聚集，也有了我这个“老头”在这里的几句唠叨。想的是传统与未来的和谐，也算是国家文化建设与社会进步的一砖一瓦，不敢言志在千里，但十分期待《中国节日志》能够成为典籍，能够在中华文明的长河中留下一点印记，以无愧于我们的历史和未来，这当然要仰仗所有参与者的辛勤和智慧。

有幸与诸公为伍，共襄盛举，很是有些不合时宜的兴奋。算是一个老人的祝愿吧。是以为序。

周巍峙

2013年12月（癸巳年甲子月）·北京

目 录

综述

广西是一个多民族聚居的自治区，在漫长的历史发展过程中，广西的原住民族与不断迁入的外来民族交往、融合，形成了具有地方特色的多样文化。现在生活在广西的有12个世居民族，包括壮族、汉族、瑶族、苗族、侗族、仫佬族、毛南族、回族、京族、彝族、水族、仡佬族。其中，壮族和侗族是广西的原住民族；秦汉时期，汉族开始迁入广西；唐宋至元时期，瑶族、苗族及彝族、回族陆续迁入广西；明清时期，仫佬和毛南两个民族逐步形成；在广西形成的一部分水族，在形成后即迁出广西，或与当地民族融合。今天广西境内的水族，是从贵州迁徙而来。与此同时，为了生计而来到广西防城港的越南人，在巫头定居下来，发展成今天的京族。清代，仡佬族从贵州省迁入广西。至此，广西多民族大杂居、小聚居的格局基本形成。

春节是汉族一年中最重要的节日。受汉文化的影响，生活在广西的各少数民族也都有过春节的习惯或者将春节作为自己本民族的传统节日。经过长时间的演变，生活在广西的少数民族所特有的习俗与汉族传统春节习俗相融合，形成了独具民族特色的春节习俗。同时，民族间的交往使得不同民族的习俗同时在某一民族的春节时空中都有所体现。

此外，受水系分布、地质地貌差异关系的影响，广西各民族的春节除了具有自己本民族的一些特点外，地域特点也比较鲜明。生活在平原、丘陵一带的各族人以农耕为主，主要粮食作物为水稻。因此，围绕土地神为核心的祭祀活动，配套的表演娱乐活动也较多。生活在石山旱区的居民，春节期间的娱乐活动相对较少，以关系生计与世俗生活的活动为主。

一、广西春节文化生成和传承的语境

（一）自然地理环境

广西壮族自治区地处西南，位于东经104°26′～112°03′，北纬20°54′～26°23′之间，北回归线穿过整个广西中部。

广西的地形，从总体上看，属于我国东南丘陵的一部分，有时也与广东合称为两广丘陵。但广西地形又有其独特性：四周高中间低，状若盆地；山地多，平原少；岩溶广布，山水独特。[1]独特的地形地貌带来的是类型多样的土地资源，但山地多，平地少，因此耕地面积比重不高。非岩石地表的山体，多开辟成梯田，龙胜龙脊的梯田因分布集中，连续性强，而成为了著名景观。广西的西部与云贵高原接壤，是海拔一千米左右的岩溶高原。强大的落差、喀斯特与丘陵两种地貌将广西的东西两部划出一道自然的分界线。喀斯特地形下的石山地貌在农耕条件下表现为无常流河发育的地区，地表少水，但地下水资源丰富；有的地方地下水资源埋藏较深，所以旱季时旱情严重。峰林谷地类型的岩溶地区，旱涝灾害都很严重，分有旱无涝、有涝无旱和有旱有涝几种类型。受环境因素的影响，广西东西部的农业经济从类型到生产力，都有一定的差距。在此差距的基础上，生活在西部山区与东部平原的居民所形成的文化也有较大差异。

广西的南北之间由于温度、降水量、无霜期的不同，种植的农作物的品种、周期均有所不同。在长期的以农耕文化为主的历史发展长河中，不同地域衍生出了因地制宜的文化。其中，在春节习俗中就能明显感知到桂东南、桂西北及沿海地区的食俗差异。桂西北一带口味较桂东南略重，炒菜多放辣椒，日常喜欢打油茶，过年的腊味以火塘烟熏的制作工艺为主；桂东南一带则口味偏清淡，饮食少辣，过年期间制作的腊味以晾晒或入烤炉的无烟广式工艺为主；沿海地区喜食海产，海洋捕捞、水产养殖业都较为发达。复杂多样的地形，热带、亚热带、中亚热带的气候，使得广西具备了以种植业为主，发展林业、畜牧业、水产业及矿业的条件。广西的粮食作物，平原以稻谷为主，山地种植稻谷和玉米两种，并种植有大豆等作物。由于得天独厚的气候环境条件，广西的甘蔗、水果种植有着天然优势，是我国重要的产区。另外，各式的山地、丘陵、平原，适宜各类不同的经济作物、珍贵木材的生长，生活在不同地区的居民生活也与这些经济作物息息相关。

1. 廖正城．广西壮族自治区地理[M]．南宁：广西人民出版社，1988：57．

（二）历史演进

广西是远古时代人类活动中心之一。在古代文献中，广西的原住民族先后被称为西瓯、骆越，这个名称在历史上消失之后，又出现了乌浒、俚、僚、俍、僮等称呼。汉族是最早迁入广西的民族。秦始皇统一六国以后，又攻打“百越之地”，设桂林、南海、象郡，其中桂林、象郡均属今天的广西辖区。这个时期，汉族便已开始迁入广西。此后，当中原发生战事，或者缺少田地，发生灾荒时，便有大量逃难的汉族前往岭南地区避祸。此外，从军、贬谪、从仕是汉族迁入的其他原因。汉族到来后，兴修水利，开凿灵渠。带来了先进的文化，并不断地与原住民族融合。今天，从广西原住民族延续而来的壮／侗族文化中，就有不少汉族文化的烙印，春节就是其中之一。

历史上，中央王朝对广西推行过羁縻州制度、土司制度和“改土归流”政策。广西在秦汉以前属于“百越之地”，虽然在秦始皇时已在广西设置了桂林、象郡，但直至西汉，仍“汉连出三兵，诛羌，灭两粤，番禺以西至属南者置初郡十七，且以其故俗治，无赋税。”[1]可见，此时中央王朝虽然已经将广西的部分地区纳入自己的疆域版图，但这些地区不但一切按故俗治理，而且不需要缴纳赋税。一般认为，虽然中央王朝统治西南少数民族的羁縻体制在秦汉以后一直存在，且从汉代起，中央王朝就开始向岭南地区传播中原的农耕文化，教习其使用铁器和牛耕；但直到唐代，才有了明确的羁縻州县的设置。广西境内的羁縻州拥有高度自治权，首领为当地的“越族大姓”。他们臣服于中央王朝，承认中央王朝疆域版图的统一，不再另设国号，而中央王朝则委任他们为官，官位世袭，由其“主民如故”。这些大姓首领依靠自己的势力和权威，雄踞一方，占有众多的奴隶、土地和珍宝。[2]这一时期，瑶族先民开始进入广西东北部。

1．（东汉）班固．汉书卷二十四下（食货志第四下）[M]．北京：中华书局，1962．

2．广西壮族自治区地方志编纂委员会．广西通志民族志（上）[M]．南宁：广西人民出版社，2009：24．

宋代，朝廷在广西大量屯兵，屯兵的出现，以及商人、农民迁入广西，使得这一时期广西汉人的数量大增。在对广西的统治方式上，宋代继续推行唐代的羁縻州制。北宋末年，曾经试图撤销羁縻制，对西南少数民族采取与内地一样的中央集权制。但这一举措很快以失败告终，中央王朝很快恢复了羁縻州制。宋代，广西还出现了历史上有名的侬智高起义。尽管起义失败，但这场起义令朝廷对广西少数民族的态度从此以抚慰为主，减少了民族矛盾，社会得到安定和发展。同时，以平息这场农民起义为契机，中央王朝对广西的羁縻州县进行了重新整合，为后来土司制度的建立奠定了基础。这一时期，大量瑶族迁入广西，苗族迁入今融水苗族自治县境内的元宝山周围。

元代，蒙古人成为中央王朝的统治者。元朝在各地区实行省制度，但对于不同的民族又“因其俗而柔其人”，对不同的少数民族聚居区采取不同的治理方式。[1]其中，在广西采用的是延续了羁縻州制度的土司制度。通过在广西少数民族聚居区的府、州、县设置土官，安排本地土官、土酋为各级官员实现对广西的统治。尽管仍然拥有较高程度的自治权，但与羁縻州县相比，中央王朝对土司的控制更加严密，土司要向中央王朝纳税并接受中央王朝的征兵。这一时期，回族的祖先因从仕而定居于广西。

明代，中央王朝对广西的统治基本沿袭了元代的土司制度。并使之更为完善，加强了对少数民族地区的统治。土司衙门包括宣慰使司、宣抚司、安抚司、招讨司、蛮夷长官司、军民府、土州、土司等。土司的官位仍然是世袭制。长期的土官世袭造成了少数民族地方割据的事实存在。因此，明朝政府开始在部分地区推行流官制度，即“改土归流”。由于土司在地方的势力较为根深蒂固，因此，这一政策的推行并不顺利，只有受中原文化影响特别大的地区，以及平叛后的地区这一政策才得以推行。明代既是土司制度的全盛时期，又是土司制度向“改土归流”转变的开始时期。

明末清初，中原地区与西南少数民族地区的联系进一步密切，特别是大

1．汪受宽．西部大开发的历史反思（下）[M]．兰州：兰州大学出版社，2009：145．

批汉族人民进入西南少数民族地区进行屯垦后，当地土司治理地方仍然使用旧制，而旧制却已无法适应，因为与中原地区的交流而获得较为先进的生产技术和生活方式[1]。

清雍正年间，中央王朝废止了西南少数民族大部分地区普遍实行的世袭土司制度，将这些区域按照中央集权的制度建立行政区划，并委任流官对这些地区进行治理，极大地强化了中央王朝对这些地区的控制。尽管“改土归流”的政策在广西得到全面推行，广西与中原地区的联系进一步加强，但不少当地的土司大族仍然拥有强大的影响力。他们依然拥有大量的财富，享受着贵族的待遇。

明清时期，广西的12个世居民族格局初步成型，经过民国时期的发展，以及新中国成立后民族工作的推进，最终固定成今天的民族结构。

（三）民族文化背景

广西有12个世居民族，各民族均有自己独特的文化。其中，宗教信仰、祭祀习惯、民间体育活动、表演艺术与口头传统等，穿插在整个春节的过程中，传统节日食物及相关手工艺品则出现在春节期间各种不同的场合里。

广西的12个世居民族的宗教信仰有原始宗教、道教、佛教、伊斯兰教等。其中，原始宗教的祖神崇拜、祖先崇拜、生育神崇拜、土地神崇拜等，是广西原住民族与迁入的外来民族均有的崇拜，而祭祀土地神是汉族与壮族节日期间必不可少的活动。

壮族土地神称社公、山神等，平地生活的壮族多称土地神为社公。壮族围绕社公进行的活动主要有“吃社”“打平伙”和土地出游庙会等。

汉族土地神称“城隍”“土地”和“社”，春节期间村寨或者县城中的城隍庙多有人去烧香祈福，有不少村寨是全村同姓，这些村寨中各家均是亲戚，一个村寨便是一个宗族，祭祀同一个祖先。有时便会由村寨中比较有

1．陈晓丹．中国历史博览(4) [M]．北京：中国戏剧出版社，2009：179．

"话事权"的族人商讨，共同举办祭祀仪式或其他活动。一般祖先祭祀和土地神祭祀大多会同时进行。

平常的祭祀活动，只需要村寨内集资，集体出钱买猪、买鸡等，宰杀烫熟后供过社公，上香后全村分食即可。遇到特殊情况时，村寨为了祈求来年风调雨顺，会请来道公或者师公班子前来举行仪式。围绕此番仪式，还要有相应的烘托节日气氛的表演。这些要素综合起来，祭祀活动便发展成了庙会。在广西各个壮、汉民族聚居区，均有各式各样的庙会，巴马的壮族村寨的土地出游庙会是在春节准备期间进行，这样的庙会并不是每年都有，只有在当地人认为当年村寨诸事不顺利时才会举行。庙会活动全村参与，从剪花、写符到全村人集合在田地里，配合师公完成祈福仪式、抬出土地公的神轿在全村的辖区内巡游，前后历时七天，体现了土地神在壮族民间信仰中的重要地位。

瑶族的祖先崇拜有密洛陀崇拜和盘王崇拜。崇拜密洛陀的支系以祝著节为最重大的节日，并将这个节日称为瑶年，随着20世纪90年代后外出打工的人数不断增加，不少人无法在祝著节期间赶回家乡欢庆节日，因此，一些在祝著节上的活动如相亲定亲等，如今都在春节期间一并完成。崇拜盘王的支系则过盘王节，以还盘王愿为主要节日仪式，并在节日期间跳长鼓舞。

侗族村寨大部分有祭祀祖母神萨奶奶的习俗。萨是侗人普遍崇拜和祀奉的原始祖母神，是侗寨最重要的女神，侗人不论拜什么神都要先敬萨，凡是有别的村寨来做客，都得到萨堂前吹奏芦笙，春节期间也不例外。

多神崇拜、人为宗教的流入，对广西的节日活动有一定的影响。道教、佛教的仪式是最常见的，这两个教派与广西原生的生育神崇拜和祖先崇拜等相结合，演化出了许多教派和多种不同的仪式内容。现在，不同民间巫教的功能特点正变得越来越模糊，而表演上的特点则不断清晰。举行拜神、巡游等仪式的时候，村寨中牵头的组织也往往并不严格区分自己请到的是不是本民族本支系或者是村寨传统信仰的教派道公、师公，常常是数个班子一起请。民族宗教的界限已经十分模糊，通过仪式的道场、表演等，增加节日的热闹气氛，成为这些仪式继续存在的原因之一。师公戏、牛角舞、师公舞、瑶族的长鼓舞、上刀山、毛南族的傩舞等，都是由宗教仪式发展而来。

地方戏剧在广西民间十分流行，汉族有桂剧、彩调和粤剧，其中桂剧主要在桂林方言区域流行，粤剧则在桂东南粤方言区域流行。壮族聚居区流行有北路壮剧、南路壮剧、师公戏、木偶戏等。表现日常生活、家庭矛盾的壮剧在壮族村寨中最受欢迎。毛南戏是广西独有的剧种，它是在毛南族还愿仪式基础上演变而来的，但流行的区域范围较小。在民族杂居的地区，有送戏下乡，过节某个村寨搭戏台时，无论演出的是汉族戏剧还是壮族戏剧，周围其他民族的村民也会前往观看。

铜鼓是广西壮、瑶、苗、侗、彝、水族都有使用的仪式道具，不同的民族、支系铜鼓的使用方法、鼓点节奏有所不同。旧时，铜鼓还是财富的象征，也是神圣的礼器。这些民族大多会随铜鼓节奏跳铜鼓舞。现在的铜鼓舞，多在节日期间进行。此外，苗族和侗族还共有一种名为芦笙的乐器，与芦笙相配的是芦笙舞。不同的民族芦笙的吹奏（方式）、芦笙舞的舞步略有不同，但仍显示了地域文化的共享性。

广西各民族民间体育活动内容丰富，有打扁担、抛绣球、射弩、推杠、打陀螺、斗牛、斗马、打手毽、爬杆、打磨秋、抢花炮、骑木马、母鸡护窝、群龙争珠等。中华人民共和国成立后，产生了许多新型的春节习俗，如游园活动、竞技比赛等。这些民间体育的内容与新形势下的游园活动、竞技比赛相结合，丰富了活动比赛的内容，形成了具有民族特色的地方春节活动。

舞龙、舞狮、舞麒麟等节日巡游中常见的形式，由汉族地区流传而来。传到广西后融合了地方文化，并融合到其他民族的习俗之中。现在，广西的壮族、苗族等民族就有舞狮子的传统；宾阳的炮龙节是汉族的节日，但其形式已经与传统的舞龙有所不同，呈现出明显的地域文化色彩。

春节期间，广西民间传统食品有大粽、糍粑、白切鸡、扣肉、鱼、年糕、汤圆等，桂东南的传统食品还有粉利，寓意下一年顺顺利利。这几样食品在广西各个民族均有食用。除此之外，少数民族还有一些自己的特色食品。与中原地区不同的是，广西各民族人民在春节期间很少制作和食用水饺，这与旧时广西以稻作文化为主，少有小麦出产的地理经济特点有关。

（四）节日概貌

在广西的多民族节日文化中，春节是各民族都会庆祝，且持续时间最长、活动最为丰富的节日。春节期间，不论是否将春节作为本民族节日的民族，都会祭祀祖先，燃放花炮，走亲访友，杀阉鸡、年猪，制作年节食品。人们在春节期间以自己的方式，与家人、村寨，或者是生活在同一区域内本民族的其他居民一起欢度佳节。

1. 年前的准备活动

广西的部分地区从进入腊月开始就忙着筹备过年，包括买新衣、办年货、杀年猪、制作年节食品、祭祀祖先和土地神等一系列活动。也有的地区是从腊月二十三开始筹备过年，并把腊月二十三称为“小年”。

过年要穿的新衣必须在年前买好。过年要买的年货主要包括招待上门客人用的糖果点心、水果，过年要用到的阉鸡数只、自家和拜年要送的酒水，走亲访友要送的礼品等。礼品又根据收礼对象、当年的情况而有所讲究。例如，桂南部分地区有春节谢媒的习俗，则节前要准备谢媒的礼品；布努瑶有春节订婚的习俗，那么男女双方家庭就必须准备好聘礼、回礼；部分瑶族、侗族地区还有在春节前后结婚的习俗，因此年前就要准备好结婚用的物什。

年前还要买的物什有制作年节特有食品用的材料，比如现在很多家庭不再自己磨粉浆，如果要自己制作年糕、粉利、糍粑等年节食品，就需要买现成的米粉和糯米粉；或者自己买米请米行的人帮忙打碎。

此外，年前还要准备祭祀用品，祭祀用品除了各民族都有的鸡、猪、鱼、米酒外，还有香烛、纸钱、水果等。

杀年猪、杀羊、杀阉鸡等都要在除夕夜之前完成。在广西的大部分地区，初一是不杀生的，因此初一要吃的食物，在除夕夜前就要办好。杀完年猪，桂北、桂西的少数民族还要用猪肉制作成腊肉、腊肠，侗族、苗族还要匀一些猪肉出来制作酸肉。

各种要登门拜年的民间文艺表演组织，在春节前就要开始排练。在乡下，有一些地区要提前给牛备草，因为春节期间不再割草，又要让牛也过一个好年，因此，要一次性准备足够的草料放在牛栏里。

2．过年的主要仪式和活动

广西春节准备期间的主要仪式有祭祀灶王、火塘、祖先和土地神等，也有的去寺庙祭祀，仪式的时间、内容，不同的民族、地域存在一定的差异。

广西的各少数民族均十分注重祖先祭祀。许多家庭都在厅堂供奉装饰美观的祖先排位或者神台。祖先祭祀贯穿春节准备期及整个春节节期。除了大城市以外，县城、乡镇、村寨中生活的人家中都设有祖先牌位，每月逢初一、十五都要给牌位上香，春节期间尤甚。在过去，春节期间祭祖仪式常会以村落为单位进行，但现在多以家庭为单位进行。祭品一般需有猪肉、鸡肉、鱼和米酒。过去，祭祀用的是猪头、全鸡和蒸鱼，米酒三杯需浇下地，一切的食物请祖先食用过后才能端上餐桌。现在居住在城市、县城里的家庭很少会杀年猪了，人们也就不再像过去那么讲究，春节期间祭祀用的猪头也已经被白切猪肉所取代。祭祀祖先时还需要点燃香烛，焚香礼拜，并且要烧一些纸扎的日用品和纸钱给祖先在另一个世界使用。

壮族在除夕及春节期间祭祀祖先，要供上大粽粑，杀大阉鸡。除夕当晚各家要留火种，作为火种的木柴壮话被称为“波非”或“布非”，意思即为“火父”，要保证其燃烧数天不熄灭。

桂北地区的汉族，从年三十到初二的晚上，每天吃饭前，都要举行祭祀祖宗神灵的活动，请祖先一起回家过年，人神共聚。桂南的汉族，大年三十、年初一、开年的晚饭前祭祖。

瑶族的祭祀活动因支系而各具特色，但同样注重祖先祭祀。布努瑶人在小年、除夕、初一、正月十五等重要的春节节点，晚饭前均要在自己家中祭祀祖先。

苗族除夕祭祖于晚饭前进行，将酒菜置于餐桌旁或火塘边，由户主一一念过祖先的名字，恭请他们回家过年。

侗族在年初一要祭拜村寨里所有的庙宇，着重祭萨。萨在侗族传说中是侗族共同的祖先，也就是祖先神。侗族对祭萨的重视，也体现了祖神信仰在侗族信仰体系中的地位。

仫佬族除夕日也要祭祖，按照仫佬族的传统，祭祀祖先必须由男人操办，除酒肉等祭品外，还必须要有一个大如盘、重达五到十斤的粽粑和一只最大最长最直最光的大红薯作为祭品。

毛南族在除夕那天要用菖蒲叶编“百鸟”粽，并用一根长甘蔗把它们的提耳串起来，均匀地摆开，于掌灯时分挂在堂屋正中香火堂下面祭祀祖先。称为“槽鸟”。“槽鸟”一直供到正月十五才取下来吃掉，谓“放鸟飞”。

京族自腊月二十三至除夕，各家都要扫墓祭祖，除夕日聚集哈亭祭祀众神，回家后再祭祖先，守岁到零时，还要再次用糕点祭祀祖先[1]。

春节期间，人们的活动主要有走亲访友，以及各式各样的游园、竞技比赛及拜屋游行活动。

除夕夜又称大年夜，这一天人们在家守岁、祭祀祖先、看春晚，这一天，村寨如果集体祭祀土地神，那么祭祀活动多在晚饭前完成。此外，部分少数民族地区的村寨有集体守年的习俗。

大年初一是农历新年的第一天，这一天壮族、汉族、瑶族、苗族、仫佬族、彝族、京族等民族有“挑新水”“买新水”“抢新水”“抢勤水”的习俗。不同民族的人们在大年初一一大早都前往村中的水井、泉眼等活水边，打回新年第一桶水，并赋予其各式各样的吉祥寓意。壮族、布努瑶人认为能够抢到村寨中新年第一桶水，未来的一年就能心想事成、万事顺意；苗族将新水称为伶俐水，相信喝完新年挑回来的水，孩子就会聪明又伶俐；仫佬族认为新年挑回来的第一桶水圣洁吉利，能够祛病延年。

这一天开始，龙狮队、麒麟舞队、春牛舞队等，都开始游街串门，上门拜年拿红包。想要请巡游队伍上门拜年的人家，只需打开家门，巡游队伍就会前来拜屋。汉族和部分壮族、瑶族都把大年初一作为聚财的一天，因此，在这一天人们不洗澡、不扫地，这样就会把财运留在家里。人们走亲访友、

1.莫凤欣，等．中国节日文化大观[M]．南宁：广西人民出版社，2009．

回娘家；访亲友、回娘家的习俗也有一些地域或民族特点，如巴马瑶族，初一丈夫要陪妻子回娘家，并要在妻子的娘家度过一整天；部分壮族，初一要待在家中不能出门，也不互访亲友；另外一部分壮族在正月初一，年轻人要到另一个村子去“游年”，主要是为了增进男女交往，并参加丰富多彩的文艺娱乐活动。

大年初二起，汉族有许多人家陆陆续续开年。开年要杀阉鸡，然后做一桌不亚于年夜饭丰盛程度的宴席，或邀请住在附近的亲戚，或就自家人团坐一起吃饭。开年之后，便可以正常进行洗澡、扫地等活动了。从这一天起，各个民族村落的集体仪式和公共活动也开始逐渐增多，如壮族的唱山歌、舞狮、采茶歌舞等，汉族的舞龙灯、唱彩调剧、桂剧、粤剧、邕剧等，苗族的打同年、坡会活动（开始于正月初四）等，桂北侗族的踩歌堂、芦笙舞、月也（weiye）、多耶舞、抬官人等，桂南瑶族射弩、斗鸟等，以及毛南族的舞龙灯、舞狮子、唱采茶戏等。

同时，壮族、苗族、侗族和瑶族在春节期间还会举行村寨与村寨之间的集体拜年活动。瑶族在正月初四或初五，村与村相互拜年，大多是今年甲村向乙村拜年，明年乙村向甲村拜年，如此循环往复。拜年队伍由青年人组成，人数不限，唢呐班负责吹奏乐曲。到达被拜方村时，酒肉招待，互致问候，鞭炮迎来送往。团拜其实就是联欢，表演文艺节目。侗族则是村寨与村寨之间相互拜年，可以是全村集体去，也可以各家各户派代表，由寨上的老人协会或文艺队组织，往往融百家宴、祭祀、讲款、唱戏和男女交往等内容为一体，实现村寨之间的互动往来，称“月也（weiye）”。类似的活动，苗族称“打同年”，融水县苗族打同年，主要是集体芦笙踩堂，并伴随有斗牛斗马等游戏竞技活动。

在城市和县城，不少商铺会在过年期间歇业，初五是他们约定俗成“开市”的日子。

腊月二十三至正月初八期间，单位、村寨或者街道社区会举行游园活动。在民族聚居区，这类活动与他们的传统体育竞技活动一同进行，独具特色。

正月初八以后，大部分在城市工作的人恢复上班，春节的节味渐淡，直到元宵节，才再次热闹起来。元宵节或由政府、或由街道、或由单位组织办元宵灯会，主要活动内容有猜谜、放烟花等。这一天，传统的家庭要杀阉鸡，晚上要煮汤圆，并放烟花直至深夜。

春节期间少数民族的活动更具风情，如苗族有盛大的祭祀活动和坡会，在坡会上，人们穿着节日盛装，每日都有芦笙踩堂、歌会、斗马、赛马、打磨秋、抢花炮等各式各样的活动。

二、节日源流

（一）节日起源、传承与流布

春节是汉民族最为重要的传统节日，源起于旧历的岁首。民间也把春节称为“过大年”。“年”字的甲骨文写法即是被压弯的谷穗。可见，在农耕稻作文化的背景下，古人是将谷物成熟的一个周期称为“年”。在“年”的概念形成的时代，谷物是一年一熟，收获谷物至下一次播种的农闲期间，遇到丰年，民间或统治阶级均会庆祝谷物的丰收。春节时间的明确，可以追溯到西汉武帝太初元年，正式实施太初历，将夏历的正月定为每年的岁首。

广西过春节的习俗，即随汉民族的迁入传播而来。广西各个少数民族受汉族影响过春节的起因不一、时间不等。由于汉族迁入广西时间较早，与当地原住民族交往融合较多，彼此影响并使其分化出不同的支系，因此，从广西原住民族发展而来的壮族、侗族，以及与汉族融合后产生的仫佬、毛南族，现在都将春节作为自己民族一年中最隆重的传统节日。一些少数民族原来也有与汉族春节类似的年节，如瑶族的盘王节和祝著节、苗族的苗年、侗族的侗年、彝族的跳公节、水族的端节、京族的哈节等，都是与春节性质相仿的节日。但随着汉族与少数民族的交流日渐深化，这些民族也开始过春节。一些民族的年节逐渐与春节合并，尤其是随着少数民族地区居民外出打工人数的增多，国家法定假日的存在对人们的返乡时间产生影响以后，春节逐渐变成广西部分少数民族一年中最盛大的节日。

在汉族春节习俗传入广西之前，壮族本来以稻谷收获的季节作为迎新岁的节日，如宋代乐史《太平寰宇记》载："藤州（今广西藤县一带）俗不知岁，唯用八月酉日为腊，长幼相贺以为年。"壮族学者梁庭望认为："春节本是汉族的节日，东汉时已经有了，传入壮族地区，大概是唐宋以后的事。[1]"可见，壮族是古老的稻作民族，原是按稻作生产周期而定新年岁时的，虽然没有具体的"岁"，但有类似春节的节日。在与迁入广西的汉族长期杂居与交流中，逐渐接受了春节，并在漫长的历史过程中在春节中渗透壮族的传统文化元素，形成了独具特色的壮族春节。今天，春节是广西壮族最为重要的节日之一。

苗族的春节是在20世纪八九十年代以来，苗年与春节逐步合并的结果，过苗年所有的习俗在他们过春节时仍然得到较为完整的体现。苗族的春节持续周期较长，广西融水县的苗族坡会活动贯穿整个年期。彝族、仡佬族以春节为传统节日之一，并将其当作一个重大节日对待。此外，瑶族虽然过春节，但并不是每一个支系都以春节作为自己的传统节日，如巴马的布努瑶就有明确记忆表明本民族原本是不过春节的，是祖先迁徙到巴马东山定居以后，被周边的民族同化才逐渐开始过春节的。现在，广西的布努瑶、蓝靛瑶最大的节日仍然是祝著节而非春节。还有部分民族如京族虽不以春节作为传统节日，但是和汉族一样过春节，其春节较之同地域的汉族有自己的民族特色。

从清代及民国的文献看，到民国时期，广西各地均有过春节的习俗，而且节日内容在大体上相似，已发展成型，如清代谢启坤修、胡虔纂的《广西通志》中就记载：

> 节物所尚，列郡多同。元日设香烛，盛服拜天、地、君、亲及尊长，乡党交贺，三五日而止。迎春日，惟郡县竟看土牛，啖春饼，外乡则否。元夜自初十至十六，各门悬灯，嬉游以为乐。……

1．梁庭望．壮族岁时习俗述．广西民族研究，1987(Z):107．

小除日，祀灶。除夕，扫庭户，祀神祇，家人必集燕饮，别具肴饭，以达明旦，谓之送旧迎新云。”[1]

并有生活着少数民族的百色、恭城地方的《百色厅志》《恭城县志》佐证：

“厅俗除夜守岁，元日拜年，爆竹喧阗，桃符灿烂，与列郡同。”[2]

“元旦日设香烛，盛服拜天地及尊长，乡党携酒肴魂送亲族，交贺三五日止。除夕则扫除庭户，贴春联彩钱，祀天地神祇别具肴核。家人毕集，宴饮达旦，谓之守岁。”[3]

广西春节期间舞龙舞狮、看戏的习俗也是由来已久，并且在少数民族聚居地也很流行。在收载了罗城县苗族、瑶族、壮族、侗族、水族等少数民族生活资料的《罗城县志》中就有记载：

“居民以春夏秋冬为四节，如遇旧年之除夕元旦等日，谓之春节。……人们对于春节，或舞龙跳狮仔及演戏以为乐。”[4]

但各地的传承又是不尽相同的，如上文提到的《广西通志》中，对上映的春节节俗描述如下：

“上映，山僻水少，土瘠民贫，农力虽勤，岁无余积。年节，老者聚饮，少者抛球为乐。”

民国覃玉成纂的《宜北县志》对春节有以下记载：

十二月三十晚为除夕，宰鸡陈酒以供家神，各村醵金宰猪供社，平分社肉，烧香点烛燃炮送除旧年。通谚云：‘老者低头辞旧岁，孩儿拍掌贺新年。’或有坐以待旦送旧迎新，鸡鸣之时，家家

1. [清]. 谢启坤修，胡虔纂，广西师范大学历史系、中国历史文献研究室点校.广西通志卷八十七 · 舆地略八 · 风俗一[M]. 南宁：广西人民出版社，1988.
2. [清]. 陈如金修，华本松纂.百色厅志全 · 卷三 · 风俗[M].台湾：台湾成文出版社，1967.
3. [清]. 陶宋修，陆履中、常静仁纂.恭城县志全[M].台湾：成文出版社影印出版，1968.
4. [民国]. 江碧秋修，潘宝箓纂.罗城县志全[M].台湾：台湾成文出版社，1975.

户户竞燃纸炮，每家以燃十二个为准，以定年中十二个月之吉凶，如炮响声音洪大者为吉，反之为平，俗惯之心理为然，亦未有何根据。在元旦过元宵节，尚游春舞龙头狮子唱小调男子则然，女子尚种棉纺织刺绣卖布卖棉卖鞋获值，则将银付匠制首饰装品耳环手镯项圈之属衣，尚捆边三四重以为美观。

“正月元旦为新年节，写贴春联，燃放竹炮，宰猪烹鸡，欢乐团饮。除夕焚香点烛，坐以待旦，名为庆春。自初一起至十五日止，为宴乐时期，共举春觞交相召饮，一切之事皆置诸度外。上元节鸣炮宰牲送神，从此以后各做农事。”[1]

凌云县民国时期过春节有祭祀传统：

“旧历元旦，皆陈香茗糕蔬果，焚香烛冥镪纸炮，子孙罗拜。正月初二上所陈之外，添具熟馔杯箸。……除夕则用鸡豕之丰硕者为馔。……送社，民间以旧腊廿三日夕，为社王递报天帝，各家焚香煮茗，具素肴糖果以祭，是为欢送，除夕又祭之，是为欢迎，均虔诚惟恐获咎。”[2]

在融安县，新婚夫妇春节期间的礼仪在地方志中被特别提出：

“废历十二月除夕祀灶陈饼果，扫除家屋尘垢，贴宜春元旦五鼓，盛服兰香楮，向家堂行祝年跪拜礼。随向家庭尊长行礼，又向吉利方诣神祠拜祝，向明往乡党亲友家交贺。遇尊长行跪拜礼，以年糕糯糍油团食品相馈。初二日具鸡黍祀财神，随具春酒接待新嫁之女婿，曰：‘新郎客，并招亲朋互宴’，直至元宵为率。民国以后拜跪之礼不行，祝神之风亦息。元旦略如平常宴客，如故接待新郎，客回赠以穰榼，烦费较昔尤厚。”[3]

今天，广西不少地区都有在春节结婚、回娘家、请新客酒、送背带等与婚俗有关的习俗。

---

1. [民国]覃玉成．宜北县志 全[M]．台湾：台湾成文出版社，1967．
2. [民国]何景熙修，罗增麟纂．凌云县志 全[M]．台湾：台湾成文出版社，1973．
3. [民国]黄志勋修，龙泰任纂．融县志 全[M]．台湾：台湾成文出版社，1975．

（二）民族、区域差异与文化变迁

广西12个世居民族，由于长期杂处、混居、民族文化相互渗透和交融，习俗互有影响，多个民族可能共有某一习俗；同时，同一民族的不同支系，或者同一民族同一支系，因为进入广西的时间、空间的不同，定居在不同地域后与同样定居在该区域的其他民族共同生活，或者在小聚居的情况下与周围民族发生交往，产生多种以地缘为基础的特色文化。

生活在平原、丘陵地带的汉族，习俗与中原汉族习俗一脉相承，进入腊月后，就开始备年货、买新衣、大扫除等，并贴新的门神、门联、福字等，做除旧迎新的准备。除夕之夜，在买完炮竹等物后，便早早回家，待到年夜饭准备好以后，拜过家中祖先牌位供奉的祖先，烧炮竹一封[1]，烧完后全家一块吃团圆饭。大年初一到初五，是核心年期，在此期间人们走亲访友，互赠礼物，给孩子包新年红包。一般的人家，初二会办一桌不亚于年夜饭的酒席，全家一块吃饭，谓之“开年”。开年以后才能洗澡洗衣，如果大年初二没有开年就洗澡洗衣，便会洗去身上的财气。商铺开年以后即可开张，也有少数商铺过年不关门，但大多数商人以正月初五为财神生日，在初五开门做生意，称为“开市”。据说这样能够招财进宝。也有很多人，不是在这天开市营业的，他们认为春节还没有结束，大家都在走亲访友，无暇逛市，或许也想让自己多休息一下，到正月十几，才挑选一个吉日开门营业，开门营业的时候，往往都会放鞭炮，以求吉利。

春节期间，是民间龙狮队、麒麟舞队活跃的时期，这些队伍走街串巷，遇到不闭户的商铺、人家，就上门拜年，收拜屋红包。有一些地区的汉族有自己特色的春节活动，比如横县的汉族家家户户要买苇叶包大粽，架高炉煮大粽。广西汉族春节期间煮大粽的习俗，是在与壮族交往的过程中慢慢形成的。春节期间上一年结婚的新婚夫妇要备礼物上媒人家“谢媒”。正月十一宾阳的汉族还有炮龙节，炮龙节的舞龙者赤膊上阵，与舞龙队一样上门拜

1．“封”为广西粤方言区对炮竹数量的称谓，“一封”炮竹只需引火一次，但炮竹个数、大小在不同规格的“一封”中并不相等。

年，不同的是，炮龙上门的时候，各家各户都会把事先准备好的鞭炮往炮龙身上轰炸，据说谁能炸到龙头，这一年就会有好运。[1]

与汉族长期交往的壮族，春节习俗与汉族大致相同。壮族与汉族均有祭祀土地神的习俗。壮族的土地庙叫社公或者土地庙，附近的汉族村寨也有受壮族影响立社公的；春节期间，这些村寨会根据实际情况，集体祭祀或者由各家自行前往祭祀。如果村寨宗族决定这一年的祭祀由集体筹办，那么还会请师公或者道公前来做法事，并请戏班、龙狮队前来表演。与汉族不同的是，有些壮族村寨在春节期间会在村口敲打铜鼓，如果附近的村寨也有铜鼓，双方还会再进行比赛。比赛的形式，胜负裁定的方法根据铜鼓打法的地方特色各有不同。在过去，生产力不足且环境恶劣的情况下，为了家家户户都能过年，全村各户各出一定的份子，共杀一头年猪祭祀土地神，祭祀活动结束后，猪肉便根据各家所出份子的多少，分到每一户，称为“打平伙”；壮族春节期间祭祖、祭祀土地神所用的鸡必须在屁股上留下一根羽毛，并称除夕守岁为“守鸡嘴”；桂西一带还流行“用鸡卜来定岁之丰凶”。现在这些习俗部分已经消失，未消失的也已鲜见。

在广西，部分壮族与汉族仍然保留有祭灶王的习俗，有的地区已经不再祭灶，而是改在冬至那天置办家宴，在新中国成立后至改革开放前，物质生活水平相对较差的时候，春节因为节期较长，人们并不能保证这样一个长的节期里每一个重要节点都能准备丰盛的食物，所以在一段时间内，冬至这天的家宴尤为丰盛，甚至超过了除夕的年夜饭，因此民间俗称“冬至大过年”。

与汉族过春节不同，广西壮族等民族有初一在家“守财”，互不串门的习俗；过去，壮族、蓝靛瑶人的青年男女还会在春节期间互抛绣球，这项活动既是一项娱乐活动，也是一项社交活动。这些都可看作春节的民族化或地方化。

1．广西壮族自治区地方志编纂委员会．广西通志民族志（上）[M]．南宁：广西人民出版社，2009：204．

瑶族在广西分布广、支系多，不同地区、不同支系的瑶族春节习俗差别很大。杀年猪、守岁吃年夜饭、春节期间走亲访友的习俗在各个瑶族支系基本都有，与汉族不同的是，瑶族不少支系，如茶山瑶、花篮瑶、坳瑶、盘瑶、布努瑶等，男女青年会在春节期间挑选特定的日子谈情说爱或者相看对象。

瑶族各支系在春节期间还会有自己的宗教仪式活动内容，金秀县六巷乡一带的花篮瑶，每年阴历十二月，照例举行祭祀甘王的仪式，月大在二十九日，月小则二十八日举行。因甘王庙内有冯三界神像，故在祭甘王的同时又祭冯三界。每次祭祀必须杀两头猪，一头祭甘王，一头祭三界，系全村轮流两家人饲养，每家供应祭肉六十斤，余归主家。因甘王系壮族，故喃神时一律用壮语。猪肉则在庙前按户分配，待全套法事结束时即可食用，或在庙前聚餐，或携回家，均可自便。[1]

十万大山的山子瑶在年三十下午祭祀神灵，祭祀完毕后关门。第二天鸡啼开始便在家做法事宴请鬼神，对鬼神念：新年到来，给你们（鬼神）吃一餐，你们吃毕要各自回自己的住处，不许再来；如不听，我要用枪打死你们。念完朝天放一枪，又烧炮，宣布开门。此时，孩子和年轻人最高兴，纷纷来到屋外燃放鞭炮，庆贺新年到来。初一上午，村老选择村中厅堂比较宽敞的一家，请一个懂开卦的人协助，召集愿意学打卦的人宣布“开卦堂”。要点姜片，烧香烧纸，喃道“今天开卦堂，请各家家先看谁家的子孙能到祖公那里去，请指引”等语。

每年春节自正月初一至十五，是防城细板瑶“做盘王”的日子。在这段时间里，人们都集中到师父头家里。他家有许多木雕的公仔，每个人可以手捧公仔练习跳神，看神是否降身。信俗认为，只要有决心坚持下去，神是会降身的，因此，每个晚上都有许多人来练习跳神，师父头家里还有许多书，称为盘王书，这时也拿出来教大家唱。

1．广西壮族自治区编辑组．广西瑶族社会历史调查（第一册）[M]．南宁：广西人民出版社，1984．

凌云金堡寨的蓝靛瑶春节期间有特别的仪式活动。腊月初一初二敬野鬼、腊月中旬还福、腊月下旬为男青年度戒取阴名、二月初二举行“祈福”等仪式活动。

苗瑶是同源民族。但由于现在的苗年与春节在广西的苗族聚居区已经合并为一个节日，因此，苗族的春节更为丰富多彩，民族特点鲜明。苗族也杀年猪、做腊肉，但守岁并不在自己家中。在吃完饭后，苗族村寨的居民会在自己生活的村寨中轮流串门，也有集体在一块唱歌说笑，吹芦笙跳舞的。这点与汉民族差异较大，尽管新中国成立后文娱晚会在春节期间十分流行，但是汉族及一些将春节作为本民族传统节日的民族，守岁仍然是要在家中团坐至初一的凌晨。

除夕和正月初一苗族的主要活动是祭祀和迎新，初二以后才开始打同年、回娘家。作为苗年的一项重要内容的打同年（或叫打老庚）是苗族村寨与村寨之间的一种集体交往形式，即一村寨的群众到另一个村寨去一同过年，一般都轮流在对方的村寨进行。如今年甲村去乙村打同年，明年乙村又到甲村打同年，如此循环往复。每当打同年时，甲村能去的男女老幼都到乙村去住上一两天或数天，乙村便将来客分到各家各户，杀猪宰羊甚至杀牛，好酒好菜，盛情款待。打同年是苗族村寨之间团结友谊的象征，苗族在过苗年期间，凡是外村寨群众集体组织带芦笙来串村都给予接待。[1]

此外，从正月初四到十五，融水苗族会举行盛大的坡会，坡会上芦笙踩堂、斗马、赛马、跳芒蒿舞等活动贯穿整个年期，每天都热闹非凡。

侗族也是广西的原住民族，主要分布在三江侗族自治县。与湖南、贵州的侗族保留有“吃冬”习俗，但过侗年的习惯不同，广西的侗族以春节作为一年中最大的节日。他们过春节有许多习俗与相邻的苗族接近，春节期间，家家户户要杀年猪、打糍粑、吃油茶、走亲戚，也要举行祭萨、拜飞山、放花炮、芦笙踩堂、对歌、唱侗戏及月也（weiye）等村寨之间的文化交流活

1. 周光大、韦明山、韦仕元调查，韦明山、周光大整理.广西苗族社会历史调查：融水苗族自治县苗族风俗习惯伦理道德调查[M]. 南宁：广西民族出版社，1987.

动。此外，过年还是侗人置办喜事、招待贵客的繁忙时期，三江县林溪乡的侗族习惯在年前腊月二十七至二十九结婚，到初二初三时回娘家。程阳八寨更是每年固定于正月初二在男方家摆酒，初三那天送新娘，形成集体遵守的传统习俗。

京族不以春节为传统节日，但也过春节。除夕那天家家都把过年的菜肴煮好，没有新年伊始临时做菜的习惯。到了午后，全村的人都齐集“哈亭”奉茶拜祖，放鞭炮，回家后再拜自家的祖先。年初一清早，大家纷纷拿香烛跑到井边去烧拜和“买新水”（即取水），这一天人们不到别家去做客或拜年，也闭门谢客，不愿别人进屋，到年初二才外出访友做客和拜年，一直到正月十五“过小年”，备鸡、肉、鱼拜祖后，整个春节活动才算结束。[1]

可以说，广西汉、壮、侗、瑶、苗、京、仫佬、毛南等民族的春节既有文化共性，又有民族个性，而地缘和民族支系的文化差异使得各民族、各地区的春节习俗呈现出多种样貌，展现了丰富的民族文化。

时至今日，各族的春节习俗已经较历史上其他时期发生了较大改变，一些习俗已经无法清楚究竟起源于哪个民族。比如，壮、侗、苗、瑶等民族均有节日唱山歌的习俗。新年打水的习俗，各地区、各民族都有，打水的时间多集中在初一的早晨，但也有大年三十挑新水的，有的地方是抢离村子最近处新年头一担泉水，有的是到村中井边打水，并不一定要抢头一担。新年打新水的意义在不同的地方也有不同的解释：有称新年所打的水为伶俐水的，寓意与聪明伶俐相关联；有称为新水的，寓意新年新气象；有称勤水的，意为体现媳妇的勤快能干，也有勤水是寓意来年能够事事顺利的。彝族传统活动打磨秋，在春节期间苗族的坡会上也可以见到；布努瑶族恋爱、结婚、过春节都有煮红蛋、分红蛋、送红蛋的习俗，而壮族也有类似习俗。尽管苗、瑶是同源民族，但现在，融水的苗族与三江、融水的侗族毗邻而居，杀年猪后，苗族除了制作熏肉、腊肠外，也做侗族的传统食品——酸肉。这两个民族节日期间

1．阮大荣、陈凤贤、陈登才、韩锦春、周光大、吴凤斌、林金昆、司徒卿调查整理．广西京族社会历史调查[M]．南宁：广西民族出版社，2009．

都有打油茶的习惯，是在大锅中放入油，炒好米花后，将山上采的大片茶叶放入锅中一起炒熟，然后加入水，放入盐花或糖后，舀出倒入装着米花的碗里。舞狮应该是汉族春节期间的传统，现在，壮族、苗族也有耍狮子的习俗。同为瑶族，以“梅山图”为宗教仪式中心，信奉盘王的金秀、永福等地的瑶族，男子必须要接受度戒。师公的仪式出现在当地节日、仪礼、丧葬等各种场合，由此发展而来的表演活动“上刀山”“下火海”是他们节日的保留节目，春节也不例外。很早便受汉文化影响的恭城瑶族，春节习俗与生活在同一地域的桂北汉族更为接近。生活在石山旱区的巴马、都安等地的瑶族，春节则过得比较俭朴。靠海的京族，春节习俗呈现出与渔业息息相关的地域特征。

随着社会的发展，有的节日活动未能得到很好的传承。“春晚”是1983年开始，由中央电视台在每年农历除夕晚上为庆祝农历新年而举办的综合性文艺晚会。随着电视的普及，“春晚”已经成为全国性的新民俗。“春晚”对传统大年夜人们的活动是有一定影响的，过去，人们在家守岁，晚上会在家里祭祀祖先，孩子燃放炮竹；如今，祭祀祖先的仪式已经大大简化，在大多数举行祖先祭祀的地区，仅在饭前将猪肉、白切鸡、米酒等端上供桌，县城和乡下的居民烧些纸钱，插上香烛，“拜拜太公”便赶着吃饭看春晚。城里大多数人家已经不在家中供奉祖先的牌位，祭祀的内容就更简单了。在广西，这20年来县城与乡下的年味正在逐步减淡，最直观的表现是龙狮班的演练时间、炮竹燃放声持续时间的缩短。过去，龙狮队在除夕夜前最少五天，每日晚饭后便开始排演，每次排演时间都有几个小时，常常会有排演场地附近的居民家的孩子跑到狮队中玩。狮队的巡游队伍除了两个狮子以外，还会有一些戴面具的人物和动物。有时，居委会筹办的狮队巡游队伍人员并不特别固定，一些小孩就会争取一个位置参与巡游，讨要拜屋红包，这些都有助于活动的代代相传。除夕之夜，以前炮竹声整晚不绝，直到凌晨四五点，仍然有人家在燃放烟火。近年来，部分城市设禁燃炮竹的规定相对放宽了，逢除夕夜、初二开年、十五元宵，城市里的炮竹声不绝于耳，持续时间比县城、乡下还要长。近年来，由于“春晚”的内容、形式已经比较固定，许多人对春晚失去了新鲜感，但在大年夜看文娱晚会这种形式已经深入人心，所以，一些村寨兴起在大年夜自己组织晚会。晚会的内容、题材多反映当地日常生活，民族村寨还会在其中加入一些村民认为属于“本民族”的元素。苗族、瑶族、壮族等民族春节期间会定一个日子唱山歌，现在，春节期间唱山歌的场所、参与人的年龄结构等都发生了变化，过去，春节期间约定唱山歌是青年男女的社交活动，参与者借此相看对象，多有指定时间，地点一般在村寨附近的山上。现在，唱山歌的场所转移到了县城的广场、公园，如横县的滨江公园、三江的县城广场、罗城的成龙湖公园等，就时常有人围坐其中唱山歌，而参与者青年男女比例减少，中老年比例增加。唱山歌的日期也不固定，只要是圩日、农闲，唱山歌的人便会三五成群地在县城的广场角落里，以三五人为一组，互相对唱。

三、广西各民族春节的社会功能

（一）传承民族文化

广西的春节是融合了壮、汉、瑶、苗、侗、仫佬、京为主的数个世居民族文化的综合性节日，节日包含有民族居住、饮食、服饰、信仰、仪式、社会交往、戏剧、歌舞、竞技等多种内容。在过去，农历的岁首正对上春耕前的农闲时间，人们在节日里享受自己上一年的劳动成果，现在，除了留在农村耕作的村民以外，人们的生活节奏已经与旧时大不相同，不再按照农作生产来活动，而是以国家法定节假日和一日工作时长来安排作息。由于春节是国家法定假期中最长的一个节日，因此，外出打工的人们得以返乡、传统活动得以在这个节日里延续；一些少数民族的传统节日，如今也与春节合并，旧的节俗传统在春节中得以传承。

广西地处岭南，是一个生产力发展相对滞后的地区。因此，当汉族带着先进的文化进入广西后，除了因与广西原住民族、不断迁入的瑶、苗等民族发生交往融合而产生的文化变迁外，自身文化的发展逐渐不与中原地区的汉族相同步。因此，一些较为古老的传统在现在的广西仍然有所保留。现在，广西的民间仍有武术狮队，狮队传承南狮的表演精髓，狮子舞动时表情、动作细腻丰富，并保留有上梅花桩、走钢丝等传统高难度表演技艺。广西民间的庙会文化，春节期间同姓宗族的村寨集资请狮队的习俗，还有重大工程开工、竣工剪彩，组织大型群众活动的实际需求，是南狮表演艺术在广西得以保留的土壤。炮龙节是从广东迁入的汉族带来的传统，现在在宾阳每年都会举行。

春节期间，有在外做生意的老板回乡，在广西有些乡村、街道委员会戏剧会在春节期间挂牌演出，并鸣谢某老板赞助经费。春节期间的戏剧，观看的群众很多，票友有登台唱戏的热情，戏剧不与“俗”相脱离。

融水苗族的苗年与春节重合后，法定假期的返乡潮，使得融水苗族系列坡会没有变成中老年的集会，而是保留着原来的文化内核。姑娘们穿上节日的盛装，小伙子们吹起芦笙，尽管多了一些表演的意味，传统仍一如既往地得到了承袭。

春节期间广西各民族民间还会举行各种各样的仪式。仪式有增加节日气氛的功能。各种民俗文化通过人们对仪式的需求获得其存在的意义和价值，从而得以传承下去。

广西富有美好寓意的年节食品众多，有一部分食品只在春节期间才会制作，如熏腊肉、腊肠、大粽、年糕、粉利等，都要依托春节实现传承。

(二) 维系家庭、社会、族群关系

春节是一个全民欢庆的节日，也是一个维系人情关系、社区关系的节日。在广西，春节期间人们走亲访友，出嫁的女儿回娘家探亲；汉族、壮族村寨以村寨为单位举行祭祀活动；村委、街委组织巡游队伍；壮、侗、苗、瑶族男女相约对唱山歌等，无一不在维系着人与人之间的关系及传统、现代社区组织结构。通过共同商讨祭祀活动的办法，村寨组织得到巩固，人们通过参与村寨、街委组织的活动，社区的归属感得到加强。

汉族、壮族村寨春节期间祭祀土地神庙、祭祀村寨宗族共有的祖先，同村同族相互走动，在这一系列的仪式与活动中，参与者明确了自己在村寨中的位置、与宗族其他成员的关系。汉族村委、街委组织巡游队伍，成立或临

时或稳定的表演团队，团队成员通过一起巡游、表演，互相产生联系，关系得到加强。

有些地区的瑶族，春节期间有丈夫必须陪妻子回娘家的习俗。夫妻双方家庭必须相互走动，交换礼品。通过此俗，两个家庭之间来往更为密切。京族在春节期间集体举行“年晚福”，开家族大会，这些对宗族组织有维系作用。苗族村寨在春节期间有打同年的活动，即一个村寨到另一个村寨集体做客欢度节日，结交为友好村寨，这种形式增强了村寨间的交往和地域认同。

（三）教化功能

春节作为包容众多民俗事象的盛大节日，具有教育功能。在节日期间，父母带着孩子到市场上置办年货，回来后一起准备过年用品，包括剪纸、对联、窗花，以及要送给新生儿的背带上的绣花。祭祀的时候，孩子们要一起前往上香。街道、村子里巡游组织排练的时候到队伍里玩耍，新年里和父母一起走亲戚。在这个过程中，孩子学习到了本民族交往的礼仪、祭祖的仪式、传统食品的制作。有一些在城市里长大的孩子，春节期间随父母回集镇、乡村过年。通过春节这个凝聚亲情的节日，他们得以见到与城市日常生活截然不同的文化情景。

春节期间阖家吃团圆饭，席间人们将最好的肉、菜夹给老人和孩子，孩子见到老人要说吉利话，老人要给小孩糖果、红包或礼物，这在无形中传扬了尊老爱幼的习俗。

随着现代化进程的推进，广西的传统习俗也在不断地发生着变化。即使是在偏远的山区，人们的生活习俗也已经较中华人民共和国成立前有了很大的不同，而广西的传统文化在春节能够得到一次集中的展示，让一代又一代的人在一年又一年的春节中潜移默化地接受、认识、学习这些传统，可以说，春节的教化功能是不可替代的。

现在，广西的春节虽然较之过去简化了，但同时，也有新内容出现。通过春节接受并喜爱上传统的戏剧、舞蹈表演等民间艺术的居民，结合各种新的社会文化元素和表演方式，创作出新的节日活动内容。

中国节日志
春节（广西卷）

志略

一、节日时空

在广西，各民族的春节节俗活动一般从祭灶或杀年猪开始一直延续到农历二月二，是一年中持续时间最长的传统节日。节日期间，生活在广西的12个世居民族分别有各自丰富多彩的节日仪式与活动。依据其活动内容，可大致将广西的春节时间分为节前的准备和仪式、节日期间的仪式和活动两大部分。其中，就时间的维度而言，不少民族，如壮族、瑶族、仫佬族、京族和汉族一样有过“小年”的习惯，与对灶神的信仰和祭祀活动有关。因此，节期的准备由十二月二十三开始“祭灶”时算起，到除夕之前结束。三江、龙胜的侗族和部分地区的壮族和瑶族，则是从大年二十五左右杀年猪为春节开始的节点，从那时起到大年二十九，是春节的准备年期。大年三十到正月十五，甚至到农历二月二，是春节的仪式和活动集中展演和呈现的重要时期。其中，杀年猪、除夕、正月初一、正月十五都是重要的节点，包含着各种民间仪式的举行，亲朋好友的聚会，结婚、寿诞等人生礼仪的展开，踩歌堂、唱戏等民间文艺展演，诸多内容。可以说，代表了春节的相关仪式与文化展演的重要时空。从这些内容看来，就空间的维度而言，广西各民族春节的节日活动，主要围绕作为私人空间的家屋，作为公共空间的村寨聚落和各族特定的公共场所展开。其中，家屋是春节期间举行祭祖仪式、家庭聚会的日常空间，而村庄的坪场、鼓楼、戏台、圩场、凉亭、水井、桥梁等公共设施，以及村庙、土地庙等庙宇，是村民们进行村寨集体仪式和活动的场所，代表了春节习俗展演的公共文化空间。

小年

广西地区春节期间的重要节点，作为春节准备期的开始。广西汉族和部分少数民族，有“过小年”的习俗，在腊月二十三或二十四祭灶、送灶神，广西武鸣县和右江流域等地的壮族、东山瑶、布努瑶也有相似的习惯。桂北汉族民间在农历十二月二十四日祭灶，称为“过小年”，从这天开始到除夕夜属于过年前的准备。广西壮族在腊月二十三这天过小年，恭送灶神爷，如民谚说："二三送灶神，二四扫门庭，二五二六贼进门"。壮族人认为，每家每户的灶神爷都是玉帝从天上派下来的，腊月二十三这天，他们辛辛苦苦任职一年期满了，春节期间要回天上去向玉帝陈职，过完年到正月二十三再回人间到别家任新职。小年过法简单，但壮人都要烧香祭祖祭天，并正式开始为节前准备。腊月二十四是小年的延续，家家户户大扫除，准备干干净净地迎接新年的到来。广西巴马县东山乡瑶族也分过小年和大年，十二月二十三叫作"过小年"，从过小年起，人们开始一系列的过年准备。全州县东山瑶过小年"请灶王"，他们也认为灶神在这一天要上天庭向玉帝报告家人的行为，因此要好生款待孝敬灶王，让他能说好话。广西的京族民间有句俗话："正月十五吃完糯米粽子和白食馇就做工。"他们与其他民族不同，在正月初一过大年，到了正月十五过小年，备猪、鸡、鱼拜祖后，春节活动就算结束了。

除夕

除夕是广西春节习俗中至为重要的节点，主要是祭祀和交往。除夕这天，广西汉族和各少数民族有一些共同的习俗，如贴春联、门神，做糍粑等民族特色糕点等以备过年时食用，到晚上各家各户都要祭祀祖先、家神，阖家团圆吃年夜饭、守夜、鸣炮等。广西壮族要编制草藤扫帚，给住房扫尘、更换神坛香灰、杀鸡祭祀，因为壮族人初一不干活，所以洗碗、碾米、砍牛草、打猪草等也一律在除夕那晚之前完成。祭祀家神后，当晚轮流把附近亲兄弟、堂兄弟几家叫来一起吃年夜饭，聚在一起喝酒聊天。同时，各家准备好米花糖、米饼、水磨汤圆，以招待次日来拜年的舞狮队、采茶歌舞队等。除夕晚，凌晨十二点之前，燃放鞭炮，封门和守岁，并煮包好的年粽。广西瑶族在除夕也安排了敬宗祭祖的仪式和年夜饭。年夜饭后，他们要洗脚守岁，俗称"守岁洗脚，有吃有喝"，全家男女老少在除夕守岁时都洗热水脚，把年夜饭吃剩的当夜宵吃。苗族重牛，除夕之夜，要为牛备好春节前后十多天的粮草，表示牛也应该像人一样在春节时吃饱住安。此外，他们为了崇敬枫树，每到大年三十，老人会砍单数根枫树枝，表示把它们迎接回家，压在火塘上，到正月十五烧，以延续祖先神灵的生命力。旧时，苗人在过年时有敬树的习俗，除夕时让小孩子用刀在树上划开口子，象征性地给树喂点肉、菜汤和糯米饭。侗族则在除夕这天打糍粑，杀鸡祭祖，祭祀寨中神庙，吃团圆饭，合家守夜，敬茶鸣炮。可以说从这天为开始的节点，正式进入春节的仪式和活动中。

正月初一

正月初一是仪式和活动的第一个高潮。广西各族民众在这天举行各种各样的仪式与活动，包括敬宗祭祖、走亲访友、集体团拜、舞龙舞狮、芦笙会、坡会、庙会等家庭聚会、家庭之间和村寨之间的社会交往活动，也有不少具有“开始”意味的活动，如“挑新水”“砍新柴”“洗枪”“开市”等。广西右江和武鸣地区的壮族将初一这天视为“开门”日，要买新水、炒米花、串门走访，并适宜进行拜师学法、赶牛吃草、栽种玉米等。吃完早餐后，人们开始娱乐，举行各种球类比赛，到邻村“游年”，看舞狮子、采茶戏等。毛南族非常重视利用节日民俗对孩子进行教育。在大年初一鸡叫头一遍的时候，凡是上学的小孩都被大人叫起，坐在堂屋的神桌前，然后打开书本，大声朗读，直到黎明鸣炮迎新时止，属于清末时期汉文化学习传承下来的习俗。仫佬族在初一当天，各家都不做新饭菜，不食荤腥，人人均吃素食，进行斋戒。早上全家吃水圆，畅饮糯米酒和土制葡萄酒，然后全家老小在一起做糖包爆米和斗春糯米糍粑，尽情娱乐、欢乐开怀。在初一这天，广西侗族要祭祀村寨里所有的庙宇，其中最主要的是祖母神萨岁。现在这些民族特有的习俗，随着外出务工和社会变迁而逐渐消失。

正月十五

正月十五元宵节，是春节节俗活动的又一个高潮，这时村村寨寨燃放烟花爆竹、挂灯笼、杀鸡杀鸭、再次包粽子，供神供祖先。有的请戏班子唱戏，有的请来舞狮队舞狮子，有的举行山歌比赛，也有组成民间戏班子在村里的戏台上唱师公戏、采茶戏等。博白地区的汉族在这一天举行盛大的

"游神"仪式。广西武鸣壮人在农历正月十五前一天，人们包粽子或做糯米馍、米粉、米花糖，十五的下午杀鸡、宰鸭，合家聚餐。娱乐活动有唱戏、舞狮、采茶、下棋等。从正月十五开始，至二十，分别轮流走亲戚，各村日期参差，以便交叉往来。清人陆祚蕃《粤西偶记》载："浓妆绮服，越阡度陌，男女杂沓，深林丛竹，一唱百和，云为之不流"。中华人民共和国成立后，各乡村多在此日举行山歌、球类、棋类比赛。广西仫佬族的主要活动有闹元宵、耍龙灯和舞龙跳狮等。不少地方在这一天杀鸡宰鹅、聚餐会友和斗舂糍粑、包粽子。十五之夜，仫佬族还到别人家的菜园摘几片菜叶或蒜叶，带回家中煮夜宵，如果没有蔬菜，青草也要抓一把，称为"偷青"。民间认为，"偷青"会给家中带来清洁平安。偷青有两个含义：一是预示偷青者家庭的庄稼将会有好收成；二是预示被偷青者家中的农作物也会长得更好、收成更好。因此，当人们看见自家的农作物被偷时，不但不会制止，反而会在一旁鼓励偷青者多偷，甚至暗地指引别人到自己的菜地偷青。这在南方其他民族和地区也有类似习俗。

社日

社日是广西右江地区壮族春节期间重要的节点。大年初二是社日，全村联合祭村神。但于祭祀而言，大年初二属于村寨小祭，不请道公来做法事。二月初二联村集体祭拜大村神为大祭，必须请道公和巫婆到现场做法事祷告。社日的程序一般是这样的：每家每户各自出几斤猪肉和几斤米，带上香和纸钱，进到社庙里，先进行供奉；然后在庙里当场煮好肉和米，大家一起吃一顿，人与神、人与人之间联络好感情，就可回家。男人一定要带回一些米肉给家人吃。家人不论老少，都要吃一些在村庙里煮的饭菜，以求村神保佑自己。祭拜村神之后，就可以去别的村子串门了。外地嫁来的媳妇可带着孩子夫婿回娘家拜年了，想出远门打工的人也可以出远门了，这在祭拜村神前是不能做的。这天，烧香要不间断地进行，神台上的烛火也不能熄灭，娱乐活动与大年初一无异。

客年

“客年”是苗族人对与苗年合并后的春节的称谓，拱洞乡苗族称之为“nòu lēn”，融水其他地方（如杆洞乡）苗族也称之为“něng luǐ”。苗族春节一般是从腊月二十三开始，一直延续到正月十五前后。春节期间，苗族人的主要活动有榨茶油、备牛草、挑干柴、扫屋除尘、舂糍粑、杀年猪、灌“椰棒”、腌酸肉、压火塘、祭火塘、祭土地公、集体守岁、集体拜年、扮“芒蒿”、打同年、走坡会等。

村落

广西各民族春节活动和仪式展开的重要文化场所是村落。俗语有云：“高山瑶，半山苗，汉人住平地，壮侗住山坳。”在广西，各少数民族的村落，多依据历史迁徙和地理空间而有所不同。苗族瑶族居于高山，侗人依山傍水而居，并形成多民族杂居融合的特点。村落一般以家族血缘为联系纽带，形成同姓村落或多姓同族村落。同姓家族内部辈分严格、禁止通婚，并推选德高望重者主持和处理村内的大小事务。在建筑特点上，家屋大多还是传统的干栏式木楼，壮人的“栏”，侗人的“养”，一般是二三层高，二楼三楼为起居。一楼养猪、牛、鸡、鸭等牲畜。二楼为人居之所，常设堂屋、火塘，是祭祀、吃饭、休息和接待客人的地方，也设粮仓。三楼为起居室。一楼常养鸡养鸭，或饲养体积较大的猪、牛、马等，厕所也常在一楼牛马圈旁建造，一般较为简陋。民居常采用榫卯结构，柱与梁之间不用钉子固定，但十分坚固。除房顶盖瓦外，由自己栽种的杉木修建而成。在三江县的侗族和龙胜县的壮族，多将同族房屋建在一起，几兄弟或者父子不分家住在同一家屋，虽各房户分立火塘，或另起炉灶，但廊檐相接，可以互通来往，尤其是逢年过节都是一起操办。春节期间，家家户户要到村庙烧香磕头，或到祖坟上坟祭祖，在家祭拜祖先，并到各家拜年。同时，全村也欢聚一堂，举行百家宴、团拜、唱戏演剧、歌舞表演、打篮球等集体娱乐活动。

土地庙

保家安宅的土地庙在春节期间也是重要的祭祀空间。广西汉族、壮族地区信奉社神，每个屯至少立有一座土地庙，庙内设香炉，供村民上香。庙宇周边的土地一般不允许耕种，人们也不能朝着庙的方向行大小便。三江、龙胜等地的侗族村寨祭祀土地神。他们的土地庙，有的安在家门附近，有的设在鼓楼边，或者桥梁附近。侗族家中也有土地公婆，在外面的土地就是几户人家共一个，也有东西南北中各门楼各方的土地，也有桥头土地，以及各姓氏房族那一片区的土地（在鼓楼附近），或者全村的，虔诚的人家会同时祭拜多个，并都被叫作“土地庙”。

芦笙堂

芦笙堂就是进行芦笙踩堂的地方，苗语称为“打嘎”，可以理解为芦笙场、芦笙坡或者芦笙坪。“打嘎”是一个苗寨的娱乐活动中心。芦笙堂可以分为村内芦笙堂和村外芦笙堂。村内芦笙堂位于村中央的平地上，中间立一根芦笙柱，虽有大小之别，但每个苗寨都有，主要是供村寨内部娱乐和招待朋友；村外芦笙堂一般位于村寨附近的大田和坡脚草坪上，一般是几个村寨共有，其拥有者有主客之分，主寨是芦笙堂的创立者，主寨具有优先入场权、管理权和主持权。

芦笙柱

芦笙柱，苗语“东嘎”，长约10米，用杉木制成，柱身雕龙刻凤，涂青、红、蓝三色。芦笙顶部雕刻着苗族人喜欢的鸟兽，如孔雀、野鸡、白鸽等，还有混合型的神鸟。这些鸟类是“达配”（苗族女子的象征），寓示着苗族女子像鸟儿一样美丽、善良、能歌善舞；在离芦笙柱顶部约五分之一处，装饰着一对牛角“答亨”（苗族男子的象征），寓示着苗族男子像牛儿一样健壮、勤劳、忠厚、诚实；下半部有一对横杆，横杆是平和、中正的人生观的体现，横杆雕刻有鱼头或凤头，表达了人们希望苗族妇女能够拥有鱼类一样的生衍繁殖能力或凤凰一样的美貌；横杆往下是刻有龙凤戏珠的底座，反映了人们对和谐与富贵的期盼。在苗家，芦笙柱是一件神圣的事物，它是苗族人优秀品质的象征，也寄托了苗族人美好的愿望。

鼓楼

鼓楼和鼓楼坪是侗族春节重要的文化空间。侗族最重要的公共空间形式是鼓楼，可以说是侗族一村寨或一氏族的标志。侗族一般聚族而居，大寨三五百户，小寨也有十五六户。侗寨常常依山傍水而居，同一姓氏的血亲房族围绕一个共同的鼓楼集中居住，如全村同一姓，就共建一座鼓楼于村寨中心；若是数姓杂居，则各姓所聚居的中心分别建鼓楼。在建筑结构特点上，鼓楼是亭、阁、塔的结合体，分宝顶和楼身上下两部分。下部楼身多为四方形或六角形，上半部宝顶是重檐斗拱，呈四面、六面或八面。鼓楼由下而上依次缩小，呈宝塔状，层数为奇数，小则三五层，多则十五层以上也有；取奇数表示不满足，象征侗人子孙后代和村寨还要繁荣发展。鼓楼是村寨起款定约、处理族内事务、聚会议事的地方，可以说是军事、政治、文化和民间法律的中心，现代以后更成为村寨老年人活动和养老的场所，人们夏天在鼓楼里歇凉，冬天在鼓楼里烧柴烤火。鼓楼前方有一片空地，侗人称为“鼓楼坪”，是村民举办文艺娱乐活动的重要场地。逢年过节，则由老人协会组织全寨在鼓楼坪开展各类文艺娱乐和交流交往活动。

▲ 鼓楼 / 徐赣丽 摄 /2012 年

戏台

侗族有唱歌、演戏之俗，可谓侗人传统最喜闻乐见的口承表演艺术形式，故近百户人家的侗寨除修建鼓楼外，还建有戏台。戏台形似鼓楼，一般为

▲ 戏台 / 徐赣丽 摄 /2012 年

两层，每层高约2米，第二层为舞台，屋檐为木瓦结构。戏台一般在鼓楼附近修建，台前建有场坪，场坪就是鼓楼坪。鼓楼坪在演戏时是人们观看演出的场地，平时就是人们茶余饭后休息乘凉闲聊的去处。每年正月，村民常常要由老人协会或文艺队出面，请本村或周边村寨的侗戏班或桂剧班子，来村里的戏台唱戏。每次唱十天半个月，20世纪80年代以前，甚至一唱就是一个多月的都有。同时，侗族不同村寨之间有春节“团拜”习俗或集体“月也”(weiye) 做客的交往传统，也时常在戏台和鼓楼坪进行，如接待客人和唱歌唱戏等，所以逢年过节，戏台也是侗族重要的节日场所。现代以后，更成为民族交往和周边村寨文艺交流的重要空间。

哈亭

哈亭与京族的民间信仰密切相关，是建立在京族各村寨的公共祭祀场所。“哈”，为京族话的音译，有两层意思，一层意思是“歌唱”，另一层意思是“吃”，亦即供奉神灵和先祖，且歌且饮之意，也可以说是京族集中祭祖、祭神的公共场所。大年三十全村到哈亭祭祖祭神、正月初三全村到哈亭举行公祭祈福等，都是京族春节重要的仪式活动。据《京族简史》载，除夕那天，家家户户把过年的菜肴和白薯馔（用糯米粉包糖心做的一种糕点）做好。待到中午，全村的人都齐集哈亭以猪、鸡、鱼拜祭诸神；回家后再祭拜自己的祖先。现在，也是延续这样的习俗。在腊月二十，京族以哈亭为集中点，举行隆重的还福仪式。除夕夜、大年初一、十五，村民首先要到哈亭供奉祭品，烧香敬茶，燃放鞭炮，然后才分别拜祭自家的几代祖先。每年大年三十晚上，各家各户吃完年夜饭后，派村老等代表到哈亭，烧香燃烛，点柴守岁，并在全村鸣炮之后，取旺火回家，以求红红火火、吉祥如意、万事顺利。

二、组织

家庭和村落，是广西春节仪式与活动展开的重要时空。其中，以村落为中心举行的一些大型娱乐和祭祀活动，一般由村落内部自有的民间传统组织进行，如汉族的家族和组长，少数民族的老人协会和寨老，而家庭内部的祭祀仪式和聚会待客由家长主持。除此之外，还有组织演出戏班等，如侗戏、采茶戏、桂剧、壮剧、粤剧等。但总体来说，春节的许多活动都是民间自发组织的，是相沿相袭的，现代以后形成了不少民间文艺组织。除此之外，有些民族在春节期间的宗教信仰仪式活动丰富多彩，道公、麽公等神职人员在其中扮演的角色也相当重要。这些都与各族不同的信仰和生活习惯相关。

民间文艺队

广西地方民间文艺组织，在春节期间的文化娱乐活动的组织与交流中扮演越来越重要的作用。现代以后，广西侗族地区很多村寨因重视教育、热爱文艺和公益事业，除了在村里自办小学，也发动群众组织文艺队，多是妇女和赋闲在家的中老年人参加。这些民间文艺队，包括有些地方有的侗歌协会，或是专门的侗戏团、情歌队、芦笙队、多耶队等，多是在村委和老人协会的带领下组织形成的，他们推选本村的侗戏师傅或附近有名的歌师、芦笙师傅等来教学，有时可能只是把外面毕业回来的艺术学院的大学生请来，利用农闲时间来学习文艺。学习的范围，既有传统侗戏和桂剧，也有传统民族歌舞，现代广场歌舞表演等。其中，有些成员已经具有一定的表演水平，甚至会自己编写侗戏、桂剧剧本，编唱侗歌，或编排现代舞蹈，编芦笙舞等。他们时不时地会组织队员到本乡境内及附近乡镇参加比赛或交流活动，特别是逢年过节到各村各寨去交往做客、吃百家宴的时候。因此，每到春节前后，这些民间文艺团体、农民业余文艺队不仅在本村为村民表演，也活跃于周边村寨，为大家增添节日娱乐。

居民委员会

简称“居委会”，或“社区居委会”，为中国城镇地区基层群众性自治组织，在广西春节中，这类组织在城市及县城的春节活动组织中发挥着重要作用。在本书调查中提到的按照当地习惯所称的“社区”“街委会”实际上就是居民委员会。这一组织在春节期间或请来剧班表演（城市及各县城均有）；或发起类似游园或社区团年饭（南宁市）的活动；或负责组建舞狮队拜年（城市及各县城均有）；或联系群众组建炮龙队（宾阳县）。

老人协会

侗族民间组织，主持春节期间村寨的集体活动。在传统社会，侗族村寨对外与毗邻侗寨连成款，对内执行寨老制。各鼓楼依赖宗族协作，寨老在鼓楼聚众议事管理寨中事务，组织防御外敌侵犯，以确保所有成员的生存与繁衍。侗人家庭多是三代直系血亲家庭。男性50岁左右一般就有孙辈，生产任务由年青一代接替，他们一般被视为家庭的权威、最懂传统和有智慧的人，具备参与社区建设和管理的能力，可作为公共活动的倡导者，具有担任寨老的资格，德高望重的阿公被推选出来担任寨老。寨老制在1949年后取消，代以村委小组，20世纪80年代以后各村寨逐渐成立了老人协会。老人协会延续了寨老制在发展和传承文化方面的传统职能，至今仍是村寨最重要的民间组织，协助村两委管理村寨和民间事务，在民俗文化组织和传承方面起到重要作用。春节期间，寨上的公共活动多由老人协会主持。

冬

罗城仫佬族历史上有一种叫作“冬”的社会组织，是仫佬族以血缘关系为纽带的宗族分支团体，每个姓氏下一般都会有数个冬，冬的职能在于设立本冬祠堂，规定本冬全体成员祭祀、会餐、定约、集会之事并定族规、经营管理全冬公共财产等。冬有冬头，也称为族长或者款头，是有钱有势的乡绅或长者，并非选举产生，他们负责主持本冬的祭祖活动和婚丧礼仪，分家析产，房产典卖，纠纷调解，离婚裁判等事务。

道公班

广西壮、瑶等民族中的民间宗教组织。在春节期间的祭祀仪式中起到重要的主持作用。壮族道公不仅在日常的丧葬、脱孝、安龙、祭祖等仪式中扮演重要角色，他们还在春节期间主持“封门”“开生”等仪式，仪式过程中，道公引领村民准备供桌、摆放祭品、完成某种仪式动作，以达到驱邪祈福、禳灾除难的目的。

香公

广西博白客家地区的香公，是指专门负责管理庙宇的人。除了负责管理庙宇外，香公平时还会给当地人请愿、占卦、还愿，偶尔出去作法。各庙宇香公的法术不同，法术类别要根据庙宇中的香炉形状来判断。在博白县客家聚居区，正月十五的游神仪式大多都由本地大庙的香公主持。

翁谟

京族人称“香公”为“翁谟”，是掌管哈亭香火的人，由一名京族老年男性担任。香公在京族被认为是哈亭内地位最高的人，他几乎每天都要与哈亭里的神灵“打交道”，处理的是“内部事务”，因此而成为与神接触最多的人。按照京族的说法，香公的产生既不是由某些人或某个组织指定，也不是由全体村民选举出来的，而是由众神来“决定”的。香公人选由村内的老大（年纪一般在70岁以上，品德较好，平时热心公共事务且受到大家尊敬的人）和哈亭事务委员会成员集体商议，确定本村内符合香公条件（年龄在六七十岁左右、身体健康、精力旺盛、品行端正、配偶健在且有儿有女、不在孝期之内）的候选人。候选人确定后，由哈亭事务委员会将全部候选人选集中到哈亭，在翁祝和村老大的主持下，候选人排队轮流在正坛前抛杯珓，每人连抛三次，三次均为胜珓者被认为是得到了神灵的“认可”，即可当选香公；如果第一次抛出的不是胜珓，那么就不必再抛后面的两次了。如果第一轮抛完后没有任何人连获三次胜珓，则由该轮已经得过两次胜珓的人再次抛杯珓，若第二轮仍然没有人能连获三次胜珓，则只好就此作罢，村老大们会另外寻找符合条件、但年纪稍长一些的人参加“选拔”。在大年三十的夜晚，村老大代表、哈亭事务委员会成员、哈亭陪祭员集中到哈亭守年（守岁），直到凌晨零点，大火燃放鞭炮并再次向哈亭各位祖先神、英雄神烧香祭拜之后，要由一两个香公留守哈亭。

哈亭事务委员会

哈亭事务委员会是京族哈亭内专门管理哈亭事务及村落相关神事活动的民间组织，它是京族传统组织——“翁村”的延续和发展，是为了应对日益增多的与哈亭有关的事务而产生的。它的原型“翁村”组织是京族聚居地的基层管理组织，权力非常大，负责村寨大大小小各项事务的管理和协调，包括组织“哈节”这样重大的事项，相当于现在的村委会。现在，京族哈亭事务委员会一般由五名成员组成，即一名哈亭亭长（即民间事务会会长）、两名副亭长（即民间事务会副会长）、会计和出纳各一名。以前的翁村、翁古、翁宽、翁祝、翁巫、翁记等，被冠以亭长、副亭长、香公、财务人员、司文、陪祭员等新名称，并在亭规中对各人员职责进行了详细的规定。哈亭事务委员会组成人员的多少，主要取决于所需处理事务的简繁程度，灵活性很强。一般由村民共同商议推选出来。这些成员平时为人比较公道，有一定的文化知识，热心于公共事务。

三、节日缘起

广西各民族的春节，并不是土生土长的节日习俗，而是在长期的历史发展、壮汉文化交流和区域内部的互动融合的过程中产生的，也与各少数民族生长的地理环境有关。传统节日的起源往往与信仰有关，广西的春节节俗也不例外，如京族的哈节、毛南族的“放飞鸟”活动、侗族的侗年吃冻、各少数民族的祭灶等，包括地方的村庙和历史人物故事，均有其历史的由来，很多就与民众的信仰密不可分。这些围绕春节习俗产生的传说，带着民众的诸多浪漫的想象和对各种习俗由来的丰富多彩的解释，也体现他们的生活理念和功利追求。

灶神传说

除了桂北汉族，广西武鸣县、右江流域等地壮族、桂南瑶族家家户户的厨房都设有灶神爷神位，他们的灶神与汉族传说相类似。他们认为，灶神爷是玉帝从天上派下来的，腊月二十三这天，他们辛辛苦苦任职一年期满了，春节期间要回天上去向玉帝陈职，过完年到正月二十三再回人间到别家任新职。百色壮人将灶王称为“娅灶”，“娅”是对老年妇女的尊称，“娅灶”就是灶王婆婆的意思。他们认为娅灶在这一天要上天庭向玉帝报告家人的行为，因此要好生款待、孝敬她。广西瑶族传说灶君（神）是玉皇大帝派往人间监察善恶的神仙，每年腊月二十三要升天“述职”或休息，大年夜再回到人间工作，因此，也在这天举办祭祀灶神的仪式，以慰劳灶神爷。

祭甘王

每年农历腊月二十八或二十九是花篮瑶祭甘王的日子。生活在象州附近的金秀大瑶山的五个瑶族支系由于地缘关系和西南麓的象州、武宣县的壮族与汉族一样都信奉甘王。在他们的观念里，祭祀甘王是为了纪念护国英雄甘罗应，祈求英雄神为地方消灾除难。六巷、大樟两个乡附近的花篮瑶、坳瑶经常因村寨发生灾情、瘟疫、农作物受害，因而抬出甘王木雕像游村巡垌，以示驱邪除怪。

广西象州县旧县志《习俗 · 异闻》记载：“甘王是象州人。他们有兄弟两人，哥哥甘陆，征伐有功，不愿在朝做官；弟弟甘佃，有施济乡人之德。死后，乡人敬之立庙。”民间传说的甘王与之有所不同，有着浓重的神话色彩。传说中甘王原姓罗，名应，大樟乡古车村人，生于南朝刘宋年间。罗应自幼丧父，小时顽皮，白天帮财主看牛，经常捉弄财主，引起财主的怀恨。后来一位地理先生在花陈岭背为他点得三穴墓地，第一穴出阳王，第二穴出阴王，第三穴出强盗王。他将母亲杀死，背到第二穴墓地时，不孝行为激怒天神，派雷电天兵下凡捉拿，顿时电闪雷鸣，罗应慌忙将尸体丢在墓穴，跑回家躲在大铁锅下，被天火烧得满面通红。此后，他便会使法术，发生了神鞭赶石切海，神剑斩妖除害，神巾引蜂除灾等神奇事情。财主到州府告发他是妖魔怪孽，要夺皇位，州官立即点派兵马要抄斩罗家九族。罗应为避免族人受害，改姓甘，并用巧妙神法摆脱官兵的捉拿。后逢番蛮大肆侵略南朝疆土，甘罗应为保家护国随军迎击番蛮。他杀敌勇猛，以撒绿豆芝麻成兵的法术消灭番兵，立下显赫战功。皇帝封他高官厚禄，他不受，只要求减免家乡百姓的皇粮，皇帝准奏；因而深得百姓的爱戴和崇敬。甘罗应死后皇帝封他为惠济感应侯，元代加封为惠济显应圣公，明代再封为王。家乡人民为他立庙塑像，加以供奉追念。

过去，象州、武宣县一带的壮族、汉族，以及金秀大瑶山的瑶族在祭甘王时，村寨一律停止生产活动，杀猪杀鸡，挑祭祀品到甘王圣像前焚香叩拜，祭后由十多人轮留在坛前跳甘王舞。其内容有上香舞、祖公舞、大花舞、八仙舞、甘王征战舞等。大花舞由十几个人模拟一群飞燕动作左盘右旋，互相追逐嬉戏，如同春燕在田野里自由穿梭飞翔，表达瑶族人民对美好生活的追求和向往。八仙舞由十多个人戴神像面具，在场中跳跃翻滚，以两人为一组，以熟练的技巧互相倒头抱腰，前仰后翻，双脚腾空点地连贯前进。“雄鹰展翅”是八仙舞中的一招，四人用双手握稳一根七尺长两头尖的倒栽铁棍，一个戴神鹰面具的人爬上顶端，将肚顶在铁尖，手脚腾空平展，似雄鹰展翅盘旋。甘王征战舞是由一人扮甘王手执铜鞭盾牌，十人双手拿红布条扮南朝兵士，一人手拿弓箭扮番兵进攻，舞蹈富有战斗气氛，再现甘王迎击番兵的场面，加深人们对护国英雄的崇敬。

祭祀甘王除了要在白天跳甘王舞之外，晚上还要会餐，围火塘唱山歌，演地方戏等，要热闹一、两天才结束。因此祭甘王既是一种民间宗教活动，也是一次群众性的文娱活动。现在祭祀甘王的活动仍然存在，但甘王舞却几近失传。

三界公(冯三界)

三界公是壮族师公信仰之神,春节期间壮族人普遍要祭祀三界公。关于其来历，有不同的说法。清代广西地方志对三界公的生平说法较为一致，认为三界公冯克利是明代弘治年间贵县人，因为在山中采香时遇到八仙对弈，得到仙人赠送一件无缝的仙衣，最后羽化成仙。忻城三界公的传说中，三界公本姓李，后随母改嫁姓冯。冯三界在得到先人指引后成为神医造福乡里。在《古今图书集成 · 梧州府部》中则集合了清代广西地方志的说法和忻城三界公的传说，书中提到三界公原本姓许，在山上遇仙后得到一件上下无缝的仙衣，下山后给人治病，能道过去未来之事。官府说其妖言惑众，便抓他来关在一口大铁钟里，外面放柴草烧了三天三夜。然后打开铁钟一看，却见不到三界公的形迹。而当晚，人们却在他的家乡发现了他的踪迹。人们敬仰他，为他立庙，认为他能驱邪除魔，保境安民。由于在象州、武宣、金秀县一带的壮族与瑶族的甘王庙中也有三界公的神像，因此，当地人在腊月二十八或二十九祭祀甘王时要杀两头猪，其中一头祭甘王，一头祭三界。毛南族也信仰三界公,但相关传说与壮族不一，且不在春节期间祭祀。

过晚年(吃立节) 的由来

在广西的龙州、凭祥等地生活的壮族，有吃立节的习俗。时间为农历正月三十（当地小年为正月二十九）。“吃立”就是壮语“过晚年”的发音。这个节日起源于清光绪年间，当时因为法国侵略军来到我国边境，并于光绪十一年（1885年）正月初九攻破边关重镇镇南关（今广西友谊关）。生活在当地的壮族人民未能顾及过年。当地青壮年都上阵杀敌，其余人则为避战祸躲到山林岩洞中。正月十一，收复镇南关，并转入反攻。等到边关群众返回家园时，已经是正月三十，人们便按照春节习俗杀鸡杀猪，包粽拜年，补过春节。为了纪念这场战争，人们将“过晚年”的习俗传袭至今。

春节舞狮子的由来

据说，古代安南人用大象骑兵侵犯大宋岭南之地，宋军从失利中吸取教训，用百兽之王狮子的形象做成面具，张牙舞爪直冲大象阵营。大象见到狮子后惊慌乱跑，骑兵也被宋军活捉。后来舞狮运动便在军中兴起，而后流行于民间。直到今天，舞狮子在岭南地区尤其是广西、广东地区的春节期间仍然十分盛行。春节期间，狮队敲锣打鼓，由两人一前一后装扮狮子，四个人组成的一对狮子领头，按游行的路线给沿途的居民、商户拜年。

拱洞坡会的由来

正月赶坡会的习俗流传于广西融水县苗族地区。据民间传说，很久以前，拱洞村有两母女相依为命。有一天，母女俩到坡上放牛，恰好来了一个卖针线的货郎。母女俩被漂亮的针线吸引住了，一时顾不上在旁边吃草的水牛，谁也没有发觉母女俩挑好的几束针线被水牛吃掉了。到交银时，货郎发现几束针线不见了，便认定是母女俩偷的。货郎仗着汉族的势力罚了势单力薄的母女俩三百两银子。事后，母女俩百思不得其解，最后怀疑针线是不是被牛吃了。经过族长同意后，族人宰牛查看，针线果然在牛的肚子里，母女俩是清白的。可是，货郎早已不知去向。为了找到货郎，村里人决定在正月初七办一个热闹的芦笙踩堂坡会，这样货郎就会来这里做生意。坡会开到第三年，那个货郎终于出现了。村里人向货郎要回了三百两银子，并责令他向母女俩道歉。在村里人的齐心协力之下，终于替母女俩讨回了公道。为了纪念苗族人民这种聪明善良、正直宽容、除恶济困的优秀品质，以后拱洞村每年正月初七都会办一场热闹的坡会，而坡会杀牛、吹芦笙、跳踩堂舞、贸易的习俗也随坡会延续了下来。

祭祀镇海大王的由来

相传南海北部湾西北端有座白龙岭，岭上有一个石洞，洞里住着一条巨大的蜈蚣精。只要船只经过洞前，它就要吃掉一个人，否则，就兴风作浪。有一个好心的神仙，挑着一个大簸箕，把一堆泥倒下海里，想把洞给围起来，却被蜈蚣精识破了。神仙气愤地跺了一脚，那个地方至今还有神仙跺脚的痕迹。

一天早上，东兴的码头上来了一个乞丐，背着一个几十斤重的大南瓜。想顺路搭船去北海。船长应允了，并且心里暗自欢喜。这艘船慢慢地驶出码头，这时，蜈蚣精从洞里游了出来，张开血盆大口，乞丐将南瓜举起，用力朝蜈蚣精嘴里砸去。这南瓜早被有意煨得滚烫，蜈蚣精吞下南瓜，被烫得号啕大叫，不断翻滚。过了一会儿，蜈蚣精被烫成了三截尸首，这些尸首就是今天的京族三岛——巫头、山心、沥尾。原来，乞丐就是那个好心的神仙变的。这个神仙是谁呢？京族的老人说，那是镇海大王，哈亭里就供奉有他的神位。今天，京族人过春节的时候，也少不了祭祀镇海大王。

过年吃年粽、粉利等食品的由来

年粽、粉利之所以成为过年食品，是因为春节期间这类食品可以存放、耐吃又与吉利话相谐音。在北方，人们过年要包饺子，在广西，壮族人有过年包粽子的习俗。受壮族习俗的影响，生活在广西的其他各族在过年期间大多也都有包年粽的习俗。广西包年粽用的粽叶和端午粽的粽叶不是同一种，当地人都把它们叫粽叶，但是具体要选哪一种，他们心里有数。年粽一般要比端午节包的粽子大得多，吃粽在过去就是年年粽，年年种、年年中的意思。粉利作为过春节的必备食品，是一年到头顺顺利利的意思。

四、仪式活动

仪式作为一套传统的行为方式，具有象征性、表演性和神圣性，并受到传统惯制的规约，是一种古老的文化和心意现象。广西的各民族在春节期间都有一系列的祭祀仪式，如祭灶神、祭土地神、祭村神和祖神、上坟、祭花婆神、祭萨等。春节作为新一年的开始，各族民众也要举行一系列与他们的日常生活，如衣食住行相关的民俗活动，如扫尘、守岁、吃年夜饭、办新衣、上年坟、杀年猪、换香灰、买新水、砍新柴、捡干柴、祭灶神、送财神、给压岁钱、鸡蛋压岁、贴对联、门神、拜年等，其中不乏人们所喜闻乐见的娱乐活动，如汉族的龙狮队出游、壮族的“游年”，苗族的打同年、坡会，侗族的月也（weiye）、打老庚，瑶族的请老年酒、喝社酒，苗族／侗族的芦笙踩堂、坡会、百家宴等。除此之外，各族也有自己独有的节日习俗和仪式，体现了本民族的特色传承。

扫尘

春节到来前，广西各民族都会清扫家屋和院子准备过年。清扫的时间、顺序，因民族习惯而异。除夕日，壮族人用嫩竹捆成扫帚，用于清扫家屋和院子。清扫顺序由里到外，先打扫房屋第二层，即人神共住的空间，第二步转往房屋的第三层，即谷物、杂物、劳动工具安放的空间，随后到院子里清扫杂物，最后到房屋第一层饲养家畜的地方。各处打扫干净之后，把竹扫帚夹放在牲畜活动那一层的左侧，把过去一年的跳蚤、灾难、祸害等捆吊起来，待正月最后一天放到自家火盆里燃烧。广西毛南族视除夕为“月穷岁尽”，人们都要除旧布新，有旧岁至此而除，来年另换岁之意。毛南族把从腊月二十三起到年三十这段节期称为“扫尘日”，讲究在春节来临前的农历十二月二十三、二十五、二十七单日搞大扫除，清除房屋中的蜘蛛网、灰尘等垃圾，以扫除晦气，迎接年三十晚神的降临。

换香灰

广西壮人春节前的传统习俗，一般在除夕进行。桂西壮人在除夕这天午饭过后，男人从神台上取走香炉，将香炉里的旧火灰倒在粽子叶上包起来，待大年初一祭果树用。他们认为橙树的叶子是大自然中最洁净之物，香炉需要用橙叶泡过的水清洗。接着是往洗净的香炉里倒入新的草木灰，并适度压紧，否则不便于来年上香。换新的香灰后，按原来的顺序，祖先香炉、大神香炉、祖师香炉、花王香炉逐一摆放在神台上，顺序不能颠倒混乱。换洗香炉时，女性不参与，他们认为神台尤其香炉是先祖、上天各路神仙、花王、祖师的活动场所，洗香炉是非常庄严的事情，应选具有超脱、圆满灵魂的男性来进行。

告果树

广西那坡黑衣壮春节期间的祭祀习俗和信仰仪式。一般是初一下午送完神以后进行。由两个道公参与，其中一个扮演果树，一个作为祭果树的人。祭果树的人把粽子叶包好的旧香灰夹放在橙子树、桃树、黄皮果树上，用随身携带的砍柴刀往果树上轻砍，同时念叨着：“今年开花多不多？结果多不多？”果树扮演者答道：“多。”随后祭果树的人还用威胁性的口气告诉果树“今年不结果就砍掉你”等威胁的话。仪式结束之后，举办仪式的家里人把猪肝、猪肺、香肠等放到锅里一起煮，给神台上香，摆上主要的祭品，全家人把祭品吃完才算完事。

种新、种玉米

广西右江流域壮族习俗。大年初三，当地各家各户的壮族妇女扛着锄头到菜园里挖几个坑，播下几颗南瓜种子和玉米种子，预祝来年丰收。而很多村民也选择在这一天在自家菜园里播下各种种子，有些人家还开始商量着培育稻种，几天后就可以正式育秧。另外，在壮族敏支系的习俗中，也有类似的习俗，但他们种下的只有玉米种子。种玉米是大年初一的信仰仪式“告果树”之后的另一个环节，是年节过程中的一个重要仪式。老人认为初一这天种下玉米，往后开春播种便不用选日子，何时开播都可以。这天种玉米要由道公主持，他们相信这样以后，种植玉米和庄稼都能有好收成。

杀年猪

杀年猪是广西壮、汉、瑶、苗、侗等民族共有的春节习俗，他们的春节从杀年猪开始进入准备期。过去，由于生活条件比较艰苦，杀年猪是这些民族春节准备期的头等大事。很多人家一年只养一头猪，条件好的人家才能养两到三头。年猪杀完后用于祭祀、分食、制作腊肉、酸肉、送人等用途。帮忙杀年猪的人选、年猪肉的制作方法、赠送的对象因民族不同而有所差异。

选柴火

壮族人除夕夜传统习俗。壮族人要在腊月下旬选择吉日砍下一根易燃耐烧、粗细相当的树，截去首尾两头及枝干后，外观较精致的中间部分留待过年用。运到家中后避免家人尤其是女性从其上跨过。那坡黑衣壮村寨的居民对这根柴火的要求最高，在这些村寨里，这根柴火被称为“波非”，要保证从除夕夜至正月三十能够延续燃烧。在百色市泮水乡，这根柴火被称为“火父”，壮音“布非”，是春节期间需一直保持燃烧的大木头，至少在大年初一到初三之间是不允许熄灭的。

祭花婆神

祭花婆神是壮族逢年过节必须举行的一种仪式。广西壮族人认为，花婆是孩子的保护神。神位一般设在生母床头墙角。每逢节日，必用鸡腿祭“花神”，俗称“娅花”。壮族爱护幼儿，把孩子当作花神园里的一朵鲜花，其枯荣凋谢，病伤生亡，全由花婆护理。有的地方，在新婚时，岳父母即随嫁妆送来一束鲜花，红白相间，红花代表女孩，白花代表男孩，放在新房床头，祈盼新婚夫妇早日生儿育女。有的地方，孩子生下后，如果是男孩，就由外公送来一朵白花；若是女孩，则由外婆送来一朵红花，供奉在床头。每逢年节要用鸡腿祭祀，特别是孩子生病或者哭闹太多时，更要勤于祭祀。春节期间遇到请客，如果媳妇或者女儿育有幼儿，她们做客结束准备返家时，主家总要在送给她们的礼物里放有鸡腿，以便她们回家后祭祀花婆神，祈求花神保佑孩子健康成长。

祭土地神

祭土地神（或村神、社公）是壮族、汉族、侗族等地区春节期间普遍盛行的一种祭祀仪式。在汉族、壮族等村寨里，都设有土地神庙，坐落在山上的设有山神庙。这些村寨的村口、宽坪多有大树，村民在树下设社坛，节日期间由各家供奉。这些庙规模大小不一，平时有专人管理，费用由各家摊派。每年的正月初一，全村男子在天亮后穿着整洁，带上年货向社公拜年，祈祷社王保佑来年平安，人畜兴旺。春节期间则由各家各户派代表拿着鸡肉、猪肉、米、纸钱、香烛等到庙里供奉，以求得平安幸福、兴旺发达。

祭灶神

广西壮族、汉族、瑶族春节期间的祭祀仪式，意为祭送灶神回天庭。广西汉族过了腊八之后，开始为过年做准备，其中最主要是祭祀灶神，有“官三民四乞丐五”和“官三民四船家五”的说法，民间老百姓则在农历的二十四这天祭祀灶神。这天早上，家庭主妇通常要在灶前或者是橱柜上贴一张灶神的画像，画像边上还写着“上天言好事，回府降吉祥”等吉祥用语，祈求五谷丰登，家人平平安安。祭灶神是壮族人在小年期间举行的一种仪式，也称送灶神。壮族人认为，灶王是主宰人畜兴衰的神。每年的农历十二月二十三为全族统一的送灶节，供奉灶王，人们对灶神的侍奉亦要恭恭敬敬、谨小慎微，不得在灶头做有损于灶王尊严的行为，如禁止脚踏在灶头上、向火堆吐口水、用脚往灶里送柴火等。这天，家家户户要杀鸡杀鸭，至少要买一斤猪肉，晚上煮好后摆放在灶神台上，斟酒、焚香、烧纸钱、到屋外燃放鞭炮。百色市的壮人信仰女性灶王，称其为“娅灶”，祭祀她的仪式从晚上开始，由家中男性操刀杀掉未阉的公鸡一只，随后将鸡、腊肉块、酒等祭品一起放到提篮内，提篮被放置在火塘正上方，提篮旁插有三根（或一根）燃香，男人三次来回倒酒，倒酒时对着灶王说“我拿酒肉待你，见到神仙要报告好话”之类，等灶王受领享用后焚烧纸钱。武鸣壮人一定要请道公来家中做法事，觉得若不祭灶神，恐怕会导致流年不利。全州县东山瑶过小年“请灶王”，必须温文尔雅，忌讳在三脚灶前说不吉利的话。东山瑶的习俗是腊月二十三请富灶、腊月二十四请穷灶。因为旧时生活条件艰苦，人们习惯请穷灶，现在虽然生活条件有了很大改观，但人们仍然在腊月二十四“请灶王”，称“灶王节”。

压火塘

广西苗族春节期间的传统习俗。大年三十晚上，由家里最年长的男性砍三根、五根、七根或九根枫树，压在火塘上面，到正月十五的时候拿来烧。在苗族人看来，枫树是苗家人信仰的神树，是一种生命力的象征，过年了就应该把它们迎接回家。而苗族人认为火塘是祖先神灵的依附之处，把枫树压在火塘上就可以让祖先神灵获得枫树的自然生命力，陪伴苗族人过完正月十五，也即过完春节，就将枫树送归自然，来年再将它们迎接回来。

祭火塘

在使用火塘的瑶、苗、壮、侗等民族的观念里，火塘是祖宗神灵的化身，火塘上的三脚灶是祖宗神灵依附之物，火塘是一个神圣的地方，平时不能脚踢棍敲，人不能跨过，大年三十祭火塘时先把供品摆在地下，在火塘边插几炷香。在夜里9时左右，年长者面向大门口坐于火塘边，家中后辈依次围坐两边，先老后幼逐个给三脚灶敬酒、肉、茶等。

贴对联和门神

春节传统习俗。广西的壮、汉、瑶、侗和京族都有在春节贴春联的习俗，一般在除夕当天或之前完成。东山瑶在年三十上年坟、扫巷道、挑水、还物件后贴春联，在神龛、门梁上贴3～5张红纸。神龛上部贴红纸香火（中堂）“天地国亲师位”，在灶神神位贴红纸，在火柱上贴“供奉灶君之神位”。家屋里外，包括门、神龛、堂柱，所有都贴上新联或红纸后，猪圈、牛栏、拖拉机等也贴红纸。侗族的习俗与此类似，除门联外，窗户、灶、粮仓、木板墙，养牲畜的圈棚及拖拉机、耕作用具、汽车等，都要贴一片红纸或“福”字，鼓楼和庙宇也要更换新联，以图喜气和平安。京族原本没有文字和对联，现在也是家家户户都贴，包括作为集体神庙的哈亭也开始张贴对联。平地瑶过大年贴春联，与汉族无异，一般正堂大门、厨房门都贴对联。中华人民共和国成立前，在过山瑶中贴对联较少，贴红条幅则较为普遍，所有门、窗、猪圈、牛栏、水槽、大石、古树等都贴一条，用以增添喜气。新中国成立（特别是改革开放）后，大门贴春联的人家逐渐增多。在广西的部分地区，有门神信仰，如东山瑶敬门神为“护家之神”，桂南汉族、壮族除了对联，也有张贴年画、门神的习俗。

供夜

广西瑶族春节期间的祭祀习俗。瑶人把过年祭祀称为“供夜”，一般要供两次。供品主要为生鸡，俗称“头牲”，外加一块猪肉和一只猪尾，合称“小三牲”。先祭庙王，后祭社神、泰山，再祭“养娘”（有的地方叫“干娘”“契娘”）。供奉时先插三炷（九支）香，后摆三只茶杯、三只酒杯和“三牲”，先茶后酒，分斟三巡，祭罢收摊，倒去茶酒，再化纸钱。祭庙王菩萨，主要在于求花（儿女）、求财、求平安，如果灵验以后，就要按承诺“还愿”，年节供奉。没有祈过庙神的，当然可以免祭。旧时，瑶人凡建村立寨，都有“村头建土地、村尾立泰山”的风俗，传说土地（公）就是社王，是专管土地上生存的动物、植物的，人们以种养为生计，当然崇拜社神。在一年中有春、秋二社是集体祭社日，人们要祭社、“吃社”。大年三十祭社，作为个体（户）行为是不可缺少的。泰山的原型是九黎族首领蚩尤，死后被黄帝封为战神，置于泰山成了“泰山石敢当”，人们把他作为驱魔镇寨之神，每月初一、十五烧香化纸，年节供奉。拜认“养娘”，源于小孩出生以后，病难多“不好养”，就要拜认养娘（爷），以祈少风险、平安一生。这样养娘就成了再生父母，养子要承担终生孝顺的责任。再一种就是按生辰“八字”对应的金木水火土五行，缺什么补什么，于是就有了以树木、石头、水井为养娘的现象，而且较普遍。拜认或孝敬的仪式也较简单，拜认时，只要对神物烧香、申告、设供、化纸，并以神物取个寄名，如木生、水旺、石养之类，就算告成。并在大年初一、大年夜供奉一次，直到结婚当日祭祀一次，孝敬养娘即为终止。祭祀过后，还要贴一条红纸，表示标记和吉利。

吃年夜饭

广西各民族家庭在除夕夜都要准备丰盛的饭菜，即“年夜饭”。年夜饭一般都包含有白切鸡（整鸡祭祀后白切摆盘还呈鸡的形态）、鱼（寓意年年有余）、猪肉（形式衍生有扣肉、猪蹄、叉烧等），其余的根据地域和民族习惯有所不同，如南宁地区节日旧时要有发菜，谐音“发财”；百色市右江区的壮族人家大多会做豆腐酿；巴马县东山乡的布努瑶要有豆腐丸，没有的话家里的孩子都不开心。有些地区的年夜饭吃法别有特色，如那坡黑衣壮年夜饭不是自家吃自家的，而是轮流把附近亲兄弟、堂兄弟几家叫到一起吃，哪一家准备得早就先到他家吃，大家聚在一起喝酒、聊天、看春节晚会。有些村寨每年都有两个或多个亲戚家庭结成对子，互相到对方家吃年夜饭。百色市右江区和平村壮族的年夜饭桌上禁忌很多，虽然是一年中难得的团圆时光，大家却要吃得很谨慎。

做新衣

春节准备期传统习俗。在广西，以东山瑶最为讲究。东山瑶家家户户男女老少“过新年穿新衣”，风俗悠久，人们在大年三十洗澡换新装，从头到脚都穿新的。男女衣料多为蓝靛色，瑶胞叫“闪青的”。男式上衣胸对襟布质公母“蜻蜓扣”，女式为右衽对襟布质公母“蜻蜓扣”。男女头巾两端嵌五彩花边。女的前裙沿边饰五彩花边，女式长腰带两端亦嵌五彩花边，女式绑脚布为净黑色布质，以小手指宽小彩带绕圈打结。即使家庭条件较为困难的人家，也会在年前千方百计地给孩子们买布，请村上裁缝师傅赶做一套新衣。因此1984年前政府按人口人均“一丈二尺”布票，瑶族比汉族多得8尺。1984年前政府取消票证后，东山瑶青年男子见了世面，多买现成的衣服。女子服饰未改变，迄今东山瑶族乡清水、白竹、雷公岩、弄岩、上塘等村的女子仍然笃爱本民族的服饰，新年须备新的瑶族服饰，以供年节和重大仪式穿著。

送彩带

广西东山瑶有姑娘送彩带的习俗。彩带由彩色丝线织成，有半指、一指、二指、三指、四指、五指宽规格。用来装饰围裙、斗笠、电筒、鸟枪、鸟笼、绑腿、帐勾、挎包、裤腰等。姑娘织就彩带，多在拜年时送亲朋好友。彩带构图寓意深刻，米字格、梅花格、菱形、三角形、多边形、方形、红桃方块、水波涟纹等图案，是一种文化含量丰富，有收藏、欣赏价值的工艺品。彩带伴随社会发展的步伐与优秀文化同步，成了最珍贵的馈赠礼品之一。迄今东山瑶正月拜年仍兴送彩带，象征睹物思人心连心。

彩带既可欣赏，又可实用。彩带有多种用途，对象不同寓义也不同。送给恋爱对象则为爱情信物，送给朋友则作纪念品。彩带是拜同年、拜老庚、拜年祝寿走亲时的珍贵礼品。得到彩带的人，不论男女老少，必须是姑娘们看得起的人，否则拿钱也买不到。因此，彩带送给不同的对象时意义是不一样的，不可自作多情会错意。

上年坟

广西东山瑶族过年习俗。东山瑶春节时，年内有亲人去世的人家须上年坟，入土三年的属旧坟，旧坟可由坟主后世人家随意上否。在外工作的如回乡过年，通常都去上年坟。如今生活水平提高了，瑶胞们更兴上年坟。上年坟的祭祀与清明节扫墓大同小异。不同之处是年坟不支三竹挂纸钱，不烧新衣等祭祀物资。年坟只在坟前祭酒、肉，烧纸钱，轻声呼唤被祭者辈分：“□□过年了！”祭祀毕离开时鸣放鞭炮。

祭门神

广西东山瑶春节习俗。东山瑶门神，即护家门的神。门神长胡须，佩两把长矛，嗜猎，养有一猎犬。门神的任务是只管家门，不受祖先神、族神的指挥管束。祭祀多在腊月至大年三十前，无固定时日，有条件便行祭，如人寿年丰，诸事顺心祭。忘祭门神，门神动怒，人们担心惹麻烦。所以，丰收之年或遇大喜事，必祭祀门神。正月初一清早，燃香纸，放鞭炮“接财神、喜神进屋”，接着扒开火灶门，燃烧旺火，架锅热菜，向神龛添新祭祀品，按“通书”所指大利方出行。

东山瑶族关于门神的各种传说不一，较多的是说门神有妻，养育三个儿子。儿子住在大门西侧，两侧有禁规：不许子女进门败坏风俗，只能在大门外约会，门神的妻在外面为儿子招引姑娘。在东山瑶地区，门神是无形的，但受汉族文化影响。现在，东山瑶大门贴的是秦琼、尉迟敬德的画像。

守岁

春节传统习俗。除夕之夜，广西汉族全家欢聚一堂，吃过团圆饭以后，一起围坐在火塘边，边烤火边守夜，通宵达旦。一直到凌晨放鞭炮之后，很晚才去休息。壮族称守岁为“守鸡嘴”，广西那坡黑衣壮由道公“封门”以后，全村不喧哗说话，不开门外出，之后家里男人开始守岁，守岁的人一定要等到公鸡第一声报晓后放鞭炮，才算守完岁。前些年，广西布努瑶家庭在大年三十年夜饭后，还会一边作乐一边饮酒，在家门前唱歌打陀螺直到深夜不歇。桌子不收、碗筷不洗，象征着这一顿饭还没有吃完，唱歌打陀螺累了饿了随时可以再吃。现在大多是全家一起看“春晚”，晚上一起守岁。等到十二点整，由家长放一封炮竹，结束后才休息。广西侗族除夕晚吃完年夜饭，就在家里或者鼓楼里的火塘，生一堆火，陪同家人或朋友聊天、看“春晚”，一起守岁，等到十二点燃放鞭炮以后，才各个消散回屋休息。

吃过地餐

广西苗族春节期间的传统习俗。年初一凌晨，规定在火塘边的地上吃，不能摆菜上桌，这样祖先也能吃到，称之为“吃过地餐”。早餐食物有米酒、糯米饭、猪头肉、鸡肉等，不设青菜，不设桌，食物平摆于火塘旁边的地上。吃时，先敬三脚灶，让阴间的祖宗先吃，然后大家才举杯动筷。这是阳间子孙与阴间祖先共进的团圆饭，因此饭前要点香烧纸，敞开大门，开餐时一家之主还需大声说“大家多吃”。

抢勤水

广西巴马县东山乡瑶族有抢“头担水”的习俗，在《巴马县志》及当地习俗志中被称为“抢勤水”。过去因为长期缺水，瑶族人在大年初一，各家各户都要到水源处，抢新年里打上来的第一担新鲜的活水。有泉水的村寨，村民们在初一早上四五点钟便起床，拿竹筒或水桶去打新年头担水。水源离得远的村寨，有时需要走上数十里山路，甚至到邻县的河边去挑水。当地人认为，挑上第一桶水的家庭必定心想事成、万事顺意。现在由于有了水柜，除非遇到特别干旱的时候，连水柜也干涸了，瑶族人很少再坚持“抢勤水”的习俗。有些在山里还有小眼泉水的村寨瑶族人，仍在继续这一习俗。

买新水

广西壮族、仫佬族、京族共有的春节习俗。买新水是壮族人在大年初一的头等大事，天还未亮，就听到妇女们的打水声，壮人把这一天早晨的打水活动称为“买水”，即拿着燃香、鞭炮去水井跟龙王买水，妇女们先接水，随后放几个鞭炮，随口念叨着吉利的话后挑水归家。也有人是用硬币去买水的。谁家能买到新年头一桶水，新的一年里就能顺顺利利、好运当头。仫佬族在鸡鸣时分，由妇女们来到井边烧香拜神，并投掷硬币于水中“买水”。家中人则在家门口等候，待新水挑进门时，每人都要喝一口新水。习俗认为，新水圣洁吉利，人喝了能祛病延年，猪吃了能够长得肥壮，染布布匹发亮，熬酒酒不会发酸，新水煮出来的饭也特别香。京族家户的主人要在大年初一，拿上香烛到井边烧拜，叫“买新水”。初一一大早天还没亮，妇女就要从河里背回“吉祥水”。认为初一的新水可以带来福音和好运，能保一年的吉利。

祭萨岁

广西侗人春节期间重要的仪式。侗语“萨”是奶奶的意思。萨岁是侗人最重要的女神，相传是一位勤劳、勇敢、很有智慧的妇女，是侗族的共同祖先和领袖，他们称为祖母神。为萨立的坛，一般居于寨子的中间，他们认为早在建村立寨的时候，就有萨岁进驻在寨里了。而且萨是专属于他们的神灵，也和侗人一样身穿裙子，手拿花伞，所以，改革民族服装后（1949年后），萨也就走了，不认他们了，现在恢复民族服饰，她才又回来了，安心在侗人生活的地方管寨。侗人还有个传说，萨是指四个奶奶，民间求子、全寨平安等，都跟她们有很大的关系，凡是外出办事、求学、做生意，请神拜神，等等，都要先敬请、祭祀她们。侗人每月初一、十五，都要去萨坛敬茶烧香。有些地方的侗族，还会在大年初一的早上，在老人的带领下集体去祭萨，然后集中到鼓楼坪踩歌堂，并聚餐。

祭飞山公

广西侗族春节期间的祭祀仪式之一。飞山神是侗人的祖先神，本来是纪念明代少数民族将领飞山土主威远侯王——杨再思，主要为杨姓后人所祀，但在三江的侗族地区的信仰基本已经泛化，也为吴姓、谢姓等多个姓氏房族崇拜为祖先神，为其修建飞山庙，加以祭拜。现在飞山庙成为诸多后人举行祭祀、操办喜事、议事聚会的场地，他们将其视为祖庙，在除夕和正月初一、十五举行一定的祭祖仪式。此外，只要家里操办喜事，无论结婚、小孩满月，还是办三朝、逢年过节等，都要先到飞山庙祭拜祖先，然后再到家中的神龛祭拜家先。

接财神

广西汉族、仫佬族等传统岁时祭祀习俗。桂北汉人在正月初五接财神、罗城仫佬族在正月初二祭祀财神。祭祀的方法不外乎焚香放炮，杀鸡备菜供奉，祭祀的时候还要默念一些表示吉利的话语，祈求财神保佑今年财源滚滚。人们都爱财神，财神自然有许多化身，有文财神、武财神、五路财神、青龙财神等。在新年时节，无论是送穷还是接财神，都表达着人们祈求富裕生活的愿望。

跌杯珓

又称“打杯珓”“扔杯珓”“摔杯珓”，是京族民间占卜方式，也是其春节准备阶段中祭祀哈亭诸神、海神时必需的仪式。卜具是用蚌壳或修削、铸造成蚌壳状的木竹、铜锡制成，呈两片蚌壳相合的形态，称为“杯珓”。卜时先将杯珓合捧向前，诉欲卜之事于神，然后将杯珓跌掷于地，视两片之仰伏而定吉凶。两片皆伏为阴，皆仰为阳，一伏一仰为胜。阴为凶，阳为吉，胜为大吉。三跌为一卜，三跌皆胜为最吉。京族民间宗教活动中多以此卜神意。在京族腊月二十的“年晚福”还福仪式上，村中各家代表、哈亭事务委员会成员等，在哈亭祭祀时要以“杯珓”占卜，获得顺卦时需三叩首拜谢哈亭诸神；然后到海边祭祀海神时再次以“杯珓”占卜，获得顺卦同样需要三叩首拜谢海神。

给压岁钱

广西汉族春节期间的传统习俗，其他各少数民族现在也渐渐有给压岁钱的习惯，也叫押岁钱、守岁钱、压祟钱等。汉族在除夕之夜，吃过年夜饭后，长辈就会给晚辈压岁钱，结婚后的年轻人就不会有压岁钱了，除非是新婚夫妻，第一年长辈才会给他们压岁钱，来年春节长辈就不会再给了。相传压岁钱可以压住邪祟，因为“岁”与“祟”谐音，晚辈得到压岁钱就可以平平安安度过一岁。民间认为分压岁钱给孩子，当恶鬼妖魔或“年”去伤害孩子时，孩子可以用这些钱贿赂它们而化凶为吉。清代诗人吴曼云的诗《压岁钱》中说：“百十钱穿彩线长，分来再枕自收藏；商量爆竹谈箫价，添得娇儿一夜忙。”走亲访友的时候，长辈也会将事先准备好的压岁钱分给晚辈。现在很多小孩都去走亲戚讨压岁钱。壮族在大年初三亲朋好友之间请客吃饭时，无论年纪多大，只要还是学生或者还没有工作，来吃饭的叔伯们还是照例发压岁钱给主人家的孩子。广西侗族也是在除夕晚，家中的老人给小孩压岁钱，鼓励他们快快长大。京族也有给小辈压岁钱的习惯，老人给小孩发压岁钱，预示子女在即将到来的新年里乖巧、平安，有时同辈之间也会互相派送红包，以示互相祝福。正月期间，主人要给外孙及前来拜年的晚辈发压岁钱，以图吉利。

鸡蛋压岁

广西瑶族的春节习俗。一般而言，春节期间走亲访友，孩子们最开心的就是可以拿到属于自己的压岁钱。在巴马东山乡瑶族的传统中，长辈给孩子压岁用的不是红包，而是红鸡蛋。红鸡蛋在东山瑶族的婚嫁习俗及节日习俗中都担当着重要角色。随着现在东山瑶族与外界接触日渐频繁，生活水平提高，很多人家也时兴起给孩子们压岁钱。但是红鸡蛋作为给孩子的压岁礼，并没有退出当地春节的节俗舞台。初一一早，大多数家庭便煮好了红鸡蛋，待亲戚上门，便将鸡蛋分给孩子们。如果来的孩子太小，还在母亲的背带中，便把鸡蛋放在年前准备好的鸡蛋笼里，挂在孩子脖子或是背带上。

拾柴

广西仫佬族、壮族、侗族春节期间的传统习俗。在正月初一早晨，罗城等地的仫佬族男男女女、老老少少，多是一家人，也有亲朋好友一同上山拾取黄金柴木，一般都不携带镰刀，用手或石头折断，做成一小捆，然后用红绳系好，拿回放在自家的香火上，名曰“拾柴”。“柴”和“财”谐音，拾柴的目的是以求新年财源广进。在拾柴的过程中，双方见面都以“恭喜进财”相互招呼，共同祝福。三江有些地方的侗族也有类似的风俗，不过当地叫“砍新柴”。很久以来，当地的侗人都是在新年一早天刚亮时，由主人上山去砍柴，砍柴时，分东西南北不同方位，都是提前问过地理先生的，一般以东方为佳，也是取意“柴”与“财”谐音，新年发财。据说是因为以前多是农户，家里经济状况不好，村民希望新年到来条件能有所改善。现在年轻人也懒得上山去砍，只有少部分家户还遵循旧习年年去砍柴。龙胜龙脊地区等地的壮族也有大年初一上山拾柴的习俗。

挑干柴

广西苗族春节期间的传统习俗。苗族人大多住在海拔较高的高寒山区，要想过好年，就要保证暖和，必须备足柴火把火塘的火烧旺。一方面，苗族人喜欢在火塘上方架个三脚灶、支口锅做饭煮菜，正月十五前不上山砍柴、不下地干活是惯例，必须备好火塘柴；另一方面，年节时分，年轻男孩喜欢过家串门“坐妹”、各村之间喜欢“打同年”，天寒地冻的冷天，室内活动更受年轻人喜欢，他们喜欢围坐在火塘边聊天、边喝油茶，干柴就必不可少了。临近过年，苗家人便三五成群上山挑年柴，年柴多是杉木枝之类，每当乡间小路上挑柴的人分外集中的时候，就是春节来了。

扮磨过

每年春节期间，广西融水苗族自治县的苗胞都要扮“磨过”，以此祈祷瘟疫远避，村寨平安，人丁兴旺，民族繁荣。

“磨过”是苗语。“磨”义为“霉烂”“污秽”；“过”意为“清除”，合在一起的引申义为清除邪祟之神。广西融水苗族自治县安泰乡的一些村寨，在春节期间有一种“磨过”的活动。它是新春祭祀活动的一个主要组成部分。先是全寨村民聚于芦笙堂，跳踩堂舞、吹芦笙，然后进入祭场。寨老祈祷新年丰收之后，在一阵鸟枪、土铳声中，由七人或九人化装成“磨过”，在锣鼓的伴奏下，沿龙潭围绕一周，再到村寨主要道口、“阴暗”的角落和曾发生过事端的地方去捉鬼。“磨过”队经过各家木楼，鞠躬行礼，主家则燃放鞭炮，意为驱邪。过后，将鬼气通通放逐、清除，扮“磨过”的青年方能回到寨里。

拜年

春节传统习俗。广西各民族春节期间都有相互拜年的习俗。在民族地区，拜年分为两种，一种是村与村之间的拜年，一种是家族与村落内部亲朋好友之间的拜年。前者属于村寨与村寨之间的集体活动，后者则以家庭为单位，并且交往更加频繁，属于私人或家族内部的活动。村寨与村寨之间的集体活动，在壮族、侗族、苗族之间比较兴盛，只是习俗的称谓、用品和表现形式上各不相同。一般都是从初一开始到各家各户去拜年，除部分瑶族和侗族传统在初一这天不劳动不出门外，其他少数民族都从正月第一天开始拜年活动。但各族去外婆家、朋友家拜年又各有不同，如壮人带肉粽、米花，侗人带糍粑、水果。此外，壮族多在大年初一拜师学法，弟子带上猪头肉、粽子、米花、玉米酒、腊肉去师傅家拜年，师傅家则备有酒肉款待弟子。更为热闹的是以村寨为单位的团拜活动。广西壮族青年之间的“游年”，苗族的“打同年”，侗族的“月也”/为也（weiye），形式有所不同，但都是过年期间最热闹的拜年活动。

游年

壮族春节期间的传统习俗。游年是广西百色、武鸣等地壮族人春节期间举行的一种男女对唱山歌的娱乐交友方式。每到春节，年轻人就去游村串寨，武鸣西部壮乡称之为“游年”。锣圩、玉泉、树合、群兴、尚才、下才、邓柳、浉阳、英江、英圩、里建等西部村寨最为活跃。老歌师带着一帮男青年到邻村，邻村的老歌师就带着本村的女歌手出村口来迎接，展开对歌，有情歌、故事歌、天文地理歌等，内容广博而有趣。游年从正月初一到十五，有时在白天，有时在晚上。游年亦是年轻人展现自己的才华、互相认识结交朋友的好机会，不少人在这种场合下往往交到自己合适的朋友，按照壮族人的说法，男的结交“老同”，女的结交巴姨（壮语音译，意为“姐妹”），有的男女不断交往最终发展成为夫妻。

芦笙踩堂

芦笙踩堂是苗族过年最隆重，也是最具特色的活动，是侗族春节期间的重要活动之一。传统苗族芦笙场设有芦笙柱，踩堂时人们会围着芦笙柱跳踩堂舞，是广西苗族坡会中不可缺少的内容。侗族的芦笙踩堂是侗族青年男女交际和学习礼仪的重要手段。芦笙踩堂可以在本村寨中举行，也可以邀请另一个村寨的青年共同举行，两个村寨共同举行时，客队穿过深山，蹚过小河来到主寨。这时，客队吹“报信曲”和“摘菜曲”。主队闻知，立即集中芦笙队到村寨路口迎候，并吹奏“迎客曲”“捡菇曲”，表示欢迎你们到来，我们没有什么好招待，只有山里的草菇野菌罢了。之后，客队吹起“进寨曲”，来到鼓坪。主客队集中于鼓坪后，踩堂开始。踩堂时，芦笙手和姑娘们围成两个大圆圈。男青年在里圈，女青年在外圈，绕着鼓坪转一圈后，几百把芦笙就整齐地吹起踩堂曲来。踩堂结束后，主寨的姑娘们便捧上一碗碗甜酒，主寨的男青年也招呼客队的女青年休息、喝甜酒。而后，客队吹奏“告别曲”，主队吹奏“送别曲”，在村寨口道别，互致衷心的谢意。

打同年

打同年是苗族人民春节期间最热衷，也是最能体现苗族文化特征的一种民俗活动，打同年是一种集体性挨家挨户拜年的方式，就是苗寨中男女老少成群结队吹着芦笙，到另一个寨子去串门做客，住上三五个晚上，结交友谊。主要是通过赠送礼物、芦笙踩堂、喝酒吃饭、对歌谈情等活动，加深两寨村民之间的了解，最后形成亲密的同年关系。第二年，受访的寨子以同样的方式回访客寨。融水县安太乡的一些村落至今还保留着打同年时抹黑脸的习俗，他们去拜访同年寨时，先在家里把脸抹黑，到了别的寨子其他人还会继续把锅底灰往他们脸上抹，据说脸上越黑，别人越认不出自己，接下来的一整年就会越顺利。

苗族坡会

正月里苗家人最大的活动就是坡会，坡会的时间没有限制，视天气情况而定，各地时间不一。从正月初四到正月十六，广西融水各地苗寨就开始了连续不断的坡会，规模大一点的坡会时间一般比较固定，并且有专门的名称，如初十良双坡、香粉十六坡（也叫古龙坡）等。传统芦笙场一般设在某个坡的坡脚宽阔平坦处，旁边多有高大的树木，人们爬到树上观看坡会。近30年来，芦笙场一般设在小学操场。芦笙踩堂是苗族坡会的主要内容，除了芦笙踩堂，传统的苗族坡会还有斗鸡斗鸟、斗牛斗马等活动。借此机会，男女老少、村落与村落之间也实现了交往互动。

在融水境内，坡会是以苗族为主的各族人民悼念先烈、禳灾祈福、鼓舞斗志、交流感情、聚会娱乐的盛大民间传统节日。每个坡会都蕴涵着美妙的神话、传说或故事，都举行吹芦笙、跳踩堂舞、打同年等丰富多彩的民俗活动。影响较大的坡会有正月初七拱洞芦笙坡会、正月十三安太芦笙坡会、正月十六香粉古龙芦笙坡会等。融水各地苗寨坡会从正月初三至正月十七，一天一坡，形成了系列坡会群。2006年5月20日国务院颁发的“〔2006〕18号”文件，正式将融水县系列坡会群列入“国家级首批非物质文化遗产代表作名录”。

月也

广西的三江、龙胜等县的侗族，习惯于农历正月间村寨集体做客的习俗，称为“月也”（weiye），也有的地方叫“为也”（weiye）。大致分为几种，包括嘎（唱歌）也、芦笙也、舞龙舞狮也和唱戏（不单单是唱侗戏，还包括有些地方会演桂戏和彩调）也等。一到正月里，各村各寨便开始组织各种“也队”到邻村邻寨做客。近十多年来，侗族村寨里一般由老人协会组织文艺队、芦笙队、侗歌队、情歌队、侗戏队等多个表演队，逢年过节的时候，参与月也（weiye）做客、访问表演的活动，极大地促进了本寨与其他村寨进行文化交流和交往互动。

去月也（weiye）的时候，有时是由村里老人协会或文艺队组织，由每家去一人或二人代表，多为中青年男子和妇女前往。侗人敬老，凡想去的老人多少都带着一起去。若有客队来访，小寨以全寨招待，大寨则分姓氏招待。每次月也（weiye），时间可长可短，长者一个月左右，短者数天。近年来，交通越来越方便，人们的生活节奏越来越快，月也的时间大大缩短。

就传统而言，接待月也（weiye）来访的客人是分散招待。一般是客人傍晚到时，主寨各户一拥而上去抢客人。抢到的高兴，抢不到的脸上无光。晚饭之后，大家围聚戏台观戏。到第二天杀猪宰羊，摆百家宴，集体会餐，双方联合多耶并祭神，由客寨的款师讲款，从开天辟地到万物的来历，尤其是祭品，如猪、牛、羊的来历，同时表示对主寨的感谢之意，将猪头留给客人带回去，以后客寨要以同等方式或规格接待来访者，这叫作“还猪头”。双方男女对唱山歌，等到唱戏罢，送客人出寨时，主寨的姑娘们在寨门处拦住去路，主客双方分别唱“拦路歌”“开路歌”。最后，双方依依惜别，共定来年再续情谊。

打老庚

广西的瑶、苗、侗族有打老庚（打老同）的习俗。老庚为村里同一年出生的同龄人，从小就皆为伙伴。老庚之间，经常在一起做伴玩乐，外出打工也相互结伴，一生中遇到有红白喜事也要通知对方来帮忙。胜似亲生兄弟，否则便被视为情谊淡薄。结成老庚的双方亲属，自然形成“庚亲”。不同民族间打老庚，还多了一层民族友谊，有增进民族情谊的作用。春节拜年，也是老庚之间主要的交往活动，那时，他们互送鸡鸭、肉、酒、糍粑、糖果等礼品，到彼此家里做客，大家喝酒谈心两三天。

广西东山瑶流行“拜了老同是世亲”。通常在正月初六拜老庚、老同，男性称老庚，女性叫老同。拜老庚、老同，是一种纯朴的交谊方式，也是一种结义方式，互相了解后异性之间也可“拜老同庚”，感情发展到后来，有的与老同结为夫妻，不成夫妻的以兄妹相待，你来我往地走亲拜年。一个人可以拜结几个老庚、老同。瑶民拜老庚或老同时，着新服饰，提两块贴有红纸的猪肉，走到结拜对象的村前和门前燃放鞭炮，老庚（老同）闻声接亲，见到老庚（老同），彼此双手贴于胸前，互鞠一躬，说：“我们拜老庚（老同）了！”同来的人们也道一声：“莫嫌弃我们，我们是你老庚（老同）的老庚（老同），全都是你的亲老庚（老同）！”结拜仪式庄重而又简朴。被拜的老庚（老同），择日回拜。回拜后仪式便完成，从此成世亲。老庚之间有福同享，有难同当，“老庚（老同）有好日子便是我的好日子”。 此后，老庚（老同）之间非常关注对方，只要知道有需要帮忙的，都会主动帮助。结拜的老庚（老同）就像一辈子的兄弟姐妹。

请老年酒

广西瑶族春节习俗。瑶族把留作过年宰杀的猪称为“年猪”，一般在进入腊月中旬以后开始宰杀，或集中在“过小年”后。同一香火的弟兄（叔侄）相约一起杀年猪，从上午开始，轮番宰杀。杀年猪要吃两顿，在把年猪修剖停当以后吃第一餐，以新鲜血口肉、猪肝、粉肠为主氽汤，然后再添入煮熟的猪红（血），平地瑶称为“吃泡汤”，过山瑶称为“吃年猪”或

"吃红汤"。除屠宰师傅和本家成员以外，同"香火"的几乎人人有份。第二餐在晚上，一般以熬骨头为主，外加瘦肉和猪红。这一餐叫"老年酒"或"辞老年"，要请房族或近邻老人（一家一个代表）来吃酒。在栗木（镇）平地瑶还要专做一碗"米散肉"，以示对老人的孝敬。杀一条年猪一般都要请3～5桌客人，花销20～30斤猪肉不等。在腊月二十至二十八，一般德高望重的老人，几乎每天都在"吃年酒"。杀年猪以后，当天或第二天还要给外公、舅爷送一块猪肉，对外公或外婆还要多加一只猪脚，以示孝道。

吃百家宴

春节期间是走亲访友的高峰期，侗族待客有吃百家宴的传统习俗。如果村中某家来了贵客，同村的几兄弟或同房族，甚至全村每家都来一个成年男子，大家各自杀鸡或鸭，开酸坛取酸鱼酸肉，纷纷聚集到主人家中，共同设宴招待客人。若来的客人较多，便集中到鼓楼坪，用木板或杉木皮摆在地上，成为一个长桌，将饭菜摆成一条线，或者摆上几桌，村寨里的住户，每家负责一桌的饭菜。开始吃饭时，先由主人或寨老致辞，然后开始喝酒。吃百家宴时，吃菜喝酒也要转，这一桌吃完，还可以到别桌去尝他家的菜。侗人准备的菜肴从数种至十多种不等，除了农家自种的青菜，还有土鸡、鸭、鱼、肉，其中鱼和酸是待客必不可少的。在月也或集体做客的百家宴上，常常为客人准备各种腌酸，并杀猪宴请他们。这时，客人自由组合围成一桌，由主人供给酒饭。

喝社酒

广西全州县东山瑶正月十五的传统习俗。六字界、白岭一带村寨，同姓聚族而居，每年正月"喝社酒"。20世纪60年代末还残留着以血缘为基础的原始氏族痕迹。村寨有"庙社"，公推办事公道、有威望的人组成理事会，理事们是自然领袖，主持制定村规民约和庙款，以维护公众利益。在通常情况下，每年正月十五前择日（通常在正月初五六）"喝社酒"，由会员轮流做东或"凑份子"。1949年前设有庙田，会员轮流耕种庙田，收获的粮食归庙会。每户派一名代表自带碗筷“喝庙社酒”，议族规。喝庙社酒时议事定规约，再召集男女老少当众宣布，无条件地自觉遵守、维护所议定规约。现在已经较少有这项习俗了。

节日禁忌

春节期间，广西各族有诸多的节日禁忌。壮人认为在大年初一时最紧要的事情是休息，为了保证人们有足够的时间休息与玩耍，他们要坚守一些禁忌，如不能睡懒觉、不要到门外去梳头、吃饭时千万不能让饭菜掉下、不可花钱、不可翻箱倒柜、不能碰刀斧等利器。武鸣壮人在正月初一忌睡懒觉、扫地、洗衣服、向人借债追债，禁止讲不吉利的话，禁止小孩子哭闹。广西东山瑶春节期间，年三十贴春联之后，忌串门，忌索债人讨债。还有正月初一忌叫“起床”。初一卯时娃仔不翻身，寅时忌响声，初一忌出远门、忌花钱，正月初三前忌扫厅堂，正月初四起从大门往堂屋扫，等等。恭城盘瑶过新年，为了过得顺畅，要求人们不准动气，不能打人骂人，不讲粗话和欠吉利的话，不动剪刀、针线，不能扫地。并且俗称“初一讲老鼠、衣裳如纸碎”，而禁讲老鼠。桂北侗族也是在大年初一有诸多禁忌，如忌出门、忌扫地劳动、忌在屋里梳头等。广西仫佬族在大年初一有十二大禁忌：忌天亮才起床、忌打破东西和拨火、忌扫地、忌吃青菜、忌吃荤、忌洗衣物、忌吵嘴、忌打人和骂人、忌劈柴、忌早开门、忌卖干柴、忌炒豆子。广西蓝靛瑶也有自己的禁忌，在立春和大年初一这天是不吃青菜的，只能吃蘑菇、山薯及荤菜，否则来年农田里就会生野草，影响农作物生长。这两天，女人一般不出门，也不能进别家房屋，否则被认为不吉利，特别是孕妇，更不能外出。大年初一、初三烧柴只能烧整条，不能劈开，否则视为“破财”。大年初三，不准扫地，否则会招来跳蚤。广西的毛南族则忌说“火”，他们把大年初一看作聚财之日，忌往屋外倒水，不能洗衣，不能晒衣服，也不能扫地，否则会失财、破财等。其中有共通之处，也有不少独特的地方，这都与各族信仰有关。

五、表演艺术与口头传统

广西各族把春节当作民间艺术和口头传统的一次集中呈现的场域。节日期间，各民族都有丰富的民间文艺表演，包括地方戏剧、舞蹈、歌唱等活动。就地方戏剧而言，具有代表性的有彩调剧、侗戏、桂剧等。这与广西汉族同少数民族之间的文化交流有关，都有数百年的历史，进入少数民族地区以后，融入了当地人的生产生活和审美情趣，而形成了具有地方特色的语言、音乐、服饰和艺术表现形式的新传统。春节期间，各民族演唱的民歌和其他文艺娱乐形式，主要有壮族、毛南族的山歌，汉族的舞龙灯、唱彩调，京族的进酒舞、采茶摸螺舞、灯舞等，侗族的“耶补”、侗歌、“踩歌堂”等，壮族、毛南族、瑶族等的舞龙、舞狮，形式各异，有的集唱、舞、演于一身，精彩纷呈。

对歌

广西壮族、仫佬族等春节期间的口头歌唱艺术。壮族村寨正月间从大年初一或初二起，人们喜欢去游村串寨，老歌师带着一帮男青年到邻村，邻村的老歌师就带着本村的女歌手出村口来迎接，展开对歌。一般而言，双方先是互相夸赞对方的村子如何富裕、人杰地灵，小伙子英俊能干、姑娘心灵手巧，然后就一些家喻户晓的故事，如梁祝、天仙配、牛郎织女等，还有一些天文地理常识进行问答，壮族人称之为“盘歌”。仫佬族村寨的爱歌者则相约到附近的山坡或圩场或广场等地进行对歌，内容从生产生活到当代新生事物，国内国际动态等，都有涉及。

仫佬族山歌

广西仫佬族歌唱形式。有随口答、古条和口风三种形式，春节期间仫佬族以走坡对歌的形式对唱山歌。走坡对歌是仫佬族社会生活的重大习俗，多在农历八月十五和春节进行，历史十分悠久。每年从正月初一到十五，仫佬族村村寨寨的男女老少，着节日盛装，几十人、几百人，乃至几千人聚在山坡上或村头巷口唱山歌，尽情歌唱自己的劳动生活和爱情友谊。尤其是在正月十三至十五，青年和部分中年人在村中的晒谷坪大开歌堂，日唱“欢冬久”（情歌），夜唱“欢古”（古条歌），纵情歌唱，尽情欢乐。走坡对歌更是仫佬族青年男女谈情说爱的社交盛会，春节期间仫佬族青年男女身穿盛装，各自结伴，在走坡中传歌互答，以歌为媒，谈情说爱，以寻觅自己的心上人，一问一答，高兴满意，互赠毛巾和布鞋等信物，直至婚姻，有时从早唱到晚，从晚上唱到天亮，十分热闹。

演大戏(桂剧)

桂剧，各民族地区也称“演大戏”，是广西地方剧种。在广西多个少数民族地方都有传播。正月，在全州县瑶山很多村寨，瑶族人临时搭戏台演大戏，传统剧目有《三国演义》《水浒传》《薛刚反唐》《薛仁贵征东》《薛丁山征西》和《穆桂英挂帅》《打渔杀家》等，以历史小说和历史人物为题材。瑶族地区老年男女几乎都成戏迷狂，场场必到，场场爆满；演得精彩，往台上放鞭炮，或掷硬币，演得悲切，台下流泪；要是剧艺平平、味淡，他们往台上丢草鞋提醒。此外，在龙胜县平等乡，三江县的侗族，在春节期间演桂剧也是人们喜闻乐见的文艺娱乐形式。

彩调剧

广西彩调剧是在广西汉、壮族的民间歌舞和说唱文学的基础上逐步发展起来的，用汉语桂柳话演唱的，具有较为浓厚的地方色彩的民间戏剧，“唱彩茶歌”和“唱彩茶”是其最早的表现形式。彩调剧约于清朝初年传入壮族、瑶族、仫佬族等地区，后又融入各族的文化内容和民族特色，早已成为各族居住地区春节重要的歌舞活动内容。清乾隆十九年（1754年）《庆远府志》云：“自元日至上元夜，竞放纸炮，悬彩灯，或群聚为龙马狮子等灯，或装妇女唱彩茶歌，宣锣鼓嬉戏以为乐。”嘉庆七年　（1803）《罗城县志》载：“初一至十五日各门首挂灯，敲锣鼓，放鞭炮。夜则演故事，舞龙灯，或唱彩茶，或唱杂戏。”民国时期，天河、龙岸、黄金、寺门、小长安等圩镇建有业余桂剧团，少数村屯有业余彩调班，春节期间演唱的彩调剧目有《娘送女》《下南京》《戏公爷》《王二报喜》《王三打鸟》《戏公爷》《男反情》《女反情》等。据不完全统计，从1900到1949年，罗城、天河两县春节期间演出的彩调剧目有50多个。新中国成立后，广西彩调剧又有新的发展，每年春节演出隆重，附近的各族村民都前来参加，好不热闹。

与戏班正统的彩调剧不同，民间唱彩调俗称调子、彩调、彩灯、哪嗬嗨等，属灯戏系统。它是从桂林地区农村歌舞、说唱衍化而成的“对子调”。起源于广西北部农村，流传甚广，名称不一。彩调形式活泼，通俗易懂，剧目内容十分贴近群众生活，具有浓郁的民族风格和地方特色，被誉为“充满泥土芬芳的快乐剧种”。春节期间，桂林市彩调团的人员往往会到各个县城去表演彩调，由于彩调剧目内容非常的贴近群众生活，加上诙谐幽默的语音，搞怪的着装，很受群众欢迎。同时，广西还有非常多的彩调业余爱好者，在春节期间他们也会组织起来，在社区、村镇免费的为群众表演。

壮剧

壮剧是壮族戏曲的统称，有北路壮剧、南路壮剧、壮族师公戏、富宁壮剧、广南壮剧等分支。据《广西通志》记载，北路壮剧流行于右江流域的田林、隆林、西林、百色、凌云、那坡等县，使用壮族北部方言，是在当地民歌和民间说唱的“板凳戏”的基础上形成的。南路壮剧流行于靖西、德保、那坡、大新、天灯、田东、田阳等县，使用壮族南部方言。源于当地民间说唱末伦[1]，并受当地提线木偶戏的影响。清道光年间（1821—1850年），马隘人黄观炳建立了第一个戏班，以人仿木偶戏演出，演者不唱，唱者不演，称为马隘土戏。后来不断吸收汉族戏曲的艺术表演形式，在民国年间形成了具有生、旦、净、丑各色行当的剧种。新中国成立后，在政府的扶持下，建立起了两路合一的专业壮剧团，并创作出许多新剧目。而在民间，壮剧的各个支系仍保持着原有的艺术形态，因反映本民族

1. 末伦：壮族曲艺，又名莫伦、巫伦，是脱胎于民间宗教的巫调，一般单人自弹三弦说唱。

日常生活而在广西壮族聚居区广受欢迎。春节期间，壮族村寨中时有民间壮剧组织表演壮剧，观看群众很多。

邕剧

邕剧是南宁市的地方戏之一，主要流行于广西粤方言区。它起源于清嘉庆、道光年间，与祁、桂、丝弦和变革前的粤剧有密切的关系。邕剧的表演，向有“千斤话白四两唱”之谚。武戏重做工和说白，文戏的做工，颇注重内心活动的表现，而且，往往以粗放的大动作结合面部表情加以夸张地表达。行当有生、旦、净、丑四大类。

邕剧在声腔上以南路和北路为主，安庆调、七句半（罗罗腔）、补锅调及地方小调为辅。音乐伴奏以大锣、大钹、二弦、喉管为主，具有表演气氛热烈的特点。邕剧与粤剧一样使用“戏棚官话”，在声腔上依照粤语的语音字调行腔，因此常常与粤剧一起被视为“广府戏”。但两者在声腔的名称上却不尽相同，如邕剧腔分南路、北路，南路是二黄腔，北路是西皮腔（与桂剧相同），粤剧则以梆子腔、二黄腔来划分。粤剧早在20世纪初就将“戏棚官话”改为粤语，形成演唱和念白的语言一致，而邕剧则仍然以“戏棚官话”为念白。由于两者在声腔的发音、咬字、用韵、行腔上几乎完全相同，两剧的演员可以同台演唱彼此的唱腔，表演彼此的剧目。现在的南宁市粤剧团与南宁市邕剧团就常常进行同台演出。

邕剧的传统剧目共700多个，有文戏、武戏、笑戏三种，新中国成立后，除整理、移植、改编的优秀传统剧目之外，还出现了一批现代剧目。《拦马过关》《百鸟衣》《阮文追》等是其中较有影响力的作品。春节期间看邕剧，是南宁地区民众喜爱的活动。

舞狮

壮族、瑶族、毛南族、仫佬族都有在春节期间舞狮的习惯，皆是由汉族传入。

舞狮是壮族喜爱的一项传统体育活动，广西田阳的高台舞狮尤其具有地方民族特点：将“八仙桌”脚朝上叠成方形，共八层，约九米多高，由一少年手持彩球，引逗两人舞动的雄狮沿着“八仙桌”攀缘登顶，然后在四条桌腿上表演，动作惊险，体现了表演者高超的舞狮技艺。

恭城县的瑶族舞狮，平地瑶接受比较早，过山瑶则较晚。乡下村落组织的舞狮队一般于正月初一在本村跳，拜过各户香火后，再在村中旷坪“耍大堂”，除了舞狮以外，还配以傩面、猴头的嘻戏，还有拳、棍、刀等武术表演。正月初二，结队自动出村或应邀出村玩耍。一人在前，到各堂屋发帖，使家主有所准备，狮队敲锣打鼓进村，在村前拜过土地，然后进入各户堂屋拜年。舞狮以炮竹定时间，炮竹燃放时间越久，跳的时间越长。到了中午，各户热情接待，纷纷拉“狮子客”入家喝酒、吃饭。下午再在村中“耍大堂”，让村人集体观摩全堂武技。如此出村或断或续，直至正月十五再在本村闹一次元宵即此结束。

广西的毛南族舞狮队，从正月初一起，按从街头到街尾的顺次，挨家挨户舞狮拜年，还有两个少年抬着箩筐，专门负责统一接收各户所赠礼物和利市。如此这般直至正月十五闹元宵。仫佬族的舞狮从正月初二开始，敲锣打鼓，戴有各种面具的陪伴队随狮子队到各家各户拜贺新年，并发红帖，上写着“瑞狮登府庆贺元宵；××舞狮队拜”，正月十五日晚收帖，主家送红包、柚子、米酒、糯米糍粑等礼品，并放鞭炮祝福。

仫佬族的舞狮有蚂蜗狮、猫狮和独角狮等。独角狮是仫佬族独有的狮舞，表演有进堂、洁手、行当舞蹈、拜年、武术表演等5个环节，四把镇集环村的独角狮表演最为著名。蚂蜗狮舞一般在农历正月初二至十五之间进行表演，表演分为蚂蜗出洞、跳塘和闹塘等过程，正月十四到各户拜年发红帖，次日晚收帖。在仫佬族众多的狮种中，只有蚂蜗狮才能进家门接收礼品，而别的狮种只能在屋外接收礼品，蚂蜗狮享有的特殊优遇，源于仫佬族对蚂蜗的崇拜。

舞龙

广西各族春节期间的民间活动。壮族、汉族、仫佬族都有在节日期间舞龙助兴的传统。其中，以宾阳汉族的舞炮龙，以及仫佬族的舞草龙最具特色。宾阳的舞炮龙考验的是舞者的胆量，龙队成员赤膊上阵，在一路人们砸来的鞭炮中行进。仫佬族的舞龙有布龙、草龙两种，两者舞法基本相似。春节期间，从除夕或正月初五起，龙队敲锣打鼓舞龙上街、串村表演，围观的群众也可一显身手参加表演。至正月十三、十四，龙队挨家挨户去发红帖拜年。帖上写着“金龙登村庆贺元宵；××舞龙队拜”，正月十五晚收帖，各户均送红包，并大放鞭炮“烧龙”。舞草龙是仫佬族特有的龙舞，用稻草编织而成，分7、9节不等，最早起源于小长安乡地州屯，春节期间舞毕后需将草龙拿到河边烧掉，送给海龙王，以祈求海龙王保佑仫佬山乡风调雨顺，五谷丰登，新年吉祥。

舞龙灯

广西汉族元宵节期间的主要传统娱乐活动。也叫作“舞龙”“耍龙灯”等。表演时由表演者多人手持龙灯而舞。龙灯用竹扎成圆龙状，节节相连，外面覆罩画有龙鳞的巨幅红布，每隔五六尺有一人撑竿，首尾相距约莫有十数丈长。龙前由一人持竿领前，竿顶竖一巨球作为引导。舞时，巨球前后左右四周摇摆，龙首作抢球状，引起龙身游走飞动。广东《南雄府志》有关于舞龙灯的详细记载：“元夕闹花灯，少年子弟群衣炫服，攀龙舞狮。所到人家，俱送酒肴银钱。取龙须线系小儿带上，云无疾病，又去龙灯内残炬照床下，云产贵子。灯事毕，收其首悬之梁上。”现在在农村往往是整个村组成一支舞龙队，年前的时候大家利用空余的时间训练，等到春节期间就会被邀请去别村表演，很受欢迎。

舞象

广西德保县等地民间春节游艺活动。当地人用铁线、竹片等制作大象模型，然后在其背上安放一朵纸扎的莲花，脚下安放带轮子的底座。春节期间，一对模拟大象披红挂彩，背上的莲花坐着化好妆的童男童女，并由四人打扮成小象跟随，在管弦乐吹奏的“八音”乐曲中沿街游行，欢庆春节，祈祝丰年。

进酒舞

京族的敬神舞。舞者在劝慰神灵饮酒的《进酒舞》中，反复以双膝微颤的三角步进退往复于神案前，同时双手在胸前表演从小指依次轮指带动手腕转动的“轮指手花”和两手互绕、手指轮转拉开的“转手翻花”等柔美舞姿，以表达京族少女对诸神的爱戴和崇敬。

采茶摸螺舞

京族的《采茶摸螺舞》是从情歌“舞采茶”演变而来的一种传统歌舞形式，以敬神娱神为目的。歌舞中“桃姑”们（女舞者）用各种模拟采茶和捕捞螺蛳的动作在歌声陪伴下翩翩起舞，把人们的思绪忽而带到绿茵葱茏的茶林，忽而又引向碧波喧嚣的海边，共同分享姑娘们摸螺捉虾的喜悦。整个表演像一首充满浓郁乡土气息的抒情诗，使人陶醉。此外，按京族古老习俗：未婚的男女青年，若各自制作的花屐大小、样式和花纹都同样的话，那么这对青年男女即被认为是获得天意撮合的夫妻。为此，京族民间便演变出述说为获得“天意撮合”的名分，恋人便私下“串通”花屐的大小、样式与花纹，使“巧合”成为现实的《对花屐》舞蹈。这些充满生活情趣的舞蹈，不但达到了“娱乐神灵”的目的，更重要的是使人们真正获得了身心的愉悦和精神上的享受。

灯舞

京族传统歌舞。在《灯舞》中，舞者头顶瓷碗，碗上叠盘，盘子里点燃蜡烛，同时两手端着酒杯，杯中也各有蜡烛一根。载歌载舞时，三根蜡烛闪闪不灭，若是群舞，一片烛光闪烁，煞是好看。《灯舞》结束开启了亭内外人们与咏队歌声的闸门，如潮的歌声此起彼伏，还逐渐加入由近及远的人声和笑声，形成一曲曲人间的祥和之音，飘向广阔的夜空。

侗戏

侗戏是侗族地区春节期间的娱乐活动之一，是侗族民间喜闻乐见的传统表演艺术形式，常见于喜庆活动中。春节期间是侗戏演出的高峰时期，有本寨戏班演出的，也有客寨来“月也”的戏班演出的，有时要唱一个月戏。

侗戏是在侗族叙事大歌基础上受桂剧、彩调剧、祁剧等地方戏曲的影响逐渐形成的一种独特剧种。它大约产生于清代嘉庆、道光年间，盛行于过去称为“六峒”“九峒”一带，即广西与贵州毗邻的从江、三江两县交界处。现在，侗戏在广西的流传范围遍及三江侗族自治县、龙胜各族自治县的侗族聚居区，且在形式上有了新变。侗戏最早的演出是坐唱，发展到后来分别上台走唱。伴奏通常以琵琶琴、牛腿琴、锣鼓等为主。演唱形式与其他民间曲艺相比，较为单一，一般由演员出场报身份、姓名，然后甲唱一段，乙唱一段，各唱完一段横走八字，交换位置后再唱。没有过多的动作和对白。曲调分为平调和哀调两种。戏的剧目多为侗族民间故事，《珠郎娘美》是其中的代表作。现代也增加了一些根据侗人外出打工发生的新故事改编的新剧目。

侗歌

广西境内的侗族操侗族南部方言。侗族盛行集体歌唱活动，民间合唱艺术丰富多彩，世代传承。爱好唱歌的侗族人民，从童年起就组织歌班，每晚接受歌师的歌唱训练；逢年过节或有来客，都进行各种对歌、赛歌活动，如踩歌堂、唱大歌，青年男女还要“行歌坐夜”，对唱情歌，通宵达旦。侗歌历史悠久，明人邝露所著《赤雅》中就有侗族人民“善音乐，弹胡琴，吹六管，长歌闭目，顿首摇足，为混沌舞”的记载。

根据歌唱内容、形式和场合的不同，按照民间传统习惯，侗族民歌可分为“耶”和“嘎”两大类。侗语称“多耶”，含有唱、舞等多种含义，即边唱边舞，由于演唱时男女各组成一个队，围成圆圈，后者手搭前者肩上边唱边跳，故又称为“团歌”或“踩堂歌”。这类歌曲无乐器伴奏，以一领众和的方式集体进行。“嘎”就是通常所说的“侗族大歌”。

耶补

"耶补"，侗语意为赞颂歌。多为对人对事对物赞颂之词，有传统唱词，亦可即兴编唱。包括赞屋歌、赞颂英雄歌，以及节日、仪式、礼俗赞颂歌等。赞英雄的叫"耶补"，赞鼓楼的叫"耶补楼"，赞山水环境的叫"耶补生"等。正月里，侗人喜欢成群结伴外出做客，"耶补"是一种重要的交往礼俗和文艺活动。欢聚期间，各村寨组成的男女"耶队"互访，对歌赛歌，双方往往先互作赞颂，表示谦虚敬重，倾尽好客礼节。有时在除夕傍晚，各家各户已经打好了糍粑，也杀好了鸡准备团年饭。七八岁的孩童四五个相约一起，去敲各家各户的门，唱赞屋歌，讨要糍粑和鸡腿。

"耶补"的歌调易唱易记，歌词由领唱者触景生情，随编随唱，一领众和，和唱者重复领唱歌腔句尾的三个字、五个字或整句歌词。通常规模很大，一人领唱，可有几十人甚至几百人和唱。有时齐唱的部分还加唱一些衬字（如"呀""哎"等）和衬句（如"育能呀啊衣罗呀罗号呀"等），以加强气势。

踩歌堂

广西侗族在春节或重大节日会聚集到鼓楼坪里，或者在鼓楼里围着火塘坐成一圈，唱侗歌，姑娘们手牵着手跳舞，大家边唱边舞，称为"踩歌堂"或"多耶"。在歌堂唱的歌，内容多涉及开天辟地，神母来历，祖先传说及祈祷神灵保佑，风调雨顺，五谷丰登，人丁兴旺，村寨安宁，等等。有时是齐唱，或以一领众和的形式，歌词通常以六句一首为多见，每句7字、9字或13字不等，由一人领唱一句歌词后，众人均重复和唱该句歌词的后三个字。有时以多声部合唱形式，在演唱一个正词歌句后必然跟唱一个虚词衬句，正词歌句均为齐唱，虚词衬句则为分声合唱，且正词歌句与虚词衬句句尾的落音完全相同。后者在三江县梅林乡侗族大歌传承的地方比较兴盛。

在三江地区的侗族，逢年过节或有客人集体来访，男女青年便集中在鼓楼里或鼓楼坪踩歌堂，有时候是全寨上下不论男女老少一起来，手拉手地围成一圈，男的用手攀肩，女的手牵着手，踏着整齐的步伐，边唱边跳。一人领唱，众人随和，边舞边唱，因唱耶歌时伴随着舞蹈，称“踩堂多耶”或“多耶舞”。广西三江侗族“多耶”时，男女以手搭肩膀围成圆圈，唱一句挪一步。这时，唱词由一人（多是村里歌师、款师或歌手）领唱，歌词即兴而至（唱地方山水环境和风土人情，多为赞颂歌），众人配合，唱歌词后几个字，并附和节奏感强的拟声词，如“呀咯耶，呀咯嘿，呀咯耶，呀咯嘿”。歌唱的内容除了唱祖母神萨的来源外，还远问天文地理，神话故事，山水草木，鸟兽鱼虫，以及日常生活和生产上的知识。有时，还有琵琶歌、情歌对唱、笛子歌等乐器伴奏等形式加入其中，好不热闹。踩歌堂是逢年过节、集会交往、接待宾客的重要娱乐形式。

吹芦笙

广西苗族、侗族的传统表演形式。融水县苗族人的芦笙有广义和狭义之分，广义上的芦笙包括地筒。吹地筒和吹低音芦笙（芦笙越长越大声音越低）的人紧挨在芦笙柱底，吹中高音芦笙人在外围。苗族人喜欢用羽毛或“芭芒草”插在芦笙上，或是用丝绸缠绕，以此装饰芦笙。吹芦笙一般由男性负责，吹芦笙时他们身体左右摆动，节奏越快摆动频率越快，但是很少移动步伐。有时在吹奏一段缓慢的芦笙曲时，他们也会绕着柱子缓慢移动。表演时，他们还会加入一些杂技动作，如倒立吹芦笙，搭人墙吹芦笙等。吹芦笙是由男人们专门负责的，现在有一些苗族女子也开始学吹。侗族的吹芦笙也是围成一个圈子，里低外高，但在吹法和身体步法上与苗族有所不同。

坡会芦笙曲

广西苗族正月坡会时的表演形式。坡会的芦笙曲主要有引奏曲、踩堂曲。引奏曲都是跟踩堂曲合在一起的，是在芦笙踩堂开始之前吹奏的那一小段芦笙曲，相当于发音口令。引奏者是整堂芦笙踩堂曲的核心，一般选村里芦笙吹得比较好听的人（多为寨佬或者芦笙队长）吹奏，引奏曲用音最尖最高的小芦笙吹，以便在踩堂过程中其他芦笙吹奏者能够辨出引奏者的芦笙，跟着节奏吹，不至于出现混乱。踩堂曲，是由全体芦笙队合奏的芦笙曲，踩堂舞根据踩堂曲的节奏而进行，男吹女跳，这是对侗族男女协调合作的展示，也是几个同年寨之间无障碍交流的一种手段，踩堂曲表达了对祖先的敬仰，传达了丰收的喜悦，同时也是祥和与希望的象征。

踩堂舞

广西苗族正月坡会时的表演形式。踩堂舞，是按芦笙和地筒共同吹奏的踩堂曲节奏，围绕芦笙柱挪动步伐的舞蹈，由苗族女子完成。最常见的踩堂舞舞步为上三步、退二步，并脚转身，脚跟上顶，身体前倾，头部随之微微摇动，双手随着身体的扭动而自然摆动，动作柔和。或向前迈，或向后退，或转身，或踢腿，或摆手，或拍手，或屈膝，或下蹲，有时候像是在划船，有时又像是在采摘果实，有时还像是在往篮子里装东西。总之，踩堂舞尽情地展示了苗族女子的勤劳和灵巧。在芦笙坪上，待嫁姑娘通过踩堂这种方式展示了自己，以吸引未婚男子的目光。有些地方的女子踩堂还增加了道具，有扇子、手绢和鲜花等，以增强喜庆氛围。

赛铜鼓

广西壮族春节习俗。春节期间，壮族有过蚂拐节的习俗。在蚂拐节上，人们要举行铜鼓山歌会。现在，即便有些地区的壮族蚂拐节已经简化或消失，但赛铜鼓的习俗却在这些地区保留下来，成为壮族村寨春节期间的表演活动。春节期间，人们在村口架设铜鼓，由村里的铜鼓能手与邻村的铜鼓手进行比赛，输赢的规则因地域不同，打法流派也各不相同。

背带歌

广西布努瑶族的传统习俗和口头艺术。一般在春节期间外嫁的女儿带孩子回娘家时，娘家为新生儿送背带，同时由娘家和夫家双方代表为新生儿唱歌。旧时富裕人家可以多送背带，显示自己家庭的经济实力，不会在女婿家面前失了面子和礼数，同时也关系到女儿在夫家的地位。送新生儿背带的同时，双方的“布桑”（女家歌师）和“布觉”（男方代表）必定会唱《背带歌》互相赞颂、祝福，进行智慧、歌才、知识的表演和比拼。在此表演的过程中，以念诵为主，吟唱为辅，诵唱段子句式多为排比，给人以音韵美的感受。《背带歌》内容世代口传，涉及布努瑶的始祖密洛陀、本民族各姓氏的源流、迁徙、政治经济和风土人情。布努瑶以此牢记自己的祖先、族源，并将这一民族血脉的烙印，经由背带，传给家族新生的孩子。

六、游艺娱乐

春节期间，广西各少数民族民众要举行各种游戏和竞技活动，如瑶族的射弩、斗鸟，苗族的斗马，瑶族的拍毽子，侗族的打毽球，蓝靛瑶的打绣球，毛南族的放鸟飞，瑶族的狩猎，以及多个少数民族都具有的打陀螺等，均具有鲜明的地方和民族特色。其中，有些游戏娱乐活动是多民族共享的。现代以后，当地的少数民族民众也流行在春节期间打篮球、打纸牌等游戏活动。

射弩

广西瑶族传统活动。布努瑶在春节与祝著节等重大节庆期间，历来有射弩比赛的传统，但是随着野兽的减少，治安环境不断改善，弓弩在打猎及保卫村寨中的功能不断削弱。中华人民共和国成立前，因为在枪弹缺乏的年代，瑶族的弓弩是村民保卫村寨的重要武器，射弩的传统得到重视和发扬。新中国成立以后，射弩被作为少数民族体育活动项目保存下来。但在许多布努瑶村寨，春节期间射弩的传统已经消失。现在，弩以黄杨木为主，有观赏价值和文玩价值。如今，布努瑶春节期间只有文钱村仍然会举行射弩比赛。

斗鸟

斗鸟也是瑶族、侗族、苗族等传承下来的习俗。在布努瑶许多村寨的瑶民家庭里，斗鸟用的是画眉鸟，有些瑶族村寨家家户户有鸟，除了观赏外，更多用于圩日。斗鸟的时候，先将两个鸟笼对门洞靠拢，主人激发画眉鸟的斗志，待两只鸟进入争斗状态的时候，才打开笼门。这样两只鸟一接触，打斗就直接进入白热化的阶段。全过程两只小鸟会在两个鸟笼中来回打斗，战况激烈异常。最后，一方会以高昂的叫声来展示自己的胜利，此时，人们将鸟儿分开，彼此关回原来的鸟笼。斗鸟时间长短只看这两只鸟的实力差距，差距小的能斗上半小时之长。现在斗鸟一般由县、乡或村里政府部门组织比赛或表演，获胜的鸟，其主人因此受到人们的尊敬。

斗马

广西融水苗族春节期间的传统习俗。不用来干活，主人会用精饲料将马喂得膘肥体壮。斗马用的马是专门喂养的，斗马属于情斗，两匹公马要通过角斗来获得母马。首先牵一匹母马进场，然后，两匹公马被牵入场，与母马“相识”，然后两匹公马的主人松开缰绳，两匹公马立即为赢得母马的青睐而厮斗起来。获胜马匹披红挂彩，主人也得到奖赏并受到众人的尊敬。

拍毽子

广西壮族敏支系及布努瑶的孩童游戏。拍毽子是女孩子最擅长的游戏。从外形上看，这种毽子与汉族的毽子并无不同，但制作材料与玩耍方法却大相径庭。就毽子底部而言，他们的毽子是用毛竹片来回折叠再经剪刀剪成圆形或方形而成的。为了压住折叠的毛竹片，老人通常用有韧性的U形竹条从竹片中穿过，再用竹管插在U形的竹条上，这样竹片、竹管、竹条便紧紧地扣在一起，往竹管中插入公鸡毛后就成了毽子。这种毽子并非用脚踢着玩耍，而是两人面对面用手拍击，毽子落地一方为输家。

打毽球

广西侗族春节的民间游戏，打法与拍毽子类似，但毽子制作有区别。春节期间，从正月初一开始一直到二月二，侗寨的适龄男女青年也喜欢相约到鼓楼坪、公路边、田段等相对空旷的地方打毽球、游戏。一般是寨上小伙子对哪个女孩子有点意思了，他就叫上几个兄弟朋友主动去邀请年轻的女孩子到坡上打毽球，女孩子叫上几个姐妹朋友，等吃过早饭了就一起出门。以前寨上每家每户都有一个稻草棚，小伙子请女孩子去随便哪家的稻草棚边捡稻草扎毽球，表示对她有意思，此时边扎毽球边在那里聊天，扎好毽球就去玩耍，下雨了就在鼓楼那里打到天黑，不下雨就在山坡上打到天黑。20世纪80年代时，青年男女十七八岁，不用外出打工，二月初二之前，几乎天天去打毽球，都是几个小伙子约好，哪里有一堆女孩子他们就去哪里玩。属于村寨内谈恋爱的一种传统方式。

打绣球

广西蓝靛瑶过年时的传统习俗。春节期间，蓝靛瑶男女青年都有互相邀约聚集在一起唱山歌、打（抛）绣球的习惯。这种习俗在凌云、田林、凤山、巴马等县居住的蓝靛瑶至今还在流传。一般在每年大年初二举行。“打绣球”，其实不是“打”，而是“抛”，一大早，几个邻近的瑶族村寨16~20岁的青年男女纷纷来到村子里最平坦的一片山坡上，他们穿着民族节日盛装，相隔十几米，男女把自己精心绣制的绣球抛向对方，并对唱山歌。蓝靛瑶的“打绣球”活动，既是一种高尚的文娱体育活动，又是青年男女互相交往，增进友谊和了解，进而谈情说爱、寻找对象的好时机。现在，“打绣球”更有组织性，主要有发邀请（限花）、回复、会集、对歌、抛球、野餐、入户坐堂、进餐、对歌、分别等程序。靖西壮族也有春节期间抛绣球的习俗。

放鸟飞

毛南族的春节习俗，在正月十五进行，是春节期间最具特色和奇趣的活动。姑娘们编制“百鸟”“槽鸟”，从除夕持续到元宵。待到正月十五元宵节，毛南人把香火堂上的所有东西拿下来，全部吃掉。其中，取下“百鸟”，入锅再蒸煮，入夜，以“百鸟”当饭，谓之“放鸟飞”，意为让“小鸟姑娘”出嫁之意。现在，放鸟飞则寓意：春节把鸟放飞，免得来年鸟来吃庄稼。晚上，一家人再聚在一起，吃一餐团圆饭。春节就算结束了。第二天，毛南人开始新一轮的春种。

狩猎

广西平地瑶春节期间的传统习俗。平地瑶源自“梅山蛮”，在《梅山图》中绘有四山白公、翻天张五郎等狩猎之神，民间俗称“梅山”。民间流传有“吃正月，耍二月”的俗语，所以正月的围猎也是他们的“娱乐”活动之一。出猎时邀上几个同伴即可配合，并有所分工。按瑶人狩猎风俗，在猎物上肩以前是“见者有份”的，如果是孕妇还可分得两份。打猎要“敬梅山”，出猎前先烧香供茶化纸；打猎归来，要砍下猎物头颅“祭梅山”，还要以兽肠、肺喂狗，表示酬劳。打得兽肉，不但当天有一顿美餐，还可留肉招待客人，充实宴席内容。自收枪治暴以后，没有了鸟枪，打猎也相应停止，放夹安套也较少，只有“放搭子”搭山鼠还比较盛行。

打陀螺

在广西，打陀螺是众多少数民族春节期间共有的娱乐活动之一。广西壮族、毛南族等的陀螺是用坚硬的茶树或椿木制成倒圆锥形的玩具，用麻绳缠陀螺数圈后用力甩出，谁的陀螺转动时间长，谁就是赢家。此活动为孩子们所青睐，既强身健体，也展开竞技，一赌输赢。现在，陀螺的日常娱乐功能逐渐减弱，只是在春节活动日中作为一项体育竞技活动保留了下来。

七、节日用品

春节是各民族生活和文化的集中体现。以春节为平台，广西各族的传统饮食和服饰得到了展现与传承，其中丰富的饮食习俗独具民族特色，如壮族的炒米花、制米粉、包年粽、斋粽，瑶族的五色糯米饭、生鱼片、镶封肠、豆腐圆、白切肉、猪羊“活血”、羊瘪汤、做年糕，苗族的糍粑、灌“椰棒”、灌风肠、重阳酒，侗族的打油茶、煮白水菜、腌酸鱼、腌酸肉，仫佬族的斗糍粑等，也有传统的民族服饰等内容，呈现了各民族多姿多彩的生活文化。

米花

春节期间，壮族民众一般都要制作炒米花，用于祭祀神灵，以及招待前来寨里舞龙舞狮、唱彩调的客人，多是在除夕夜先准备好。米花的一般制法，是将之前压好放在布袋里的米花拿出来，放到热锅里翻炒。锅里只放些许菜油，一次炒三分之一锅铲米花，火要文火，不可炒焦了，一直炒完两盅米花。炒过的米花呈米黄色，脆爽香酥。然后再将红糖放到锅中煮开的热水中，调好浓度，浇到米花上，用一个玻璃瓶子来回滚动，使它们凝结成块，再用刀切成一块块方形的米花。糖浆的浓度对米花的凝结起决定作用。如果在除夕夜制作的米花是失败的，他们在过节期间就不好意思拿来招待客人了。炒好的米花放到碗里，堆成圆锥形状，用来拜神和招待客人，越高越好。

兴业县的汉族把炒米花叫白散，取洁白松散之意。传统白散的制作过程，包括选料（即选用纯净、粒大、黏性好、洁白的糯米，浸泡一夜后，滤起、晾干）、笼蒸（即把糯米放置在木作的蒸笼中，用猛火蒸熟。糯米过熟会导致板结，难透气，打坯时难脱模，油炸时难松散，吃时硬而不脆。熟度不够则会导致做坯时易散不成型，油炸时爆裂不完整，影响观感）、打坯（即将热的糯米饭迅速填进刻有吉、福、喜、寿的圆形凹字木模中，用手摊平、略压实，然后扣打在竹编圆底的簸箕上）、晒坯（即将散热后的白散坯放置在竹筛上晾晒，晾晒时要勤翻以便正反两面均晒到，晾晒多天，直至干爽）、过糖水（即选一个有太阳的好天气，将干爽的白散坯在已煮好放了一块姜的糖水中浸泡一两分钟，浸匀后捞起，放置竹筛上晾晒数天至干，密封在塑料袋后，再储藏在密封的瓦缸等容器中。过糖水时，要掌握好糖水的浓度，一般糖和水的比例为1:3为宜，过稀则不甜，过浓则使白散在油炸时膨胀散开）、油炸（即将白散坯正面朝下放入煎沸的油锅中，用相当于普通筷子3倍长的筷子，不断拨动，使白散坯朝同一方向旋转，待白散坯浮起后，

▲ 炒米花／陆潇玲 摄／2012 年

用筷子将白散坯翻至背面朝下，压沉，再炸一两分钟即可捞起，放置在铺着竹筒青等青菜叶的簸箕或盘中滤去余油，白散就做成了）等六道工序。由于制作白散的时间跨度一般需要2个月的时间，糯米质量要求高，工序复杂，导致现在自己制作传统白散的人家越来越少。

苗族与侗族春节期间炒米花是做打油茶用，苗族与侗族待客不能没有油茶，吃油茶必然少不了米花。因此，这两个民族在春节期间都必定要炒米花。

炒米糖

广西玉林市汉族春节传统食品。黄中带亮，颗粒均匀，状如蜂蛹，软硬适中，香甜酥脆。传统炒米糖的制作工序包括选料、拌糖笼蒸、碓舂熟米、爆米花、熬煮糖油、成型，但自20世纪90年代起，玉林炒米糖复杂的纯手工传统制作方法已基本被由爆米机与手工相结合的制作方法所取代，现在炒米糖的制作工序只有爆米花、熬煮糖油、成型三道。要制作品质优良的炒米糖，并非易事。如果按照传统六道工序制作炒米糖，需选用颗粒大、黏性好、无杂质的糯米，筛去碎米后，用清水浸泡一夜。然后把浸泡的糯米取出，漏干，置竹箕上，倒进适量的米糖，充分拌匀，置蒸笼中，以文火蒸，待米熟透即取出，晾干。将晒干的熟米，拌以花生油适量，堆放12小时后，分批用碓舂，舂时要不断地把底部熟米翻到上面，直至熟米全被舂扁为止。舂好熟米后，要准备匀砂适量，倒进铁锅中，以猛火炒红，再放入适量扁熟米混炒，待全部爆成米花后，取出待用。接下来便要熬煮糖油。糖油的原料用黄糖或白糖均可。按米花的重量在水中投放适量的糖，放进一些姜块，以慢火熬制，待糖油几次沸起白泡，用筷子能粘起糖油，滴入冷水中凝成球状时，糖油就达到了最佳浓度。这时要在竹箕内堆放好米花，迅速地把已煮好的糖油浇进堆中，接着以最快的速度把米花与糖油拌匀，以竹筒或他物压平，待散温凝固，炒米糖就做好了。这时可以将炒米糖用刀切成小块，移放瓦缸（或铁箱）中，密封保藏。

米粉

米粉是广西壮人传统食物。广西右江的壮族在春节期间还要专门制作米粉，作为过节的食材备用。它因柔软可口、方便煮食而深得壮人喜爱，但日常生活中壮人却甚少制作，只在年节或者农忙之时方才备下。它用大米制成，米越新越好。米粉的制作过程较繁杂，壮家妇女往往要花一天时间在这上面。每到春节或七月十四时，妇女们便相约一起前往制作米粉。她们要先选好大米，最好是晚稻，将米筛净，将杂于其中的谷粒拣出，再将它们泡在大盆中。家有四口之人，常备下十至十五斤大米才能吃上一个月。所泡之米的硬度很有讲究，米要泡到颗粒鼓胀后，立即去水，留米在用竹篾编成的细密筐中。再隔半个小时左右往米上均匀洒些许水，直到米捻在手中将碎而未碎再放入机器中。从机器中出来的米团，要用手不断迅速地来回翻动，等到米团从高温变成适宜手感的温度时，就可以将米团放入机器中，拉出米线。米线的直径约1厘米，这时，再用剪刀一茬一茬地剪，每一茬约40厘米，剪好就挂在竹筐沿上。粉制成后，还要连夜将几近粘成一团的米粉轻轻揉开，用一张塑料布裹住筐沿上挂着的米粉，保持米粉的柔软度。次日才将米粉挂在长绳上，任其风干，食用时再将其取下。

广西武鸣的壮族、融水的苗族和罗城的仫佬族等喜欢制作生榨米粉，做法是把粳米浸泡几天，待到发酵后再磨成米粉，然后用榨粉机榨出条状，直接榨进滚烫的开水锅里，几分钟后捞起，配上猪肉、姜、葱、蒜等即可食用。一般是现榨现吃，香味扑鼻，美味可口。

▲ 供桌上的“斋粽”／陆潇玲 摄／2012 年

粽子

粽子可以说是广西各民族大多必备的春节食物。广西武鸣壮族包年粽，壮语称之为“独逢”（壮语音译，“独”意思是“包”；“逢”意思是“粽子”）。壮族的春节可以说是一个粽子的节日，民间流传“没有粽子不算过年”的俗语。临近春节时，很多人家就已经准备好糯米、绿豆、酱料、粽子叶、草绳等包粽子的材料。壮族的粽子与别的地方的粽子不同，形状为上鼓下平，就像枕头一样，有人形象地称之为“枕头粽”。它由本地专门种的一种粽子叶包起来，有一股叶子的清香味。壮族包年粽是一种技术活，既要使粽子外表包得匀称好看，又要使它的米不漏出来，还要使各种配料和糯米搭配得当，确实不容易。

广西右江流域的壮族习惯包肉粽，一般在除夕之前腊月二十七下午或晚上包，原材料包括糯米、肉馅还有粽叶。而且，因为当地壮人认为白色是不吉利的，在春节期间供奉在神台上的粽子不能是白色的粽子，所以他们习惯用秋收留下来晒干的糯米秆拿来烧，取它的灰来烧水把糯米染成灰色，或用黑芝麻捣成粉末来和米，煮出来的粽子也是灰色或者黑色的。

广西壮族敏支系过年包的粽子叫“斋粽”。壮族妇女在腊月二十七日开始着手包“斋粽”。所谓的“斋粽”，就是糯米中不放猪肉丝、香料、芝麻秆灰等配料，仅用晒洗过干净的白色糯米粒。“斋粽”最少要包3个，最多11个，不过大多数的壮家庭均会截取中间的数字包7个，煮熟后往神台香炉的侧面摆放。包“斋粽”是因为壮人的“娅灶”（灶王）在腊月二十三要上天庭拜见诸仙，众仙们不像凡人一样吃荤，“娅灶”上天庭亦要遵循天规，不能吃荤，人们愿意与为了人间造福的灶王同甘共苦，故在腊月二十七那天斋戒，包“斋粽”以表对其尊崇和敬慕之情。

此外，在春节期间广西人制作的特色粽子还有母粽、横县大粽、牛背粽等。

五色糯米饭

广西壮族特色食品。既是壮族人祭祖的食品，也是武鸣县壮族春节期间不可缺少的特色节日食品。五色糯米饭的做法是先把糯米浸泡半天，把采来的植物叶子或者根茎事先捣烂、浸泡好，将糯米饭染上红、黄、紫、黑四种颜色，加上未染上颜色的白糯米，做成五色糯米饭。制作五色糯米饭所用的植物染料有紫番藤、黄花、红蓝草、枫叶等。五色糯米饭多彩，异香，象征吉祥如意，是祭祀、待客的佳肴。

生鱼片

广西壮族、侗族的传统食品。生鱼片的制作比较复杂，先要选用生长在活水中而非养殖的大鱼，先去鳞把鱼破开后先放血，血放干净后去除鱼皮、内脏，把鱼肉从鱼骨头上剔开，用干净的卫生纸挤干鱼肉上的多余水分，把鱼肉切成薄片，配上数种植物切成的香菜（当地统称鱼生草），再配上花生油、香油、花生、酱油等多种蘸料供人们食用的时候自由选取。壮族人喜欢吃生鱼片，并把生鱼片当作节日招待客人的美味佳肴。广西侗族也流行吃生鱼片，做法与壮族类似，多把鱼切成丝，拌以野葱、野辣椒，酸菜、黄豆粉、紫菜、薄荷等调料。

镶封肠

广西恭城平地瑶族春节的传统食品。把肥瘦适度的猪肉切成小片，以糖、盐、酒、橙皮粉和古月子为配料，腌制几小时后，灌入洗净的小肠肉，再用麻线分段（5寸为一段）捆扎，然后同腊肉一样吊挂烘干。取用时割下一二节，洗净炉霉，放入已烧开的饭锅，蒸上十几分钟，再取出切片上盘食用。封肠肥而不腻、瘦而不渣、味香可口，而且“肠”与“长”谐音，有

"亲情长久"之意，常为春节待客的第一道菜。镶封肠为汉人创制，传入平地瑶中较早，而在过山瑶中几乎是在1949年以后才开始制作。20世纪70年代以前，西岭（乡）新合瑶不镶封肠而挂腊肠，要使每位在正月十五以前来拜年的客人都能吃到肠。

豆腐圆

广西布努瑶食品。豆腐丸是一种与汉族"酿豆腐"有些相似的菜肴，但不同的是酿豆腐是将豆腐切开，酿入肉馅，而豆腐圆则是要将豆腐用手捏成碎末后，置于掌心，放入肉馅后，将豆腐末包裹在外，做成小圆饼状后，放入油锅里煎熟。这样，在外观上看起来，就像一个个小豆腐煎饼，丝毫看不出内里有肉馅的存在。当地人把这种豆腐丸形象地称为"豆腐圆"。这样的食品制作起来并不容易，而且在过去，新鲜猪肉在东山瑶家非常难得，所以只有年节才可以吃上。现在也是当地过春节必不可少的食物，以寓意家人团圆。广西毛南族春节也喜食豆腐圆，他们将猪肉、虾米、花生等料剁碎做馅，外面包上一层捣碎的水豆腐，用油煎炸来吃。

白切肉

广西各族传统食品，常在春节期间食用。春节食用白切鸡肉、白切猪肉的习俗在整个广西都十分普遍。做法是将整只的鸡、鸭和大块的猪肉放置于滚烫的水中加以熬煮，煮熟以后切来蘸酱吃。逢年过节的时候，少数民族喜欢这种做法，有时也会拿煮过肉的汤水来熬粥，下点糯米，放点剁碎的青菜一起煮，清香可口。这一食俗应该与祭祀祖先的习俗有关。据说魂灵与神仙都喜食完整的食物，整鸡和大块的猪肉烫熟后能够最大限度地保持它们原有的形状，以此供奉祖先，祖先能够完整地吸入食物的"气"，从而得到很好的享受。以整鸡、整肉供奉完祖先后，将其切成块状，便是白切。

猪羊活血

广西布努瑶族春节的传统名菜。据说，猪羊"活血"这道特别的菜色是布努瑶宴席的首味。大年三十那天杀猪宰羊之后，把破喉时流出的鲜血存起来制作菜肴，大部分用来熬羊血粥，另外留了一小碗做成了膏状的食物，称为“活血”。其制作方法是，将血放入有盐的瓦缸或盆中，用筷子朝一个方向搅拌数分钟，然后将内脏和瘦肉煮熟剁碎，掺上山姜、葱、蒜等佐料炒熟拌匀，分盛数碗，待汤水变温，每碗都加入一汤匙活血，几分钟后，成膏状就能食用。“活血”一般在除夕当天晚饭时，被用来孝敬老人，因为，在他们看来，这具有清洁胃肠道和滋补的作用。广西苗族也有此食俗。

羊瘪汤

广西巴马瑶族和三江侗族春节传统食俗。羊瘪汤是瑶族和侗族春节杀羊的人家必做的一道菜肴。由于工序复杂，因此，要在杀羊后便早早准备好，待有需要时加热便可食用。羊瘪汤的原料是羊的胃里还没有消化完全的草。人们认为山羊吃食山上多种草类，很多都是中药材，无论是各种嫩草叶还是营养价值较高的野菜，经过羊内部消化系统的加工，对于人的身体是有益的。虽带有苦味，但有消热、清火、明目、解毒之功效。因此，家家户户杀羊之后，各家都会自制羊瘪汤。取出羊肚里未消化的汁水后，将羊肠整理好，编着羊辫，连同羊肝、羊肺等其他内脏放在大锅里煮熟，然后捞起剁碎，再放入锅中，加入油盐，稍微煮一下，放猪胆、配料等制成。

年粑

广西恭城瑶族春节期间的传统食品。年糕在恭城统称粑，有粳米粑和糯米粑两种。先取优质粳（糯）米做原料，经温水渗至指捻即碎（不沾）后滤去水分，用石臼或石磨舂成粉或磨成浆，然后上锅捣拌成糊状，再装入竹篮蒸几个小时即成。年糕以放入配料来命名，粳米中放入萝卜、槟榔芋的称为“萝卜粑”“芋头粑”；不放任何配料的就叫“黏米粑”；糯米中分别放入肥肉（不能渗过久）、黄糖，即叫“肉糕粑”或“糖粑”。在做年糕时，还要放入适量的稻（草）灰水，以增加保质期。

糕的分量有大有小，大的有十多斤米，小的也有五六斤米。年糕在正月初一才开笼，除切一小团送外公、舅爷外，大多为自食或待客。西岭新合瑶年糕较小，一般为三四斤米，去亲戚家拜年都要背这种粑去，而大多数人家多不接收，故而一个粑背来背去，可走好几家亲戚。这种拜年时走亲戚用的粑糕统称为“拜年粑”。恭城人做年糕数量有多有少，少的做一团粳米粑、一团糯米粑，多的做到四五团，可保整个正月食用。做粑蒸粑连续几日，直到大年夜。腊肉挂在灶头上，蒸粑烘肉一举两得。

拜年粑有很多种，有粳米做的水渗粑、糯米做的糍粑、印字（花）粑等。水渗粑制作要求严格：米要优、磨要细、煮（捣）要熟、搓要够、蒸要透、晾要爽，而后水渗，经久不霉。炒粑时要以猪肉丝（或腊肉）和蔬菜相伴，才能使其色香味俱佳。过去，过山瑶把水渗粑称为“富贵粑”，一般不轻易制作。年粑因为风味独特且耐存放的特点，在恭城瑶族人家庭中制作量都比较大，在春节拜年和食用以后，还可携带以便春插时充饥。

糍粑

广西壮族、瑶族、苗族、侗族、仫佬族的春节食品。壮、瑶、苗、侗制作糍粑的方式是“打糍粑”。打糍粑工具为石臼、木杵，将蒸熟的糯米饭倒入锥臼，打好的糯米团用沾水的粽绳捋到撒有干米粉的方桌上，趁热做成大小厚薄均匀的圆糍粑。糍粑用于年夜饭前祭祀祖先、正月拜年送礼。打糍粑量多的人家，将一部分糍粑存放于水缸，以打雷前的井水浸泡，不馊不烂，可放半年时间。客人到屋捞几个糍粑滤干煎熟，香喷爽口。糍粑是侗族人过年祭祀、走亲访友拜年的礼物，正月初一打油茶吃团圆饭，切糍粑就油茶吃。

仫佬族制作糍粑的方法叫“斗糍粑”。斗糍粑是仫佬族青壮年男子的拿手好戏，先将糯米蒸熟，再用舂碓舂溶，并捏成一个个似小碗口般的糍粑，再移到芭蕉叶上用鸡蛋黄或茶油涂抹，晾干后盖印红色的花纹圆图，以作为馈赠亲朋好友之佳品。大年初一仫佬族家家户户都斗糍粑，斗舂的糯米一般为二三十斤，多者达一二百斤。

榔棒

广西苗族春节的传统食品。榔棒，主要用糯米饭和猪血灌入猪肠子后蒸熟的一种食物。具体做法是，首先将糯米蒸至半熟，加入炒熟剁碎的蘑菇木耳，然后倒入盛有猪血（生猪血）的盆子里，然后根据个人喜好加入适量的食盐、橘子皮粉末、薄荷花粉末、八角粉之类的香料，拌匀后灌入洗净的猪小肠中，按30厘米左右一节一节用禾秆草捆好，打一个结，一根肠子一串，边灌边用竹针扎，这样可以在煮的时候使之透气，易于熟透，也可以防止肠子发胀炸开。按串放入煮沸的开水中，煮熟后可以直接食用。此道菜一般过年、重大节日或红白喜事才做，这是招待上等贵客的佳肴。

风肠

广西苗族春节的传统食品。风肠，顾名思义就是风干而成的肉肠，即用碎猪肉灌入猪肠子，熏干或风干而成。具体做法是，选好猪肉，肥瘦都行，将猪皮去掉，切成小块，加入各种香料，灌好后拿到屋檐下晾干，然后挂到火塘上方熏，苗人过年喜欢置办橘子、甘蔗这些年货，用橘子皮、甘蔗渣烘烤风肠是最好的，这样嚼风肠的时候不仅有烟熏过的腊味，还会有橘子和甘蔗的甜味。每当有客人来访，风肠就是他们招待客人最好的、最有特色的食物之一。

▲ 风肠／彭晔 摄／2010 年

腊肉

广西壮族、汉族、瑶族、苗族、侗族春节的传统食品。桂南的汉族制作腊肉的方式受广东影响，又有自己的特点。在腊月转北风后的晴天，桂南的汉族将五花肉切成条状，放入姜、蒜、料酒等腌制，而后挂在太阳下的通风处，待数日肉上的油滴干后，即成香气扑鼻的腊肉。苗族、瑶族到过年之前杀了年猪之后，猪肉一时吃不完，人们会用一个缸子装着腊肉，撒上盐，等两三天盐入味之后，就用禾秆草或搓成条的芭蕉叶将猪肉挂起来，等到晾干后，移至火塘上方与风肠一块熏烤。布努瑶还会特地买回甘蔗，焚烧甘蔗渣来让腊肉更有风味。一段时间以后，这些腊肉就可以拿来作为食材，款待来访的客人。侗族杀了猪以后，喜欢拿到鼓楼，悬挂在火塘上方。春节期间，侗族的老人和青年喜欢欢聚到鼓楼里吃茶聊天，有时唱侗歌、弹琵琶，很有过节的气氛。

酸肉

广西苗族、侗族、毛南族春节期间都要制作的食品。酸肉的做法是将猪肉切成块，粘上炒过的糯米粉，放入坛子中腌制。客人来时，酸肉是必备食品，而且苗家人喜欢制成大块的酸肉来招待来客，显示他们的豪爽与热情。

侗人好酸，是他们在饮食上的最大特点。侗人平时离不开酸菜，年节更离不开酸肉。逢年过节，侗家人餐桌上可以上十几种酸味食品，如酸猪肉、酸草鱼、酸鸭肉、酸竹笋、酸黄瓜、酸白菜、酸葱头、酸芋头、酸萝卜等。酸肉是过年时招待亲朋贵客的重要菜肴，所以在春节到来之前，家家户户都要提前腌制好酸肉，酸猪肉为多，也有酸鸭肉，其中他们认为酸鸭肉是用以招待最尊贵的客人的，他们自己平时很少吃。酸猪肉的腌制，一般是侗人在腊月二十五六杀年猪时，请亲戚朋友吃饭后，用剩下的猪肉腌的。

侗族人家腌制酸肉至今仍然采用传统的方法。把肉切成条块，拌上食盐，在坛底铺上甜酒糟，再将肉放入坛中，上面撒上辣椒粉等作料，再用干净的粽叶把坛口封闭，用盖盖严，盘盖上再用水密封，并时常更换水，防止细菌侵入。一般过半年后就可以食用。他们腌制的酸肉可以保存五年至十年，甚至更长的时间。

毛南族将酸肉叫作“腩腥”，是用猪肉或牛肉腌制而成。制作时，要先把肉切成薄片，加入食盐拌匀后盛放在盆里两到三天，再拌入蒸熟的糯米饭，晾凉后放入坛中，压紧密封。一个月后，酸肉便可食用。在新中国成立前，家中有没有酸肉，是衡量毛南族家庭经济的重要标志。

▲ 制腌肉 / 黄洁 摄 /2012 年

酸鱼

广西侗族的传统食俗。侗族春节期间亲友互访时，用以招待贵客的佳肴。侗族有稻田养鱼的习俗，并且几乎家家户户都有鱼塘，养殖草鱼和鲤鱼为多。鱼是侗人最喜爱的菜肴，在侗人的日常生活中，不论是家常饮食，请客送礼，还是祭祀神灵和祖宗，都离不开鱼。他们在二三月份插秧苗后的三四个星期里，在稻田里放入鱼苗，至七八月收割谷子之前，侗人要为稻田放水，这时，各家便忙着收鱼，或把鱼转移到鱼塘。除了用煎、蒸、煮、炸等人们熟知的烹饪方式将鱼做成菜肴外，侗族还喜欢做腌酸鱼。酸鱼做法是将鲜鱼洗涤，去内脏，用盐拌匀，腌三五天后取出风干，拌上甜酒、糯米饭，再逐块放入坛中，上面还要再加一层糯米饭和辣椒、生姜等料，最后压实密封腌制。时间越久越好，食用的时候不再烹煮，就着用手捏过的糯米饭食用，味道酸香。

油茶

生活在广西桂北地区的瑶、苗、侗等少数民族均有在春节“打油茶”的习惯。油茶中最有名的一个品种是恭城油茶，它是以老叶红茶为原料，加入油、盐等配料（各家制作过程中油盐外的调料根据各家喜好略有不同）制作而成，味道十分浓郁。恭城油茶的制作时间不分四季，因为恭城人天天都要喝。恭城油茶佐食用的小吃种类十分丰富，有各种粑糕、花生、酥炸小吃等。

侗族宴宾待客，是非吃油茶不可的。侗族打油茶有一套章程，先将糯米蒸熟晒干，做成“阴米”；把阴米投入烧沸的茶油锅内，炸成香甜爽脆的米花；将黄豆、花生炸好，将瘦猪肉、猪脚、粉肠等煮熟，作为配料；然后抓一把黏米放进锅里炒至焦黄，拌上茶叶再炒片刻，加水煮开，滤出茶叶渣；最后将米花、黄豆、花生、猪肝、瘦肉等配料加入茶水中，就成为色、香、味俱全的油茶了。

白水菜

侗族的传统家常菜。在春节期间，用以在百家宴上招待客人。做法很简单，烧一锅水，抓一把糯米放进锅里煮，再从菜园里采点芥菜回来，扭成段放入锅中一起煮熟，称之为“白水菜”。这种是用芥菜、糯米煮成的白水菜，既无油也无盐，最初也是因侗人生活困难，买不起油和盐而创制的。但白水菜也有一种天然的甘甜，食之风味别具。白水菜一般在结婚办酒，以及逢年过节，招待亲戚朋友、举办百家宴的时候才做，也是他们喜欢的菜式。现在，侗族地区有些人也在逢年过节、宰杀鸡和鸭之后，用这种菜汤白煮鸡和鸭，做成白切鸡，或白切鸭，然后在煮过的汤水中加入糯米，熬成粥，当作节日的主食。

重阳酒

广西苗族、侗族在过年时待客的饮品。重阳酒就是在重阳节那天蒸糯米饭制成的甜酒。现在有的不在那天酿，但也叫“重阳酒”。制法是先用饭甑蒸熟糯米，然后倒在大簸箕里头摊匀散热，等糯米饭冷却后撒入酒曲。酒曲都是自家制，一般总是由那些中老年身体健康、生过小孩的妇女来做。因为他们觉得酒曲是一种细菌，利于繁殖，与生殖崇拜有关。等酒曲和糯米拌匀后就装进罐里头，盖好盖子等发酵好就成重阳酒了。有些地方的人还爱放一小块红木炭和一只红辣椒在上面，红木炭和红辣椒的意思就是红红火火。重阳酒是橙黄色的，喝起来香甜，也叫甜酒。重阳酒是广西苗人、侗人等过年最爱喝的，也是招待客人必备的饮品。

▲ 金保寨蓝靛瑶少年服饰 / 任才茂 摄 /2012 年

壮族唐装

传统的壮族服装，有自己染布制成的，也有裁剪花布制成的。壮家妇女称自己常穿的民族服装为“唐装”，上衣类似旗袍，立领右衽，在右边缝上8～10颗布扣，下身着宽大的裤子，配上自己绣的绣花鞋。20世纪末以来，这样的服装已鲜少在年轻人乃至中年人身上看到，外出务工和求学的人是必不穿的，在家务农的人（尤其是妇女）则因这样的民族服装在干活时较为方便而常穿，但在节庆时候反而着在市场上新买的衣裳，而非本民族服装。

现在，在服饰上，壮族人的服饰基本汉化，除了少数边远山区的老人还穿着自家制作的土布衣服以外，壮族人的服饰已经和汉族一样，一般也是在商店里购买，很少有自己制作的。

蓝靛瑶服饰

蓝靛瑶是个爱美的民族。又因其民族善于染制布料，所以在服饰方面具有浓郁的民族特点。民国时期《凌云县志》载：“蓝靛瑶之衣式，比较诸瑶为长，男衣以遮臀为度，袄以及踝为度，女衣较男衣尤长，以带系腰，将衣脚之四角揭上，挂于腰带，袄与男同，色常用青，瑶民自古及今衣式绝无少变。”2013年春节，金保寨中年以上男女仍穿本民族装束。

侗族服饰

侗人的传统服装以自纺自织的侗布为主。侗族妇女喜欢以自种的蓝靛浸泡，染制成黑红色。此外，也有青、蓝、白等多种颜色。据《广西通志》记载，旧时，三江侗族妇女多穿斜襟衣，男子着半边花袖衫，有裤无裙，衫短裤长；女子则有裙无裤，裙短得露膝，胸前围肚兜，并配上银饰。龙胜等地的侗族男子上穿青色无领斜襟宽袖衣，腋下以两道布带束身，下穿长至脚面的宽脚青色长便裤。女子上穿青色无领无扣直襟衣，前襟内衬绣花围胸。衣襟用两道布带结系。上衣胸襟大，袖短而宽，衣边、袖口均镶花边；下穿青色百褶裙，长过膝盖，小腿包三角形青布脚绑。民国时期至20世纪50年代初期，节日才着盛装。1970年以后，侗族服装变化很大，除中老年妇女仍穿无领无扣对襟衣外，青年妇女平时很少穿民族服装，劳动、赶圩都穿裤子，很少穿百褶裙。中青年男子的服装与当地汉族相同。逢年过节，才穿民族传统服饰。现代以后，着汉族服饰更加普遍。

侗族头饰

据《广西通志》载，清代，怀远（今三江）侗族，男子头插雉羽、椎髻、裹以木梳；女子绾偏髻，插长簪。龙胜侗族男子则留长发，掺杂一小撮白线夹入发内，编成长辫盘在头上，以大盘者为美；妇女绾螺蛳发髻于脑后，中插一根银簪，并别一粗短银皮木梳于髻上。民国时期，男女皆椎髻，未婚女子或编辫子，或绾双髻，已婚者，绾平髻，别上银梳。后政府当局强迫改装，男子剪去长辫留短发。新中国成立后，男子多剪发并包长头帕。女子的发型各地不一：三江林溪、八江、独峒一带，绾髻于脑后，别银梳，榕江地区，绾髻于额前；梅林、匡里、里碑等地，青年妇女则把长发卷成一束从左到右绕一圈，在髻根插上银簪。现代以后，不少地区的侗人，尤其妇女还保持传统发饰，但多数已经有所变化。只在一些重要的节日和仪式场合，他们才会自觉地延续传统的发饰。例如，在春节期间跳芦笙舞或结婚时，仍是传统的装扮。

八、节日文献

目前，尚未存在完整专门记述和研究广西各民族节日事象的民俗志和学术著作，而1980年以来陆续出版的《广西通志·民俗志》《中国民俗大系·广西民俗》《广西少数民族风情录》《广西节日文化》等著述中对广西各民族的春节习俗有所涉猎，但多限于描述性，也对具体可观察体验的民俗文化事象的记录有所偏重，在民族信仰和精神生活方面的记录还很欠缺，整体而言，还有待全面系统深入地进行调查和研究。

广西通志·民俗志

作为概观式的广西地方志和民俗记录的历史文献，以史家的笔触描写了20世纪90年代以前，包括清末、民国时期和中华人民共和国成立前后广西各少数民族的风俗习惯及其演变。由广西壮族自治区地方志编纂委员会编，由南宁市广西人民出版社1992年7月出版。其中节日习俗部分，分为各族共同的传统节日、少数民族的传统节日和新节日，记录的广西各少数民族的节庆习俗内容相对丰富，包括共同的传统节日之祝祭节日条目下涵括的各族的春节、元宵节，以及少数民族传统节日条目下的歌圩、苗年、侗年等。

中国民俗大系·广西民俗

作为《中国民俗大系》中的地区子部，全面反映了广西地区各少数民族民俗文化事象，涵盖了区域历史地理和各族历史与文化的演变内容。过伟主编，由兰州市甘肃人民出版社2002年3月出版。其中岁时节日民俗一章，第一篇便是春节节俗。包括节日民俗的形成和发展、重大的节日、节日活动的组织和规模、节日祭祀与信仰、节日传说等丰富的知识性介绍。

广西少数民族风情录

对广西少数民族的生活习惯的微观体察和描写方面作出了尝试，是一部具有民族民俗学观察和散文式诗情画意的作品。由南宁师范学院广西民族民间文学研究室编写，由南宁市广西民族出版社1984年10月出版。书中以族别的形式，将各民族的风俗列出，其中社交性节日的诸条目，分别介绍了在春节期间，壮族祀蚂拐、唱山歌，苗族吹芦笙、打同年、过苗年，侗族抢花炮、约款、过“冬”节，仫佬族走坡，毛南族飞鸟节，京族唱哈节等传统习俗活动的历史概况。

广西节日文化

《广西节日文化》是一部介绍广西各族节日风俗的知识性、资料性的通俗读物。由莫凤欣编，香港天马图书有限公司2002年出版。该书结合广西具体情况，以章、节、目体例编辑，分各民族共同的节日、少数民族独有的传统节日、新节三章，章下共设有21节99目，分别介绍了各种节日的起源、由来，广西各族过节的盛况和相关节日诗选。其中，第一章“各民族共同的节日”第一节详细地介绍了春节的由来、广西汉族“扫尘迎春”“贴春联、贴年画”“除夕团圆饭”“守岁迎春”“拜年舞狮”的春节盛况，以及壮、瑶、苗、侗、仫佬、毛南、京、彝、仡佬、水、回11个广西少数民族过春节的风情，摘录了明、清、民国时期数十首有关除夕、春节的广西诗词选；第二节相对简单地介绍了元宵节的由来，广西各族人民过元宵的情况和相关元宵节诗词选。编者以晓畅的语言表达、平实的叙述风格、系统的结构组织将各种节日风俗资料分类整理成书，有普及广西节日文化知识的作用。

广西壮族社会历史调查

是广西壮族自治区编辑组，根据1956年全国人民代表大会民族委员会直接领导下的广西少数民族社会历史调查组的调查报告，重新整理编辑出版的，关于广西壮族社会历史发展的丛书之一。此书由广西民族出版社1984年出版。

第一册以天峨、隆林、龙胜、南丹、环江五个县的壮乡为调查对象，从经济、政治、生活习俗、宗教信仰、文教等方面对它们进行全面的介绍，其中，在生活习俗和宗教信仰部分，记录了大量壮族人民过春节的盛况，包括饮食、祭祀、禁忌、娱乐等方面。

第二册以壮族人民集中聚居的南丹、西林、百色、环江四个县为对象，围绕各县的经济、政治、民族关系、文化教育和生活习俗等方面展开叙述，全面详实地记录了广西壮族的社会历史和风土人情。其中，关于春节习俗的记载，多集中在经济和生活习俗部分，较为详细地介绍了壮族人民用以欢度春节的抛绣球、唱歌等活动，对祖先、神灵的祭拜仪式，以及春节期间不可违犯的各种禁忌。

第三册系广西民族出版社1985年出版。共收集壮族社会历史调查资料六份，分别是《广西上思县壮族社会历史调查》《广西上思县思阳乡壮族社会历史调查》《广西上思县那荡乡壮族社会历史调查》《广西上思县三科村壮族中华人民共和国成立前都老制的调查》《广西武鸣县双桥乡壮族社会历史调查》和《那坡县那坡人民公社那坡生产大队壮族社会历史调查》。每份资料的内容主要包括一般情况、经济、政治、风俗习惯和文教卫生等，其中，在风俗习惯部分，有记载壮族人民过春节的各种风俗，包括饮食、禁忌、娱乐活动等。

第四册系大新、凌乐两县的土司历史资料集合，是广西壮族自治区编辑组，在广西少数民族社会历史调查组于1956年至1959年先后调查整理内部铅印的资料的基础上重新修订编辑而成的，由广西民族出版社1987年出版。介绍了土官从存在到没落的发展历程，囊括了其在政治、经济、文化、生活上的种种表现，其中在介绍土官生活习俗或宗教、文化艺术等部分，有详细描绘壮族人民过春节的场景，如除夕守岁、抛绣球、抢花炮、走亲拜年等。

第五册共收入四篇调查报告，分别是《宜山县洛东乡壮族社会历史调查》《田东县檀乐乡壮族社会历史调查》《东兰县那烈乡壮族社会历史调查》和《东兰县中和区东里屯社会历史调查》，广西壮族自治区编辑组对这些资料重新加以修订审核，由广西民族出版社1986年出版。该书主要从历史、经济、政治、文化、生活等方面对各地壮族社会进行调查，内容覆盖面广。其中，关于壮族的春节习俗的描述主要集中在生活部分，介绍了壮族人民通过吃水圆、吃糖米花、吃糍粑、舞龙弄狮、举行歌圩盛会和祭祀灶王等活动欢度春节的情况。

第六册由广西民族出版社1985年出版，收入五篇调查资料，分别以武鸣县邓广乡、武鸣县清江乡、上林县高贤乡、马山县友谊人民公社和都安高兴人民公社为调查对象，调查的内容包括经济、政治、文教卫生与生活习俗等方面。其中，在生活习俗部分，重点关注的是壮族人民的饮食、居住、服饰、婚姻、家庭等方面，对节日的介绍，尤其是春节，只是简单地概括性介绍。

第七册收入《龙津县金龙峒傣人情况调查》《平果县陇人情况调查》和《防城县偏人情况调查》三篇调查资料，这些资料是1954年由中南民委和广西民委联合组织工作组到实地调查整理而成，广西壮族自治区编辑组在此基础上作必要的修订和审查定稿，由广西民族出版社1987年出版。这里提到的傣人、陇人、偏人实际上就是我们今天所说的壮族。该书详细地记载了三地壮族的人口分布、历史来源、民族关系、风俗习惯等内容。其中，从除夕到正月十五，对壮族同胞如何过春节的问题，书中有作详细地介绍。

广西瑶族社会历史调查

广西壮族自治区编辑组修订整理，由广西民族出版社1984年出版。这是广西少数民族社会历史调查组深入广西金秀大瑶山，对金秀瑶族地区的生产生活进行全面调查获得的丰富资料，内容主要分为概况、政治、经济、民族、生活习俗、文化宗教、社会性质等几大部分，翔实地记录了坳瑶、茶山瑶、山子瑶、盘瑶、花篮瑶等瑶族支系的社会生活风貌。

第一册是有关于金秀瑶族的春节习俗，介绍了不同瑶族的过节习惯，如坳瑶的“作浪”，茶山瑶的“博拉敢”等，内容涉及各瑶族在春节期间的娱乐活动、饮食习惯、言语习俗、节日禁忌、祭祀仪式等方面，具有很高的资料价值。

第二册是一部以广西金秀大瑶山为背景的歌谣故事集成。广西壮族自治区编辑组以1958年的《广西大瑶山瑶族社会历史情况调查》和《广西大瑶山瑶族社会性质初步探索》等内部调查资料为基础，进行了整理重编，由广西民族出版社1983年出版。该书收集了盘瑶、山子瑶、茶山瑶、花篮瑶、坳瑶五个族系的情歌、盘歌、婚姻歌、乐神歌、叙事歌等歌谣，以及五个族系的各种故事，内容不乏有描述各个瑶族的历史传说、生活习俗、宗教信仰等方面。在最后一章“大瑶山人民公社瑶族社会的历史调查”中，简单明确地提及瑶族人民过春节的禁忌风俗。

第三册由广西壮族自治区编辑组整理，由广西民族出版社1985年出版，主要以南丹县大瑶寨、环江县长北乡和贺州地区的瑶族社会为调查对象，介绍了各瑶族地区的概况、民族源流及民族关系、经济、社会政治组织、文化教育卫生、生活习俗和沿革变化等。其中，在生活习俗部分，较为详细地介绍了南丹县大瑶寨白裤瑶在春节期间的祭祖活动和婚姻恋爱活动；在文化艺术方面，则简单描绘了贺县新华乡过山瑶在春节期间跳长鼓舞的场面。叙述语言保留了原汁原味的乡土气息。

第四册是广西壮族自治区编辑组在1964年广西少数民族社会历史调查组编印内部发行的《一九三三年桂北瑶民起义资料》和龙胜、兴安、临桂、荔浦、恭城、全州等县瑶族社会历史调查资料的基础上修改合编而成的，由广西民族出版社1986年出版。主要从民族概况、经济、政治、文教卫生、生活习俗、宗教迷信、节日禁忌，以及瑶族人民的起义等方面较为详细地记载了广西部分县瑶族社会历史。其中，在经济、生活习俗、宗教迷信和节日禁忌部分，对红瑶、平地瑶、公瑶、花篮瑶等瑶族人民在春节和他们自己的民族年节中的饮食、娱乐活动、祖先祭祀和节日禁忌等习俗都有相关介绍。这些记录多是来源于20世纪50年代和60年代初期民族研究方面的学者和工作者的调查，材料原始，较为真实质朴地还原了瑶族人民的生活风貌，对我国研究瑶族民俗文化具有重要的参考价值。

第五册共收入广西瑶族社会历史调查13篇，其资料是广西少数民族社会历史调查组于1958年至1963年深入包括凌云县、上林县、田林县、巴马县、百色县、都安县、西林县在内的7县1区12乡瑶寨调查整理出来的。广西自治区编辑组对其进行重新整编，由广西民族出版社1985年出版。全方位地对各瑶寨的生产生活、政治经济和文化等方面作了细致地介绍，其中关于瑶族的春节风俗，多以禁忌为主，却也详细地描述了田林县渭标乡抛绣球的风俗习惯，凌云县揽金乡“打布球”的集体活动和都安瑶族自治县七百弄乡铜鼓舞的由来和打法，充分展示了瑶族同胞的青春与活力。

第六册由广西民族出版社1987年出版。以上思县、那坡县、田东县等瑶族聚居的乡村调查为主，对那坡县下华乡规六村蓝靛瑶、田东县平略乡的黑瑶、背篓瑶和猴瑶，以及十万大山的大板瑶、山子瑶、细瑶的经济、政治、文化、宗教、风俗等进行了全面深入的调查，收集整理了许多有价值的资料，对研究瑶族社会工作有重要的参考价值。关于春节风俗的记录，主要集中在经济、文化、宗教和生活风俗部分，它们详细地介绍了各地瑶族同胞在春节期间的各种风俗习惯，包括生产生活禁忌、饮食娱乐活动和宗教信仰等。

第九册由广西民族出版社1987年出版。共收入瑶族社会历史调查材料、古代情歌、宗教神唱等68篇。其中，调查材料部分以调查大瑶山、都安、南丹、平果、龙胜、恭城、田东、江永等县的茶山瑶、板瑶、花篮瑶、山子瑶、坳瑶、白裤瑶、东瑶、黑瑶、蛮瑶的经济状况为重点，关注岁时节日的农业生产，如正月初一至十五的农作安排等，对各县瑶族社会的其他民风民俗涉及较少。

广西苗族社会历史调查

广西壮族自治区编辑组整理，由广西民族出版社1987年出版。该书共收入广西苗族社会历史调查资料十篇，且范围主要以融水苗族自治县为主，对其社会历史、商品经济、民族教育、风俗习惯、伦理道德和生产情况进行深入调查，涉及苗族人民的居住、饮食、服饰、节日、婚姻、丧事、信仰、禁忌等多方面。其中，有关春节习俗的介绍包括打老庚、吹芦笙和踩堂等内容。

广西侗族社会历史调查

广西壮族自治区编辑组整理，由广西民族出版社1987年出版。该书共收入广西侗族社会历史调查资料四份，分别是《广西三江侗族自治县社会历史调查》《广西侗族社会历史调查》《融水苗族自治县安太区寨怀乡、洞安乡侗族社会历史调查》和《龙胜各族自治县平等乡平等村侗族社会历史调查》，每份资料基本围绕各侗族社会的概况，中华人民共和国成立前后的经济、政治、文化、生活状况和民族革命斗争来写。在节日风俗方面，侗族与其他民族大致相同，但是它们的侗歌“多耶”和每年春节进行的“打同年”“敲铜鼓”“装押变”活动仍然具有本民族的特色，这在《融水苗族自治县安太区寨怀乡、洞安乡侗族社会历史调查》中有详细记载。

仫佬山乡——广西罗城县大梧屯调查与研究

周玉蓉主编，北京知识产权出版社2008年出版。该书是中山大学人类学系师生深入广西壮族自治区罗城仫佬族自治县四把镇大新行政村大梧屯调查，搜收集整理而成的关于仫佬族社会文化的田野调查报告，内容涉及仫佬族社会生活的方方面面，包括历史沿革、人口结构、经济生产、生活习俗、婚姻家庭、社会与权利控制、宗教信仰、族群关系、伦理道德等。内容翔实丰富，可作为学者研究仫佬族文化的依据。在第四章“生活习俗”中，确切地记录了大梧屯仫佬族在除夕和春节期间的传统习俗，内容包括祖先祭祀、节日饮食、语言习惯等，是广西仫佬族春节风俗的缩影。

广西京族社会历史调查

原为广西壮族自治区编辑组编，后经《中国少数民族社会历史调查资料丛刊》修订编辑委员会，依据“基本保持原貌，统一体例、版本，增加新内容”的原则修订再版，由民族出版社2009年出版。该书主要对聚居于防城港的京族人民的历史来源、社会组织、文化艺术、生活习俗、民族关系、经济生活等方面进行全面的调查和介绍。其中，在介绍京族人民的风俗习惯时，提及京族人过春节的形式与活动，且部分过节习俗与壮族类似，如两个民族都有“买新水”这样一种习俗。

广西客家

该书是一部介绍广西“客情”的较为系统全面的综述性著作，隶属于“客家研究”课题。钟文典著，广西师范大学出版社2005年出版。该书是“客家区域文化”丛书之一，是作者通过直接和间接的社会调查，以及查阅各类文献资料而完成的研究成果。它以广西客家为论述对象，从移民史、民族关系史、文化传播与变迁、区域经济文化变迁等角度，论述客家民系在广西的发展和壮大，具体内容包括客家迁桂的历史回顾，对广西客家的分布现状、宗社情形、经济生活、文化习俗的介绍，以及对广西客家与周邻居民、近代中国的关系的分析。其中，在文化习俗方面，作者详细地介绍了广西不同地区客家人在小年夜、除夕与新年、元宵节的年节风俗，包括祭灶祭祖、贴对联门神、担新年水、互相拜年、游龙舞狮、挂灯志喜等。该书内容丰富真实，论述严谨，具有较高的学术价值和现实意义。

广西通志

（清）谢启坤修，胡虔纂，广西师范大学历史系、中国历史文献研究室点校，广西人民出版社1988年出版。该志分训典、表、略、录、传五大类22目，目下再分小目，约260万字。该志成书后，因其丰富的内容和完善的体例，列于各省志书之冠。略类是全书的主要部分，其中舆地、山川略记载了广西各民族的风俗民情，奇特物产，名山大川等。关于春节的相关记载，主要集中在舆地略“风俗”部分，内容包括在小除日、除夕、元宵节的活动、饮食等。该志体例严谨，编排得当，材料可靠，实为一部不可多得的志书范本。

宜北县志

（民）覃玉成纂，由我国台湾成文出版社1967年出版。宜北县即今广西环江毛南族自治县的一部分。该志设有地理、社会、政治、经济、文化、人物、文艺和杂记八编，全面记载了宜北县各领域的具体情况。其中“社会”编的“风俗”一节，包括婚冠诞丧、遗产继承、起居饮食、交际、好尚、节季、娱乐、迷信、歌谣等内容，详细地介绍了宜北县的风土民情。有关春节的记载，主要集中在好尚、节季和娱乐部分，介绍了宜北县贴春联、燃炮竹、舞龙狮、郊游唱歌等春节活动，以及男女间不同的风俗习惯。该方志内容丰富，具有重要的史料价值。

凌云县志

（民）何景熙修，罗增麟纂，由我国台湾成文出版社1973年出版。该志分51门48目，约28万字，从地理、人口、社会、县地方行政、经济、文化、前事、杂记和党务九个方面对凌云县进行全方位的介绍。其中“社会”一章，内容涉及方言、风俗、职业团体、慈善事业和社会问题，风俗部分着重冠礼、婚姻、祭祀等仪式的介绍，春节祭祀也有所提及。该志颇重地理，对凌云县疆域、地形、地势、气候有较详细的记载，地理沿革附考证，内容更为翔实。

融县志

（民）黄志勋修，龙泰任纂，由我国台湾成文出版社1975年出版。该志正文分57目，约20万字，可视为道光旧志续篇。该志对于融县民国年间的行政组织、区团组织、教育、实业、武备等资料记载尤为详细，对考查民国间的政治有较大的参考价值。社会编对融县苗、瑶、侗、壮等少数民族种类、人口数有所记载，风俗目则是对融县自清道光至民国二十年各个时期的风俗习惯、少数民族的饮食起居、娱乐交际的记载。其中，在“节季”部分，除介绍了融县人民春节祀灶、拜年等习俗，还介绍了苗族同胞过苗年的盛况。

百色厅志

（清）陈如金修，华本松纂，由我国台湾成文出版社1967年出版。该志正文分5门31目，约8万字。舆地门为该志重点，对百色地理形势、疆域山川、都里古迹、物产风俗记载较为详确。其中在卷三“风俗”目中，简单地介绍了百色人民过春节的情形。

镇安府志

（清）羊复礼修纂，由我国台湾成文出版社1967年出版。该志分13志57目，约27万字。记载了镇安府（辖境相当于今天的德保、靖西、那坡等县地）历史沿革、地理、物产、气候、风俗、建置、经政等内容。其中在卷八目“风俗”中，对普通民众、官员、瑶族人民过春节的习俗有较为详细的记载。

罗城县志

（民）江碧秋修，潘宝箓纂，由我国台湾成文出版社1975年出版。该志正文分12志84目，约15万字。其内容分疆域、民族、政治、经济、文化、军事、交通、名宦、列传等板块，收载了罗城县苗族、瑶族、壮族、侗族、水族等少数民族的生活资料，具有较高的参考价值。关于春节事象的记载，主要见于“风俗习惯”部分。

恭城县志

（清）陶壿修，陆履中、常静仁纂，由我国台湾成文出版社1968年影印出版。该志正文分55目，约有12万字。颇重人物，其秩官、选举等类目详列明清两代在恭城为官或有功名人物几乎占全志的五分之一。除此之外，该志记载了恭城县包括政治、经济、教育、地理、生活、文化，以及瑶、壮人民的风俗民情等方面的内容。关于春节，鲜见于“节序”之中。

岭表录异

（唐）刘恂，鲁迅校勘，广东人民出版社1983年出版。作者官任唐昭宗时广州司马，所著此书，叙述广西、广东地区瑶、壮等民族的社会生活、风土人情，以及奇特物产，并简要提及两广地区重视春节。

岭表纪蛮

（民）刘锡蕃（刘介），商务印书馆1934年出版。作者永福人，曾在广西通志馆任职，重视边疆民族研究，多次游历少数民族地区，博采民风，广收资料，研究现状，追溯渊源，该书系统介绍了生活在广西的壮、瑶、苗、侗等少数民族的风俗习惯。尤其对少数民族南移、住域与居室、饮食与食具、服饰、家庭组合、婚姻、丧葬、木契草契与高契、语言、歌谣、土司制度等记载较详。内容涉及包括春节在内广西少数民族的各方面习俗。

岭外代答

（宋）周去非著，屠友祥校注，上海远东出版社1996年出版。作者依据自身在广西的生活经验，解答亲朋戚友的询问，故名岭外代答。该书以简练的笔触叙述广西的山川、地理、气候、物产、民族风情等，共20门。其中，在“志异门”“圣佛”篇中，介绍了广西人在春节期间祭拜圣佛的仪式，以及仪式的历史渊源。

赤雅

（明）邝露撰，中华书局1985年出版。该书共有三卷，记载广西少数民族的土司制度、经济文化特点、山川地理、物产、风土人情等，是一部较完整的少数民族专著。其中卷上“浪花歌”一节，简单提及广西少数民族在春节期间的文艺活动。

中华全国风俗志

（民）胡朴安著述，上海书店1986年影印出版。该书分上下篇，上篇引述大量历史资料介绍各地的风土人情、乡俚民俗，下篇则是对各地风俗的详细记录，是一部汇集全国各地区、各民族风俗人情的著作。关于广西春节，上篇在广西总志、桂林、镇安（辖境相当今德保、靖西、那坡等县地）部分，记录了春节期间人民悬灯嬉戏、唱歌、汲水涤旧、做糍粑和“收鸡鸭魂”的习俗，下篇卷七“广西”一节，则详细地介绍了广西罗城在新年“打炮仗”的风俗。

广西旅行记

（民）田曙岚著，中华书局1935年出版。该书共分6编，以游记的方式详细记录了作者在1933年至1934年间，沿着广东钦县到邕宁，由邕宁至百色，由百色至柳州，由柳州至玉林，由玉林至平乐，由平乐至全州的路线，游历广西的所见所闻，其中资料反映了当时广西各地的自然、社会和人文概况，是一本全面介绍当时广西自然风貌和风土人情的图书。读者可从中了解广西当时的历史人文情况，也可把它当作不错的旅游指南。其中在介绍各地风俗时，作者有对各地的春节习俗作了简单概括。

中国民俗大系·广西民俗

《中国民俗大系·广西民俗》是一部系统介绍广西民俗的民俗志著作。过伟主编，甘肃人民出版社2004年出版。本书分12章，对广西的民俗文化发展概况进行了介绍，阐述其生产民俗、家族民俗、居住民俗、服饰民俗、节日民俗、生育婚嫁、交际民俗、祝寿民俗、丧葬民俗、社团民俗、民间信仰民俗和民间艺术等。其中，第七章“岁时节日民俗”中的春季节俗部分概括性地介绍了壮族、汉族、瑶族、苗族、毛南族等各民族丰富多彩、别具特色的过节习俗。该书内容丰富，分类系统清晰，描述细致，是一部广西风土民情的集成著作。

中国民俗知识·广西民俗

《中国民俗知识·广西民俗》是一部全方位介绍广西民俗文化的专著。徐桂兰著，甘肃人民出版社2008年出版。该书对广西民俗文化发展概况、生产民俗、服饰民俗、饮食民俗、岁时节日民俗、人生礼仪民俗、娱乐游戏习俗等方面进行了介绍。该书在“岁时节日”中对各少数民族的民族节日进行介绍的同时，虽没有具体明确地说明是春节风俗，但实际上已经把春节期间的风俗活动囊括在内，如田林瑶族的铜鼓节、壮族蚂拐节、苗年、侗家花炮节、彝族年节等，此外，对各民族的春节奇趣风俗也作了单独的详细的介绍。

广西大百科全书·民族卷

《广西大百科全书·民族卷》是一部展现广西12个世居民族繁衍生息、融合发展历程的书籍。内容涵盖了广西的世居民族、语言文字、传统生产方式、传统社会组织、民间宗教信仰、民间文学、传统艺术、传统工艺美术、传统服饰、传统节日、传统游艺竞技、传统习俗、民族史、民族古籍、民族区域自治区、民族工作、民族研究、民族古籍整理等一级分支。

八桂边寨的民俗与旅游

《八桂边寨的民俗与旅游》是《中国民俗·旅游丛书》系列中的广西卷。苏韶芬编著，北京旅游出版社1995年出版。该书从区域角度出发，分别介绍了南宁、桂林、柳州、滨海地区、桂东南地区的风景名胜和富饶物产，从民族角度出发，则分别介绍壮族、瑶族、苗族、侗族，以及其他少数民族的风土人情。其中在“壮族风情录”部分，详细地具体地介绍了巴马东兰壮族人民在春节期间庆祝的蚂拐节，以及壮家的春节习俗；在“名城桂林”部分，则分时段对桂林春节习俗进行描述，介绍桂林人从小年夜到除夕，从大年初一到正月十五的过节盛况；在“瑶、苗、侗族及其他少数民族风情”部分，则穿插介绍瑶族、苗族、毛南族等少数民族独特的春节习俗。该书编者在介绍各地民俗风情的同时，还附注一些简单的解释，以便读者更好地理解各地的民风民俗背后的意义。

广西少数民族风情录

《广西少数民族风情录》是一部记录广西11个少数民族风土人情的总

集，由广西师范学院广西民族民间文学研究室编，广西民族出版社1984年出版，共计27万字。该书按少数民族分类，记叙广西境内壮族、瑶族、苗族、侗族、仫佬族、毛南族、回族、京族、彝族、水族、仡佬族的生产生活、人生礼仪、社交节日、民间组织、民间信仰、民间文艺和民间工艺等较有特色和代表性的民族风情。其中有不少关于各少数民族欢度春节的记叙和描写。例如，第一辑“百艺齐乐闹新春”一节，具体介绍了田林县壮族人民闹锣鼓、打陀螺、荡秋千、踢毽子、做廊、舞狮、演壮戏、抛绣球等丰富多彩的春节盛典。该书以平铺直叙的口吻描述广西各少数民族的民俗风情，简单朴实，真切地再现了少数民族的生活情状。

广西世居民族

《广西世居民族》是一部向外展示广西民族风貌的通俗性读物，隶属于《中国—东盟博览会·民族丛书》。覃乃昌主编，广西民族出版社2004年出版。该书从民族学、社会学的视角，以图文并茂的形式，形象生动地展示了广西12个民族多姿多彩的文化，内容主要包括各民族的分布及其地理环境、民族来源、民族语言、经济生活方式、民间文学与艺术、居住习俗、饮食习俗、服饰习俗、家庭婚姻习俗、节日习俗、宗教信仰等。其中，在介绍各族节日风俗的同时，涉及各民族过春节的习俗。

壮族风俗志

《壮族风俗志》是《民俗文库》大型丛书之一，梁庭望编著，中央民族学院出版社1987年出版。该书全面系统地介绍了壮族同胞的民俗风情，内容覆盖了居住、饮食、服饰、生产、交通、婚育、家庭、村落、岁时、丧葬、信仰、文学、艺术等方面，记录具体，语言略有散文性质。其中，关于春节的记载，主要见于“岁时”部分，里面提及壮族人民在春节期间的饮食、娱乐、语言、禁忌等各种风俗，此外，对壮族人民特有的蚂拐节也有具体的描述。

壮族文化概论

《壮族文化概论》是一部关于壮族的理论性文化著作。梁庭望著，广西教育出版社2000年出版。该书首先按纵向梳理壮族文化的脉络，显露其嬗变的轨迹，审视其由粗到精，由小到大，由低到高的发展历程；而后按横向系统剖析其结构，对物质文化及精神文化的各个元素一一分析，再整合成较为系统和全面的文化构架。研究壮族的春节文化是对壮族精神文化进行剖析的一个必不可少的过程。因此，该书在节日部分以较大的篇幅详细介绍了壮族人民的春节习俗，描绘了广西各地壮族过春节的盛况。

新年风俗志

娄子匡著，周作人、顾颉刚作序，上海文艺出版社1989年影印出版。该书收入年俗图影26幅，全国各地风俗志27篇，包括江苏、浙江、安徽、福建、湖南、湖北、河南、甘肃、广东、广西、四川、云南、贵州等各省、自治区具有代表性城市的年俗记录。其中广西以柳州为代表，记录其自正月初一到十五期间贺年、嬉戏、舞狮子的年节习俗。

丰富多彩的广西各族春节风俗

《丰富多彩的广西各族春节风俗》载于《文史春秋》1994年第1期，作者鹿鸣。该文以叙事文笔详细地介绍了广西东兰、巴马、靖西、罗城、全州等地区的壮族、仫佬族、毛南族、汉族、京族、瑶族、侗族的春节风俗，对壮族的“等鸡鸣”“喝伶俐水”“蚂拐节”，仫佬族的“走坡”对歌，毛南族的“洗枪”“领魂”，东山瑶的“送老鼠”等习俗活动进行了细致的描写，民族特色浓郁，展现了广西各民族独有的春节文化特色。

壮族春节习俗研究

《壮族春节习俗研究》载于《广西民族研究》1989年第3期，作者覃圣敏。该文章分为两大部分，第一部分主要对广西壮族各地区的春节风俗进行了详细的介绍，第二部分则是对壮族的各种春节活动进行归纳分析，并使之与汉族春节习俗进行比较，探究其背后的意义。

春节及广西各族春节习俗

《春节及广西各族春节习俗》载于《广西地方志》2005年第1期，作者冼光位。作者为广西通志馆原馆长，广西地方志编纂委员会原副主任，广西地方志协会原会长，中国地方志原副会长，针对城市主要传统节日气氛日益淡化，传统活动项目逐渐消失，春节活动如何继承与创新的问题，而故作此介绍性文章，内容包括春节的历史来源，广西汉族、壮族、瑶族、苗族、侗族、仫佬族、毛南族、京族、彝族、仡佬族等民族的节日活动，表达简洁扼要。

广西民间春节习俗探讨

《广西民间春节习俗探讨》载于《社会科学家》1993年第4期，作者龚维玲。该文章主要以理性的视角对广西各地区的春节事象进行探究分析，从而挖掘春节习俗的社会背景和文化内涵，以及在这种风俗后面体现出的广西社会经济状况。

调查报告

那坡县龙华村壮族春节习俗调查报告

陆潇玲

2012年1月18日至2月6日，调查者在广西那坡县龙华村做了关于壮族春节习俗的田野调查。期间，调查者亲自参与观察了当地壮族春节前的准备活动和节中的祭祀、娱乐、交往节俗，对多名不同年龄层次的村民进行了深度访谈，拍摄了照片、视频，并在此基础上撰写调查报告。

从节日结构上看，龙华村壮族的春节分为节前筹备、节中忙碌及节后过渡三个部分。只有节前完成了剪粽粑叶、备米花、包斋粽、选“波非”事务，春节期间才能顺利开展祭祀、送神、开生、拜年、晒衣等活动。节后人们在田间地头劳作时吃米花、粽子则作为“收心”的过渡仪式。从时间安排上看，当地壮族的春节持续时间长、跨度大，从腊月二十开始筹备到正月末，共持续了40余天。节日内容丰富，宗教色彩浓厚，不管是祭祀、封门、守岁还是拜师、开生、送神，都充满了本土道教文化观念。节日禁忌颇多，约束时间长，如除夕祭祖后到送神前，家中不能砍柴、煮猪食、煮饭、洗碗，初一至初五禁洗晒衣服、打伞，初一当日禁吃药、打人、白天睡觉等。这些地方性的节日模式、时间安排和禁忌约束，构成了当地壮族人独特的节日特色，并在节日实践中得以传承和延续。

一、村落概况

龙华村下辖11个自然村（屯），共2300余人，除了瑶族1人、汉族10人外，其余均为壮族人。从生态环境来看，这里是一个“生态屏障区、生态脆弱区和生态敏感区”[1]，以喀斯特地貌为主，以水田平地为辅，山高坡陡，地表缺水，气温较低，是典型的高山气候区。受地形、气候等因素影响，当地壮族人多在旱地石缝里种植玉米、南瓜、黄瓜、红薯及豆类，在水田平地耕种稻谷，在土坡种植八角树、茶树、桐树。由于水稻收成不好，过去多以玉米为主食，以稻米为辅食，以红薯、南瓜为补充食物，形成了平日吃玉米、节日吃大米、过渡餐[2]吃红薯或南瓜的饮食习惯。同时，他们还饲养家畜和家禽，有牛、马、猪、鸡、鸭等，牛和马是不可或缺的，牛可翻耕田地，没有牛的家庭需用劳力去换工；马可从遥远的田里驮回大米、柴火、稻草；猪是提供蛋白质的主要家畜，腊月人们便宰杀肥猪，制成腊肉、酸肉，以招待客人用。

在穿着上，龙华村壮族人过去多穿自织自染的黑布衣。女装穿戴较复杂，头巾是一米长的黑布，佩戴头巾时需用头笼、班簪、头钗等头饰为支撑，交叉对折后才能自然垂摆于两肩上；男子的头巾亦是一条长布，但比妇女的头巾要窄短。妇女上衣竖领、右侧开襟、分前后身，衣领绕脖子交叉于下巴下，连接前后身，衣袖袖口绣有三种不同色彩的花边；男子的上衣亦是立领且交叉于下巴下，以肚脐为基点左右开襟，分左右身，共12对布扣，前身共4个小口袋。无论男女，壮族人的下裤都是宽大、短制，男子裤头用红绳系起，女子则用宽松适度的松紧带围系裤子。女子穿褶裙，褶裙由六块长布缝制而成，穿戴时将其裙带系于右腰，再根据一定的规则折回腰间，形成布袋状，便于妇女下地劳作时放置捡拾的瓜果或存放烟丝。旧时壮族妇女穿翘头绣花鞋，男子穿黑布鞋，布鞋不仅在日常生活中穿用，也是姑娘必备的嫁妆之一，新婚妇人要在结婚当日将布鞋悬挂于男方家神台前，让亲戚朋友们欣赏，尔后送给男方父母和族亲。但20世纪六七十年代以后，壮族人或主动或被动地改装易服，选择市场上的服饰穿戴，传统服饰除了兴办旅游村庄

1．廖明君．大山里的黑衣壮：那坡黑衣壮文化艺术考察[M]．南宁：广西人民出版社，2004：14．

2．夏季白日较长，黑衣壮人约在下午4点钟进食一次，这个既不是午餐也不是晚餐的吃法，以南瓜或红薯为食，不用摆桌，直接从锅里取食，相当随意，是午餐到晚餐的一个“过渡餐”。

（吞力屯）的村民为了增加表演效果经常穿戴外，在其他村屯都已鲜少有人穿戴。

在建筑形式上，龙华村过去以干栏建筑为主，屋内以谷物、人神、家畜为区隔，从高到低将房屋分为三层，整体通透宽敞、界限鲜明。在住房安排上，以神台为界线，住房分内外两类房间，家中年长者住正房，即堂屋神台后大房间，其左侧房为中年妇人住，右侧房为年轻的媳妇或未出嫁的女子住，而神台外的房间共两间，一般右侧房为中年男子住房，左侧是其兄弟或子孙住房。堂屋之内设有神台，神台上摆设祖先香炉、大神香炉、花王香炉，如本家有道公，则还立祖师香炉。近几年来，村民们已陆续建起楼房，干栏建筑正在逐渐消失。

在龙华村，人们普遍信奉道教，认为道教才是本族人本土的宗教，生老病死、婚丧嫁娶、灵魂超脱、辟邪求吉、驱灾除难，必须通过道公施法、驱走灾星，方求得心灵慰藉，如病人用药久治未痊，则请麽公（男巫）作法到阴间寻根究底：如得罪诸路神仙的要谢罪以求康复，若先人久未得到祭祀，要请其到阳间喝酒；修葺房屋“顶命”[1] 致人生病的要谢罪方能恢复健康。但随着民族间交流日渐增多，龙华村的壮族信仰也呈现出多元化趋势，如该村吞力屯就有村民信奉基督教，把家中的香炉压在猪牛进食的槽下或将草木灰倒掉后抛弃香炉，随后神台上摆放耶稣圣像加于供奉。针对这种举动，很多村民嗤之以鼻，甚至有人说信奉基督教的那家人已遭到“报应”，家人生病、六畜暴死、村民谴责，迫使他们重摆香炉，供奉先人。相对的，平地壮的巫婆在龙华村里得到了一定程度的认可和信任，村民们通常在道公和巫师法事都不灵验的情况下求助于平地壮的巫婆。

在龙华村，人们既过广西各族共有的节日，也过黑衣壮独有的节日。从农历一月份算起，一月过春节，二月有桐果节，三月则逢清明节和三月三，

1．顶命：壮族认为，每个家庭成员的八字一年年在房子的东、西、南、北四个方位轮转。如对建成三年以上的房子进行休整或搬石、木等重物到家里，冲撞了家庭中某位成员的八字，顶到他的命，就会导致其生病。

但相对而言，当地更重视三月三这个节日，他们通常在三月三扫墓而不是在清明节；四月过青苗节，此后，五月迎端午，六月过初六，七月聚十四，八月度中秋，九月有初九，十月逢初十，十二月逢立春。在这些节日中，春节和中元节过得比较隆重。

在长期与外界相对隔绝的生活中，黑衣壮已经发展出一套符合大石山区的生计模式和文化系统，他们完全可以凭借传统的生活模式代代繁衍生息，但在全球化、现代化的背景下，龙华村的现代化进程是与全国各地同步的——如今他们的生活方式已经发生了巨大变化，尤其是年青一代，他们的生活态度、消费观念、衣着服饰、行为方式都已被外界同化，大部分人都凭借外出打工的收入建起楼房，也有村民在县里买地皮建房或购买商品房，他们有摩托车、面包车、小车等代步工具，有手机、电脑等传递信息的通信工具，有冰箱、电视等家用电器，耕种田地不再是主要的谋生方式，外出打工的人数一直在逐年增加。

二、节前的准备活动与仪式

（一）祭灶神

龙华村壮族不过小年，但会选择在腊月二十三送灶王。灶王在当地称为“娅灶”（娅是对老年妇女的尊称），他们认为娅灶在这一天要上天庭向玉帝报告家人的行为，因此要好生款待、孝敬她。祭灶王仪式从晚上开始，由家中男性操刀杀掉“项鸡”（未阉的公鸡）一只，随后将鸡、腊肉块、酒等祭品一起放到提篮内，提篮被放置在火塘正上方，提篮旁插有三支（或一支）燃香，男人三次来回倒酒，倒酒时对着灶王说：“我拿酒肉待你，见到神仙要报好话”之类的话，等灶王受领享用后焚烧纸钱。

（二）剪粽粑叶

粽子是龙华村一带壮族过年必备的食物之一，因而要在年前剪采粽子叶。妇女们多在腊月下旬去地里剪下粽子叶，但通常是在农历单号剪采，这与当地人的数字观念有关联，他们把农历的单号日期称为“弯拎”，即灵验的日子，在这样的日子做事易于接近成功。粽子叶是整个粽子的（最外）保护膜，在包粽子和煮粽子时都起着非常关键的作用，如果叶子不好，会出现胀米、漏米、渗水，甚至无法煮熟的情况，这对壮族人来说是非常不吉利的，因此，尽量选择灵验的日子行事。弄公屯的梁氏英[1]老人选择在腊月二十七摘叶子，她事先带上猪菜刀和背篓，只身到自家的玉米地里采粽叶。她说之所以选在当日“动手”，是因为那天是“弯拎”，既吉利也灵验，这样的叶子包裹成的粽子易熟。在保留幼苗，去除粗糙、劣质叶子后，她将春节用的粽子叶卷起来，共有五卷，给嫁往外屯的女儿两卷，自家留三卷，同时还念叨着：“粽子叶要看种植的人和土地的质量，有些人种不活，有些地方种不活”。这种说法在其他妇女那里也得到认同，当地人认为较为罕见的、珍贵的植物并非人人能够拥有，要视个人的精神气质、命运而定，如有些命不好的人一辈子都无法种活粽子叶和麻草。

▲ 斋粽叶 / 陆潇玲 摄 /2012 年

（三）备米花

年关将近，妇女们将谷子放在碾米机中碾过一次，去皮、除屑、过滤，最终选出完好无损的糯大米，作为春节待客用的米花原材料。浸泡一晚后，放入木桶中蒸熟，蒸煮过程大致与糯米饭制作一样，但木桶底部要撒上玉米面，以免蒸熟的大米粘住桶底，浪费了精心挑选的糯米。糯米将熟之时，在

1．被访谈人：梁氏英，女，69岁，壮族；访谈时间：2012年1月19日；访谈人：陆潇玲。

堂屋铺开竹席和日常揉面的竹编容器，撒玉米面于其上，后快速从木桶里倒出煮熟的糯米。此时女人们忙碌起来，大家赶紧把凝结成团的大块糯米饭戳开，由大到小，直到糯米一粒粒单独散落在竹席上为止。糯米晒到半干时，拿到村里的压缩机压扁，被压扁的糯米粒还需要晒干，最后才放入不透风的袋子里，保存至大年初一爆炒。老人告诉我，现在做米花比以前方便多了，很多年前还没有机器，只能用舂米杵慢慢捶舂，过于用力或者力度不够都将降低米花的质量，通常早起蒸糯米，舂一天才能压扁所有的糯米，而人口众多的大家庭食用量大，需要花几天来准备米花。

（四）包斋粽

在腊月二十七，壮族妇女开始着手包“斋粽”。所谓的“斋粽”，就是糯米中不放猪肉丝、香料、芝麻秆灰等配料，仅用晒洗过干净的白色糯米粒。“斋粽”最少要包3个，最多11个，不过大多数的壮族人家均会截取中间的数字，包7个，煮熟后往神台香炉的侧面摆放。弄公屯黄姓有7家，陆姓12家，但今年只有几位妇女包斋粽。黄氏已[1]今年已70岁，她共包了11个，9个置于神台上，2个给孙女吃，她说：“斋粽又没有肉，不好吃的，多包了还浪费糯米。”在陆姓几个家庭里，妇女们大多已遗忘了包斋粽一事，当我提到为何不包斋粽时，陆家媳妇黄彩源[2]小心翼翼地指着神台说：“小声一点，我们已经好几年不包了，那年（2004年）腊月二十七，侄媳妇生孩子，我们去帮忙误了包斋粽，那以后就都不包了。”关于斋粽，当地老人说，“娅灶”(灶王)在腊月二十三要上天庭拜见诸仙，众仙们不像凡人一样吃荤，“娅灶”上天庭亦要遵循天规，不能吃荤，人们愿意与为了人间造福的“娅灶”同甘共苦，故在腊月二十七那天斋戒，包斋粽以表对“娅灶”的尊崇和敬慕。但实际上，直到春节结束，都没有人愿意尝试那些无味的斋粽，而是留到正月最后一天喂猪或者鸡鸭。

1．访谈人：陆潇玲；访谈对象：黄氏已，女，70岁，壮族；访谈时间：2012年1月20日。
2．访谈人：陆潇玲；访谈对象：黄彩源，女，48岁，壮族；访谈时间：2012年1月20日。

(五) 选“波非”

龙华村壮族人把除夕夜至正月三十延续烧的那根柴火称“波非”，“波”即父，“非”即火。腊月下旬，家家户户的男子多选择在“弯拎”那天上山砍一棵易燃耐烧、粗细相当的树，截去首尾两头及枝干后，外观较精致的中间部分留待过年用。运到家中，为了避免家人尤其是女性从其上跨过，“波非”通常被立起来或者横放在无人经过的地方。“波”和“非”分别代表男性和女性的生殖器官，“波非”烧得越旺就越能说明男女两性组合建立起来的家庭夫妻和睦、人丁旺盛、六畜安康；倘若“波非”灭了则多暗示来年困难重重。因此，从除夕至年初一，壮人家的火塘都会留有火种，不能熄灭。

(六) 购年货(物) 及备置家畜草食

过年的必备物品除了在家中自产外，也需在县城购买部分用品。春节前几天，壮族人陆续赶车去那坡县城，买下春节期间祭祀必备品，如香支、蜡烛、煤油、爆竹及蔗糖、粉丝、水果、花生等。香支是春节期间所必需的，从正月初一至元宵节，各家各户都需给土地庙上香。弄公屯东西边分别有两座土地庙，以西边的大庙为主，东边小庙为辅，前者每次需上三支香，后者至少一支，而外人来家中拜年、拜师、认干亲，也需要燃香告知祖先，因此香支需要多储备。蜡烛和煤油灯需要从年三十晚到初一在神台燃起，爆竹在祭祖、祭庙等仪式中点燃，购买年货时二者不容忽略。蔗糖经水煮后能粘住爆炒的米花，增加甜味，粉丝、水果、花生一类的东西可视家庭经济条件适当购买，但据调查者观察，目前几乎每家每户都能承担得起年货费用。

人类的物质生活越是丰富，就越不能遗忘家畜的艰苦。不只一位老人对我说：“人过年吃肉喝酒，猪牛马也要加菜。”在除夕前一天或当天，不管天气多么寒冷，路有多滑，壮族人都要上山割青翠的牛草，下地摘绿色的蔬菜，等除夕夜和大年初一慰劳家畜。黄勋权[1]是在除夕那天上山砍牛草的，尽管儿子儿媳都认为没有必要备草，只需喂些玉米秆便可，不过老人家还是坚持挑回100多斤重的牛草，准备初一和后面几天喂牛。

壮族人年前的准备工作看似平常，所备物品多为春节祭祀、待客的食物，他们周边的其他民族也同样有剪粽子叶、备米花、购买香支、爆竹、蜡烛等过年筹备工作，但壮族在做这些事情的时候，有一套自觉遵守的习俗规约、禁忌模式，他们的信仰观念、崇拜对象、禁忌思维在其中得到较好的表述和阐释。

三、春节期间的节日仪式与活动

(一) 除夕日的仪式与节庆活动

1. 扫尘

除夕日一大早，男人们先去自家的竹林砍下几根竹子，用树藤将这些金竹捆起，编成扫帚备扫尘之用，扫尘的调查记录主要在陆国品和陆光华家完成。陆光华的儿子陆小弟[2]先从房屋第二层开始打扫，他先把神台上的蜘蛛网、杂物清理干净，后到堂屋、偏厅、各房间全面打扫。房屋的第三层是谷物、杂物、劳动工具安放的空间，这里的打扫也不能面面俱到，最多是象征性地除掉蜘蛛网。清理完人神居住的空间和谷物存放的地方以后，他来到自家院子，将院子里的鸡鸭粪便、柴屑、泥土等一切垃圾杂物倒在牛栏中。接着，他顺手打扫房屋的底层，即饲养六畜的地方。此处多有家畜粪便，地面潮湿而脏乱，不时还发出畜禽粪便发酵后生成的有机物味道，因此这里的打扫只能做些仪式性动作，用竹扫把尾部卷掉蜘蛛网，神情庄严肃穆，看

1. 访谈人：陆潇玲；访谈对象：黄勋权，男，55岁，小学文化，壮族；访谈时间：2012年1月22日。

2. 访谈人：陆潇玲；访谈对象：陆小弟，男，20岁，高中在读，壮族；访谈时间：2012年1月22日。

似屏住呼吸在思考着什么，后来他告诉我，六畜居所潮湿，跳蚤、蚊虫、蚂蚁都齐聚那里，打扫的时候心中要默念："今后我家无忧也无虑，跳蚤蚁虫各自毙。"各处打扫干净之后，把竹子扫帚夹放在牲畜活动那一层的左侧，意思是说把过去一年的灾难、祸害、尘杂跳蚤等捆吊起来，待正月三十那天放到自家火坑里烧掉。

▲ 包好的香灰／陆潇玲 摄／2012 年

▲ 压紧香灰／陆潇玲 摄／2012 年

2. 更换香灰

午饭过后，男人从神台上取走香炉，将香炉里的旧火灰倒在粽子叶上包起，待大年初一祭果树用。他们认为橙树叶是大自然中最洁净之物，香炉需要用橙树叶泡过的水清洗。接着是往洗净的香炉倒入新的草木灰，并适度压紧，否则不便于来年上香，换新的香灰后，按原来的顺序，祖先香炉、大神香炉、祖师香炉、花王香炉逐一摆放在神台上，顺序不能颠倒混乱。一般的家庭都有祖先、大神、花王三个香炉，祖师香炉则是有人从事某个民间行业如道公、医药、打铁的家庭才立有。女性不参与换洗香炉，因为洗香炉是一件十分庄严的事情，神台尤其香炉是先祖、上天各路神仙、花王、祖师的活动场所，当地人认为女性身体和灵魂较之男性，是不够完满的，香炉的换洗自然首选具有超脱、圆满灵魂的男性。

3. 杀鸡祭祀

换好香灰之后，男人开始动手杀鸡。在杀鸡之前先把要杀的鸡放在院子或阳台能看到天空的地方，让鸡在弥留之际多看看远方的天空，表示主人的不忍之心。杀鸡这项工作一般妇女也不参与，寡居妇女家子女尚小或者家中无男丁，往往都由族叔们代劳，少数是妇女亲自动手杀鸡。煮好成条的鸡及腊肉、腊肠之后，便可开始祭祀，祭祀过程烦琐，延续时间长，“从大年三十晚上开始，一直到第二天晚上，也就是正月初一傍晚才结束”[1]。祭品包括成条鸡一只、腊肉一块、猪头皮一个、香肠一节、鸡内脏一块，备有酒、纸钱、爆竹、燃好的香支。祭祀顺序由外到里，依次是土地庙、村社鬼、六畜（鹅、鸭、鸡、猪、牛、羊）之神，泰山石敢当、死伤鬼、灶王，最后才是神台。在祭神台之前，先献上橙子、苹果、甘蔗等。每到一处，必先上香，后倒三次酒，烧冥纸，等鬼神享用完毕，放爆竹送走，不过在神台祭祖所燃放的鞭炮数量最多，种类也相对丰富，延续时间最长的，这足以表明祖先在壮族家庭中的地位。

4. 年夜饭

龙华壮族人吃年夜饭不是自家吃自家的，而是轮流把附近亲兄弟、堂兄弟几家叫到一起吃，哪一家准备得早就先到他家吃，大家聚在一起喝酒、聊天、看春节晚会。弄公屯长期以来已经形成了一种固定的模式，每年都有两个或多个亲戚家庭结成对子，互相到对方家吃年夜饭，如陆姓人家中，陆光辉与其入赘姐夫一家同吃晚饭，陆国品、陆国荣兄弟两家轮流到对方家里聚餐。黄姓家庭里，黄勋列、黄勋文、黄勋存、黄勋合、黄勋则五家合作，不厌其烦地从一家吃到下一家。当调查者问他们这样的聚餐是不是仪式性相聚时，黄勋列说：“我们兄弟多，轮流到对方家里聚聚，主要目的是聊天，不是吃饭，东西是吃不了多少的。”浓厚的亲情在言论中得以淋漓尽致地表述。吃完年夜饭，桌上的碗筷一律不能收走，桌面也

1. 刘萍．黑衣壮族群祭祖仪式的审美人类学考察——以百色市那坡县城厢镇弄文屯为例[D]．桂林：广西师范大学，2005．

不能盖有任何遮蔽食物的容器，因为此时各路神仙会来家里吃饭，要等大年初一送神以后才能动手收拾。

5. 封门和守岁

夜里11点左右，屯里最有威望的陆道公放两声鞭炮“封门”，全屯人都各自安静下来，不管是大人还是孩子都不能发出哭闹或笑声，也不能开门外出。之后家里男人开始守岁，公鸡报晓即刻燃放鞭炮，在这个环节上，老人说以前更为严格，那时没有时钟计时，人们以公鸡啼叫为信号来计量新一天的开始，守岁的人一定要等到公鸡第一声报晓后才放鞭炮，所以一定集中精神，仔细聆听公鸡发出的信号，道公家先放一串爆竹，其余的家庭按从屯头至屯尾依次再放。但从2009年以后，弄公屯的男人们统一赞成一个做法，那就是看着时钟行事，只要到了当夜凌晨12点，不管公鸡叫否，都视为公鸡已报晓，大家此时可以自主大放爆竹，此时，家里如有上学的孩子，大人还会催促他们起床看书，在新年初一这个灵验的日子到来之际念书，日后学习成绩会更上一层楼。此外，如果没有特殊情况的家庭便可安心睡到天亮。这里所说的特殊情况是，有的家庭先祖在世时，家里很贫困，没有鸡鸭祭拜祖先，于是就去别家偷来鸡鸭，等除夕夜天蒙蒙亮时，把自家门关紧，杀掉偷来的鸡鸭之后使劲往头上甩，把鸡鸭扔到房屋第三层，然后再开门到院子里东瞧瞧，西看看，确定没有人了再回家杀鸡祭拜祖先。后来他们富起来，不需在除夕夜外出偷鸡，但其后人还需继承先祖的“英勇壮举”，除夕夜拿出自家的鸡鸭，把偷鸡、扔鸡、探视、杀鸡的过程演示一遍。在弄公屯，陆国岁[1]家就属于这类特殊的情况，但他个人认为，这个仪式的演示给他带来不少麻烦，“别人家都是除夕下午换香灰，我们半夜才换，换了才能杀鸡，人家等鸡报晓以后就可以睡觉了，我还要顶着寒风把祖先那一套都做过一遍。”年轻人反对传统习俗的约束态度可见一斑，常年在城市务工的他们甚至认为先人们的那一套行为模式是一种陈规陋俗，与大都市格格不入。

1．访谈人：陆潇玲；访谈对象：陆国岁，男，35岁，壮族；访谈时间：2012年1月22日。

（二）正月初一的仪式与活动

1. 买新水

买新水是壮族人在大年初一的头等大事，天还未亮，就听到妇女们叮叮咚咚的打水声，壮人把这一天早晨的打水活动称“买水”，即拿着燃香、鞭炮去水池跟龙王买水。只见妇女们先接水，随后放几个鞭炮，随口念叨着吉利的话后挑水归家。谁家能买到新年头一桶水，他家在这一年里将会事事顺利，样样比别人强，对妇女来说尤其关键，她们是必须早起买水的，这关系到她们的织染技艺展现问题，无论是浸泡蓝靛、融化牛胶，还是最后染布洗布，都会用到清水，只有新年买到“好水”，才会染出色泽光亮的黑布匹。

2. 炒米花

正如前文提到，米花是年前用精良的糯米经层层复杂工序打造出来的，但真正爆炒需要等到大年初一这一天，妇女先在干扁的米花上浇上茶水、茶油，反复搅拌均匀，存放半个小时左右便可开炒。炒的时候火候要适度，沼气火、煤气、电火锅等都不适合用以炒米花，燃烧木柴、玉米秆、玉米棒大抵是最好的选择。其中分工明确，一人负责用竹签翻炒，一人等着将炒好的米花捞出；炒毕，以米筒计量，算出米花需蔗糖的分量。蔗糖需要放水煮溶，用大拇指和食指沾着糖水，拉开的糖丝很长且无间断，就可以将炒好的米花放入糖水中快速搅拌，这个过程需要快速、均匀、协调。搅拌均匀后，在三个大碗中放入米花，趁热用手把米花一层层立起，像个倒立的圆锥，然后置于神台的香炉旁，直到正月最后一天才取出来吃。沾着糖的米花被妇女小心存放在不透风的袋子里，整个正月都用于待客。

3. 互访、放牛

家里大人起床后，最先交代子女的就是串门的事情，女性在这一天是最忌讳到别人家里去的，但可先让家中的男人和别家的男人轮流到对方家里串门，然后才让女性出门前去这个家庭拜访。去的时候不带任何礼物，受访的那个家庭会以米花、粽子招待她，相对的，她可以带那个家庭的女性成员来自己家里串门，轮流串门实现运气的平衡和流通。这一天，男孩子起床后要放牛，但放牛之前要在牛角上绑上红绸以示吉利，放鞭炮然后赶牛上山吃草。

▲ 赶牛吃草 / 陆潇玲 摄 /2012 年

4．拜师学法

这一天最热闹的家庭当属龙华村的道冠[1]黄位精的家里，他是岜领屯人，原师从于弄公屯陆国英老人，陆于2002年过世后由黄位精接管门第事务，他生前的30余名弟子继而转到黄位精门下继续学道。大年初一，这些弟子都带上猪头皮、粽子、米花、玉米酒、腊肉去师父家拜年；师父家则备有酒肉款待弟子。饭前，所有弟子皆列队站成数排，由师父带领，三声鞭炮过后向神台三跪三拜，此后的用餐时间里，弟子们可向师父请教各种仪式中所用的道法，师父视弟子的领悟能力和受戒程度授其本领。当然，也有些道公过了初一之后才去大师父家拜年，因为初一这一天他也有直系的弟子前来拜师。

5．“送桌”“告果树”“种玉米”

“送桌”即是送神，当地壮族人通常把神灵称为“桌上的”，“送桌”便有送神之意。这个仪式一般在初一下午三四点进行，在这之前全家人不能煮饭吃，只能吃粽子或米花。在“送桌”时，男性把家里的锄头、铁犁、镰刀、弯刀等所有劳动用具放在堂屋，以粽子祭之，再往各房的衣柜、箱子上放一个粽子，神台上放两碗清水，一根挑水扁担，向神台进香后鸣鞭炮送神。其次是“告果树”，陆光辉家与其入赘姐夫家合作，由陆阿弟和黄绍华一起完成，陆扮演的是果树的角色，黄则作为祭果树的人。黄把粽粑叶包好的旧香

1．道公按受戒程度分学灵弟子、通灵弟子、法冠、道冠四个等级，其中道冠为最高等级。

灰夹放到橙子树、桃树、黄皮果树上，用随身携带的砍柴刀往“果树”上轻砍，同时念叨着：“今年开花多不多？结果多不多？”陆答道：“多。”随后黄还用威胁性的口气告诉果树“今年不结果就砍掉你”等威胁的话。“种玉米”是“告果树”之后的另一个环节，老人认为初一这天种下玉米，往后开春播种便不用选日子，何时开播都可以。黄绍华[1]扛着锄头，挑着粪桶，在果树下挖坑，撒下几粒玉米，归家；家里人把猪肝、猪肺、香肠等放到锅里一起煮，给神台上香，摆上主要的祭品；全家人把祭品吃完才算完事。

当然，初一的仪式和活动不止这些，据老人们所述，女孩的母亲会教女儿刺绣、织布、纳鞋底，但现在人们似乎都已遗忘了传统节俗，大多数人要在这一天念书、学开车、交朋友或相约到弄莫完小学打篮球。此外，初一这一天也有许多禁忌，如禁止打人，“这一天打人，是把力气送给别人，以后自己将无力气做工”[2]；禁止做除了和吃喝有关的活儿，因此，洗碗、碾米、砍牛草、打猪草等一切活儿一律在除夕那晚，祭祀家先之前做好；禁止吃药，否则这一年会天天生病；禁止睡懒觉，不然家里的玉米、稻谷会被大风吹倒；不允许哭闹，因为哭闹就意味着来年穷困饿肚子。

(三) 正月初二的仪式和活动

1. 黄家祭死伤鬼

初二那日天蒙蒙亮之时，弄公屯黄姓每家每户都要祭祀祖上的死伤鬼神。男人们起床后马上着手杀鸡，然后在屋檐和家里丢放牛草的通口插上燃香，摆放鸡肉、猪肉等祭品，分别在那两处祭拜，倒酒、焚冥纸、点鞭炮后把祭品煮了全家悄悄吃饭。期间门是被紧紧关起来的，不允许任何人大声说话，如果被外人敲门也是不吉利的，所以黄姓家庭里每年在初一晚就告诉左邻右舍不能在初二清晨来敲门。关于这个祭祀的来源，据黄姓男子说，他们祖上有一个道公，从外屯做道以后骑老虎回家，快到家门口时，其妻惊讶地

1. 访谈人：陆潇玲；访谈对象：黄绍华，男，28岁，壮族；访谈时间：2012年1月23日。
2. 覃圣敏．壮族春节习俗研究[J]．广西民族研究，1989，(3)：102．

喊道："天啊！他爸！"老虎随即把黄道公打走吃掉。还有一位祖先是因为家里贫穷，过年无鸡祭拜祖先，便在大年三十出去偷鸡，但一直到初二早晨天蒙蒙亮时才回到家，为防止邻居看到，便取道牛槽口[1]，打算从牛槽口爬到第二层，正当他伸头时，被妻子看到，以为是家里来贼了，便用牛槽口旁边的两块木板压死男人，事后才知道是自己的丈夫。黄姓人家为了祭祀两个祖先死伤，现仍然在大年初二天未亮时，杀鸡在屋檐和牛槽口祭祀，期间若有人敲门或叫喊（意思是偷鸡被人撞上），就立即把这倒霉的人"打死"，当然，在屯里只有陆黄二姓，人口不多，一般人都会知道这个节俗，也就心照不宣，不去打扰。

2. 祭庙、开生

初二清早，按照事先约定，某个家庭的男性成员先拿着鸡、腊肉、酒、米花等祭品到屯里的土地庙生火，鸣一串爆竹通知其余家庭的男性前去土地庙祭拜。随着鞭炮声响起，各家男主人也拿着祭品和煮好的饭菜纷纷赶往庙里，人员到齐以后，大家首先拿出香支，对着火堆点燃后给土地公上香，倒酒，焚烧冥纸，接着拿出从家里准备的饭菜，以庙里的地板为饭桌，依次摆放自家菜肴，男人们围着一圈，席地而食，大家划拳猜马，敬酒劝酒。吃完，男人们还集体向土地公三叩三拜，祈求庇佑。约一个小时后各自归家准备举行"开生"仪式，目的是驱除往年的厄运邪气，祈求新年兴旺好运。"开生"时，道公家庭和普通家庭做法不一，前者要负责召集屯里的老人

▼ 祭庙开生／陆潇玲 摄／2012 年

1. 养牛的人家习惯在人住的一层开个缝口给牛马喂草。

（男性）去家里敲鼓打钹。具体做法为，道公本人先手执一面鼓，落座默念秘法，等他示意其他人可以开始的时候，老人们才纷纷敲打手中的锣鼓道具，就在锣鼓声响起之时，道公家里负责放鞭炮的男性点燃鞭炮，屯里的其他家庭听到信号后，每个家庭按事先安排好的顺序逐一点放鞭炮。此时，在各家门前的空地上也摆着供桌，由于八仙桌难移动，一般家庭都用竹编容器代替，供桌放着一碗玉米、三个小酒杯、一壶酒，碗里插着三支香，但容器的摆放和香支的朝向一定与该年的大吉方向（道公推算今年的大吉方向为东方）一致。当听到家门口的鞭炮声以后，在供桌前的人立即也点燃自己手中的三个鞭炮，倒酒，烧纸，祭毕，拿着碗里的玉米向猪栏、牛栏、鸡窝、鸭槽撒去，让各种家畜自主来吃。此时，妇女们也在鞭炮声中仪式性地去推一推石磨，启动碾米机、碎草刀等，这个仪式结束以后，家里人才能拿出粽子、腊肉等东西去别家拜年，家里也才能接受别人前来拜年，因为各屯“开生”时间不一，像弄莫、岜领二屯行动较快，因此，这两屯的人能够较早出门拜年，但来到弄公屯附近，发现那里正在举行仪式，只能在路上等待仪式结束后才能进去拜年，否则会被人责骂。

3. 外家拜年

初二是壮族人上外家、亲家、干父母家拜年的日子，但礼物选送和送礼的人各不相同。一类是女子嫁到男方家已生儿育女，在男方家过年，那么拜年时一般只带五个粽子、一壶酒、一包米花、一块腊肉；有心的人会另外带上一个母粽，像嫁往云南的陆氏妹[1]每年都会拿一个母粽子给父母家拜年。另一类是男女双方已订婚或者已经结婚，但是女子尚未生育，还在娘家过年（当地有不落夫家的婚俗），拜年时则带上11个荤粽子、两壶酒、两包米花、两块腊肉，第一年还需带上一只活鸡。带上活鸡以便娘家让人请道公来“送败”，“送败”的意思是把一切灾害都送走，因为新年第一次去别人家里拜年可能会带去不吉利的东西，所以要自带一条活鸡去“送败”。前一类情况如果是子女尚幼，就由母亲带上子女回娘家拜年，若子女长大能自己去拜年就由

1. 访谈人：陆潇玲；访谈对象：陆氏妹，女，36岁，壮族；调查时间：2012年1月24日。

他们代劳；后者一般是男方的妹妹或者母亲带哥哥或儿子去拜年，只要女方的亲生父母及哥嫂还健在，拜年的这一礼节每年都不能少。契子给干父母拜年，可带两类礼物，如果自认干亲以来契子每年都坚持去拜年，那需要带上五个粽子、一壶酒、一包米花、一块腊肉；如是间断拜访，那可不必带上粽子、米花一类东西，只需在市场买几斤水果或补品、酒带上便可，但第一次去干父母家，契子应带上12个粽子和一只活鸡，其余礼物与他人一样。壮人有还礼之俗，来拜年的人带来五个粽子和腊肉，受礼的这个家庭要归还两个粽子和大块腊肉，不过据许多妇女反映，来拜年的多为年轻人，大家都不愿意将礼物带回去，妇女们只能等送礼人回去时将粽子和腊肉硬塞给这些年轻人，但最后不愿拿走者居多。在年轻人一方，他们认为礼物是送给“外婆”的，再说现在生活富足了，不太在乎那些糯米和腊肉，带回去路上还负重劳累。他们一面固执地按照传统习俗还礼，另一面又坚决不愿接受，在争执和矛盾中，拜年的人们又想出一套办法，那就是去拜年时粽子只带3个，腊肉还是一块或是两块，其他酒、米花照旧，让受礼的家庭不用总想着还礼，即使要还，按传统的做法，那只需还回那大半块腊肉，可以减轻路上的负担。

（四）正月初四的仪式与活动

在当地流传这样一种习俗，即孩子夜间哭闹不停、常常生病、调皮过度等父母认为“难养”时，找道公测算孩子“该吃谁家的米”（认干父母的俗称），后根据道公提供的夫妇姓氏替孩子寻找干父母，征询该家户意见后，取一碗米回家煮给孩子吃，如过后孩子病愈，那么父母要在春节“败日”或农历七月十五带着孩子，拿上鸡、腊肉、米等到提供“好米”的夫妇家拜认干父母。今年“败日”为正月初四，调查者恰好有幸参与观察了认契子仪式全程。龙华村附近的洞汉村弄磨屯一个岑姓的孩子于初四来陆家拜契亲，因前段时间常生病，其祖母来陆家拿米回去煮饭吃后，病好了，于是才有了今天认干亲的场面。他的母亲把装有活鸡和粽子、米花、腊肉、米酒组成的担子放在陆家的神台前方，由道公负责主持今天的仪式。仪式前，陆家人先在八仙桌上放一只篮子、一块粗布、三只酒杯、一壶酒、几片柑树叶、一碗大

▲ 认契子供品 / 陆潇玲 摄 /2012 年

米，碗内插三支燃香，篮子里放入成条鸡、腊肉，桌子旁置一个扁平的竹编容器，内铺散着约一筒大米。陆家媳妇告诉我，本应在竹编容器内放一件衣服一起给道公作法的，不过来认契亲的人没有事先通知，家里也没来得及购买，所以在竹编容器上放的钱连米就给契儿子拿回家。道公念经期间有一男性根据道公的提示负责倒酒祭神，燃烧冥纸，约一小时后，经书念完，道公示意孩子把契妈准备的“衣服”穿上，这仪式就算结束了，孩子穿上干父母赠送的新衣，意味着从此与陆家夫妇建立起了“父母子女”关系，夫妇对契子女有教导责任，契子女有孝顺干父母的义务，春节和七月十四应去拜访干父母，干父母家农忙需要人手、婚丧仪式中需帮工，契子女应按礼节以子女身份到位。

（五）正月初五的活动

正月初一到初五是当地的“禁晒”时间，初五之前，不允许任何人在屋檐之外的地方晾衣、晒被、撑伞、戴帽，因为晾衣服、晒被子就意味着人们期盼太阳出来，撑伞、戴帽说明人们害怕被雨水淋湿，这些行为是对雨水的抗拒和抵触，龙王就以此为由让今年无雨水，各处干旱无法种田种地。这在各屯，老人的说法基本一致，他们不仅苦口婆心地告诫年青一辈，自己也坚持遵守着。早晨起来后，家庭主妇将被子抱出门去，在阳台干燥处仪式性地晒晾几分钟，然后对着家里人说今天可以晒衣服了，此时，被约束已久的年轻人忙着洗衣，准备释放近几日来的阴郁情绪。在读高中的陆小弟抱怨说：“我都准备回学校补课了，衣服晒不干，拿去学校也是发臭的，真麻烦。”

而老人们总是苦苦相告：这条禁忌是不能违背的。马氏妹还为此讲述去年干旱的事情，她认为就是有年轻人在楼上洗衣服，没到初五就拿到楼顶挂晒，得罪了龙王，所以去年才干旱的。

（六）正月初十和十五的活动

龙华村壮族人一般选择在正月初十或十五接外婆到家里吃饭，像陆氏莲[1]家就选在初十那天，作为婆婆的陆氏莲为人热情开朗，主动请两个儿媳的双亲来家里做客。当晚，陆氏还邀请弟弟的家人，夫家的继母、叔父、伯娘、婶子来吃饭，请这些人来一则间接告知儿媳的双亲，这个家庭与亲戚、邻家和睦相处，互帮互助；二则真心感谢亲人邻里平日里相助。老人说，在过去春节更加热闹，在十五那日，很多人都自发组织“认东”[2]的活动，即同姓之间交友。年轻人在某个场合认识、交谈后，如发现对方值得深交，便在正月提一只鸡到对方家里“认东”，交往对象可以是壮族，也可以是汉族。道公举行仪式以后，双方就可互称“东”了，即由外人转变为这个家庭的干亲，逢年过节双方可以轮换到对方家里小住几日，或邀约到那坡县城一起谈心、交流感情、互诉心中的秘密。此后的一生，如果“东”的关系得到维持，那么对方家庭的婚丧嫁娶、红白喜事，“东”都应该参与。

（七）正月最后一天的仪式和活动

正月的最后一天，白天时段还是如往常一样忙碌，善于编织的男人要制作箩筐用作挑粪，妇女们有人挖粪有人挑粪，忙着准备二月种玉米事宜。到了晚上，家家户户都有一项活动，那就是蒸煮除夕那日留下的所有粽子以给土地公和祖先上香。按当地老人的说法，吃完所有的粽子，就意味着春节及其相关活动完满结束了，给社庙和祖先烧香的目的是让其保佑开春耕作顺利、劳有所得。

1．访谈人：陆潇玲；访谈对象：陆氏莲，女，55岁，壮族；访谈时间：2012年2月2日。
2．“认东”：壮族“敏”支系方言，“东”汉译为“同”，“认东”有打老同之意。

四、壮族春节期间的其他仪式和活动

(一) 与“东”对歌

春节期间，已经“认东”了的壮族男女青年变得异常忙碌而兴奋，因为他们要邀约自己的同性伙伴——“东”到家做客，其间衍生出了一系列文娱活动。唱山歌是这个群体最喜欢的交流方式之一，当自己的“东”被邀请到家里后，全家人赶忙准备饭菜，让“东”和主家尽快进食。待晚饭即将结束时，村里年轻的山歌能手便不约而同地来到该家庭，代替主人请“东”对歌。对歌开始，一般由主家一方先唱几句，表达粗茶淡饭、招待不周等歉意和谦虚，随后“东”跟着主家所摆的“歌路”回应唱下去，赞美主家的盛情，内容涉及主家房屋、饮食、招待、村民风貌、爱慕之情、辞谢等内容。如果双方情投意合，对歌活动将从晚上持续到天亮，等“东”移步回家时，主家的歌手们会送其到岔路口或更远的地方，一路以歌相送，直到听不见对方的歌声为止。

(二) 拍毽子、下陀螺

对歌是成年人的娱乐活动，那么对于孩童而言，他们的主要活动便是拍毽子和下陀螺，前者是女孩子擅长的游戏，后者为男孩子的专项游戏。从外形上看，龙华村小孩玩的毽子与汉族的毽子并无不同，但制作材料与玩耍方法却大相径庭。就毽子底部而言，龙华村的毽子是用毛竹片来回折叠，再经剪刀剪成圆形或方形而成的。为了压住折叠的毛竹片，老人通常用有韧性的U形竹条从竹片中穿过，再用竹管插在U形的竹条上，这样竹片、竹管、竹条便紧紧地扣在一起，往竹管中插入公鸡毛后就成了毽子。不过此种毽子并非用脚踢着玩耍，而是两人面对面用手拍击，毽子落地一方为输家。陀螺用坚硬的茶树或椿木制成倒圆锥形的玩具，用麻绳缠着陀螺数圈后用力甩出，谁的陀螺转动时间长，谁就是赢家。拍毽子和下陀螺本身是运动量较大的游戏，春节期间为孩子们所青睐，既强身健体，也展开竞技，一赌输赢。

五、结语

从年前的准备工作、年中的仪式和活动安排看，龙华村壮族人在年节劳务分工方面还是相当明晰的。较为轻便、琐碎的劳动如剪粽子叶、包粽子、备米花、买新水、拜年送礼还礼、晒被子等由女性负责；而比较粗糙、劳累的活儿如扫尘、换香灰、杀鸡、守夜由男性担当，凡涉及祭祀活动和仪式参与，如祭祖、祭土地庙、封门、送神、开生也由男性操持。这样的分配既考虑到男女两性各种身体特质、健康状况，让妇女可以毫无压力地负责比较轻便的工种，也能展示男性作为家庭主轴的担当气概，但同时也与当地对两性身体、灵魂定位有关。当地传统观念中所认为的女性身体的不洁、灵魂的不完善决定了她们无法在庄严的祭祀活动和仪式场合与男性拥有同等的机会和地位，她们更多时候需要回避、远观，甚至禁止涉足。在春节禁忌方面，当地壮族人有一套完整的说法，既全面又细致，并要求社区的成员按照它去执行，正如正月初五前不能晒衣物这一条，违背者会遭到谩骂和谴责，老人们把过去一年的干旱灾害归结为部分年轻人的失误，这一事实足以证明禁忌在当地所占据的地位。老人们总是试图唤起年青一辈遵守禁忌的责任意识。谨遵本族的传统习俗，牢记当地的禁忌言行是非常有必要的，但在遵守的前提下仍然出现不尽如人意的事情，他们可以选择具有威胁性的语言对神灵加以要挟，如扫尘时默念的咒语，“告果树”时用刀惩罚果树等。壮族人年年过春节，其传统习俗至今大多得到延续和传承，即使没有真心实意地去遵守和执行，年轻人也会礼仪性地走过场和演示，至少还可以见到传统习俗的踪影。但随着进城务工人员逐年增多，外出读书、学习的人也有增无减，有些年轻人已经开始淡漠和冷观家乡的传统习俗，有部分人甚至多年没有回家过年，这对龙华村壮族春节习俗的延续、继承具有一定的挑战。

附：主要信息提供人

农光青，男，壮族，那坡县城厢镇龙华村人。

黄勋列，男，壮族，那坡县城厢镇龙华村人。

陆光辉，男，壮族，那坡县城厢镇龙华村人。

陆国荣，男，壮族，那坡县城厢镇龙华村人。

陆彩莲，女，壮族，那坡县城厢镇龙华村人。

黄彩源，女，壮族，那坡县城厢镇龙华村人。

武鸣县锣圩镇玉泉村壮族春节习俗调查报告

刘丽琼

前言

广西武鸣县是典型的壮乡。2013年春节期间，调查者对武鸣县锣圩镇玉泉村的壮族春节习俗进行了田野调查，以玉泉村为定点调查单位，通过对玉泉村的复古、桥孔、那浪等几个村屯进行走访，并通过走亲访友、亲身参与其中的节日活动等方式，调查了当地的春节习俗。期间，调查者经历了玉泉村从腊月二十三至正月十五的各项活动，包括：当地过年期间举行的祭祀、社交、娱乐、农事活动等，还考察了当地的饮食与禁忌。同时结合县里其他村镇壮族的春节习俗，在掌握前人相关成果和文献资料的基础上，具体调查当代武鸣县壮族春节过年期间的风俗习惯，结合春节节日的生成语境，即村寨概况和历史发展做进一步深入、全面地调查，对资料进行了忠实记录和慎重整理，写成这篇调查报告。

一、武鸣县壮族生活概况

武鸣县位于广西壮族自治区南部，大明山以西，右江支流武鸣河流域，县城距南宁市区32千米，古称“武缘县”，1912年更名为武鸣县并沿用至今，意为“以武而鸣于天下”，是首府南宁市的辖县，史有“首善之县”的美誉。全县县域面积3378平方千米，辖13个镇218个行政村（社区），总人口68万。武鸣县是一个多民族聚居的地方，有壮、汉、瑶、苗、回等民族居住于此，其中壮族人口约占86%。武鸣是壮族的发源地之一，壮民族文化源远流长。中国壮语以武鸣方言为标准音，武鸣被誉为“中国壮乡”；2010

年，又被文化部授予“中国壮乡文化研究保护基地”。

武鸣县以壮语为主要语言，武鸣壮语属广西北壮方言，是壮族聚居村落（除县城以外）最普遍的交际用语。随着普通话的推广普及，壮语中“借汉”的现象越来越多，如“‘三个代表’重要思想”“电脑”“电视机”等都直接用近似汉语的桂柳方言表述。武鸣县在中小学大力推广普通话，普通话已经成为广泛的交流用语。

武鸣壮族特色饮食主要有五色糯米饭、生榨米粉、白切狗肉、白切鸡、生鱼片、粽子等。五色糯米饭的制作方法是，先把糯米浸泡半天，把采来的植物叶子或者根茎事先捣烂、浸泡后将糯米饭分别染成红、黄、紫、黑四色，加上未经染色的白糯米，就是五色糯米饭。五色糯米饭既是武鸣壮族人祭祖的食品，也是一种特色美食，深受人们的喜爱。生榨米粉，即是把粳米浸泡几天发酵后磨成的米浆，然后用榨粉机榨成条状的米粉。将米粉直接榨进滚烫的开水锅里，几分钟后捞起，配上猪肉、姜、葱、蒜等就可以食用了。一般是现榨现吃，香味扑鼻，美味可口。生鱼片的制作比较复杂，要精选非人工养殖的大鱼，剖除内脏、去除鱼皮，然后剔除鱼骨，用干净的卫生纸压干鱼肉上的多余水分，把鱼肉切成薄片，配上花生油、米醋姜丝、木瓜丝、鱼腥草、捣碎的油炸花生仁等调料，生鱼片就做成了。壮族人喜欢吃生鱼片，把生鱼片当作节日招待客人的美味佳肴。在这些特色饮食中，除了五色糯米饭是清明节的专门食品外，其他都是春节期间必备的待客食品，特别是生鱼片和白切鸡，在当地人看来，春节期间，饭桌上如果没有这两样食物，就不能称为过年。

武鸣壮族人习惯把自己居住的房子叫作“干栏”。即使现在有了新式楼房，他们依然将这些楼房称为“干栏”。壮族人，特别是靠近山边居住的壮族人过去大多居住在干栏式建筑里。这些建筑用木头或者竹子建成，一般有三层，一层放杂物和圈养牲畜，二层住人，三层放粮食或者用作晒台。现今在一些山区，如玉泉村一带，仍可看到有这类房子，只是基本上不住人，只用来圈养牲畜、家禽和堆放杂物。改革开放以后，随着生活水平的提高，很多人家建了瓦房，一般为一层平房，有厅堂、卧室、院子、厨房等，房子内的结构布局根据地形和主人的喜好而设计。最近十多年来，很多家庭由于经商、外出打工、经营种养等，经济条件大为好转，不少家庭建起了楼房，布局和城里差不多，也有客厅、卧室、厨房、卫生间等。从壮族人居住条件的变化中可以看出，改革开放给壮族人带来了不少实惠。现在，除了楼房外，武鸣壮族的服饰也基本汉化，除了少数边远山区的老人还穿着自家制作的土布衣服以外，壮族人的服饰已经和汉族一样，现在一般也是在商店里购买，很少有自己制作的，大多数人的衣服已经与汉族无异。

▲ 灵石前祭祀 / 刘丽琼 摄 /2013 年

在宗教信仰上，武鸣壮族人信仰多神，主要是敬奉家神，然后是村神、土地神、天神、道教神（如张天师）等，还有不少人家厅堂的墙上挂有毛主席像，门口挂有关羽、张飞、尉迟恭等门神像。在壮族人眼里，拜诸神是常态，一切行事都要拜一拜各路神仙。已经退休回家的82岁高龄的潘华老人，家住武鸣县玉泉村伏古屯，其院子里有一块天然石头，形似龙头，他觉得很奇异，认为这是一块灵石，能保佑家人平安，逢年过节他总要在石头下面放置一些供品，烧几炷香。令人称奇的是，放在石头下面的供品不管放多久，老鼠都不来吃，老人觉得这一切是神仙显灵，对此他更加深信不疑。

玉泉村隶属武鸣县锣圩镇，下辖14个村民小组，主要村屯有伏古、培联、桥孔、三座、那浪、岜些等，总户数693户，总人口3067人。潘姓人家居多，其次为陆姓、黄姓、李姓、罗姓。耕地面积5072亩，其中水田1455亩，畲地3617亩，主要作物有水稻、玉米、甘蔗等。玉泉土鸡是武鸣县闻名的优质地方鸡种，主要产地在玉泉村，是当地群众独特的自然和地理环境条件下，经长期自繁自养而成。喂养以当地玉米、黄豆、谷类及青绿饲料为主食。鸡的体态匀称，毛色鲜亮，野性十足，皮黄，体内脂肪含量少，肉质嫩滑，味道鲜美，营养丰富，深受消费者的欢迎。逢春节，一批批县内外的顾客前来抢购，价格比其他地方要高。玉泉村有一个典型的岩湾河泉，水面面积200平方米，尽管夏季别处河流涨水混浊，唯独此泉澄碧如镜，水温保持在21℃～24℃，是绝妙的祛暑游泳去处，故有“小灵水 ”之美称（因其水温、水质与武鸣县城著名的风景区、避暑胜地“灵水”相似而得名）。

玉泉村的壮族人信仰为多神信仰，家家户户都有自己家的家神牌位，牌位上写着“天地君亲师”。各村屯的交通要道附近都设有村庙，有的有一座，有的有两座，如伏古屯就有两座村庙，逢年过节各家各户都要派人拿着供品到庙里烧香祭祀。全玉泉村还有一个共同的村庙——知县庙。这座庙是全村家家户户都要来祭拜的村庙。村里还有一些德高望重的老人作为地理先生、风水师、道公，平时为人看风水、看坟地、算命，遇到红白喜事则要去现场主持做道场。

调查者本次的调查主要以玉泉村伏古屯为主，兼顾周围的桥孔、培联、那浪等村屯的春节过年习俗，通过参与式观察和无结构访谈的形式，参考地方县志及相关文章、著作，力求能从多角度、较全面地展示武鸣县壮族春节习俗。

二、春节前的仪式与活动

春节是壮族一年中最隆重的节庆。武鸣壮族人的春节是从每年的腊月二十三开始，到正月二十三才落下帷幕。壮族民谚说：“二三送灶神，二四扫门庭，二五二六贼进门。”所谓“二三送灶神”，是指人们在腊月二十三这天“过小年”，恭送灶神爷。从腊月二十三开始至除夕前夜，是过节的准备阶段。壮族人家家户户的厨房都设有灶神爷台。壮族人认为，灶神爷是玉帝从天上派下来的，腊月二十三这天，灶神爷任职一年期满了，要回天上去向玉帝陈职，过完年到正月二十三再回人间到别家任新职。

到了送灶这天，玉泉村的家家户户都杀鸡杀鸭，再买一些猪肉回来。

下午至傍晚时分，当地人把鸡、鸭、猪肉等摆在灶神台上，焚香、斟酒、祭拜、烧纸钱，在屋子外面燃放鞭炮，恭送灶王爷升天陈职。“二四扫门庭”，腊月二十四，家家户户大扫除。屋顶瓦片上、屋里的每处角落，连同灶神爷牌位边的烟火秽物一起，将所有的污秽扫除干净，让屋里屋外焕然一新，干干净净地迎接新年的到来。“二五二六贼进门”，是说春节前夕，腊月二十五、二十六这两天，灶神爷上天了，做坏事不担心被告状，而且此时大多数家庭年货准备得差不多了，而无钱无物过年的盗贼就开始活动了，提醒人们要加以防范。

腊月二十五到二十八这几天，壮族人家的当家人（有的是男性，有的是女性）就要忙着四处奔跑，赶圩买卖，置办年货。一般在县域境内的农村市场三天一圩，今天是这个圩场的圩日，明天又轮到别个圩场圩日，人们忙个不停。玉泉村附近的圩镇就有锣圩、英圩、旧圩、里建圩等，人们一般就在附近的圩镇采购。现在交通方便，有的人干脆到县城去采购，因为县城里各种货物齐全。所置办的年货有鸡、鸭、鱼、糖果、粉丝、鞭炮、春联、门神、粽子叶、香料、纸钱、香烛等。玉泉村的很多人家买回鸡后，需养一段时间以便过年食用。一般养的都是阉鸡，用炒玉米、炒黄豆来喂食，养得皮黄肉厚，肉质嫩滑，都有八九斤重，这些鸡一般都不卖，是留给自家享用的。有的人家经济条件较好的，除了采购上述物品外，还会买一只羊回来宰杀或者买牛肉回来，以备春节期间自家食用或者招待客人用。

三、春节期间的活动及其仪式

（一）除夕包粽子、做点心、吃团年饭守岁

除夕是全家团圆的日子，即使远在天涯海角的人都要回到家中与家人团聚。从这一天开始正式进入春节。对武鸣的壮族人来说，春节过得隆重的日子有大年三十、正月初一、初二、十五。除夕在壮语中称为“含立”（壮语近音，为灭火的晚上之意。意思是在除夕之夜，把旧火熄灭掉，点燃新火，

▲ 除夕包年粽／潘进忠 摄／2013 年

辞旧迎新）。

除夕一大早，玉泉村的家家户户就忙起来了，这一天人们忙的头一件事是，男人负责的杀鸡杀鸭，女人负责的包粽子；其次就是贴春联、贴门神。鸡鸭都要杀两只以上，一只在年夜团圆饭吃，一只留到初一吃，因为初一忌杀生。女人包好粽子，等吃完年夜饭后架上锅就可以煮了，之所以连夜煮粽子，是因为初一一大早需要用粽子来祭祀，一家人初一的早餐也要吃粽子。粽子是壮族人家春节必不可少的节日食品，民间流传“没有粽子不算过年”的俗语。在壮乡，临近春节的圩场上，到处可见摆卖包粽子用的粽叶、草绳、糯米、豆子、面酱、香料等，处处人头攒动，熙熙攘攘，好不热闹，成为壮乡圩镇上一道独特的风景。玉泉村很多人家在房前屋后都种有粽子叶、包扎粽子的草绳树等，人们一般提前一天割回来洗干净，稍微在滚烫的开水里烫一下，使粽子叶和草绳有一定的韧性，包粽子时好弯折和扎紧。不种粽子叶的人家可以向亲戚朋友要一些（如果他们有多余的话），实在没有，就只好到附近的圩镇去买了。

过年前包粽子，壮话叫作“独逢”（“独”是包的意思，“逢”是指粽子，合起来就是包粽子）。壮家年粽，简直可以说是精美的工艺品，视之悦目，闻之沁心，食之爽口。它与别的地方的粽子不同，是典型的枕头粽，下平上鼓，包的人要有很好的手艺才能保证粽子既好看又不至于让糯米漏出来，一般上点年纪的妇女包的粽子都很漂亮，年轻人刚学的时候往往比不过老年人。包好的粽子一般要用柴火煮六到七个钟头。煮好后的粽子要挂在杆子上晾一下，然后拿来祭拜供神。壮家厅堂神台上往往供奉着一对巨大、漂亮的年粽，它既是祭品，又是来往客人有目共睹的观赏物，从大年初一一直摆供到正月初十才取下食之。在很多人家，家中农具、谷仓、牛栏、猪栏、橱柜等，都挂上一只粽子以祭神。家中到处都是粽子，简直成了粽子的世界。亲戚朋友来往，以粽子为美食招待，辞别时送一对精致的粽子带回去。过年时调查者去到当地人家里做客，每次都带上一对粽子回来。壮族人将粽子作为佳节礼品馈赠亲朋好友，情意浓浓。刚娶了新媳妇的人家，往往在过年时由家婆带到外婆家（家婆的娘家）拜访，新媳妇要给男方外婆家的亲戚各户送一对年粽，名曰“逢白末”（音译，壮语意为新媳妇粽子），其制作工艺当属上乘，简直可谓登峰造极之作。

当然，也有一些人家按风俗习惯是不能包年粽过春节的，如年内有父母亡故的人家，主要以此表示对新故父或母的生养之恩的缅怀；还有一些人家是当年刚建好新房的也不能包年粽，据说如果包了会招致家里老鼠增多。这些因禁忌而不能包年粽的人家，过年还是可以吃粽子的。他们吃的粽子可以由亲朋好友包好后送来，只是他们不能在自家亲自包罢了。

除夕之夜，家家户户都会做米花糖、自打印花的米饼、做水磨汤圆，为的是要招待第二天来拜年的舞狮队、采茶歌舞队和乡邻儿童。除夕夜为不眠之夜，家家灯火通明。人们吃完年夜饭后，换上新衣服，吃着过年的小食品，围坐在一起，一边看中央电视台的春节联欢晚会，一边等待着新年零点钟声的敲响，以准备燃放烟花炮竹。旧时没有钟，人们只能以公鸡啼叫作为新年的开始，现在有时钟，零点一到，家家户户就争先恐后地在自家门前燃放烟花炮竹，大家互相比赛，看谁家燃放最多，时间最久。第二天天亮时，人们都喜欢看谁家门前地上的炮竹纸有多少，以此来判断谁家更富裕。这些炮竹纸在初一、初二是不扫的。孩子们则满村乱跑，去捡拾各家门前的哑炮或者踩灭一些正在燃放的鞭炮据为己有，等天明后自己拿来一个一个地点着玩，大人也不加以干涉。有的人家燃放烟花炮竹不一定在零点时间，而是看好时辰来放，所以村里的鞭炮声并非同时燃放，而是此起彼伏的。壮族山村玉泉村的除夕之夜就在热闹、祥和的氛围中度过了。

▲ 春节祭祀祖宗牌位 / 刘丽琼 摄 /2013 年

（二）大年初一的仪式与活动

正月初一这天，一大早天刚亮，家家户户打开自家大门，迎春纳福。孩子们则到各家拜年，一声“恭喜发财”，叫得主人眉开眼笑，拿出红包分发给孩子，并拿出米饼、米花糖来招待。初一一大早，家家户户要供神，主要是供奉自家祖先的牌位，家家户户都设有神台，牌位上一般写有“天地君亲师”。先摆上供品，供品有粽子、糖果、饼干、米花糖、酒等。然后烧香，点上红烛，一家人轮流斟酒，双手合十躬身祭拜。接下来就准备吃早餐了。早餐种类各村屯吃的不尽相同。在培联屯，初一早餐吃粽子；在伏古屯，各家必定要先吃面条煮蛋。在外工作的刘老师回老家来过年，她夫家的老家在玉泉村伏古屯，每次回去过年，初一早餐都得吃面条煮蛋，年年如此，年轻人觉得不好吃不想吃也不行，老人会说是当地的风俗，非吃不可。问他们为什么要这么吃，他们也说不出所以然来，只说是老祖宗流传下来的习俗，每个人必须先吃一碗鸡蛋面，才可以吃别的。刘老师的娘家所在的城厢镇合旗村赤旗屯也是个壮族乡村，初一早餐吃的是姜糖水煮汤圆，也是沿袭着祖辈的风俗。仔细比较看来，壮族各村寨过年的习俗还是同中有异的。

这天人们的生活以游乐为主，打球、下棋、打牌、歌舞、游戏。以前没有篮球、排球，年轻人就去游村串寨，西部壮乡称之为"游年"。锣圩、玉泉、树合、群兴、尚才、下才、邓柳、澌阳、英江、英圩、里建等西部村寨最为活跃。老歌师带着一帮男青年到邻村，邻村的老歌师就带着本村的女歌手出村口来迎接，展开对歌、有情歌、故事歌、天文地理歌等，内容广博而有趣。双方先是互相夸赞对方的村子如何富裕、人杰地灵，小伙子英俊能干、姑娘心灵手巧，然后是一些家喻户晓的故事，如梁祝、天仙配、牛郎织女等，还有一些天文地理常识进行问答，壮族人称之为"盘歌"。很多青年男女就是通过这种场合认识和交往的。调查者的二伯父家就在玉泉村的桥孔屯，二伯母是屯里有名的歌师，很多时候是山歌不离口。他们家的二女儿潘小娟[1]虽说只比调查者年长几岁，但是唱起山歌来可以说是得心应手。每谈起年轻时候逢年过节，游村串弄（"弄"，壮语指的是"山弄"，意指傍山而居的山区房子）唱山歌的经历，她总是眉飞色舞，意犹未尽。记得她第一次去游年时，邻村男青年就曾经挑逗她们："邻村俏姑娘，今日来游村，盛情来款待，欢迎进家门。"她们毫不示弱地回应："近日来做客，只带山歌来，逢哥来迎接，抬脚跟你走。"初次见面，姑娘们这么心直口快，有时候双方未免都觉得不好意思了。刚开始见面时只是试探性地对歌，往下还会有更深一步的交往。游年从正月初一到十五，有时在白天，有时在晚上。游年亦是年轻人展现自己的才华、互相认识结交朋友的好机会，在这种场合下很容易交到适合自己的朋友，男的结交"老同"，女的结交"巴姨"（壮语音译，意为"姐妹"），有的男女通过不断交往发展成为夫妻。

初一的晚餐是自家人吃，一般没有客人来。饭菜也是很丰盛，因为这天不能杀生，所以一般吃前一天已经杀好的鸡鸭，再加上猪肉、粽子等，一家人围坐着，难得一年有这么清闲的日子，大家都觉得很开心。

但是正月初一是新年的第一天，对新年有很多的喻示意味。因此，有很

1．访谈人：刘丽琼；访谈对象：潘小娟，50岁，玉泉村桥孔屯人；时间：3013年2月12日；地点：玉泉村桥孔屯。

多讲究，人们小心翼翼，言行谨慎，生怕冒犯了神灵或做了不好的事情，尤其是有许多禁忌，如忌睡懒觉，忌扫地、洗衣服、向人借债追债，禁止讲不吉利的话，禁止小孩子哭闹。

▲ 春节在土地神“威灵庙”祭祀（外景）/ 刘丽琼 摄 /2013 年

（三）大年初二宴客拜神

初二以后就是亲友往来，媳妇回娘家的高潮。按惯例，一般人家定在初二这天招待宾客。如果主人另有安排，或者准备邀请的贵客自家也要宴请宾客，日子有重复，那就商量改天进行，视主客双方具体情况而定，可以定在初三以后到正月初十的某一天。

初二这天，主家早早做好准备招待客人的食品和馈赠客人的礼品，这些东西包括粽子、鸡、猪肉、扣肉、生鱼片、酒、饮料、糖果、蔬菜等。同时也要准备去庙里和在家里祭拜的供品：粽子、白切鸡（整只）、酒、香、红蜡烛、纸钱、冥币、鞭炮等。一大早，吃完早餐后，各家庭成员就忙碌起来，做好分工后就动手，有的上街采购，有的杀鸡，忙个不亦乐乎。等到一切准备就绪之后，首先要到庙里去祭祀，先拜屯里的土地庙，再拜村里的大庙。玉泉村伏古屯有两座土地庙，一座在村东头，一座在村西头。两座庙的地址老早就存在，最初很简陋，往往用砖头简单砌垒起一座小房子，后面多次翻修，规模越来越大。庙的建筑都是由村民捐资修建的，村里派有专人轮流管理，费用由各户分担。村东头的庙坐落在一棵大榕树下，当地人称“威灵庙”。庙的房子稍微大一点，大概占地有二十多平方米，先进大门，接着有一个小天井，然后就是供神牌位的房子，牌位上写着张天师及各路神仙的名字，下面有摆祭品、烧香的地方。村西头的土地庙建在一口泉眼边，地势稍低，房子很小，大概就两平方米，只够一人进去摆供品。一般人家派一两个代表，用篮子装着一只白斩鸡、一小碗猪肉、一瓶米酒、一些糖果、一把香、一把纸钱、两根蜡烛、五只调羹、一把筷子，提着就往庙里去。一般先到东头的庙，然后再到西头的庙，把供品摆出来，焚香，烧纸钱，各人给神们斟酒，躬身拜一拜，然后在庙门外燃放鞭炮。一般会把带去的米、酒往地上一洒，最后收起供品带走。以前很多人把供品留在庙里，招来许多老鼠，而且时间长了以后便霉烂馊臭，影响卫生。后来村里规定，各家祭拜完后要把带来的供品拿走。每逢节日，如春节、清明、七月鬼节等，全屯所有姓氏的人家都来祭拜这两座庙，所有的程序都一样。如果这一家人去，遇到别人家正在摆供品，则会打个招呼，静候在一旁，等别人家完成所有的仪式，收起东西，离开以后，再轮到自己家供奉。

祭拜完屯里的土地庙以后，还要到距离伏古屯3千米外、靠近桥孔屯的一座村庙祭祀，这座庙在整个玉泉村来说规模最大，在当地的影响力也很大，逢年过节全村所有人家都要来祭拜，祈求幸福平安。当地人叫这座庙为“知县庙”。以前只是一座小庙，近几年各方集资修建，形成了占地一百多平方米的庙宇。庙前建有广场，搭有戏台，专供群众娱乐。庙的建筑是一进式的建筑结构，先是大门，然后院子，最里面的房子里则是供奉着神像，也就是知县和夫人的坐像，他们眉目慈祥，享用着人们的香火。这座知县庙是有来历的，据当地退休回村的老人潘华[1]介绍，很早的时候，他就从爷爷一辈那里听说过知县的故事。据传说，知县原先并不是衙门的人，原本是当地的名医，名叫潘泗官，他凭着高超的医术挽救了不少垂危病人的性命，深得人们的好评，当地到处都传扬他的美名。后来他的名声传到了京城，恰逢皇帝患了重病，久治不愈，皇帝下诏宣郎中进宫治病，可惜郎中已经老迈，出不了远门。皇帝就说派人来接他，并且许诺如果郎中能治好他的病，皇帝就会封他做当地的知县，如果郎中活着，就掌管县衙门；如果他死去，那就掌

1．访谈人：刘丽琼；访谈对象：潘华，82岁，玉泉村伏古屯人、武鸣县商业局退休职工；时间：2013年2月11日；地点：玉泉村伏古屯。

管这一带的死人阴魂。后来郎中果真治好了皇帝的病，可惜他自己也在返回的路上死去了。人们怀着崇敬的心情埋葬了他，为他立了庙，称为“潘泗官宗祠庙”，简称知县庙。最初的知县庙建筑较简单，就一间简易的房子供人们祭拜，后来历经修缮，特别是前几年的扩建，形成了现在的规模。

到了知县庙，也是按照在其他宗庙的祭祀步骤，上供品、斟酒、焚香、烧纸钱、放鞭炮。供奉完这三座庙以后，就返回家招待客人了。回到家，客人基本上已经到齐。客人来做客，一般也带来自己的礼品：一只鸡、一刀猪肉、一对粽子、几斤糖果等。家里的其他人已经准备好其他食品摆上饭桌了，就等着去庙里祭祀的人回来，把祭祀后带回来的白切鸡砍了。因为担心白切鸡在拿去祭拜的过程中会沾上灰尘，所以要先在锅里烧开水把鸡再烫一下，然后捞起，砍成鸡块，放进拼盘。这个时候主客还不能上桌吃饭，还要再供一次家神。先把一些饭菜，猪肉、鸡肉、粽子等放在一个簸箕里，端到祖宗牌位前放置好，焚香、斟酒、烧纸钱，然后在大门外、饭桌前做同样的程序动作，最后收起，放回饭桌上，主人在大门外燃放鞭炮。随着热烈的鞭炮声，主人和客人一起入席了。主客双方边吃边聊，尽情畅谈，好不热闹。

宴席完毕，客人要回家，主人也要回赠一些礼物叫客人带回去，主人为客人准备的礼品有半只鸡（武鸣壮族习俗：主人把客人带来的鸡斩杀后，开膛洗净，整只炖熟，留下半只在宴席上享用，另外半只让客人带走）、猪肉、米花糖、粽子等。特别要提到的是，出嫁后带着儿女回娘家的女儿，回家后一定要拿一些从娘家带回去的礼品作为供品，放置在床头的花神婆面前，烧一炷香，祈求花神婆保佑孩子平安长大。壮族历来有供奉花神婆的习俗，出嫁的女儿在生下孩子后，会向娘家报喜。娘家就会给女儿送来一朵花，生男孩则由外公送一朵白花，生女孩就由外婆送一朵红花。送来的花就供奉在产妇床头，每逢节日要摆一些饭、菜，最好是鸡腿，焚香祭拜。如果孩子老是生病、哭闹太多、身体太弱，更要勤祭拜。这种祭拜一直要等到孩子长大成年为止。过去送的花都是由父母用布料扎成的，现在基本上是买现成的。当年刘老师刚生下儿子时，其父亲就从老家送来了一朵白色的玫瑰花，绢做的，上面还滴了点透明蜡珠，乍看上去就像沾着晶莹的露水一样，供奉在床头，她在外地买房几次搬家，老人都特地交代不能扔了那朵花。这些都让远在外地的刘老师感受到了来自壮族故乡的浓浓亲情。

▲ 春节期间的娱乐：斗鸡 / 潘进忠 摄 /2013 年

（四）正月十五元宵节

正月十五是元宵节。元宵节是人们又一次迎接亲友的高潮，村村寨寨燃放烟花炮竹、挂灯笼、杀鸡杀鸭，再次包粽子，供奉诸神与祖先。有的地方请戏班子唱戏，有的地方请来舞狮队舞狮子，有的地方举行山歌比赛。玉泉村主要是由本地农民组成的戏班子在村里的戏台上唱师公戏、采茶戏。

▲ 春节期间的娱乐：斗牛 / 潘进忠 摄 /2013 年

春节期间武鸣壮族各地举行的各种文体活动还有游园、散打擂台、各种球类比赛、踢毽子、打陀螺等，县城里还举行斗鸡、斗鸟、斗牛、斗狗等娱乐活动，这些都增加了节日欢乐氛围。

结语

由于现代文化的冲击，如今人们过年，年味越来越淡了，特别是在城市里，钢筋混凝土的建筑阻隔了人们的交往，即使是近邻也仿佛远隔千里。

只有在农村，春节过年的气氛还保留着浓厚的传统习俗。壮族人过年，图的就是个热闹。从上述过年习俗中可以看出，玉泉村壮族人过年，既娱人又娱神。在敬神上他们显得很虔诚，甚至把它提到了节日的首要地位。节日中每次重大的宴席，必先供神，然后人们才入席。虽然现在有很多人已经离开村子，在外求学、工作、经商，但是每到过年，这些漂泊在外的人总会回来，而且回到老家后也会按照过年的风俗习惯来履行各种仪式，带着一种祈盼，带着一种虔诚。从武鸣壮族人过年习俗来看，虽然汉族文化对当地人的影响显而易见，但民族传统文化仍在春节习俗中传承。一个民族总有自己本民族遗传的基因和密码，这是外人所无法了解的，只有深入实地调查，才能窥见其中的奥秘。

随着现代化进程的加快，人们的观念也在改变，但是在玉泉村每逢节日祭拜先人、神仙的现象有增无减。现在村子里很多人在外求学、经商、工作，一年难得碰面一次，春节期间的各种活动使人们相识或者重逢。每逢春节，在村屯的小路上，祭祀的庙门口，人们见面时总是笑脸相迎，相互介绍这是谁家媳妇，那是谁家的儿子，谈工作，话家常。由此可见，春节期间的各种活动对维系玉泉村的社会组织、家庭间关系有重要作用。

附：主要信息提供人

1. 潘进忠，42岁，武鸣县锣圩镇玉泉村人，大学本科，武鸣县文化体育局局长。

2. 潘福荣，40岁，武鸣县锣圩镇玉泉村人，大学本科，武鸣县文化馆馆长。

3. 杨奕桓，75岁，武鸣县锣圩镇人，锣圩镇小学退休教师。

4. 潘宝祥，75岁，武鸣县府城镇人，武鸣县史志办公室退休干部。

5. 潘　华，82岁，武鸣县锣圩镇玉泉村人，武鸣县商业局退休干部。

6. 潘建忠，54岁，武鸣县锣圩镇玉泉村人，玉泉村桥孔屯村民。

7. 潘小娟，50岁，武鸣县锣圩镇玉泉村人，玉泉村桥孔屯村民。

百色市右江区泮水乡和平村壮族春节习俗调查报告

苏珍暖

一、前言

广西百色市右江区泮水乡和平村是典型的壮族聚居村落。其地理位置相当特殊，是云南富宁县、百色市德保县、靖西县、百色市右江区之交会点，历来是滇桂两省（区）四县（区）七乡镇的边区农贸中心集散地。每逢圩日，富宁县谷拉乡、者桑乡、右江区泮水乡、右江区大楞乡、德保县东陵乡、朴圩乡、靖西县魁圩乡等七乡镇的人民都喜欢到此处逛街，采买生活用品。

2012年1月12日至1月30日，调查者在广西百色市右江区泮水乡和平村做了关于壮族春节习俗的田野调查。2013年2月1日至2月26日，调查者再次对和平村的壮族春节习俗做了深入而系统的调查。期间，调查者亲自参与许多春节的筹备工作，一如从小到大都参与的备柴火及选“火父”、包粽子、买年货、杀年猪、换香灰、祭祀、吃年夜饭、买新水等活动；春节期间的拜年、祭村神、慰灶神等仪式与村里组织的娱乐活动。最后，根据调查者在四十几天里对三十多人的访谈与对和平村春节情况的跟踪拍摄，整理成此调查报告。

（一）地理环境和生计形式

泮水乡位于百色市右江区西南部，距城97千米，是右江区最偏远的乡镇。境内多山，只有百色至那坡736县道公路贯穿境内。和平村是泮水乡政府驻地，下辖百崩、社管、那湾、那甘、社合、布铁6个自然屯，393户共1578人（2009年）。村落处于群山环绕之中，开门即可见山。整个和平村辖下的几个自然屯正好处于两座对面而立的连绵大山各自凹下形成的小盆地中，可互闻鸡犬之声，是典型的壮族聚居村落。山底有一条谷拉河的分支小河流穿境而过（沿河而走即为出山通道，通往百色城），河流与山脚之间为缓冲地带，可开垦为梯田。

此地属南亚热带季风气候，全年夏长冬短，气候湿润，春秋相似，日照多，热量充足，降雨量适中且比较集中，气候条件非常适宜农作物生长。因此农民收入也以八角、甘蔗、粮食生产和流通、劳务输出为主。粮食生产包括种植水稻和玉米，水稻是一年两熟。在2007年以前，以种田为生的村民占总人数的80%，但是2007年之后，外出打工的村民逐渐增多，到2013年初，就连50岁左右的村民都到广东打工了。有的人家也种植甘蔗，2008年前后是种植甘蔗的高峰期，三年过后许多人家觉得不合算，就放弃了。泮水乡生产八角，由于近年八角市场不景气，村民的八角林基本荒着。农村经济较为萧条，2012年人均年收入为5500元左右。

（二）人文历史概况

据采访村里的老人所说，和平村的居民大多是战乱时从广东一带逃亡来的灾民。根据老一辈常提到的“逃清兵”一词，大约可以推测是明末清初才建村的，至今已有八九代了。村中以黄、农二姓人口最多，而苏姓、韦姓、罗姓、覃姓、赵姓、李姓、钟姓等，每一姓在本屯一般不出三户。民居在2008年以前，大多还是传统的干栏式建筑；2008年之后，因人们的生活水平渐渐提高，加之政府的“危房改造”政策，村中纷纷仿造城市的楼房建起新房。无论是新房还是老房，客厅中必定供奉着神台。

和平村的壮族人有自己传统的壮族服装，壮家人称自己常穿的民族服装为“唐装”，上衣类似旗袍，立领右衽，在右边缝上8～10颗布扣，下身着类似喇叭裤的宽大裤子，配上自己绣的绣花鞋。近十年来，和平村的年轻壮族人鲜少再穿自己传统的民族服装，而改穿西式衣服，与汉族的穿着相同。当地中年以上的妇女一直穿着传统的民族服装，但中年妇女只在平日穿着民族服装便于劳作，年节时换下；老年的妇女（也有一些年长男子）由于几十年的穿衣习惯，无论节日与否都穿着传统的民族服装。

和平村壮族信仰的是“麽教”。麽教的执行者是娅麽和麽公，有独特的仪式和忌讳。人们习惯大到生老病死之事，小到吃喝拉撒之类，一有疑惑即问娅麽和麽公。在各村各屯的村口，都有村庙，祭着村神。和平村的壮族人不忌任何肉类，只有娅麽和麽公不能吃牛肉及狗肉。这里的人们以稻米为主食，面条、糯米和玉米是辅食。稻米还可制成米粉和卷筒粉，糯米则可制成五色糯米饭、糍粑、粞、羊角粽、艾馍和驼背粽等名目繁多、口感各异的吃食。它们都是与壮族人随一年12个月分布的节日相对应的专有吃食。

(三) 和平村的春节由来和历史传承

春节起源于何时，和平村的壮族人也是不清楚的。家住百崩屯的赵大爷被问到时就说得语焉不详，只说春节是大节，祖宗们一到此地安居就过这个节了，显然他们认为春节似乎是“与生俱来”的，具体起于何时却说不出个子丑寅卯来。但是说到由来，大家倒是众口一词，都认为是感念先祖、为祭祀祖先而设。百崩屯的村民冯凤暖[1]说道：“一年里12个月，祖宗保佑了你一年，让你平平安安，生活富足，你当然要感谢他们了！那怎么谢呢？就是要杀猪杀鸡，大鱼大肉的，请他们下凡来吃个够。过去祖宗生活不富裕，难得吃上一回肉，一年里只攒到春节这几天来吃。现在生活好了，更要忆苦思甜，子孙有啥好吃好喝的，都要先供奉祖先，让他们吃饱喝足，这样他们才能保佑我们来年平安幸福，财源滚滚。”而如今同在百崩屯生活的李妹春[2]则说：“除了祭祀祖先，有可能也是为了给活人放假。我们这里一年四季都能耕种，人们干活很辛苦，农民不像其他工作还有周末的，所以一年总要抽个时间让大家放松休息，你看春节期间的禁忌就知道了。”农氏丹老人则说：“过去交通不便利，人们出远门可能需要很久，过年就像是约定一个日子，让家人在这一天都回到家，一起吃个团圆饭。你们这些小辈啊，都

1. 被访谈人：冯凤暖；访谈时间：2012年1月19日；访谈地点：和平村百崩屯被访谈人家中；访谈人：苏珍暖。
2. 被访谈人：李妹春；访谈时间：2012年1月29日；访谈地点：和平村百崩屯被访谈人家中；访谈人：苏珍暖。

不知道父母在家盼你们回来盼得眼眶都凹了……”[1]从这几位老人的谈话中可知，春节的起源与春节的功能联系密切，有这样的需求才有这样的节日设置。大致说来，春节是因需要祭祀祖先、给忙碌了一年的人们放假和团圆而设，而这些功能都符合人民群众的需要，且其内涵能与时俱进，故而得到世代传承，未有间断。

二、前期准备

和平村的壮族春节从节前准备开始，节前准备的高潮在腊月下旬。节前准备主要包括备柴火（包括选“火父”）、备米粉、过小年、扫（修）房子、剪（买）粽叶、备米花、刷洗锅碗瓢盆、杀年猪、包肉粽、买年货等。

1．备柴火

从农历十一月下旬起，第二季稻谷已收毕，农民们进入了相对清闲的时节。腊月一开始，虽然天气转寒，阴雨连绵，但是当地的壮族人却得趁着偶尔的晴天赶紧上山砍柴。因为春节期间是不能劳作的，尤其禁用刀、斧等利器，而那几天的柴火用量又是极其巨大的，人畜的煮食大都依靠柴火；而春节过后紧接着便是播种插秧的农忙时节，农民们是没有时间上山砍柴的，那时候的柴火消耗量也大。所以冬十二月虽然寒冷，可是和平村的壮族人还是不能休息，还得赶着上山砍柴火。柴火砍回来后，堆积在自家廊下或檐下，堆得越高越倍儿有面子。而家有马匹的则可以省却主人家许多力气。

在备柴火过程中，壮家人会选出“火父”。“火父”在壮话里发音“布非”，“布”是“父亲”的意思，“非”是“火”的音，就是春节期间要保持常燃不灭的大木头，一般在吃完年夜饭后才放到火中，开始燃烧。“火父”在春节期间有“火种”的功能，它至少在大年初一到初三期间是不允许

1．被访谈人：农氏丹；访谈时间：2012年1月21日；访谈地点：和平村新市场；访谈人：苏珍暖。

熄灭的；它的熄灭将意味着这一家来年的运气阻滞，人畜有安全之虞等。“火父”需要具备几个条件：一是其大小需至少直径20厘米左右，太大则有燃烧不透导致熄火之忧，太小则恐会早早燃尽，不能撑到春节结束；二是其长度至少要2米，且要形态笔直；三是其树种最好是枫树之类易燃且耐燃的木头。壮人在节前上山砍柴时，会时时留意“火父”的选取，砍下后即刻运回家中。砍“火父”的时候也很讲究，下刀要快、狠、准，横截面要干净整齐，不能在“火父”身上出现过多的伤痕。所以壮人一般在发现自己属意的“火父”之后，会先用红纸贴在其身上或者用红绳系于其身作为其已有主的标记，晚上回家后仔细磨利斧头，第二天再赶早去砍回家。运回家后要立在房檐下或堆于柴垛上，禁止人、家禽等跨过它，直到年夜饭吃过之后，才将它取出开始燃烧。

2．备米粉

进入腊月中旬后，壮族人的节前准备视线开始从室外转向室内，备米粉、扫（修）房子、买年货、剪（买）粽叶、备米花、杀年猪、包肉粽等活计，在各家各户纷纷上演。

米粉是壮家人最喜欢的吃食之一，它因柔软可口、方便煮食而深得壮人喜爱，然而日常生活中壮人却甚少制作，只在年节或者农忙之时才备下。它是由大米制成，米越新越好，与卷粉要求的米越陈越佳不同。米粉的制作过程较繁杂，壮家妇女往往要花一天时间在这上面，每到大节（春节与七月十四）时，同屯的妇女便相约一起前往制作米粉。和平村拥有制作米粉机器的是社管屯的黄家和那湾屯的农家，不仅和平村的妇女们，甚至整个泮水乡乃至云南谷拉乡的妇女们也会赶远路到这两家的其中一家来制作米粉。

妇女们要先选好大米，最好是晚稻，将米筛净，将杂于其中的谷粒拣出，再将它们泡在大盆中。将米泡到颗粒鼓胀之后，立即倒掉水，只留米在用竹篾编成的细密筐中，再隔半个小时左右往米上均匀撒些许水，直到米捻在手中将碎而未碎，方可放入机器中制作米粉。从机器中出来的第一道工序成果是一大团已经熟透的米团，等到米团从高温变成适宜手感的温度时，才可将米团放入机器中进行再次加工。此时从机器嘴里吐出来的才是米线，米线的直径约莫1厘米，与桂林米粉大小相同。妇女们需拿着剪刀，像剪韭菜般一茬一茬剪，每一茬长约40厘米，再将剪下的米粉挂在之前的竹筐沿上。由此可知制作米粉是一件相当麻烦的事情，非有大节或者大事（如红白事），壮人是不轻易制作的，且制作米粉的机器对米粉量有要求，需集齐好几户的量才能开机。春节将近，在农历腊月二十前后是壮家妇女制作米粉的高峰期。米粉制成后，妇女们会组织孩子们连夜将几近粘成一团的米粉轻轻揉开，用一张塑料布裹住筐沿上挂着的米粉，保持米粉的柔软度。第二天，才将米粉挂在长绳上，任其风干，食用时再将其取下。

然而随着生活水平的提高，制作米粉已经不是壮人必须亲力亲为的事情了。正如2013年2月3日（农历腊月二十二）泮水乡圩日时，农氏丹、农氏丽两位老人就买了两大捆已经风干了的米粉。“花上一天时间就为几捆米粉，太辛苦，也太不值得了！”农氏丹老人说道。而随行的妹妹农氏丽老人则说：“现在街上的商品多得很，想吃什么到街上买就是了，没有必要自己做了。”他们的想法能够代表许多壮家人的观点。所以年关将近，壮人还是依习惯备上米粉，只是它虽是“年货”的一部分，却不需要亲自制作了。

3. 过小年

腊月二十三是壮家人的小年。相对于七八天之后的大年，小年过法比较简单，但是也比得上平常的小节了。这天早晨，和平村的壮家人先得烧香祭祖祭天；傍晚时，再宰一只鸡，煮两斤左右的猪肉，用大盘子装着到村庙里祭神、祭祖、祭天，而这也正是当地人的晚餐。从这一天开始，壮人正式进入为过节而准备的各项活动中。壮人认为，过小年的意义在于，这一天的丰盛晚宴是为送别诸神而设的，诸神在享用之后，将毫无牵挂前往上天参加天宴，一直到过大年时才回来。而壮人在这一周里，可以自由施展，如动土动墙，不用顾忌诸神的禁忌，像平常时节要画符贴于墙上方可动土。

4. 扫(修）房子，装饰屋子

小年次日，壮家人的房顶常常或站或趴着许多人，他们是在修整房子。对于传统的干栏式建筑来说，房子老化，年久失修导致漏雨、木头被虫子蛀断是很常见的现象，小修如整瓦片等，自家的男主人就可以完成了；若是大修如换房梁等就要在前一晚邀好帮手，等修好后再盛情款待他们。2012年的腊月二十四正好是覃斯坡老人家修缮老屋的时间。他们家还住在瓦屋中，覃老人说采光有些不好，所以他需要搭把梯子爬到屋顶，再将房顶的几片镜子挪一挪。修房屋是一件很重要的事情，若是阴历二十三之前修房子，得请巫婆或者道公选好日子，贴好神符，以免“煞”到哪儿伤己伤人；阴历二十三之后，据说诸神都被邀请到天上宴饮去了，趁他们不在可以任意动土动房屋，所以不用请巫婆道公专门写几道符贴在房子四周。

但是现在很多人家都起了小洋楼，房子也还“年轻”，就不需要修整了，而是直接进入打扫房子的环节。扫屋是因为一年来烟火熏得房子都黑黢黢的，为了过年时不让来访的客人们笑话，同时也为自己能以干净整洁的屋子迎接新的一年到来，所以每家每户都得认认真真地打扫屋子。扫房子没有什么重要的忌讳，只要把房子扫干净就行了。扫屋扫出的垃圾清理干净之后，才能进行刷碗等其他活儿。

将房屋修缮、打扫完毕，就要对屋子进行装饰了。壮人喜欢在神台上贴上巨幅的招财进宝、寿星及财童子齐捧金银财宝等巨幅画像，也有的人家贴着毛主席或者老虎的画像，更有的人家只在神台上写着家族先辈的牌位的。有些画像、纸张经过一年或几年的灰尘浸染之后变得陈旧，这时正好换下它们，贴上新的，还要在墙壁上贴上崭新的粉色纸，再在纸上贴上各种画报，这些装饰务必让家里看上去喜气洋溢，热闹兴旺。

5. 剪（买）粽叶、备米花

粽叶是为包传统的牛背粽而准备的。全国许多地方过年时包的是饺子，而在广西，大部分包的都是粽子。壮家人习惯在自家的地里种上几株粽叶，平时需要定时给它施肥，撒柴灰，如此才能确保它长势好，粽叶才能光滑而宽大。如今许多人家都外出打工，无人料理家中事，所以粽叶也长得不好，叶狭且叶面多被虫蛀过。剪粽叶时要备上一把锋利的剪刀和一炷香，香燃过一半之后方可开始剪。不管这一家的粽叶今年长得好还是不好，都要剪掉，否则会影响明年庄稼的长势。和平村的壮族人一般在腊月十五左右就要去剪粽叶，如果确定自家的粽叶长得不好或者不够，也好赶早在圩日时买下。粽叶是家种的，作为商品也只是其他人家有多余才出售的，所以量较少，需要“抢”才能买到。

米花是壮家人过年的必备食品，同粽子一样具有标志性的意义。米花的制作同米粉一般工序复杂，但是花的时间较少。壮家妇女在腊月二十左右，就要备下选好的颗粒饱满的糯米，先泡一上午，再将它们蒸熟。蒸熟后，迅速将糯米饭团放到大簸箕里，放入蚝油搅拌均匀，再晒至半干，拿到村里的压缩机压扁，再将被压扁的糯米置于布袋中挂起来，等待除夕晚上晚饭过后爆炒，以制作米花。但是现在街上已经有成品的米花，所以包括粽叶，都可以作为年货里的一部分购买回来。

6. 刷洗锅碗瓢盆

腊月二十六这一天，通常是壮人刷洗锅碗瓢盆的日子，也有的人家动作较快的，则在腊月二十四左右已经刷完。但是刷碗不仅为刷洗碗上污垢，更重要的是要洗掉碗上“不干净”的东西以盛装年猪肉，而杀年猪一般是在腊月二十七，所以腊月二十六是最合适的日子。妇女们用谷糠和着香灰泥将碗和一应家具的盖子都刷一遍。刷完之后，还得用柚子叶熬过的浓汤过一遍，再拿去水龙头底下冲洗一两遍。至于为何要用柚子叶洗锅碗瓢盆，这也是有原因的，如百崩屯的李大妈就说道：“这是为了洗去这些用具上‘不干净’的东西，像锅碗瓢盆要是盛过牛肉狗肉等‘不干净’的东西，是不宜摆到神台上的。再说明天要杀年猪了，要用干净的碗装猪肉。而且过年时要用上许多碗盛着糖果佳肴供奉在神台上，更加不能让神仙们吃到‘不干净’的东西了。柚子叶或者橘子叶通常都是消除‘不干净’的东西的良药，神仙们闻着也觉得香，所以要用它们将这些锅碗瓢盆清洗一遍。”

7. 杀年猪

从腊月二十七开始，和平村的壮族人每天早上都会被四面八方传来的杀猪声叫醒。这里的人们几乎从记事起，就形成了一种习惯——只要听到杀猪声，春节才算真正拉开了序幕。从这时候起，家家户户都像擂起了战鼓，为春节紧张忙碌地准备着。

一般杀猪的人家都要在前一天就邀请亲戚好友第二天早上赶早到家里

帮忙杀猪。把猪从猪栏里拉出来前，女主人一定要谨记拔下几根猪毛放回猪栏中，以保佑家里明年还能养出这么膘肥体大的猪；有的人家还要在猪栏前上几炷香，向守护猪栏的神祷告。杀猪几乎都是男人干的活，煺毛、剖膛，然后就背到河里清理。河里的景象自然是壮观的，巨石上到处都是横躺着的猪。清理好了之后，人们就把猪背回家来，也有的人家直接在自家的水龙头下清理完毕，省时省力。

到了上午9点多钟的时候，已经有两户人家来催覃大爷去他们家吃饭了。按习俗，无论是哪一家杀了猪，都要叫上全村人一起去尝鲜。这也是考验主人同村里人关系的时刻，若是被邀请的人去他家吃饭了，说明给主人家面子了；若是这家人杀了猪却没有人捧场，那这家人跟村里人的关系一定很差。招待客人的菜肴，常是新鲜的猪下水，炒猪肠、猪肝、猪肺等，再炒上几盘新鲜的瘦肉和肥肉，其余的全打火锅。最让壮人感兴趣的是生猪血，这道菜能否成功很能显示主人家的杀猪功力；这道菜能否成功，据说还会预示主人家明年的运气是否兴旺，所以人们一般都很重视这道菜。一般是在杀猪前就准备好一个干净的大盆子，盆里放些盐和水，等猪脖子一抹开，就赶紧把准备好的盆子放好接猪血，一部分拿来灌血肠，一部分就拿来打生猪血了。盆里放的盐和水是关键，只有适量才能令猪血凝结，然后把它们分到一个个小碗中，经过几道比较复杂的工序，诸如炒些作料放到生猪血上，就可以食用了。

吃完饭后，主人家往往还会给交好的亲戚朋友送一些猪肉。自己留着的猪肉，除了除夕要做的传统菜肴，如叉烧、烧肉、糖醋排骨、煲猪腿等预留新鲜的猪肉外，其他都抹上粗盐，放到一个大缸子里腌着，过几天再拿出来放到火架上熏，制成腊肉。

8. 包肉粽

有了新鲜猪肉之后，第一件事是选出上等好肉做粽子馅。一般在腊月二十七下午或晚上（需要在除夕日的前两天），百崩屯的每家每户都忙着包粽子。春节包的是牛背粽，壮话音为“风莫”，“风”是“粽”音，“莫”是“牛”音，因为牛背是驼背的，故而又称“驼背粽”。当地习惯包的是黑粽，也有灰粽，得看灰放得多少。此地壮族人的习俗是春节期间供奉在神台上的粽子不能是白色的粽子，因为白色让人想起披麻戴孝的丧事，不吉利。所以每年秋季收割之时，都要精选糯米秆留下来晒干，到此时拿来烧了，取它的灰和着糯米，米就变黑或者灰了，也有许多人家是用黑芝麻捣成粉末和的米。

▲ 包粽子特制的糯米 / 苏珍暖 摄 /2013 年

▲ 包好的驼背粽 / 苏珍暖 摄 /2013 年

粽子的原材料包括糯米、肉馅还有粽叶。肉馅得提前一晚备好，把肥瘦相间的猪肉切成15厘米左右的长度，加上油、盐、五香粉及家乡特有的香菜，浸泡腌好待用。包一个粽子一般得用两张粽叶，粽叶呈叠交状，中间稍重合，接着放上一小杯糯米，铺平，在糯米中间用手指划一道空隙，将肉馅放入其中，再覆上一小杯米。此时将两边的叶子叠起，左边先叠好，右边的叶子再覆上来，一起叠成一个疙瘩，再将左边的叶头折起来，用线或者特制的小竹篾绑起来，大概绑上三四道就可以了。绑了左边再绑右边，两边叶子疙瘩的折叠方向得相反，这样才能保证米不漏出来。绑的时候，粽子中间的部分留多一些米，这样煮了之后米胀了，它们看上去就像是驼背，会有一个好看的弧度。粽子两头的大小要均匀，背上的弧度要好看，两边绑的线数要一样，这样才不会被人笑话。一般要包12个粽子，因为一年正好有12个月。

包完了粽子，先放着，第二天下午再泡到一个大锅中，等到晚上煮好了，正好可以迎接除夕的到来。

9. 买年货

泮水乡以逢农历尾数为二、五、八的日子为圩日，如初二、初五、初八等，一个月里有九个圩日。从腊月十五这一圩日起，壮人就开始购买年货了，一直到农历二十八春节前的最后一个圩日，四面八方的人们都赶到和平村社管屯的市场来逛街。现在，泮水乡的民房大多是翻新过的，市场也翻新了。每个档口该卖什么都做了规定，可与城市中的菜市场相提并论了。腊月十五起，每逢圩日，许多农民都当起了商人，将自家的农产品陈列在路边等着客人来买，如粽叶、茶叶、香菜等。

节前的圩日总是很热闹的，尤其是农历二十五和二十八两个圩日。腊月二十五要买的是春联、门神及贴屋子的粉纸；腊月二十八则需要置办猪肉和其他吃的。2012年的腊月二十八，百崩屯的覃斯坡大爷早早就出门了。他挤在卖猪肉的摊子边，喊破喉咙才抢来了20斤猪肉、两根猪肠及两只猪后腿。回到家里，大爷直叹“太夸张”，今年疯抢猪肉的人比往年还多，想来大多数人都外出打工去了，家里没养猪，只好到街上买了。据说今天的猪肉已经卖到18块钱一市斤了，排骨20块钱一市斤，五花肉16块钱一市斤，每市斤比平时至少要多四块钱以上。覃大爷及其邻居罗大爷等年纪较大的居民表示，明年一定自己养只年猪，省得花了大价钱还嗑不到几块肉。这一天覃大爷家要买的年货除了已经买好的猪肉，还有其他吃的，如火锅料、干香菇、各种配料和作料，如生抽、抽粗、盐、细盐、辣椒酱、黄豆酱、五香粉等。农民们平时做家常菜几乎用不到这些配料，因为过年要做的菜肴多了，所以配料也需要购置。

街上熙熙攘攘，问及此时心情，与覃大爷随行的李大妈说：“在腊月二十八逛街，真是一件很辛苦的事情，但也很快乐。辛苦是因为人太多了，快乐也是因为人很多。你看，今天这街上着各种服装的人都有，真是比过年那几天还要齐全啊。”这一天，许多云南、靖西和德保的人秉着就近原则，都来和平村的集市购买物品。街上的行人有的穿着传统服饰，可以通过服饰清楚地知道他们是苗族、瑶族，还是壮族人；有的穿着新潮的服装，那是外出打工回来过年的人，还有的穿着朴素的服装，看起来像是学生，直到即将天黑，街上的人潮才逐渐散去，各家各户的年货也都准备好了。

10. 换香钵、灌猪血肠和香肠、煮粽子

腊月二十八，吃过晚饭后，覃大爷家有三件重要的事情要做，一是换掉神台上的香钵，二是灌猪血肠和香肠，三是煮粽子。

换香钵是一件很严肃的事情。“你看，香钵里盛满了香灰，这都是过去一年累积下来的香灰。新的一年就要到来，当然要给他们也换上新的环境了。”覃大爷的女儿说道。她先倒掉里面的香灰和燃剩的香秆，用一个干净的塑料袋装起来，再挂到屋后的某一棵大树上。据说谁家的香灰袋保持得越久，谁家就越能得到神祇的佑护，用柚子叶熬成的汤水将香钵仔细地洗净，晾干之后就可以把新烧好的糠灰、草灰或者糯米秆灰放进香钵中了。这新香钵里的第一炷香将是为粽子新熟供奉神祇而点燃的。

这三件事是同时进行的。煮粽子也很需要经验，一般是锅里的水滚之后，再过两炷香的时间，粽子就可以起锅了。粽子煮得太烂或不熟都不好，太烂了，米就溢出来了不好吃；如果煮不熟问题就大了。传统的说法是粽子没煮熟，这家人在新的一年中都要遭遇不顺的。所以煮粽子得专人看护，慎重为之。

按照当地的传统，除夕时在村社里供奉的菜肴里，一定要有用糯米或者面粉灌成的猪血肠，以及由肥瘦相间的肉剁成馅的腊肠。灌好腊肠和猪血肠之后，等待粽子起锅，他们家这一天才总算忙完了。

11. 备置家畜草食

在腊月二十七至二十八，壮家人还要在百忙中抽出时间来备置家畜草食。家畜有羊、黄牛、水牛、骡子、马、猪等，一般人家只养猪和牛。这些家畜食量大，需要早早备下它们的吃食。春节期间，人们都尽情欢乐，尽情休息去了，没有工夫放牛放羊，而且春节期间，人们是不能将家畜放出畜栏的。如果时间不够，至少也要给它们备上大年初一及大年初二的食量。这活儿一般是由老人家承担的，当然是健在且行动自如的老人。冯大婶在腊月二十八下午买完年货之后，挑上竹筐就到田里去了。晚稻收过后，田里又长出了青翠鲜嫩的野草，很适合牲畜们食用。她在田埂上扒下了一筐野草，又在自家田里摘下了一筐牛皮菜和白菜叶，然后挑起它们回家，正好碰上上山砍草喂牛的老伴儿赵家定也回到家了。

节前准备到二十八就告一段落了。在这期间，壮家人完成了诸多准备工作，购买年货、备柴火、备米粉和米花、打扫房屋、刷洗锅碗瓢盆及杀年猪、包粽子等，这一系列工作为有汁有味的年节打下了基础。

三、春节期间的节日仪式与活动

（一）除夕日的仪式与节庆活动

1．做年夜饭

在壮家人眼里，每年的除夕这一天都特别忙，就为了后边几天能闲着。这一天的主要任务是做饭，做一餐团圆饭，不单只今晚吃，还要留到明后天，甚至初三初四。任务繁重，所以要早起准备，一般早晨七点钟大人们就起床开始做准备了。

按照往年的习惯，覃大爷一家做年夜饭的顺序是这样的：杀鸡—炸锅烧肉—做扣肉—焖叉烧肉—煮鸡—炸红烧鱼—蒸豆腐酿—焖酸甜排骨—煮猪脚—煮香肠，最后打起火锅，一桌菜才算做好了。放眼整个百崩屯和那湾屯，要准备的菜肴大致是一样的，只是做饭顺序略有不同而已。

大年三十早上，覃大爷一家吃过早饭，已经10点钟了。他的老伴儿李大妈烧了一大锅热水。水开后，覃大爷就去杀了两只肥鸡。杀肥鸡供祖先是和平村年三十的传统，即使由于客观条件没有办法找到肥鸡，也要在杀鸡供祖先的时候要说鸡很大很肥。覃大爷的女儿笑着给调查组介绍："记得有一年我说这鸡好瘦啊，不过正好，我喜欢吃瘦的。妈妈瞪了我一眼说，不能说它瘦啊，祖宗听见了会不高兴的，还以为我们没本事没让他吃好喝好，来年

▲ 除夕年夜饭 / 苏珍暖 摄 /2013 年

就不保佑我们了，以后不管肥的瘦的大的小的，都要说很大很肥。”[1]但她同时也说出自己对传统的不同看法：“我只好点头表示受教，心想祖宗要是不保佑我们这一年财运连连，也不能怪我们供的鸡不够大啊，对吧？”今年杀的这两只肥鸡，一只是今晚下桌的，一只留着当供品供在神台上，一直供到初三初四。覃大爷和李大妈杀鸡的时候，小苏就在旁边剁豆腐馅。他们家今天要做的菜肴有豆腐酿、叉烧、烧肉、扣肉、粉蒸肉、酸甜排骨、红烧鱼、小酥鱼、白斩鸡、炖猪脚、香肠、荷包蛋、烧鸭及一个大火锅，菜色很丰富，多得覃大爷家里吃饭的桌子几乎都放不下了。

杀了鸡并煮好后，任务便轻多了，覃大爷就开始做别的菜了。和平村的习俗是做完年夜饭，拜祭村神后，就点燃一串长长的鞭炮，然后开始吃团圆饭。下午2点多，村里第一声鞭炮就响起来了。比起2点多钟放炮的人家，覃大爷家显然要慢上许多，直到下午4点，才差不多把菜做完。小苏当场感慨道：“每年的除夕这天累就累在它好像是各家各户的一种暗自较劲，看谁能最快吃上饭，看谁最早去村社里祭拜，让神来年多护佑你一些。四里八乡里谁家点了鞭炮谁都能听到。第一声可能没什么，但是接着就会有越来越多的鞭炮声，这时候还在忙活的人家可能就耐不住了。所以准备年夜饭既是体力活也是精神活啊！”

1．被访谈人：苏珍连；访谈时间：2012年1月22日；访谈地点：和平村百崩屯被访谈人家中；访谈人：苏珍暖。

2. 贴春联、门神

覃大爷和李大妈忙着做其他菜的时候，小苏也没闲着。她负责换上新的门神和春联。神台上的巨幅招财进宝画报和墙上的新粉纸是前几天就贴好的，春联和门神则在除夕这天更换。

▲ 除夕夜后的神台供品 / 苏珍暖 摄 /2013 年

3. 祭拜村神

等她把春联、门神也贴好了，她的爸妈也把菜做好了，妈妈用一个大大的盘子装着鸡鸭鱼肉等各色菜肴，放好三杯酒，点好三炷香，摆上厚厚的纸钱，就捧着盘子到村社里拜祭去了。拜祭村神至少要等半炷香燃尽，让他们有足够的时间好好享受美味佳肴。拜祭的时候李大妈念念有词，拜完了村神，还要回家拜家里的神。拜天，拜鸡舍，拜猪栏，拜牛圈，还要拜神台上的神。拜猪、鸡、牛等神的时候，相应的猪肉、鸡肉等就不能包含在祭品里。都拜完了之后，终于可以点燃长长的一串鞭炮，吃上团圆饭了。

4. 吃年夜饭

和平村的壮族人在吃年夜饭时也是不能彻底放松的，因为年夜饭桌上有许多规矩限制。开始吃饭前，要请家里最年长的人先做“祷告”，祷告人嘴里念念有词，请求祖宗保佑家人平安，财源广进，六畜兴旺，风调雨顺，年年好收成，岁岁都有余，等等。自从小苏的爷爷奶奶去世后，这件事情就由妈妈来做了。席间，夹菜的时候要千万小心，不能让饭菜掉了，因为据说掉了饭菜会把来年的财运都弄丢。用来蘸菜的酱碟如果不够用则不能加新的，也不能把它吃完，据说加水会使来年水淹稻田，吃完则会使稻田缺水而龟裂。尽管这顿饭吃得十分谨慎，但因为合家团圆，所以气氛十分融洽。

5．贴红纸、炒米花

吃完饭可没人闲着。饭毕，碗是不能洗的，地也不能扫，要做的是把饭前就裁成小方块的红纸贴到家里的各个地方，如柱子、水缸、灶台、碗柜、衣箱、打谷机、鸡栏、牛棚、猪圈等，给它们“穿新衣”，慰劳它们这一年的辛苦劳作。贴完红纸后，紧接着把买好的糖果和米花拿出来，分到五六个碗里，摆成好看的形状，供在神台上。以前米花都是自己做的，由于工序复杂，近年来人们纷纷购买已经做成圆锥形状的米花，省去了许多麻烦。神台上供品丰富，有粽子、糖果、米花，还有大盘里盛着的一只整鸡和各色菜肴，人们还要在供品旁点燃两支红烛。做完这些，就是守岁了。

虽说覃大爷家不用炒米花，但是有些人家更喜欢自己家制的米花，因此在除夕晚上也会自己做米花，如覃大爷的侄子覃伟宏家。覃大爷的弟媳妇冯婶子向大家演示了米花的制法：将之前压好放在布袋里的米花拿出来，放到热锅里翻炒。锅里只放些许菜油，一次炒三分之一锅铲米花，火要文火，不可炒焦了，冯婶子在演示时炒完了两盅米花。米花炒到呈米黄色，脆爽香甜后，再将红糖放到锅中煮开的热水里，调好浓度，浇到米花上，用一个玻璃瓶子来回滚动，使它们凝结成块，再用刀切成一块块方块状的米花。糖浆的浓度对米花的凝结起了决定作用，之后将米花放到碗里，堆成圆锥形状，越高越好，它与糖果堆成的圆锥形糖果山共同构成了神台上的亮丽风景。不过米花凝结失败的情况也很常见，米花制作失败的人家，过节期间就不好意思拿自己做的米花来招待客人了。

6．守岁、烧“布非”、买新水

吃过晚饭后，男主人就会将放在檐下的“布非”（火父）放到灶台里开始燃烧。在它燃烧的时候，女主人会点起一炷香插在“布非”（火父）旁边，并告诉子女们严禁跨过“布非”（火父）。

之后全家人在一块看“春晚”，直到夜里11点左右，各家各户就又开始忙开了，忙着准备鞭炮、盛水的容器和“买水”的硬币等。每家都在严阵以待，12点的钟声一敲响，在家的人会立刻点燃手中的鞭炮，去“买水”的人则以百米冲刺的速度奔向村头那口井，以求第一时间从井里打到新年的第一桶水。据说谁能在大年初一12点让鞭炮第一个响起来，说明那家在以后的一年里将更幸福；越早打到水的人在新的一年里会得到越多的财富。这时四面八方的鞭炮齐声响，家里的人焦虑而期待地等待出外“买水”的人，景象蔚为壮观。人们在这不绝于耳的响声中，暂时忘却过去一年的奔波操劳，而与神灵一起沐浴在节日的气氛里。“买水”回来，家人就可将大门关上，把“火父”燃起的地方埋进深灰里，再点上一对红烛和一炷长香，它们都将燃到天明。之后全家就可以安歇了，客厅里的大灯彻夜不熄，神台上的供品也要一直摆到天明。

（二）正月初一的活动与禁忌

和平村的壮家人在大年初一时最紧要的事情就是休息，其次是不能犯禁忌。

近年来，乡政府为丰富人们的生活，举办了许多娱乐活动。初一这天，白天在乡政府篮球场及那湾屯篮球场进行的各村篮球联赛，吸引了许多青壮年观众。在乡政府大院内还有专门为老弱妇孺准备的丰富多彩的游园活动，如撞钟、吹球、猜谜、投篮等，奖品有味精、食盐、食用油、洗衣粉等生活用品，很能吸引人。女孩子们还在这一天踢用家里杀的鸡毛扎成的毽子，男孩子们则打自己做的陀螺等。

这一天，街上到处可见穿着簇新衣帽和簇新鞋子的人们。老人们还是习惯穿上传统的壮族服装，年轻人和孩子们则都穿着市场上买回的衣服。人们劳碌了一年，在今天则可以享受自由自在的时光，也有串门话家长里短的，那就用粽子和米花糖果招待，还有自己腌的酸梨与柠檬。

傍晚放过鞭炮后，就可以吃晚餐了。晚餐热一热昨天做的菜肴，或者放到火锅上，简单方便，吃完就又可以去玩了。晚上在乡政府还有晚会，连续三晚都有。晚会上有用壮话编的小品，有用壮话唱的山歌，还有民族舞蹈等，别具特色。

和平村在春节期间，尤其是大年初一这一天，要恪守的禁忌特别多，人们认为，遵守禁忌，是春节期间能够充分休息的前提。这些禁忌包括：

一、不能睡懒觉。这是和平村的孩子们从小到大都受到的教育，那就是这一天都要早早起来，在刷牙洗脸之后就去拿书来念。据说这一天要念书，成绩才能好，人才能变聪明。这一天念得越多越好，记得越多越好，因为这一年都是沿着这一天的成就发展的。

二、不要到门外去梳头。这是多年的习俗了，大年初一不能在天空底下梳头。相似的禁忌是从大年初一到正月十五都不能在天空底下晒衣服，只能在廊檐下晒衣服。这些禁忌以前都能说出个所以然来，现在是越来越说不清了，比如说不能晒衣服是因为害怕老天爷看到这些花花绿绿的颜色吓坏了，来年就不下雨了。

三、吃饭时千万不能让饭菜掉下。初一这一日的饮食同除夕夜一样，菜色相同，禁忌也相同。饭桌上夹东西要千万小心，不能掉了。而且早饭时最好多吃一些，因为大年初一这天只有在傍晚放过鞭炮后才能吃晚饭，没有午饭。如果没到晚饭时分却饿了，可以吃零食或者米花，但是不能吃饭。小孩还不能吃粽子，据说不能吃粽子的原因是害怕填饱了肚子，却堵了脑袋，人就不聪明了。

四、初一拜年也有讲究，女孩子据说不能第一个进人家的家门，主人家会不高兴，必须得男孩子先到家里走一遭，女孩子才能进去。这固然是封建思想残余的表现，然而乡夫村妇却总相信女孩子先进家门会挡了来年的财运，所以大年初一女孩子鲜有出门拜年的，初二的社日，女人也是不能踏足社庙的。

五、初一不可花钱，不可翻箱倒柜，理由是怕财运滚滚流出去了。据说今天就算去拜年了，也不一定能得到红包，因为大年初一忌花钱，只能进不能出。所以发红包一般都要初二以后。相似的禁忌是大门一整天都不能关，也是怕挡了财运。

六、初一不能碰刀斧等利器，据说这天要是碰了，可能预示着来年会被利器所伤，总之身体总有不康健之处。以前还不让在这一天往灶里吹火，怕来年嘴巴变尖变长，也就是有口舌之争的预兆；不让跨过“火父”，怕它生气了，不护佑家人。

这一天家家户户都恪守这些禁忌，同时执行最长久的习俗——烧一整天的香。覃大爷家的神台上有三个香碗，一个烧三支，另两个烧一支，大门两旁、鸡舍、猪栏、牛圈和露台分别烧一支，一共十一支。这香不能断了，一柱烧完了就要接着烧另一炷。不光烧家里的，还要烧村社里的，一刻也不能停。大年初一是不让人干活的，这是一个让人尽情玩闹的日子，所有人都想去玩去闹，没有人愿意在家看门、烧香，所以这活计一般是家里的老年人承担。家里没有老人的，只好各自分工，每人负责一个时段，但是一般让步的都是妈妈们，男人们和孩子们都是坐不住的。这些禁忌和习俗大部分只在大年初一的时候做严格要求，有些则要一直贯彻到正月十五元宵节，如不能在太阳下晒衣服的习俗。

(三) 正月初二的仪式和活动

大年初二是百崩屯的社日，这一天最重要的一件事情是全村祭村神。在泮水乡，各村祭村神的日子也有不同的，有的在大年初二，有的在大年初三。百崩屯有自己的村神，所以大年初二祭自己的村神；至于祭整片区的村神，则要等到二月初二与邻村百维等大村联合祭拜，像那湾屯和那甘屯则在大年初三一起联合祭拜他们的村神。虽然鸡犬之声相闻，但是百崩屯的一些习俗与那湾屯等还是有些不一样，比如大年初二祭拜村神这件事，百崩屯是不允许女眷参加的，只有男丁才能参加；而在那湾屯，女眷是可以参与祭拜的，只是不能进入村庙而已。平日里过小节时也是常要祭拜村神的，但是那毕竟是单独行动，到了大年初二时，则是全村联合祭拜。虽然如此，大年初二还是得小祭，所以没有请道公来做法事。大祭如二月初二祭拜大村神时，就必须得请道公和巫婆到现场做法事祷告了。

社日的程序一般是这样的：每家每户各自出几斤猪肉和几斤米，带上香和纸钱，进到社庙里，先进行供奉，然后在庙里当场煮好米和肉，大家一起吃一顿，人与神、人与人之间联络好感情，就可以回来了，相对来说比较简单。但是男人们一定要带回一些煮好的米和肉，给家里的人吃。家里的人不论老少，都要吃一些在村庙里煮的饭菜，以求村神保佑自己。祭拜村神之后，就可以去别的村子串门了，像嫁到这里来的媳妇可以带着孩子夫婿回娘家拜年，甚至想出远门去打工的人也可以出远门。这些事情在祭拜村神前是不可以做的。

其余的娱乐活动还是像大年初一一般。只是随处可见正在点燃鞭炮吓人的小孩子，还有到处在拜年领红包的孩子，这一天的烧香工作还是要不间断地进行，神台上的烛火也不能熄灭。

(四) 大年初三至初六的仪式及活动

1. 宴请亲朋好友

大年初三各家各户最重要的一件事情是请亲戚好友来家吃饭，若觉得这一天“抢”不到人来家，也可以顺延到初四再宴请宾客。除夕时做的那一桌好吃的，大半是为了这天或者第二天的大团圆饭。要请客的人家会在前一天提前电话邀请亲朋好友。次日一大早起来后就要忙着热饭菜，桌上供着的那只鸡也可以下桌了。一切打点停当，主人家才又到村里和邻村邀请亲戚好友。虽说有电话，但是不亲自到家里邀请总觉得不够诚意。

亲戚好友一般都会很给面子，纷纷到家里来吃饭。壮家人认为屋子里总要有热闹的气氛才觉得暖融融的，也是为新的一年开个好头。吃饭的时候长辈是要给晚辈压岁钱的。晚辈无论年纪大小，只要还是学生或者还没有工作，都能领到压岁钱。这一家吃完，抑或还未吃完，宾客就会被邀到下一家吃饭，这就像俗语说的“吃的不是饭，而是气氛”。这天，街上的各项娱乐活动也在继续。

2. 到外婆家拜年

大年初四一到，节日的气氛就减少了很多。很多从外面回家过年的人纷纷在这天离开家，因为这一天的重头戏是去外婆家拜年。小苏的外婆家在那眉村，两位老人都已经将近80岁了。这一天小苏和李大妈带着两只鸡、两对粽子、两袋糖果和四封大红包就出发了。小苏的外公外婆分别住在两位舅舅家中，所以礼物都要备下两份。红包则除了给老人之外，还要备下小孩的。小苏同外婆外公唠了一会儿，吃过饭后就同妈妈回家了。

3. 种新

这一天也往往是人们种新的日子。李大妈拜访娘家回来后，就扛着一把锄头到菜园里挖了几个坑，播下了几颗南瓜种子和玉米种子。她说，这样来年才能丰收；而很多村民也选择在这一天在自家菜园里播下各种种子，有些人家还开始商量着培育稻种，为了在几天后可以播下来培育秧苗。

4. 祭灶神

从大年初三到正月末，常是壮家人请道公到家里举行法事、祭祀灶神的时间。哪天举行法事因户而异，道公要根据这家人的生辰八字推算出黄道吉日才能决定开法时间。人们当然希望越早越好，因此在年前大家就纷纷登门拜访道公家，请其推算吉日良辰，约定时间举行法事。

▲ 大年初四祭灶神 / 苏珍暖 摄 /2013 年

大年初四这一天，百崩屯的农氏丹家、农氏丽家及覃斯坡家，社管屯的陈凤灿家、陈凤音家就都请到了布铁屯黄道公来做法事。依着良辰推算，黄道公先到覃斯坡家中做法事。只见他先用黄纸、粉纸和红纸各剪了若干只纸马，接着把纸马套在一根根削好的20厘米左右的木棍上。案上摆放三碗大米，米上各插三炷香，摆开他的法书，翻到“天地”这一章，手持纸马，开始对着经书念念有词起来。声音抑扬顿挫，直念了一个多小时方才念完。案前的法书念完后，他又到大门前对着门神、天地念念有词，大约10分钟后就宣告结束。此时覃大爷也做好了饭菜，把半只鸡斩了下桌，半只包起来连同大米、猪肉、红包一起让道公带回去。吃饭时道公要先默念一章经，把饭菜往身后各撒一些以示让“那边”（阴间）的人们都品尝了，才宣告宴席开始。道公由于时间紧迫，只象征性地吃一些菜就起身赶赴下一家了。而下一家的农氏丹老人则早已在门口等候多时，急忙接走道公。

依着道公的吩咐，之前案上插着香的三碗大米要三日之后煮食，只能自家人吃，且这三天之内，家里的东西不能外借。祭灶神是壮家人极为重视的事情，他们觉得若不在年初祭灶神，恐怕会导致流年不利，所以他们整个泮水乡的道公们在年后是很繁忙的，而红包现在一般都要封上120元以上了。

5. 开市

因为初五是泮水乡的圩日，所以很多商家都选择这一天作为开业的日子。过年这几天，鲜有商家开业的，大家都休息去了。不管做什么生意，在开市这一天都要去街上卖点东西，以示自己向新年的财神爷报到了。开业前照例要放上一串长长的鞭炮。李大妈也到她的小摊子上摆了点儿小东西。开市要把东西卖出去，不然来年的财运会受影响。所以这一天人们卖的东西一定要尽量少，宁愿供不应求，也不愿意剩着回家。这一天，在城里工作的人们已经纷纷返回工作岗位了。但没有外出务工的和平村居民在大年初五这一天按照习俗依旧不用下地干活。

6. 收神台供品

大年初六这一天就可以将神台上供奉着的糖果、米花等东西收起来了。小苏一大早起来就看见李大妈在神台前烧纸钱，嘴里还念念有词。原来她是在收桌上供奉的供品。供品是不能分给外人吃的，神台上的供品一收，就意味着春节过完了，悠闲的时光就要过去，该上学的上学，该工作的工作，该下地的下地，各自都要回到各自的岗位上了。

四、结语

和平村壮族人的春节从准备到结束，历时一个多月。忙碌的节前准备，休闲的春节节期到大年初六为止基本就结束了。

春节期间，和平村的居民所经历的仪式与活动既有千百年来传承的习俗，亦有当地政府在新时期、新形势下为人民服务而开展的各项文娱活动。当下和平村的壮族正处于一个社会转型期，这种转型因为改革开放的不断深入而加速推进，在这个推进过程中，和平村的壮族文化变迁，特别是节日文化与生产生活习俗的变迁都在加速运行。调查者在两年的调查中，深深感受到和平村壮族的春节节日文化正在失去地域、民族所赋予它的个性。一方面，维系传统习俗的重要纽带即老人们不断去世，如在2012年春节期间调查者进行过访谈的一位老人，在2013年春节前已经去世了；另一方面，和平村有越来越多的壮族人外出打工，外面的世界在开拓他们眼界的同时，也带来了全球化对传统文化的冲击。基于以上认识，调查组才做了调查并整理成此报告，以留下可供查阅的资料，为传承民族文化做出贡献。

附：主要信息提供人

农氏丹，女，59岁，壮族，百色市泮水乡和平村百崩屯人。
农氏丽，女，56岁，壮族，百色市泮水乡和平村百崩屯人。
冯凤暖，女，40岁，壮族，百色市泮水乡和平村百崩屯人。
赵家定，男，44岁，壮族，百色市泮水乡和平村百崩屯人。
覃斯坡，男，48岁，壮族，百色市泮水乡和平村百崩屯人。
覃斯杏，男，38岁，壮族，百色市泮水乡和平村百崩屯人。
覃伟宏，男，20岁，壮族，百色市泮水乡和平村百崩屯人。
陈凤灿，女，36岁，壮族，百色市泮水乡和平村社管屯人。
李妹春，女，51岁，壮族，百色市泮水乡和平村那湾屯人。
苏珍连，女，29岁，壮族，百色市泮水乡和平村那湾屯人。
苏朝勋，男，50岁，壮族，百色市泮水乡和平村那湾屯人。
苏朝四，男，45岁，壮族，百色市泮水乡和平村那湾屯人。
李国荣，男，75岁，壮族，百色市泮水乡和平村那眉屯人。

巴马瑶族自治县东山乡文钱村布努瑶春节习俗调查报告

李宇鑫

前言

广西巴马县东山乡将过年分为过小年和过大年。腊月二十三叫作“过小年”，从过小年起，人们开始一系列的过年准备，直到大年初一正式过年走亲戚，正月十五杀鸡过元宵，前后持续约大半个月，节日主要活动有杀年猪、熏腊肉、抢勤水、定亲、回娘家、走亲戚、射弩、斗鸟、打陀螺、拍鸡毛毽，等等。

巴马县境内瑶族根据语言分为两个大支系：自称“布努”（包括“土瑶”、番瑶、安定瑶）的布努瑶，以及自称“勉”的蓝靛瑶。东山乡布努瑶族有两个主要支系，一个当地称“土瑶”，但并不是在瑶族学术研究中所普遍认定的作为瑶族一个重要支系，民族特色鲜明的那一个土瑶，在此为了区分，将其用这一瑶族支系进入巴马后，当地壮族对其所用的他称“卜瑶”来记录；另一个则是番瑶。布努瑶族春节习俗纯朴、简单，并与他们的生存环境、经济条件息息相关。在东山，番瑶与卜瑶春节习俗差别不大，但由于番瑶在表征体系上保留着较多的民族特色，因此，番瑶的主要自然村巴根屯，借巴马旅游开发的东风，编排了多个与现代文艺相结合的民俗表演节目以供游客观赏。因此，他们过春节的时候较之文钱村的卜瑶多了民俗节目表演的活动，活动这天，东山乡不同村寨的一些村民，也都会前往巴根屯观看表演，男女青年借此机会相看对象。而卜瑶最大的自然村文钱村文钱屯，在古时盛行射弩活动，平时以弩猎兽，重大节日则举行射弩比赛，男女老少都参加。后来为了保卫村寨，射弩等传统得以保留并发扬光大，并在中华人民共和国成立后发展形成了固定的民族体育活动。现在，射弩是文钱村春节活动的主要项目之一。

调查者主要的调查点在巴马县东山乡的文钱村，同时为了佐证一些当地布努瑶的春节习俗，走访了附近的优雅、巴根等村寨。在获得第一手田野调查资料的基础上，结合十分零散的文献资料及当地老人的回忆，撰写出这篇田野报告，力求真实体现东山布努瑶族春节现状的同时，反映当地人在“春节”这一节日中所经历的文化变迁。

一、村落概况

巴马瑶族自治县位于广西壮族自治区西北部，地处东经106.51°~107.23°，北纬23.51° ~24.23° 之间。东西最大跨度70千米，南北相距42千米，总面积1971平方千米。丘陵地貌与卡斯特地貌共存。其中石山面积占30%，土丘占69%，水面占1%。

东山乡是巴马瑶族的主要聚居区，位于县城东北部47千米，全乡面积115平方千米。1990年设8个村委会150个村民小组，总人口10904人，其中瑶族9545人，以瑶语为主要语言。[1]

尽管南方雨量充沛，但是由于东山乡地处石山旱区，没有河流经过，且缺乏山泉，加上地下水过深无法开发利用，导致能够用于种植农作物的土地很少，土壤也较为贫瘠。每年有三四个月为旱期。村落四周遗留有新中国成立初期大生产时期遗留下来的人造屯田。屯田用山中石块敲碎砌成，中间放置当年农民挑来的黄土，依山势而造成梯田。现共有耕地7231亩，其中山地6933亩。这些地“碗一块瓢一块”地分布在570多个弄场的石头缝里。东山乡是西山革命根据地的一个组成部分。1931年这里成立中国工农红军第七军二十一师东山瑶族独立营，有64个自然屯列为老革命根据地。本次调查者的调查点文钱村就是其中之一。

1. 巴马瑶族自治县县志编纂委．巴马县志[M]．南宁：广西人民出版社，2003．

▲ 文钱民族体育运动场简介 / 李宇鑫 摄 /2013 年

文钱村是瑶族迁徙到巴马后最早的落脚点之一。瑶族确切到达巴马的时间已经无史料可考，根据民间口传和县内一些瑶族学者推算，大约在元代。首先进入巴马的是土瑶[1]，约在元末明初，有蓝、谭、覃、罗四个姓氏90口人入住现在的东山乡文钱村，他们在这里开荒拓土，繁衍生息，人口渐多后向四周扩展。[2]今天东山乡的卜瑶大多是由这四姓先祖发展而来。同时，文钱村还是整个巴马县最大的瑶族村。在东山，由于自然条件恶劣，土地贫瘠，一般的村寨不过十几户人家，小的村寨则只有五六户甚至是两三户。文钱村则有一百多户人。

现在，政府修造的公路从县城直通到文钱村文钱屯入口，有一条水泥路从村口一路通到文钱村小学，横贯整个文钱屯。村口边上是一个操场，操场前立有一块题为“文钱民族体育运动场简介”的石碑。石碑上刻有文钱村作为革命根据地的历史，以及射弩等运动在村寨保卫战中所起过的重大作用。村里仅有的两个水塘都在操场边上，一高一低，坐落于地势较低处的水塘较大。过去，在旱期，这两处水塘经常处于干涸状态，即使大的水塘不干涸，到了调查者到访时，存水也所剩不多。但东山乡如今在政府的补助与指导下，大部分家庭修葺了存储雨水作为日常生活用水的“水柜”。水柜上方是一个收集雨水的集水台，将雨水引导存至其中；下方接上水管，连接到家里，解决了当地部分居民用水困难的问题。因此在调查者到访的时候，村里

1．此处“土瑶”为引文原文，后面调查者所写皆作“卜瑶”。

2．蒙建军．巴马瑶族历史与文化[M]．南宁：广西民族出版社，2006．

较大的水塘尚未干涸。小的那一个已经没有储水。水柜的修葺是近几年才在文钱村推广的，过去村民们只依靠两个水塘储水，其中的困难可想而知。即使是现在，最缺水的时候，当地的村民仍要到巴马县与大化县的交界处附近取水。不同的是，现在交通工具发达，特别缺水的时候，村民可以找卡车或拖拉机前往取水，而不再需要像过去一样，走上数个小时的山路，将水肩挑手抬回村。尽管生活用水得到了解决，但是因为土地稀缺贫瘠，无法种植能够供给大量人口食用的作物，所以当地人口数量增长依然十分缓慢。过去，受土地限制，布努瑶主食多为玉米、红薯，辅食火麻、芝麻末烹饪的菜肴。在过去，这些食物往往被打上“贫穷”的标签，因此价格很低，但现在随着巴马长寿乡的美名远播，它们的价格已经大幅提高。加之现代人对五谷杂粮、健康饮食的崇尚和追求，使得这些食品有了更为广阔的市场。过去当地人无法使用这些作物去交换足够的白米，所以主食少有米面。如今，随着生活水平的提高，大米也成为了当地人的主食之一，炒菜也伴随着米饭频繁地出现在了当地人的餐桌之上。现在，布努瑶家庭在过节时也不再满足于仅食用布努瑶的传统年节食品，而是以菜色多样为荣。

东山乡石山灌丛林木遍布，有养殖山羊的天然优势。东山乡的布努瑶有养羊的习惯，山羊养殖是当地主要的畜牧业。解放初，山羊养殖业一度陷入低迷，后随着农村经济体制改革，当地的养羊业才不断回温。现在，当地的人家大多养有山羊，最大的养殖户饲养的山羊多达5000头。在巴马，当地人对东山、西山布努瑶所饲养的山羊情有独钟，他们不爱食用外地运来的羊肉，偏爱本地所产的山羊。这使得东山、西山乡山羊的售价高昂，给养殖户带来了较好的经济效益。随着养羊户的增加，经济条件的改善，山羊也成为当地人节庆时赠送亲友的礼品之一。在过去，文钱村人养羊，却少有人家舍得吃羊。现在，过节宰杀牲畜，羊是除“年猪”之外的又一选择。

从村口沿着水泥路一直走到尽头，是文钱小学。东山乡一共有两所小学，一所在乡政府，另一所就在文钱村。操场和小学，是文钱村人进行体育活动的主要场所。近年来，文钱村的春节竞技比赛活动多在文钱小学举办。村中有几户制弩的农家作坊，其中一户被誉为“弩王”的，家门前挂有“创先争优文钱村制弩作坊”字样的白板，户主现任村委会主任。1982年巴马县城成立射弩队时，队员全部来自文钱村。后文钱村的青年代表获得数枚全国各级少数民族体育运动会的金牌，文钱村声明鹊起，由巴马县委、县政府给其命名为“射弩之村”。村中保持着瑶民养鸟的传统，树上、屋檐下多挂有鸟笼，养的鸟儿品质的高低，数量的多少，都是村民们农闲时的谈资。

操场边育有竹林，村民们有需要时便在砍伐竹子后，在操场上就地制作以竹子为原料的鸟笼、背篓等布努瑶生活用品。

巴马的布努瑶信仰祖神密洛陀，并以祖先崇拜为主要崇拜。在东山乡文钱村，家家户户都有祖先台，祖先台搭建之始还要请来师公，将自家祖先的魂魄请到祖先台常住，接受供奉。

布努瑶多按姓氏、血缘聚居，结婚的对象也多在本族内挑选。中华人民共和国成立前，当地的瑶族婚姻以血缘婚为主，文钱村也不例外。尽管中华人民共和国成立后血缘婚被废止，瑶、汉、壮民族的通婚人口数量在巴马逐渐增加，但是大多数瑶族家庭仍然会让自己适婚年龄的子女选择一个同乡同族同一支系不同村的异姓做对象，即使不同族，也尽量选择同乡结亲。在过去，布努瑶的订婚日期一般都在农历大年初二到初五、七月十五、五月廿九祝著节进行。现在，随着外出打工人口的不断增加，有一方或者双方在外打工的男女青年想要见面，就必须要选在双方都回乡的时候。而春节恰好满足了这一条件。因此，现在春节既是东山乡瑶族的定亲日，也是青年男女相亲的时节。综上所述，可以说用水问题、民俗表演的发展、打工潮等，都在影响着广西巴马县东山乡瑶族的春节习俗。

二、东山乡布努瑶年前的准备

布努瑶过年前的准备从小年（腊月二十三）开始，从这日起，有一些家庭开始杀年猪，并清扫房屋。但具体是哪一天杀年猪，则没有明确的要求。只要是小年日至大年三十之间任意的日子均可。杀了年猪之后，筹备活动便开始了。一般的人家，主要是准备过节的食品、祭拜祖先用的物品等；有出嫁女儿新生了孩子的人家，需要准备送给新生小外甥的礼物；有意结成亲家的两个家庭，则要准备交换用的彩礼。

（一）杀年猪、买甘蔗、制腊肉

杀年猪在瑶族家庭里是一件重大的事情，杀年猪这一天，家庭成员都要回家参与。在过去，年猪是瑶家一年的肉食来源。因为东山瑶族落户深山，交通不便，一年到头无法到外界交易新鲜肉食，所以，杀了年猪以后，除了杀年猪这两天全家所食用的新鲜猪肉外，剩下的生猪肉会被人们做成各种腊制品，以满足全家人全年对肉类的需求。现在人们生活水平有了提高，通往乡政府和出山的路都实现了硬化，各种食物不断运往村里，人们不再需要把年猪当成一年里唯一的肉食。正因为如此，当地杀年猪的习俗也较过去有所不同。东山乡盛产山羊，不少人家养羊为生。如今，过年时，有不少人家在宰杀牲畜时会选择杀山羊。山羊是布努瑶十分喜爱的食物，但是在过去，由于当地土地贫瘠，农作物出产量低，除了养羊之外，大部分时间都要靠天吃饭。加上交通不便、经济条件限制等原因，饲养山羊的数量也受到很大的限制。养山羊的人家为了生计，自己舍不得吃家养的山羊，而是将其卖出换取生活用资。现在，在条件许可的情况下，当地人仍然把山羊视为十分难得吃上的食品。因此，他们往往会与亲家做协商，两户中一户杀羊，一户杀年猪。这样，杀羊的人家可以分到亲家的年猪肉，亲家夫妇也会到这这户人家来串门，一起食用比年猪贵上许多的山羊。通过这样的方式，两家的感情得到了更多的联络。此外，他们制作山羊菜肴的时候也是毫不浪费：用羊血熬制玉米粥，下水单切一盘，另外还要制作“羊瘪汤”。

在如今的东山乡瑶寨，杀完年猪后，一部分肉直接水煮食用，一部分分给上门的亲戚，一部分用来做成腊肉与腊肠。当地腊肉与腊肠的制作独具特色：他们用于熏烤腊肉与腊肠的除了木柴和炭火，还有大量的甘蔗渣。当地人相信，使用甘蔗渣烘烤出来的腊味，会带上甘蔗的甜味和香气，让他们的生活也一样香甜，更胜于普通柴火所制作的。所以在杀年猪的前后，瑶族人家许多人都在食用甘蔗。过去，人们食用的甘蔗来自自己地里的出产，现在，由于市集与交通已经比过去发达，因此，有不少人家选择采用购买的方式，让自己家的土地能够种植其他的作物。现在，在巴马东山乡过年前后，时常可以见到买卖甘蔗的人，回到家以后，人们便在闲暇时围着制作腊肉的火堆食用甘蔗，将嚼过的蔗渣丢到火堆里用以熏烤腊肉。

传统瑶族腊肉的制作方式是将猪肉吊在火塘上，用火塘里的烟火熏烤。由于现在文钱村的瑶家大多建成了楼房，只剩为数不多的人家仍住在木框架的石墙瓦房里。因此熏烤猪肉的方式在新旧两种住宅中已有不同。旧式的房屋里的住户仍将猪肉吊在火塘上方熏烤，而新式的楼房内的住户则是单独在楼房内辟一块空地，搭起木架，将猪肉架在一条木条上挂成一排，架在木架上，下方则根据需要，放木柴、甘蔗渣等点火后熏烤。

（二）准备年节食品

巴马东山乡布努瑶的年节食品主要有豆腐圆[1]、糍粑、白切猪肉、白切鸡肉、猪羊“活血”、羊瘪汤等。

豆腐圆是一种与汉族“酿豆腐”有些相似的菜肴，但不同的是酿豆腐是将豆腐切开，酿入肉馅，而豆腐圆则是要将豆腐用手捏成碎末后，置于掌心，放入肉馅，将豆腐末包裹在外，做成小圆饼状后，放入油锅里煎熟。这样，在外观上看起来，就像一个个小豆腐煎饼，丝毫看不出内里有肉馅的存在。这样的食品制作起来并不容易，而且在过去，新鲜猪肉在东山瑶家非常难得，所以只有年节才可以吃上。直到今天，当地瑶族村寨中的小孩儿，仍然是见“豆腐圆”眼开，春节没吃到豆腐圆的话，总觉得家里餐桌上少了什么。

糍粑也是当地的年节食品之一，现在，当地人已经很少自己制作糍粑，因为到了过节的时候，市集上会摆出现场制作糍粑的摊子，许多当地人都选择直接购买成品回家食用。

1. “豆腐圆”：当地人对这种圆饼形豆腐酿的称呼，此处沿用当地人对其所用的称呼。

春节食用白切鸡肉、白切猪肉的习俗在广西十分普遍。已经无法辨别其究竟是哪个民族所特有的节日食俗。这一食俗的起源应该与祭祀祖先的习俗有关。据说魂灵与神仙都喜食完整的食物，整鸡和大块的猪肉烫熟后能够以最大程度的保持原样，以此供奉祖先，祖先就能完整的吸入食物的“气”，从而得到很好的享受。以整鸡、整肉供奉完祖先后，将其切成块状，便是白切。

猪羊“活血”是布努瑶食俗中的一道特别的名菜。据《巴马县志》的说法，这是当地宴席中的首味。调查者在大年三十那天，看到调查者寄居的瑶族人家杀羊时将鲜血存起并制作成菜肴，大部分用来熬成羊血粥，另外留了一小碗做成了膏状的食物，便是名菜“活血”。而这一小碗“活血”，在当天晚饭时被用来孝敬这户人家里唯一的老人。

制作“羊瘪汤”时调查者并不在场，所见到成品与之前所见的苗家羊瘪汤有些不同，东山乡瑶家做的“羊瘪”汤，汤色黄亮，有一股特殊的香气，和过去在北方看到过的“羊瘪汤”在颜色上、气味上都有些不一样。羊瘪汤也是东山乡瑶族春节杀羊的人家必做的一道菜肴，由于工序复杂，因此要在杀羊后便早早准备好，待有需要时加热便可食用。

（三）置办年货、编织鸡蛋笼

巴马东山乡瑶族过年期间，已婚的夫妇要一同带着礼物到女方娘家拜年，如果女方新生了孩子，则女方娘家要在夫妇俩前来拜年时送上给新生儿的贺礼。夫妇俩要带到女方娘家的礼品，以及女方娘家给新生儿的贺礼，就是当地人所要置办的年货。夫妇俩一同上女方娘家拜年，必不可少的礼品是小猪和鸡鸭。有钱的家庭，在小猪和鸡鸭之外，再备糖果、饼干、水果等礼物。过去，人们一年只养、杀一头猪，对于女方的娘家来说，夫妇俩送来的小猪，便是来年的“年猪”。现在，随着人们生活水平的提高，小猪的肉嫩而鲜美，许多人家会在收到小猪后现杀现吃，与来客一同享用。现在，春节时送给新生儿的礼物大多是买现成的，比如棉被、蚊帐等，但是礼物中最重要的一项——背带，当地人仍然坚持用手工制作。除此之外，当地一些人家还要编织鸡蛋笼。鸡蛋笼，是布努瑶用来装红色鸡蛋的一种手工制品，他们用彩线、串珠等，编织成色彩斑斓的鸡蛋笼。装在鸡蛋笼里的红鸡蛋在布努瑶的习俗中扮演着十分重要的角色。首先，它是布努瑶新嫁娘嫁妆中必不可少的物品；其次，男女相亲时，如果彼此心仪对方而不好开口，便互赠装在鸡蛋笼里的红蛋以表明心迹；第三，新春佳节，上门的亲戚带的小孩如果还小，主人家就把红鸡蛋装进鸡蛋笼里，挂在孩童的脖子或背带上，用来代表主人家的祝福。

三、东山乡布努瑶春节期间的习俗

巴马东山乡布努瑶的春节习俗起源已无史料可考，据当地人回忆，他们的祖上从什么时候起开始过春节并不确定。从零散的口传记忆中可知，当地的布努瑶族认为他们的老祖宗最早的时候一定要过的节日是祝著节。春节虽然也要过，但是要看那年家里是否宽裕来决定过不过、怎么过。后来，受共同生活的汉、壮民族的影响，渐渐地就都过了，但有什么大事能凑在春节一起办的，就尽量凑，这样可以不用为此多费一次心。现在，生活在东山乡的布努瑶的物质生活水平较过去已经有了很大提高，但山路难行等客观条件的限制，仍然让人们愿意把一些重要的，需要离开村寨才能进行的活动并在春节期间一起完成。

布努瑶信仰的是祖神密洛陀而非盘王，村寨中没有其他瑶族支系常见的精神中心盘王庙，也没有全村寨共办的仪式。过年期间，布努瑶家所有的重要仪式都在各家各户中自主进行，以祖先祭祀为主。在《巴马县志》中，记录有瑶家人在大年初一凌晨鸡啼时分对天神进行祭祀的传统，但是在调查者走访的几个瑶族村寨中，这一习俗已经难见其影踪；而祖先祭祀也已经简化，简化后的仪式主要有：年夜饭前焚香请祖先前来共享年夜饭、焚烧纸钱、摆菜祭祀、敬酒、祭拜这几个步骤。

东山乡的布努瑶在定居巴马后，在与汉、壮民族的交流往来中不断变迁，经过漫长的时间后，形成了相对稳定，但仍在持续变迁的春节习俗。

（一）大年三十吃年夜饭守岁

在东山乡的瑶族家庭里，大年夜祭拜完祖先后，由家主下楼燃放炮竹，待炮竹最后一个“冲天雷”（大红炮）炸响声落后，全家人便围坐在一起吃年夜饭。年夜饭以此前准备好的豆腐圆、糍粑、白切猪肉、白切鸡肉、白切羊肉、猪羊“活血”、羊瘪汤等为主。现在，文钱村许多人家还会多准备炒菜，以菜色的丰富来体现自己一家生活过得美好、富足。瑶族人好酒，布努瑶也不例外。年夜饭的餐桌上，酒是必不可少的，糯米酿酒瑶语称“密著”，即“密洛陀之酒”，是过去重大宴席上的主角。现在随着当地人对外界文化的不断吸收，又酿制了不少其他酒类，如山野葡萄酒等。敬给老人的照例是当地的米酒，其他人则不讲究，常常一顿饭要喝两三种酒。布努瑶还有“帮夹菜”的习俗，在年夜饭的餐桌上，“帮夹菜”的程序也必不可少。人到齐后由家主第一个动筷，将桌上荤菜中大块的肉，夹给长辈（如果是日常宴席，则是夹给他们认为尊贵的客人，但由于汉、壮族没有这样的习惯，因此这一习俗在当地也淡化了不少；但在家庭餐桌上仍可见到），然后看到对方开始食用之后，全家人才开始吃饭。

年夜饭后，按照习俗，吃饭的桌子是不能收拾的，碗筷也不能洗，据说这样做来年家里便会少有蚊虫和苍蝇。这一习俗的由来与东山乡瑶族恶劣的生存环境不无关系，春节正处于当地的旱期，在过去，每逢到了这个时期，村里唯一的水源便是村口的水塘。水塘有时是干涸的，需要用水的时候，便要翻山越岭肩挑手提的到数里外的地方抬水。为了准备过年，一般人家里的存水到了这个时候便已用得差不多。因此，为年夜饭忙碌了一天的人们在晚饭后便安心守岁，而准备存水以及洗刷碗筷，则留到第二天。尽管现在村子里的大多数人家已经修葺了水柜，人们在旱季的日常生活用水得到了解决，这一习俗仍然保持了下来。

据说，在过去，大年三十饭后，瑶族家庭还会一边作乐一边饮酒，到家门前唱歌打陀螺直到深夜不歇。桌子不收、碗筷不洗象征着这一顿饭还没有吃完，唱歌打陀螺累了饿了随时还可以上桌。如今这些活动大多被全家一起看电视里的春节晚会所代替。到了晚上，有的家庭还会煮糖水糯米圆，一边食用一边守岁。到了十二点整，与桂南其他汉族一样，照例还要家长再放一封炮竹，结束之后，才休息。

（二）大年初一的活动

1. 抢勤水

东山乡瑶族有抢“头担水”的习俗。这一习俗在《巴马县志》及其他介绍当地习俗的书籍中被称为“抢勤水”。在长期缺水的过去，春节的第一天清晨，东山乡的各个瑶族村寨、各家各户都要到水源处，去抢新年里打上来的第一担新鲜的活水。山里有小眼泉水的自然村如优雅屯，全村都要起早贪黑的拿起竹筒，挑起水桶，走数里路去打这新年的头担水，而没有泉水的如文钱屯，则需要走上许多山路，甚至去到邻县（大化县）的河边挑水。在过去，生活在文钱屯的人家初一四五点钟便要起床。当地人认为，挑上第一桶水的家庭必定心想事成，万事顺意。现在由于有了水柜，加之文钱屯离水源较远，因此，除了遇到水柜也干涸的特别干旱的旱季，文钱屯许多人家已经不再坚持“抢勤水”的习俗。优雅屯由于在山里有小眼泉水，因此这一习俗仍在继续。水挑回家后，便开始收拾大年夜没有收拾的桌子，清洗碗筷盘碟。做完清洁工作后，煮上一锅红鸡蛋，或在家里等亲戚上门，或出门走亲访友。

2. 走亲访友、回娘家

年初一，巴马县东山乡布努瑶族村寨里，亲友在同村的家庭，全家一同走出家门，在路上遇到亲友，则邀约其到自己家坐一坐，酒菜招待，吃完这家，又到下一家去串门。当地人并不富裕，不过春节这一天，家家户户都尽可能多做一些菜，他们认为菜色的多少、装菜盘碟的数量，都会反映自己的家庭在村中的财富地位，因此大多都恐落人后，以免村中其他人或者陪着嫁出去的女儿回娘家的女婿看不起自己。走亲访友时，汉族习惯给孩子们红包，里面装着压岁钱。但是在巴马东山乡瑶族的传统中，长辈给孩子压岁的不是红包，而是红鸡蛋。红鸡蛋在东山瑶族的婚嫁以及节日习俗中都担当着重要角色。随着布努瑶与外界接触日渐频繁，生活水平提高，很多人家也时兴起给孩子们压岁钱。但是红鸡蛋作为给孩子的压岁礼，并没有退出当地春节的节俗舞台。初一一早，大多数家庭便煮好了红鸡蛋，待亲戚上门，便将鸡蛋分给孩子们。如果来的孩子太小，还在母亲的背带中，便把鸡蛋放在年前准备好的鸡蛋笼里，挂在孩子脖子或是背带上。

这天，有已婚女儿的家庭，便不会出门走亲访友，只在家中等待女儿女婿和他们的孩子一块回娘家。娶了亲的男子，必须要陪着他的妻子，在妻子的娘家度过一整天。送给妻子娘家的礼物是节前已经置办好的小猪、鸡鸭和糖果，等等。如果他们的孩子是在过去一年里出生的新生儿，那么妻子的娘家人就要备好礼物，让这位妻子带回丈夫家去。给新生儿的礼物一般包括一块娘家人做的背带、一床孩子用的小棉被，还有蚊帐，等等。富裕的人家可以多送，表示自己家庭的经济实力，不会在女婿家面前失了面子和礼数，同时也关系到女儿在夫家的地位。在过去，赠送新生儿背带的同时，双方的“布桑”（女方娘家的歌师）和“布觉”（男方代表）必定会唱《背带歌》互相赞颂、祝福，进行智慧、歌才、知识的表演和比拼。在此表演的过程中，以念诵为主，吟唱为辅，诵唱段子句式多为排比，给人以音韵美的感受。《背带歌》内容世代口传，涉及布努瑶的始祖密洛陀、本民族各姓氏的源流、迁徙、政治经济和风土人情，在背带歌的讲诉中，是密洛陀留下的背带，把布努瑶不同姓氏族人的心连在了一起[1]。

在过去，赠送背带不仅仅是送礼物，而是布努瑶新生儿重要的人生仪礼。布努瑶通过赠送背带、传唱民族记忆的仪礼，来牢记自己的祖先、族源，并将这一民族血脉的烙印，经由背带，传给新生的孩子。由此可见，在后家（妨娘家）准备给新生儿的礼物中，最重要的便是后家亲手织绣的背带。现在，在东山乡布努瑶的“卜瑶”支系中，本民族的歌谣已经少有传承，在调查过程中亦无法见到双方家庭对唱《背带歌》的热闹场景。但赠送给新生儿背带，仍然是当地十分重要的一件事情，因此，即使送给新生儿的其他

1．蓝正祥等，《背带歌》油印资料，非正式出版物。

礼物均已被机器化生产的商品所替代，但背带仍然是外婆家手工缝制的。

此外，东山乡瑶族在大年初一是不扫地的。东山乡瑶族的这一习俗据村民所说，也是为了留住财气。他们认为初一这一天，财气充盈，如果这一天扫地，便是把财气扫走了。在桂南的一些汉族家庭，大年初一被认为是“聚财”的一天。比较传统的家庭在这天一整天都不出门，谓之“守财”；没有那么传统的家庭，尽管会出门拜年，但是这一天晚上不会洗澡，取的也是让这一天的财气留在身上的意思。

（二）年初二至年初六的活动

1．初二至初五男女订亲

有欲结为亲家的两个家庭，遵照习惯，男方会在大年初一或初二这一天[1]带着亲朋，抬着猪、鸡、羊等牲畜，带上求亲的聘金，到女方家下聘，然后双方亲友同桌喝酒吃饭。形成这一习俗的原因应该与当地交通不便以及过去布努瑶生产生活条件的局限有关。人们将重要的事务与节日都凑到一起，从而节约用于出行的时间。随着人们生活水平的提高，彩礼的形式也日渐多样，并随着外界的潮流不断发展。现在的彩礼中大多含有家电等，较为富裕的家庭，还会向大城市里时兴的那样，以房、车作为彩礼。

收到了初一、初二送来的彩礼的人家，便是送礼那家人的“后家”了。当“后家”收到男方送来的彩礼后，就要准备“回礼”了。回礼的意义在即将进行嫁娶的两户人家眼里是十分重要的，回礼筹备得体面与否，将反映女方家族的经济条件、团结程度和对待两人婚嫁态度是否重视。“后家”用木头做成挑回礼的担子，担子中间结上大红花。放在鸡蛋笼里的红鸡蛋围着中间吊着的一圈粽子。鸡蛋笼色彩斑斓，颜色鲜艳，十分好看。这样的一份粽子加鸡蛋就是“一担”的量，一般来说，“后家”的回礼至少要有12担，这样才能显得礼数周到。不少人家为了体现家中女性团结、心灵手巧，会做超

1.《巴马县志》载为订亲时间为初二至初五，在实地调查时访谈人称下聘礼日子为初一或初二。

出12之数的礼担。但不论礼担数目超出多少，总数都必须是双数。现在，礼担做得比较多的人家，能够达到20担之数。此外，回礼还会包括与“彩礼”相应的礼金，有时会比对方送来的礼金更多。“后家”认为这样才不会使自己的家族被对方小看了去。“后家”回礼之后，双方亲友在男方家摆起宴席，回礼担子里的鸡蛋和粽子被解下来，粽子放上餐桌供前来观礼的亲友享用，鸡蛋则分发给前来的客人。

经过“送彩礼”和“后家回礼”这两道程序后，这对青年男女便被认为是得到了双方整个家族的认可，可以开始筹备婚礼，并在新的一年里择吉日完婚。

2．年初二举办春节活动

大年初二这天，文钱村有自己的活动，其中有些是自古以来布努瑶春节就有的传统，发展到现在已经较之文献中的记载有了很大的变化，比如射弩、打陀螺等，已经转化为体育竞技活动在文钱屯传承。过去弓弩是瑶民的生产生活用具，如今功能向着装饰、娱乐、收藏的方向发展。制弩在过去是自产自销，人们制作弓弩，为的是方便自己打猎时使用，如今制弩工匠从中独立出来，通过制弩来获得经济收入。一些在过去不拘泥于时间、场合的娱乐，如今只有在重大节日才可见到，比如斗鸟。另外一些现代春节游园时常见的活动，如拔河比赛、棋牌游戏等，当地村民也十分喜爱，也逐渐纳入他们春节期间固定的活动当中，成为他们的春节习俗。年初二文钱村的活动常常在文钱小学举行。

（1）射弩：布努瑶历来有在春节和祝著节举行射弩比赛的传统，但是随着野兽减少，治安环境不断改善，弓弩的打猎及保卫村寨的功能不断削弱。现在，在许多布努瑶村寨中，春节期间举行射弩比赛的传统已经消失。

文钱村曾经是红军的驻地，在枪弹缺乏的年代，瑶族的弓弩是村民保卫村寨的重要武器。因此，在新中国成立前，射弩的传统曾经得到过巩固和发扬。新中国成立后，由文钱村村民组成射弩队代表东山乡、巴马县乃至河池市，在全国各级少数民族体育比赛中数次带回奖牌。由于辉煌的战绩，在整个巴马县东山乡都已逐渐退出历史舞台的射弩，在文钱村被作为少数民族体育活动项目保存下来。事实上，在文钱村，逢重大节庆都会举行射弩比赛，如祝著节等。但在其他节庆活动的时候，前来观看的政府官员、外来观众都很多。在这些场合中，射弩的性质从强身健体、狩猎保寨向表演方向不断转变。带有表演性质的射弩活动，给当地的制弩工艺带来了经济收入。现在，文钱村制作的弩，除了具有使用价值之外，还有商品价值。村中作坊制作弓弩使用的材料，以黄杨木为主，这种木材既有观赏价值，又有文玩价值。文钱村制作的弓弩价格也多在两百元以上。到东山乡的各级领导，还有到巴根屯、县城的蓝家大院（一个民俗表演活动场所）观看布努瑶民俗表演的游客中，有不少人都愿意买一把弩作为纪念品。表演性质的射弩活动带来的效应，也是春节的射弩活动得以持续的原因之一。春节期间文钱村的射弩比赛在村中各个生产队之间进行，是村民们自娱自乐的活动，而不以面向观众表演为目的。在活动中，各生产队内部及其相互之间关系得到加强，更加团结。

(2) 斗鸟：与射弩传统一样保留下来的还有养鸟的习俗。在东山乡许多村寨的瑶民家庭里，已经少见画眉鸟，但是在文钱屯，养鸟习俗不但没有渐渐消失，反而日渐兴盛。现在的文钱屯，家家户户都有鸟，大多数人家养有不止一只。除了布努瑶民家中最常见的画眉鸟之外，被当地人称为“眉鸟”的一种鸟在文钱屯也很常见。当地人对这种鸟的叫声赞不绝口，都说它唱起歌来能够引来山上的各种鸟类。一些特别爱好养鸟的人家还会养有一些不知名的彩色羽毛的鸟儿，体积很小，十分难得。这种小鸟当地人也叫它们“眉鸟”，但和唱歌的那种“眉鸟”却不是一类。

通常，有养鸟的习俗就有斗鸟的习俗，但现在文钱的村民平常不斗鸟，只有政府或者是其他人邀请他们到乡一级或者县一级舞台表演斗鸟的时候，以及祝箸节和春节这样比较重大的节日或村里组织比赛的时候，才会让鸟儿们斗个输赢。斗鸟的时候，先将两个鸟笼对门洞靠拢，主人激发画眉鸟的斗志，待两只鸟进入争斗状态的时候，才打开笼门。这样两只鸟一接触，打斗就直接进入白热化的阶段。全过程两只小鸟会在两个鸟笼中来回打斗，战况激烈异常。最后，一方会以高昂的叫声来展示自己的胜利，此时，人们将鸟儿分开，彼此关回原来的鸟笼。斗鸟时间长短只看这两只鸟的实力差距，差距小的能斗上半小时之长。

(3) 打鸡毛毽、打陀螺：鸡毛毽是文钱村瑶族的传统娱乐项目。鸡毛毽外形像汉族用来踢的毽子，但做法与玩法却大不一样。鸡毛毽上的三根鸡毛必须要从活公鸡身上拔下，底部是用线把剪成圆片的毛竹片缝起，使其柔韧适中。做工如此讲究的原因，是因为这种鸡毛毽并不是用来踢的，而是由两个人面对面击打，使对方接不住鸡毛毽的一方即为胜方。打陀螺是众多少数民族共有的娱乐活动之一，文钱村的瑶族人也有打陀螺娱乐的传统。现在，陀螺的日常娱乐功能逐渐减弱，但在春节活动中作为一项体育竞技活动保留了下来。春节活动时，鸡毛毽和陀螺比赛多是村民以个人形式参与。

(4) 其他活动:除了从传统转变而来的活动以外，当天村里还会举行一些较为现代的活动。拔河比赛由于是一项需要多人团结、体现力量的游戏，能够增强生产队的凝聚力，因此每年都会举行。此外还有一些根据当年情况随机进行的棋牌游戏等活动。在文钱村，春节活动凡以生产队为单位进行的比赛，均设置有奖金。不同的活动奖金不等，个人比赛的奖金为几十元不等，团体比赛奖金则在一百至两百元左右。这一活动形式既满足了当地人精神文化生活的需要，又联络了村中生产队内部、生产队与生产队之间的感情，还有奖励机制；同时，国家对民族体育事业的支持、地方政府对当地瑶族文化的发掘等外因，都使得这一节日活动项目得以每年进行，并渐渐地成为文钱村春节习俗的代表文化之一。

3. 男女相亲

由于巴马县东山乡瑶族的青年男女外出打工谋生的人数大大增加，一些原本坐落在深山中的村寨正在逐步向外迁徙。部分原本居住于山区，有了一定积蓄，或者因工作原因也安家到了自己认为更便捷的地方，比如县城。尽管与汉、壮族在地缘上较之过去更为接近，来往也更频繁，但传统观念的影响对当地布努瑶的影响仍然很大。其中的一个体现就是在当地，许多布努瑶的年轻人仍然在主观上愿意遵从父辈的意愿，在祖籍东山的同族中找一个同龄异性作为自己的终身伴侣。即使是接受与汉、壮族通婚的家庭，长辈也会希望自己子女能够找一个本地的汉族或者壮族同龄青年作为对象。

过去，由于交通不便，即使同乡不同村，农忙时节青年男女之间也鲜有来往，因此祝著节、春节既是节庆，也是男女青年相亲的重要时段。现在随着外出打工的青年男女数量逐年增加，祝著节虽然仍是当地瑶族最大的节日，但此时大多数人家外出打工的青年没有假期不能返乡。因为能兼顾到传统与打工青年的实际，春节成了当地人最好的相亲时节。特别传统的家庭，是由男方家父母节时先到其他村寨相好“准媳妇”，待到男方返乡，便以走亲友的由头让男女双方见面，然后定下亲事。而想要自己寻觅对象的青年男女，则在春节期间，风和日丽之时，结伴到通往几个村寨、乡镇的路口，等待寻觅对象的异性。除此之外，文钱屯的活动日，巴根屯的铜鼓舞表演日，也是这些青年男女结识的好时机。这样的习惯给文钱屯与巴根屯的活动带来了更多的观众，在调查者前往巴根屯观看铜鼓舞表演的时候，天上下着雨，但是现场仍然人头攒动，热闹非凡。巴根村的表演团队是由本村的青年男女组成，受现代传媒的影响，他们对流行歌舞抱有很大的热情。而观众以东山乡各村屯的青年男女为主，他们中不乏流行歌舞的爱好者。因此，巴根屯现在的歌舞表演，在日常面对游客时，节目均源自当地习俗，用以展示民族风情；而春节期间的表演，却是民俗表演和流行歌舞各占半边天，满足的是当地观众以及演员自己的喜好。

过去，布努瑶男女相亲，要互赠红鸡蛋，对唱山歌，如今这些相亲中表情传意的习俗正在不断弱化，尤其是布努瑶中的“卜瑶”，他们已不会唱瑶歌，而老一辈所唱的山歌，也是壮语山歌，而非瑶语山歌。番瑶中现在仍不乏会唱瑶歌的男女，但是年轻一代有意愿主动去学习、吟唱瑶歌的人数已经不多。现在春节期间的男女相亲，以出于父母授意的为多数：在外工作的青年男女，利用春节返乡的机会，见面相看对方。如果双方觉得彼此都还不错，又愿意遵循家中的安排，那么两人很快就能结亲。

4. 春节期间不下地

根据布努瑶的传统，春节期间，人们是不能下地劳作的。不下地的日子会一直持续到正月十五元宵节。但这一习俗现在已经发生了很大的改变。大多数人在初五以后便开始下地劳作，外出打工的青年也逐渐回城。在乡政府、县城工作的人，初七开始上班。当地人过去单纯从事农业劳作，生活时间与节奏都由自己安排，如今，当地人从事的工种不再单一，国家法定的节日放假时间改变了人们节日休息劳作的传统。在文钱村，只有老人还按照传统的习俗作息生活。

（三）正月十五过元宵

东山乡文钱村的元宵节较之汉族的元宵节要简单得多。事实上，在现在的东山乡，初七初八以后，人们的生活便与平常大致相同了。现在人们过正月十五，是过去“大年”一直持续到十五这一传统的保留。现在的正月十五，只剩下一个“大年”结束的标记作用。现在正月十五这一天，东山乡瑶族必须要做的事情就是晚餐时间，在家中杀鸡敬祖。人们杀过鸡，给祖先牌位敬酒、烧香、摆菜之后，全家围坐在一块儿吃饭，“大年”就算是收官了。现在，巴马县城有一些年轻人，喜欢在元宵夜放孔明灯。放孔明灯不限于元宵夜，只要是节假日的夜间，有朋友相约一起，就都可以放。放孔明灯不是巴马县的习俗，但是正逐步为当地人所接受。有不少现在居住在巴马县城，往返与巴马与东山乡之间的东山乡瑶民，也喜欢这一活动。至此，巴马县东山乡瑶族的所有春节期间的活动都已落幕。

结语

从小年至正月十五，巴马县东山乡瑶族过的是一个朴实无华的春节。瑶族过春节，是瑶族在长期与汉、壮民族接触中，文化融合的结果。正因为如此，文钱村卜瑶筹备过节、正式春节的活动中，有一些与汉、壮族重合的部分，比如杀年猪、制作腊肉，在国内来说，除了回族、维族、藏族地区以外，是较为普遍的习俗。守岁、放鞭炮、走亲访友等，是过春节的民族共有的习俗。

但东山乡瑶族的春节又是独特的，在其他地方，过春节总伴随着各式各样的表演活动，在广西，就调查者到过的地区而言，桂南流行的南狮“拜屋”、地方剧团巡回表演、各地街道锣鼓团游街、舞凤凰、舞麒麟、等等。在其他地方这些民间艺术爱好者们春节前不断排练表演的时候，东山乡的卜瑶准备着他们传统的年节食品，编织鸡蛋笼，并为新生儿制作手工绣花的背带。到了大年三十和初一的时候，他们将自己一年以来积攒的成果体现为白米饭、白切的家禽与牲畜，还有各式炒菜。初一凌晨，家家户户争前恐后的摸黑上山抢勤水，这是艰苦的生产生活环境所致，但他们却赋予了不收桌、抢勤水的美好祝愿意义；红鸡蛋在布努瑶的习俗中扮演着重要角色，它并不是什么值钱的物品，但是布努瑶却编织出美丽的鸡蛋笼，让这并不贵重的礼物显得美丽、正式；同时，他们还将出生仪礼，订婚仪礼，男女相亲之期定于春节，这固然有现实原因于其中，但这些仪礼与春节合在一起，便让他们的大年过得格外生动、喜气洋洋。

在现代化的浪潮中，城市的春节年味渐淡，即便是县城乡村中对走亲访友的习俗也不如过去重视。但在东山乡的布努瑶寨中，走亲访友的习俗不仅没有淡化，亲家之间在春节的联系反而较之过去更为紧密了。亲情在当地得到很大的重视，从杀年猪相互帮忙开始，不同的人家就聚在一块吃饭、喝酒、谈笑。

文钱村卜瑶初二的春节活动，是与汉族节日的“游园会”相近似的一种活动。现代的游园会，多设置奖品，由单位发起，或者是几个单位共同举办。单位内部以部门为单位进行比赛，也有一些可以个人参与的项目。比赛娱乐均是形式，最后往往人人有奖。文钱村的春节活动由村委会发起组织，设置有奖金，以村中各个生产队为单位进行比赛，同样也有一些个人活动项目。但文钱村的春节活动中，有很多项目是来自于他们的传统，而非是汉族常见的击鼓、投球，等等。但两者也有重合的部分，比如拔河比赛。

在东山乡也有一些正在消失或者已经消失的习俗。比如守岁期间晚间唱歌、打陀螺、男女相亲对唱山歌、赠送背带时双方歌师进行队歌表演的习俗等。这些习俗的消失或与人们融入现代生活有关，或体现了族群族源意识正在逐步淡化。随着水柜的出现，交通状况的改善，抢勤水的习俗将只在有泉水的村寨里持续。又或者只有特别干旱的冬季，人们才会外出挑水。这一习俗的变化体现了人们生活水平的改善。虽然难以再见到那样质朴的节俗令人感到遗憾，但是也令人感到高兴。

本次调查还存在着许多的不足。虽然随着旅游业的入驻，有许多候鸟人到巴马定期居住，他们也会在春节期间到布努瑶寨做客，观看巴根屯的民族风情表演，但是主要接待这些零散的候鸟游客的，是县城蓝家大院的组织者，巴根民间表演团队的队长一家。就整个东山乡瑶区来说，人们对大年三十、初一到访的在本村中无血缘关系的客人并不十分欢迎。虽然调查者被获准进入，但有一些关于大年夜、初一习俗的具体细节，难以取得更为翔实的资料。有一些情景，是调查者通过访谈了解到的，后又在前人整理的文字材料中获得了一些佐证，但是由于时间、车辆等关系，无法前往现场亲历，比如春节期间凤凰乡的长和屯拗口等，据说是青年男女相亲的聚集地，但调查者却没能在特定的时间亲往，因此在报告中也就无法呈现出具体的相亲场景。此外，布努瑶族的春节起源在本次调查中被访谈人都没有给出一个明确的说法，并且地方志等材料中也都没有提及或者是含糊一笔带过。这一点以及布努瑶春节早期的形式、祖神密洛陀信仰在春节中是否有所体现、背带歌的传承等，都仍需要进一步的研究。

附：主要信息提供人

蓝　振，男，瑶族，巴马县民族局局长、东山乡优雅村人。

蓝荣璇，女，瑶族，巴马县东山乡优雅村人。

罗秀珍，女，瑶族，巴马县东山乡优雅村人。

罗爱师，女，瑶族，巴马县东山乡文钱村人。

蓝海金，男，瑶族，巴马县东山乡文钱村人。

覃万勇，男，瑶族，巴马县东山乡文钱村人。

韦　青，女，瑶族，巴马县东山乡乡党委副书记。

凌云县泗城镇金保寨蓝靛瑶春节习俗调查报告

任才茂

蓝靛瑶是广西壮族自治区凌云县瑶族中历史文化较为深厚的一个支系，民俗文化具有典型性，在2013年春节前后的两个多月，课题组成员在当地瑶族教师韦荣会[1]、金保村党支部书记盘庭荣、金保寨寨主赵任金、村民赵日清赵日刚兄弟、凌云县民族局工作人员覃燕果，以及当地广大民众帮助下，对泗城镇金保村金保寨蓝靛瑶的春节习俗进行深入调查，通过实地走访考察，查阅相关文献资料，对凌云县蓝靛瑶的春节习俗有了比较全面的认识。

金保寨蓝靛瑶春节前后的习俗丰富多彩，除了和当地汉族一样要备年货、祭灶神、大年三十包粽子、拜祭祖先、给亲戚拜年之外，还有腊月初一、初二敬野鬼、腊月中旬还福、腊月下旬为男青年度戒取阴名、正月上旬“打绣球”、拜老同、春节前后举办婚礼、二月初二举行“祈福”仪式等活动。

一、凌云县金保寨概况

（一）地理位置和自然环境

凌云县位于广西西北部，云贵高原东南麓，东接河池市凤山、巴马县，南与右江区毗邻，西和田林县交界，北与乐业县相连。珠江源头支系的澄碧河源头出自城北水源洞，省道S318、S206线过境。距百色市86千米，距

1．韦荣会，男，背陇瑶，是年46岁，百色民族师范毕业，1989年7月至1990年7月曾在原金保小学任教一年，现为泗城镇弄浩小学教师；2013年2～3月为课题组成员采访期间的向导和翻译．

自治区首府南宁市362千米。地理坐标在北纬24° 05′ ～24° 38′ 、东经106° 23′ ～106° 56′ 。凌云县属亚热带季风气候，冬无严寒，夏无酷暑，冬短夏长，秋高气爽，年均日照1443小时；年均气温19℃～20.4℃；年平均降雨量1235毫米。[1]凌云是一个多民族居住的县份，境内有12个民族，其中壮、汉、瑶为主体民族。据凌云县民族局2012年末统计，全县人口219073人，其中农业人口197977人。其中壮族70894人，占全县人口的32.36%；汉族101847人，占全县人口的46.49%；瑶族人口46334人，占全县人口的21.15%。今居住在凌云县境内的瑶族有蓝靛瑶、背陇瑶、盘古瑶三个支系。瑶族中的蓝靛瑶18072人，占全县瑶族总人口的39%，占全县人口的8.25%，主要分布在玉洪瑶族乡、沙里瑶族乡、朝里瑶族乡、伶站瑶族乡、逻楼镇、泗城镇等乡镇的107个自然屯[2]。其中，泗城镇的览沙、金保、平林、腰马几个村的蓝靛瑶属于“大分散，小聚居”的居住方式，每个自然屯（村民小组）的蓝靛瑶相对集中，一般不与其他民族杂居。

凌云，古代属百越地，秦汉属桂林郡地，唐属岭南横山道。宋、元、明设四城州，置属右江道。清顺治十五年（1658年）改为泗城府[3]。乾隆五年（1740年）置凌云县。民国《凌云县志》记载：“县曰凌云，得名于山，起自清初，以表其峻。”

金保寨是隶属于金保村管辖的金保、九旦、九孔三个自然村中的一个村，地处县城所在地泗城镇西北部，距县城约12千米，东与旦村接壤，南邻览沙村，西面与玉洪瑶族乡的东兰村相接，北边是平林村，已有300多年的历史。

金保寨的地形是一个镶嵌在半山腰的原始森林河谷，河谷不大，东西长300多米，南北宽约200多米，寨子海拔约1200米，最高海拔1476米。与县城海拔相差约800米，四季温差约3℃。寨子里的民房大多都背阴向阳，西东布

1．凌云县志编纂委员会．凌云具志[M]．南宁：广西人民出版社，2007，11．

2．被访谈人：覃燕果，女，是年23岁，凌云县民族局干部，访谈时间：2013 年6月13日。

3．何景熙，罗增麟．广西省凌云县志[M]．台北：成文出版社有限公司，中华民国三十一年（油印本）．

局。靠近河谷的昔日的吊脚木楼，如今已经变成了一幢幢三四层高的钢筋水泥楼，外贴瓷砖或大理石，高耸笔直沿河而建，一直延伸到半山腰，偶现残余几间吊脚木瓦房、几间废弃的茅草粮仓，穿插在一排排的现代钢筋水泥楼之间，把整个金保河谷挤得严严实实。

（二）金保寨现状

1．寨子规模

据金保村党支部书记盘庭荣介绍，金保村现有住户320户，总人口1700人，其中，蓝靛瑶217户，约1100人。金保寨是村委所在地的自然屯，居住的全部是蓝靛瑶。盘庭荣1987年开始任村支书时，金保寨不足40户，才210人，而到了2013年1月，全寨共有84户，405人，其中，适龄儿童54人均已读小学，周一至周五在览金民族小学寄宿就读，吃住全免，还有12人读初中，6人在县城读高中，目前还没有考上大学的青年。2007年，金保寨被县政府授予“民族生态旅游村”。2012年，全寨人均纯收入2600多元[1]。据寨主赵任金说，他的祖先蒋经林是本寨第一家，到本寨生活已经13代人了，超过 300年，寨上主要有赵（蒋）、邓、盘、李四姓，其中，赵（蒋）姓60多户，近300人，本寨的最大社神也是赵家祖先设立的。赵姓原来姓蒋，据说到了第四代蒋妙真时代，祖先为了躲避当时官府的征兵，而改姓赵，所以在他们的族谱里、堂屋神台上和师公经书中都记载有蒋、赵二姓为同一家。赵任金的第二个名字叫作“蒋万福”，是他的法名，做“麽公”时徒弟们称他为“蒋万福”，因为祖先和祖传师傅都姓蒋[2]。村民赵日清介绍，金保寨全部是蓝靛瑶族，平时在家里都说蓝靛瑶本民族语言，与外村的壮族交流也会

1．被访谈人：盘庭荣，男，1963年出生，高中二年级辍学后回家务农，1987年任金保村党支部书记至今；访谈时间；2013年2月12日（农历2013年正月初三）、2013年2月17日（农历正月初八）。

2．被访谈人：赵任金，男， 62岁，寨主，道公师傅头；访谈时间：2013年2月6日（农历2012年腊月二十六）。

说壮话，45岁以下的男女基本都会讲本地汉话（西南官话）[1]。

2. 生活条件

金保寨现有耕地面积480亩，其中山地近300多亩，水田150多亩。主要经济来源是种植八角、杉木和外出打工。平均每户有八角约20亩，杉木林50亩，油茶10多亩。

凌云的蓝靛瑶属于“小聚居”的山居民族，一般聚居于层峦叠嶂，树林茂密的土山地区，大都为水源较好的半山腰，喜居住在山里近水的溪沟边。中华人民共和国成立前，金保寨建屋用材多为木料。四周全以木板或木条围面，上盖瓦或茅草，也有小部分泥墙，随着生活水平的提高，中华人民共和国成立后至20世纪90年代初多为砖瓦结构，房屋一般为干栏式吊脚楼，一栋三间，中间为厅堂，内设神台，屋内东边设火灶或火塘，其余为卧室。一般房屋为三层，一层养猪养牛马，二层住人，三层存放腊肉和部分粮食；也有设置二层的，一层住人，二层存放粮食和腊肉，屋前屋后分设柴棚或猪牛马栏。蓝靛瑶房屋极少留窗，即使有窗也很小，他们认为露光易泄财。一般在屋边种八角、柑橙、芭蕉、李果、竹子等。20世纪90年代以前，金保寨蓝靛瑶每户还在距家宅一侧约10～30米处设置粮库，粮库成方形，用四根柱与木板拼成。这种小粮库不仅能防潮、防鼠，因与住宅隔离，又有防火作用。旧时，饮水主要由竹枧引溪水至室内，供生活所用。从20世纪90年代末，县政府落实国家扶贫政策，于1996年、1999年先后安装了照明电、生活用电和自来水管。1998年，从县城附近的凌乐公路的旦村路口修建了泗城至力洪乡，并经过金保寨村口的乡级公路，2009年还铺了柏油路。自完成了“通水”“通电”和“通路”的“三通”之后，金保寨群众生活水平逐年提高，村支书家于2003年带头拆掉旧瓦房，建起了一幢五开间四层洋楼。最近几年来，村民陆续都把吊脚楼去掉，一幢幢三四层的贴有瓷砖和大理石外墙的钢筋水泥洋楼拔地而起。2013年的春节

1．被访谈人：赵日清，男，49岁，金保寨人，初中毕业，曾经担任金保寨小学代课教师；访谈时间：2013年2月6日（农历2012年腊月二十六）。

期间，课题组成员走进这个瑶寨时，已经看不到昔日层层叠叠的木质结构的瓦房，只有寨主赵任金等四五户人家，还保存着老祖房的模样。赵任金说，他这间老祖房已经100多年了，舍不得拆。

（三）民族源流

瑶族是我国南方少数民族之一，其历史悠久，源于古代南方的“蛮族”。唐初姚思廉所著《梁书·张瓒传》：“零陵、衡阳等郡有莫瑶者，依山险为居，历政不宾服。”[1]在历史上瑶族是个迁徙较多的民族，据有关史料记载，宋以后瑶人已大量进入广西腹地。到元代瑶人在广西的分布区域是：北抵湘桂交界地区，南达钦州境，东北到贺县境，西至泗城州境。蓝靛瑶自称“琴门”“谦门”，壮称“布訇”（意为山林人），原称山子瑶，因种植板蓝泡制蓝靛作为主要商品卖给附近的瑶族和壮族，用来漂染土布，又称“蓝靛瑶”。蓝靛瑶操琴门语，属汉藏语系苗瑶语族瑶语支，大部分是从海南岛迁入凌云县的原始森林中居住，繁衍生息。[2]

民国三十一年（1942年）何景熙修《凌云县志》载：“县属原始居民系属瑶族，计分四瑶：曰蓝靛瑶，曰红头瑶，曰长头瑶，曰盘古瑶。”又载：“残阳山，县西三十里，在石钟岭外瑶马山山之北，群峰萃聚……蓝靛瑶附缘沟壑杂居，伐木采药先副业，余事游猎资利……”[3]这里记载的“残阳山”就是金保寨的山脉，“蓝靛瑶附缘沟壑杂居，伐木采药先副业，余事游猎资利”就是描述当时金保寨蓝靛瑶的生活习惯。

据赵任金族长现存的光绪二十五年（1899年）经书和族谱记载，在金保寨居住最久的当属赵姓，其祖先原来姓蒋，迁居到金保第一代先人蒋经林的祖先，是先从广东迁徙到现河池凤山县平乐乡平乐屯，定居了几代人，后移居到凌云县城西北面的旦村，再继续向西的九旦村迁居，至300年前才从九

1．覃乃昌．广西世居民族[M]．南宁：广西民族出版社，2004，10．

2．凌云县志编纂委员会．凌云县志[M]．南宁：广西人民出版社，2007，11．

3．何景熙，罗增麟．广西省凌云县志[M]．台北：成文出版社有限公司，中华民国三十一年（油印本）．

旦村搬迁到金保江边定居至今，已有13代人。村支书盘庭荣说，他的祖先迁徙路线是：湖南—海南—越南—老挝—百色—凌云旦村—九旦—金保寨，在金保寨生活已经有了7代人。看来，金保寨几个姓氏蓝靛瑶家族的祖先是从不同的地区、不同时段迁徙而来的。

关于金保寨名的由来，流传着这样一个故事。

传说早在蒋、邓、盘、李等四姓的祖先最初来到金保寨生活的时候，这里漫山遍野都被森林覆盖，一条清澈的小河一年四季都从寨子前面流过，当时的人们就把寨子的名称叫“江边河”。人们是靠刀耕火种以及打猎为生，生活十分艰苦。后来，河水在村口中央冲了个很大的水塘，有一天，村民发现这个水塘中央出现一块金黄色的大石头，晶莹透亮的河水从石头上流过，在阳光照耀下五光十色，变化无穷，非常耀眼。村民把这个消息告诉了族长，族长带着几位“师公”前来看个究竟。“师公”们看了后，说这是老天爷赐给瑶寨的宝贝，号召全村老少不得靠近，要好好保护它，供奉它。村民把寨子的名称改叫“金宝寨”，并在旁边的一棵大树下设立社神牌位，逢年过节烧香祈福。村民认为，这个“金宝”就是这个寨子的守护门神，它可以保佑寨子老少平安，六畜兴旺。从此，勤劳的瑶族村民除了砍山种植小米、红薯、玉米，还种植旱谷和山糯等，年年五谷丰登。村民生活富裕了，还在村子附近的山上栽种八角、板蓝根等经济作物。新中国成立后，金宝寨的瑶族同胞又将自己的寨名更名为“金保寨”。[1]

二、金保寨蓝靛瑶春节前习俗

金保寨蓝靛瑶春节前传统习俗内容丰富，整个腊月几乎都洋溢在浓郁的祭祀诸神、还福感恩和筹备过年的氛围之中。主要活动有：腊月初一、初二

1．被访谈人：赵任金，男，62岁，寨主，道公师傅；访谈时间：2013年2月12日（农历正月初三）。

敬野鬼、中旬还福、下旬为男青年度戒取阴名、杀年猪等。

(一) 腊月初一、初二敬野鬼

每年腊月初一初二两日，由寨主带领几位“师傅” 到村口的十字路口举行简易的“敬野鬼”仪式。使用的祭品有香纸和5个鸡蛋，5个鸡蛋代表敬给东、南、西、北、中五个方位的野鬼，这些野鬼实际上是本寨或邻村那些曾经夭折或者没有子孙就过世的人的魂魄。仪式上，通过师傅“请师”、念《七子经》、烧香纸等程序，意思是：一年当中，进入腊月，就是寨子老老少少准备过年的日子了，目的是要将东、南、西、北、中五个方位的野鬼全部隔在寨子以外，不让这些野鬼进入寨子打扰村民和六畜。[1]仪式上要摔珓杯，占得“阴卦”才算顺利。

(二) 腊月中旬还福

敬拜野鬼之后，寨主就要请道公师傅选择一个吉日，组织村民开展还福活动。根据惯例，一般安排在腊月十一至二十举办，逢平年举办小型还福仪式，逢闰年要举行比较隆重的还福仪式[2]。2012年正好是闰年，因此这年举行的是“大还福”。农历腊月十四至十五，在寨主赵任金的组织下，还福仪式在“主家”李炳发家举行。腊月十四是备祭品和请师傅进入主家的时间，“主家”李炳发早在当年二月初二举办祈福仪式以后，就开始专门为腊月的还福活动饲养一头大肥猪，此外，每户派一名代表向“主家”交纳鸡蛋9个、大米一斤、米酒几斤，现金10元左右，“主家”就用村民捐出的现金购买公鸡2只、母鸡1只、香纸冥币等作为祭品。腊月十五日一大早，前来帮忙的各户青壮年男子，在“主家”杀死那头专门为还福仪式饲养的大肥猪。村民代表还要把这头肥猪整体抬到主村后山社神庙进行祭拜。5位师公和道

1. 被访谈人：赵日刚，男，43岁，金保寨村民，访谈时间：2013年2月12日（农历正月初三）。
2. 被访谈人：赵日清，男，49岁，金保寨村民，初中毕业，曾经担任金保寨小学代课教师；访谈时间：2013年2月13日（农历正月初四）。

公在社神庙内举行“请师、还愿、谢神、敬茶酒肉菜和香纸冥币、送兵马”等仪式，在场的人员都要奠酒敬香，具体的程序与春节后的“祈福仪式”相似，只是师傅们念的经文有所不同。

在本寨境内的几个社神庙举行还福祭祀仪式之后，大约到了中午12点左右，各户代表在“主家”聚餐，庆祝一年来的收成，交流农事心得，沟通族人感情。

“主家”的身份是要经过选择换届日子，召开换届大会，并在会上举行“请师”占卦仪式，占得阴卦后才能当选。能够当选“主家”，这是一种荣耀的象征，也是当选人的为人和家庭实力得到寨主和族人认可的反映。据寨主赵任金说，按照惯例，寨主会在上一届家中选择正月下旬的一个吉日开会，将参加会议的全体村民代表的姓名纸条焚烧，并进行占卦选定，寨主的佛道师傅会通过托梦给寨上的某一家长（男主人），哪位男主人在梦中感应，接受任务之后，寨主就拿着一杯酒交给下一届的“主家”当场宣布。谁家当选了下一年的“主家”，表明这一家从正月下旬当选公布之日起，到下一年正月下旬选举日止，要根据寨规和寨主的意图，来主持管理全寨社神里一年当中的大小事情，比如哪家有红白喜事，或六畜犯病，或家庭不顺等，一般要这个“主家”出面和寨主商量，确定处理办法，或组织本村师傅到那家开展驱邪消灾活动，或者到社神庙进行祷告祈福。2013年正月二十五日为当年的换届日期，这一天换届会上，选举29岁的盘庭文一家作为2013年的“主家”，并紧密锣鼓地准备二月初二的祈福活动。

（三）杀年猪、准备“年货”

金保寨瑶族保留着春节前杀猪过年的习俗。从腊月中旬开始，各家各户就轮流杀年猪，一般家庭要喂两头年猪，比较富裕的杀三四头，因为轮到主家杀年猪时要请朋友和邻居吃一顿年猪肉，这一顿至少吃去半头猪。然后把剩下的猪肉腌制腊肉、腊肠，旧时，还将脊梁骨和排骨剔下来，与辣椒一起舂制辣椒骨。金保寨的年猪都不喂饲料，每家的年猪最少要养一年半，较长时间有3年的，他们喂的食物都是从山里采集的野菜和自家种的玉米、红薯，因此需要较长的时间才能养大，放养一年多的年猪也不过100多斤。用瑶民的话说，这是原生态猪。赵日清说，这几年城里人喜欢到寨子里买猪肉，说瑶寨的猪肉比城里的好吃。村支书盘庭荣说，每年秋收以后，每逢双休日，村委会那间“农家乐”吊脚楼都很热闹，从南宁、百色、凌云等地，四面八方的客人来到这里吃瑶家腊肉和农家菜。

进入腊月，瑶族大妈大嫂们为准备年货而奔走于集市与寨子之间的路上，现在生活水平提高了，需要几次赶街就能采购到需要的年货，有红糖、白糖、水果糖、饼干、果冻、各种南北方水果、甘蔗、米粉、饮料、果汁、啤酒、香纸、糯米以及各种香料等，还有各种各样的烟花炮竹；家中没有鸡鸭鱼的，还要购买几只鸡鸭、几条草鱼或罗非鱼之类的；同时，她们还要给自己和家人购买新式衣服、蓝靛染织的土布和各种彩色的花线，阿婆要到森林里采集一些野蘑菇和粽子叶。旧时瑶族大叔偶尔也上山套几只野鸡，采集几窝野生蜂蜜、蜂蛹之类的。

（四）自酿“白毫茶”——米酒

蓝靛瑶男女老少过春节都离不开酒。一般秋季收割粮食以后，各家各户都开始自制酒药，自酿米酒，一直酿到腊月下旬，不论走进哪家，都封存有几大缸香醇的米酒。旧时缺衣少粮的岁月，没有玉米、糯米、小米和大米来酿酒，瑶民就用木薯酿造。因为家家有好酒，春节期间就不用发愁没有酒喝。也因为凌云县生产“白毫茶”，金保寨的男人都把喝酒叫作喝“白毫茶”，而且，每家地火坑的炉子旁常年靠着一只“茶壶”，凡是有客人前来拜访，不论男女老少，跨进主人家大门之前要喝三杯“白毫茶”——迎客酒，才能进屋；坐下凳子男主人和女主人还要向客人各敬三杯“白毫茶”——认客酒；客人道别离开主家，走到大门外时，女主人在大门内向客人敬三杯“白毫茶”——送客酒；男主人欢送客人到岔路口时还要敬三杯“白毫茶”——道别酒。

农历2012年腊月二十六，调研组成员来到赵日清家，正好碰上赵日清和他妻子在酿米酒。很远就闻到酒香。还没有跨入赵家大门，赵日清大哥右手提着一壶刚刚酿出来的热气腾腾的米酒，左手盛了一满杯（约三两）递到客人的嘴边说："老师，这是刚刚出炉的第一道酒，特纯。"喝"迎客酒"是调查之前向导已经提醒过的，这是瑶胞的待客习俗。开始，调研人员为了表示自己喝不了酒，象征性地品一小口，但主人不肯，强迫客人硬着头皮喝下肚，一股热流从咽喉一直灌到脚底。赵大哥自豪地告诉客人："我们瑶家酿酒的酒药是我们自己做的，是祖辈传下来的秘方，很够酒力的，而且我们使用的原料除了玉米之外，还有小米、禾掌、旱谷大米、山糯等，是纯正的'五粮液'"。话没有说完，赵大哥又把一杯酒递到客人的嘴边。

（五）为男青年度戒取阴名

据寨主赵任金说，在2008年以前，每年农历腊月二十二至二十八日，是金保瑶寨的师公们为年满16至25岁的青年男子进行度戒和取阴名的时间。如果是闰年，参加度戒的青年男子特别多，就要举行隆重的仪式；如果不是闰年，则比较少人报名参加度戒，如果没有人报名，这一年就不举行度戒活动了。金保寨瑶族认为，瑶族男人要有两个姓名，一个是出生以后到死亡之前使用的姓名，称为"阳名"，一个是死亡以后称呼的姓名，叫"阴名"，也称呼其"法名"；去世前当过"师傅"的，平时他人可称呼其"法名"。每个男子的"阴名"是在度戒仪式上通过"抽签"的仪式以获得"阴名"字辈。每逢闰年，度戒时，一般由8～12位佛教师徒组成"师傅团"，将参加度戒的人员（约20～30人）全部封闭在寨主家或某个德高望重的师傅家的二楼，7天7夜吃喝拉撒全在楼上，而且只能吃素食，7天不能见到阳光，不能近女色。师傅团进行各种度戒念经仪式，表示通过7天7夜的孕育，让参加度戒的男子重新获得新生。封闭7天后，由师傅团领着参加度戒的人员拜天地，喂饭、喂粮、喂奶，抽阴名签，然后将其中的一张写有阴名的纸条，用白色棉布精密包装放在其枕头底下，一直到去世，就随棺材带到死者的极乐世界里。取了阴名，有了"法名"，预示死者可以升天堂。度戒中的戒文，是讲述瑶族同胞的辉煌历史，又是教育瑶族青年如何做人、做事的传家宝。

这几年，在金保瑶寨，举行度戒仪式为青年男子取"阴名"的习俗，已经开始淡化，寨上的青年男子开始喜欢外出打工，过年回家愿意度戒的人逐渐减少，而且度戒的时间也不一定要“7天7夜”了，度戒的祭品也不很讲究了。金保寨度戒仪式与桂北恭城、桂中金秀和桂南十万大山瑶族的度戒仪式不同的是，祭品简单，不浪费，不举办酒席请全寨人吃饭。赵任金说，祭品中旧时用雄鸡一只，现在只用几个鸡蛋即可，如果实在没有鸡蛋，就用黄豆或者本村自家种植的李果也行。寨上几位师傅说，现在进入新时代了，祭品只是一种象征物品，能够表达意思就可以了，不必浪费。寨主赵任金说，虽然度戒程序已经不断改进，但是，受度男子要向祖宗神台祭奠三杯米酒，这是要严格遵守的；受度男子还要跪在堂屋中央，由度师围绕转三圈，一边转一边向受度男子讲述瑶族祖先的历史，教授“十条戒律”，教年轻人如何做人、做事。这些还是必须很严格完成的程序[1]。可见，在各种文化交融碰撞，特别是西方外来文化不断渗透的今天，金保寨蓝靛瑶仍然保持着自身特有的民族传统文化和家族观念。

三、金保寨蓝靛瑶丰富多彩的春节活动

(一) 吃“年夜饭”前举行祭祖仪式

蓝靛瑶寨离县城比较近，各家各户一般在腊月二十九日之前都要到县城去赶当年最后一次集，采购年夜饭前用来祭拜祖宗的祭品，有苹果、橘子、糖果、饼干、甘蔗、香纸、蜡烛等。

大年三十早上，金保寨84户人家，委托寨主赵任金代表各家备酒水三牲和香纸到寨上各大小社神庙进行拜祭，祈求社神保佑全村平安、新年顺利。

到了下午，吃“年夜饭”前，各家备好煮熟的鸡、鸭、鹅、鱼、猪肉、腊肠、花生，以及各种水果、甘蔗摆上祖宗神台，点好蜡烛，举行纪念祖宗

1．被访谈人：赵任金，男，是年62岁，寨主，道公师傅头；访谈时间：2013年2月13日（农历2013年正月初四）。

的仪式，由家长从近到远，念出历代祖先名字及迁徙途中居住过的地名，念时全家围坐静听，以示对祖先的怀念，对家训的继承。

在祭拜祖宗的仪式上，由家里的“师傅”占卦，家中没有“师傅”的，要请邻居的“师傅”来帮忙，请师傅到家中“保卦”，目的是祈求祖宗保佑阳人家庭顺遂，六畜兴旺，财喜盈门。一般要占三种卦：第一卦要得阴卦，表示请道公死去的历代的“师傅”，叫作“请师”；第二卦要得阳卦，表示招祖宗魂，要把历代祖宗请下神台和阳间的家人过年；第三卦要得顺卦，表示求得家庭兴旺安宁，万事顺利。按照蓝靛瑶的道教习俗规定，如果每一卦的第一卦占不中，就必须连续占三卦，如果连续三卦都中一样的卦，全家欢喜，预示全家在新的一年风调雨顺，五谷丰登，老少平安；如果连续几次都占不中需要的阴卦、阳卦和顺卦，道公师傅就一边占卦一边探问“请”来的“师傅”：是否会出现家事不顺或亲人身体不舒服，或者家中六畜不安，或是家中有人和外人吵架，或是家中有人年内外出时会遇到不测等，如果是，就要许愿在某个时间举行消灾驱鬼仪式。这样才能占中需要的卦。

除夕日，蓝靛瑶除做糯米花、包年粽外，还喜欢把猪血和糯米一起灌进大肠里蒸煮，称大肠粑。除夕主食为大米，副食品有红薯、山薯（在山上挖的）、红薯粉、米粉，等等。改革开放前还吃玉米和野菜，现在玉米和野菜都用来喂猪了。食肉以猪、鸡、鸭为主，其次有各种禽肉补充。油料以茶油为主，还有杀年猪时留下的猪油。蔬菜多为青菜、黄豆、南瓜、竹笋、香菇等。春节期间当地人吃饭时喜欢“打火锅”，即在火坑灶上架上一口铁锅，全家围坐四周，边吃饭边喝酒边谈心。

（二）大年初一拜社神、买新路

大年初一，金保寨的寨主赵任金还有一项特别的任务，就是要代表全寨人，备香纸、鞭炮、两盏茶油灯，到村子中的最大最老的社神庙拜祭祈福。赵任金一边念经书一边占卦，一边祈求社神“保佑全寨人富贵平安，万事顺利！”

正月初一当天一大早，各家主人在祖公神台烧一炷香，到大门口燃放一封鞭炮，表示迎接春天的来临。大年初一，天刚蒙蒙亮，各家户主开门先念开门经，用新扫把扫庭院。然后，成年男子各燃一炷香，带一把秤，到野外或溪流边，分别向北向南祈祷，挑选一块石头，一般要求长方块形状而且平直，大约在60～90斤，用秤称好后扛回家，铺在自家门口，名曰“买新路”。这样，日长天久，各家门口就成了一段石铺路，称为“幸福之路”，表示吉利，前途光明。

这天，小孩要举行启蒙仪式，男孩由父亲或请有文化的人教读书写字，女孩由母亲、姐姐等教挑花、刺绣。

金保蓝靛瑶春节期间，还要遵守一些禁忌[1]。如大年初一不吃青菜。这一天，全家人不能吃青菜，只能吃蘑菇、山薯，以及荤菜。瑶族老人说，如果正月初一吃青菜，来年农田里野草就会生得多，影响农作物生长。其次，大年初一这天，女人一般不出门，也不能进别家房屋，否则被认为不吉利，特别是孕妇，更不能外出。当然，外来的客人不一定遵守这个规定。

此外，大年初一、初三烧柴只能烧整条，不能劈开，否则视为“破财”。大年初三，不准扫地，否则会招来跳蚤。

（三）正月初二、初三男子到寨主家喝酒

正月初二、初三，各户中老年男子自带一壶酒、一挂肉，前往寨老家聚餐，边吃边谈，从早到晚不散。

2013年正月初三，一大早，调查组驱车到了金保寨。刚到寨主赵任金的吊脚楼下，就听到屋里传来几个老人的劝酒声、笑声。进门一看，五六个六七十岁的老年男子围坐在老寨主的地火坑四周，右手都举着一个可以容下三两白酒的塑料杯，杯中还留有半杯酒。寨主连忙起身迎上来，开怀说道：“任老师，你来得正好，喝杯‘白毫茶’。”随手把一满杯自家酿制的“白毫茶”喂进客人嘴里。

1. 被访谈人：邓正玉，男，55岁，金保寨村民，寨主赵任金的妹夫；访谈时间：2013年2月12日（二零一三年正月初三）。

再仔细看看火坑中的三脚炉子上，是一锅的腊肉、豆腐块、蘑菇等家常菜。一条两三米长、直径约30厘米的挺直柴禾，一头正在炉子下燃得红通通的，一头平躺在宽敞的厨房的地上。寨主告诉调查者，这条木头，是从大年三十开始烧燃的，不能破开来烧，而且不能放在火塘中央，只能靠近火塘有火星的地方，让它慢慢燃，一直燃到正月十五才能熄灭。不能破开，意思是，如果劈开来烧，就会“破财”，一条原木烧到正月十五，表示主家会一年旺到头，来年的年猪又大又壮。

不一会儿，寨主的妹夫邓正玉也提着一串腊肉和一壶米酒走进大门。一进大门，寨主就让他妹夫连喝三杯。赵任金说：“按照我们蓝靛瑶族习俗，从正月初二开始至初六，是我们家族之间或亲戚之间相互走访、喝酒的好日子。因为我是寨主，他们都要先到我家喝几杯，然后才相互串门喝酒。这算是对寨主我的尊重吧。”他还说，凡来到主家，不管是客人还是家族的人，都必须得喝三杯，这叫作“三杯通大道”，喝了三杯，你就可以通晓人世间的所有道理，可以做任何事了。说着就劝客人一定要喝够“三杯”，这样他才愿意接受访谈，否则就被认为是嫌弃主家。

（四）正月上旬拜老庚

金保瑶寨还保留“打老庚”的习俗，一般要在每年正月上旬给“老庚”拜年。

“打老庚”又称“打老同”，是平辈人之间的同性别之间的交友方式。金保寨村民和临近村社的本民族、或其他民族如壮族、汉族都有“打老庚”的习俗。其仪式较简单，只要双方通过互相接触了解后，志趣相投，一方先出，得到另一方同意并互换纪念物即成“老庚”。但本寨瑶族与附近村镇的壮族“打老庚”比较普遍。

在2000年前，壮瑶妇女“打老庚”时，壮族妇女以棉布或绣花布鞋为礼品，而瑶族妇女以棉花、蓝靛等物赠送对方；壮瑶男了“打老庚”时，多是互赠衣物头巾、猪、牛或马匹；汉瑶男子“打老庚”时，多是互换马匹或马鞍。瑶族自认为“先有瑶，后有朝”，故一般不先主动去求其他民族“打老庚”，多是其他民族主动找瑶族“打老庚”的。“老庚”（老同）打成后，双方还互认“同年爹”“同年妈”“同年哥”“同年姐”“同年弟”“同年妹”等。老同的子女称作“同年崽”，互相来往，亲密无间，生活生产上有什么困难互相支援。逢年过节，或对方有红白喜事，相互间都通知对方，来往密切，亲如兄弟姐妹。

2000年以后，拜老庚的礼物开始简化了，一般互送两只鸡、一只腊猪腿（约12斤重）、一箱水果、一箱酒（或自家酿制的10斤米酒）等。2013年正月初八下午，调查组在盘庭荣支部书记家采访时，正好遇见他的大儿子的“老庚”带着妻儿来拜年，来拜的是“同年爹”和“同年妈”，即盘支书夫妇。这位“老庚”姓韦，壮族，30来岁，家住县城，年轻时和支书的大儿子在县城读书时就认识，两个比较要好，就“打老庚”了，现在韦氏“老庚”妻子生了一男一女。小韦说，他们每年都要来给“同年爹”拜年，虽然没有什么好的礼物送，不过是几箱水果，一两只土鸡而已，但是他们已经把“同年爹”和“同年妈”当作自己的亲爹妈一样看待，一年到头大家都很忙，只有在春节期间带着妻儿来和“老庚”一家说说话，吃一餐团圆饭。小韦一家临别时，盘支书的夫人还给两个“同年孙”各送一套衣服，一百块压岁钱，表示对晚辈的关心。这种社交习俗，促进了各民族文化的交流，还增进了各民族之间的团结和友谊。

正月，除了拜“老庚”之外，嫁到婆家的瑶族女儿和汉族一样，也要回娘家拜年，但由于回家的路崎岖难走，一般要包糯米饭，以便在行走的路上充饥。

（五）举行婚礼为瑶寨春节增添喜庆

金保的蓝靛瑶结婚形式有女子出嫁和男子入赘两种。在金保寨，娶媳妇或嫁儿子的仪式一般情况下都是在春节前后一个月左右操办的，很少有在农忙季节或秋收季节举办婚礼的。据寨主赵任金说，在旧时，由于地理环境比较恶劣，金保寨人们一年到头都很辛苦，深秋以后，人们把山上和田里的粮食全部收割，再用人力背、挑，或用马驮，运回家中晒干，最后装进粮仓，这个时候已经入冬了。适龄青年的家庭才有时间筹办婚事。同时，这个时候，自家可以用自家的粮食酿酒，自家的年猪也长大了，具备举办婚礼的条件了。因此，金保寨一般在春节期间举办婚礼的习俗延续至今，春节期间举办婚礼使得瑶寨更加热闹，瑶民交往更加密切。

▲ 凌云县金保寨春节期间蓝靛瑶迎娶汉族姑娘婚礼 1/ 任才茂 摄 /2012 年

2013年正月初八至初十，赵日刚为儿子办理婚事的经过让调研组亲身感受到了金保寨蓝靛瑶仍然坚守着比较传统的婚俗原貌，感受到了传统婚礼给瑶寨春节带来的更加喜庆的节日氛围。

这个春节，赵家娶的媳妇是汉族媳妇，开了本寨瑶族迎娶第一个汉族媳妇的头，赵日刚的儿子赵（蒋）国安，年满十九岁，新媳妇是田林县的汉族姑娘徐祖珍，年方十八岁。按照瑶族的习俗，男女双方必须在家举办酒席，拜了祖宗才能到民政部门办理结婚证书。

第一天：新郎到岳父岳母家迎亲

正月初八上午，赵家请了6辆轿车组成迎亲车队赶往田林新娘家，迎亲队伍由两位押礼先生："爱大"（正媒）、"牙老"（副媒），4个"姻姑"，其中一名已婚妇女称作"大姻姑"，三名未婚妇女称作"小姻姑"，以及2名未婚男子，称作"宾郎"。此外，还要挑选若干男青年作"茶郎"（抬嫁妆的人），负责迎亲时送去米酒、猪肉、大米供女方请客。伴随迎亲队伍的还有2名唢呐手，一路吹着唢呐，唱着山歌，放着鞭炮迎亲，这是金保瑶寨传承下来不能少的项目。

迎亲队伍去到女方的寨边要遇上三帮"拦把郎"拉着腰带拦路盘歌的姑娘，俗为"过三关"。"爱大"要唱16首歌，待一一回答后，送上喜钱，才能通过，否则就会被嬉笑，纠缠不给过关。

过三关后进女方家，男方迎亲押礼先生将准备好的两颗槟榔、一对红烛摆上女方家的祖宗神台，表示向亲家报到。这时，正媒“爱大”引导新郎跪拜在女方家祖宗神台前，伴郎协助为新郎穿上新衣裳。副媒“牙老”就唱：

“主人家，主人家，请得老人点起烛，郎穿新衣拜祖宗；天长地亦久，地久亦天长，发财又发富，发富又发生。”[1]

同时，唢呐师傅吹响了《点红烛调》。

晚上，主人设宴时，“爱大”要手捧绣花荷包从左至右向在座者一一拜礼，然后敬酒对歌至半夜。

第二天：新郎把新娘迎到家

正月初九凌晨两点，由道公师傅根据新郎新娘生辰八字推算的时辰，女方由两男四女组成送亲队伍，送新娘起程。迎送新娘的路上，也许要经过无数坎坷道路，也许会打扰路边的群众。因此随行的唢呐师傅经常吹起《迎接新娘开道调》。

接亲队伍经过辗转5个多小时，才来到金保寨门口，队伍下车后，迎亲队伍用了20分钟换成瑶族迎亲盛装，四位“姻姑”在男方瑶族大婶大妈们的帮助下，戴上金银首饰头盖和五彩斑斓的民族服饰，头顶盖着直径约12厘米的圆形银盖头，插有六条约30厘米长的弧形“闪花”大银钗，两端翘起，胸前配饰银扣、银项圈等，银饰重达500克左右。

早晨8点左右，为了尊重汉族习俗，新郎还是身穿西服，扎领带，新娘还是穿着从娘家穿来的婚纱，在四个穿着瑶族服饰的“姻姑”的陪伴下，撑着大红伞，在阵阵鞭炮声和愉悦的唢呐声中，跨进新郎的家门，此时有两位道公在屋外杀鸡回喜神。

值得一提的是，新娘进屋不和新郎拜堂，而是直接进入新房闭门不出，连吃饭洗漱都在新房内。这一天一直到深夜，新娘都不用出来拜见公婆、客人。

1．被访谈人：赵日努，瑶族，45岁，金保寨唢呐乐师，访谈时间：2013年2月18日（农历正月初九）。

在祖宗神台前，原先摆设的宴席上，由新娘的送亲队伍中的长辈（叔叔和堂兄）代表娘家陪同新郎在寨主的主持下拜祭男方祖宗。问及新郎的大伯赵日清原因何在时，他解释道，这是他们瑶族的习惯，第一天新娘不能见寨主、公婆、亲友，是新郎独自带领新娘家送亲队伍的长者到寨主家报到，同时向寨主献上12元的红包，表示从今以后这个金保寨子增添了一个新人，让寨主到社神庙去禀报，求神保佑新人12个月每月都有吃有穿，一年到头顺顺利利。

新郎家当天设酒席招待亲友。亲友进门时，新郎要向客人敬茶、敬酒，坐在堂屋一侧的唢呐师傅赵日努、盘庭明也吹奏《客来敬茶调》，在一旁的山歌手唱起了《客来敬茶歌》。客人喝了茶酒之后，就回敬唱《入主家新婚之喜》：

“主人家，主人家，几脚几脚踏门边；踏脚踏脚进屋来，抬眼看上主家台；台上台上挂对子，对子对子两边挂；祝贺主家挂红喜，恭喜主家大发财！”[1]

▼ 凌云县金保寨春节期间蓝靛瑶迎娶汉族姑娘婚礼上吹唢呐/任才茂 摄/2012年

男家当天设酒席招待亲朋，席面菜谱与汉族相同。亲朋来贺者送布联、酒、米、货币，最亲者抬肥猪来庆贺，或者送一两挂腊肉。凡来贺者到门口即有专人敬给两杯红喜酒后入席进餐。

第三天：新娘拜见公婆及男方亲友

正月初十，天还没有大亮，这位汉族新娘就早早起床，来到火塘边烧热水，而后，就端着洗脸盆盛好热水向公婆问候，同时一一端给在新郎家住着的亲友长辈洗漱。之后，在新郎和一位已婚大姐的引导下向长辈

1．被访谈人：盘庭明，瑶族，40岁，金保寨唢呐乐师，访谈时间：2013年2月18日（农历正月初九）。

一一敬茶、认亲。有的长辈还给予小红包，表示祝贺。此时，唢呐师傅又吹响了《敬茶调》。

四、二月初二的“祈福”仪式

金保寨春节活动的最后一项，就是二月初二的敬神赎谷魂，在社神庙举行祈福仪式。这个活动从正月上旬开始讨论筹备，正月二十五在寨主家举行换届，由寨主宣布当选2013年管理社神的主持人，然后，由主持人牵头做好二月初二祈福活动的筹备工作。旧时，根据惯例规定，祈福这天每人负责猎取野兽禽肉的数量，由主持的主家集中保管，猎取不到者，届时以腊肉、家禽顶替，但0.5千克腊肉只顶0.5千克鲜兽肉。1只鸡只顶一只斑鸠或两只画眉鸟，或10个鸡蛋顶一只鸡。这一天全寨男人自带米、酒集中社神树下，立灶煮肉敬神会餐，乞求社神保佑全寨人丁平安，六畜兴旺，五谷丰登[1]。

2013年的祈福仪式仍然隆重而庄严。根据正月二十五在寨主家的选举结果，社神管理的接力棒从2012年李炳发的手中传递到了29岁的盘庭文手上。接下来的一周内，主持就要紧锣密鼓地筹办祈福活动，负责组织寨上各家男主人，收集各家交来的钱物、祭品，请寨主和几位德高望重的道公师傅，到他家中和寨上的三处社神庙举行隆重的祈福活动。祈福活动主要程序有：备祭品、请师入户、请盘王入社神、开坛、祭祀祈福、添福禄贡朝、送兵马谢师、会餐等过程。

（一）备祭品

二月初二早上八点多，调查者和几个考察人员赶到金保寨的盘庭文家，正好盘庭文准备了三个大箩筐，寨子里的大小男人们陆续来到主家，把1斤左右的大米倒进箩筐，另一只手还托着9个鸡蛋，小心翼翼地放进另一只箩

1．凌云县志编纂委员会编．凌云县志．南宁：广西人民出版社，2007．

筐，还有一个箩筐装满了各家各户交来的香纸。为什么每家都拿了9个鸡蛋？寨主说，本来是要求每家拿出10个鸡蛋的，代表十全十美，但是各家要留一个放在自己的家里，预防在新的一年里如果哪家有不顺，或做梦不吉利，或六畜生病，或人丁发烧感冒等，就要把那个留在家中的鸡蛋拿出来请道公师傅来驱赶邪神。现在交给主家祈福的9个鸡蛋，是用来祭祀三个社神的。

▲ 凌云县金保寨春节期间祈福仪式（备祭品）/任才茂 摄/2013年

在火塘边一个姓邓的老人在不停地登记各家交来的现金，有20元的、30元的、50元的不等，由参加祭祀的代表自愿捐资。主家盘庭文说，大家捐出这些钱，是用来开支祈福活动用的生猪、鸡、香纸等祭品费用。

综合起来，需要准备的祭品有：生猪一头，约200斤，是主家自己喂（祭祀社神用）的，用大家的捐款折算现金补给主家，鸡蛋、糯米饭、稻穗、大米一袋（这些都是祭祀社神用的），公鸡2只（祭拜土地神的），母鸡1只（祭拜社神龙王的），三艘纸船，长约15厘米，宽约6厘米，船内盛放几粒木炭，专用驱逐野鬼的。

（二）请师入户

请师入户，就是由四位道公在主持人家的祖宗神台前烧香纸，动师占卦

（阴卦），请坛上师傅入户。四位道公师傅分别是62岁的赵任金、63岁的赵承美[1]、59岁的李家齐、48岁的李炳坤。请来师傅后，由道公赵承美在主家大门前地板上摆设五个鸡蛋、三杯酒、一盏茶油灯、三只纸船、一支令箭，师傅念了一阵驱鬼经文后，烧了香纸，占得阴卦，表示已经把全寨的野鬼邪神都赶出寨门之外，从此寨子会安宁、顺利。

（三）请盘王入社神、开坛

早上九点钟，举行盘王入社神和开坛仪式。

首先，道公师傅发兵马到社神。在寨主的安排下，由四位道公在主持人盘庭文家举行简单点的发兵马仪式，最年长的道公赵承美点燃香纸，并向主家神台上香，禀告各位祖宗，今天是祈福的日子，要请历代师傅将天兵天将发送到社神庙。道公念诵招兵马的经文，占得阴卦后，就带领村里各户男子代表前往社神大庙。

其次，加工祭品。参加祭祀祈福的几十个青壮年男子，在道公们举行简单的仪式之后，在社神庙旁把从家中赶来的肥猪、公鸡、母鸡宰杀，并用从森林里流下来的泉水清洗，再开灶煮熟，把从家中带来的糯米、鸡蛋煮熟，用两个大盆盛入猪头、猪蹄和猪的所有内脏、全鸡、鸡蛋和糯米饭。

再次，摆设祭品。将以上煮熟的猪肉、鸡、糯米饭、鸡蛋，还有生大米一碗、百元人民币三张、稻穗绑着的一袋大米、六杯白酒、香纸等整整齐齐摆上社神庙内的祭台。

最后，请师开坛。道公一边念经，一边占卦。经文内容有：请盘王、玉皇和各位历代瑶族祖先到庙内，给各位神仙、祖宗上脸巾、穿衣服、戴帽等，为正式祈福起到铺垫作用。

在开坛经文中，有几句反映了世代瑶族民众以祈福仪式传承道教文化和族史文化的内容，对教育瑶族子孙如何做人做事，构建团结和谐的村寨社区

1．被访谈人：赵承美，男，63岁，金保寨道公和麽公师傅，访谈时间：2013年3月13日（农历２月初二）。

具有促进作用。如：

“妙哉三炷香，袅袅何所思；寻声若无宾，云遮不见形；香烟通十地，听者不闻声。”

“开经步虚：道德传经教，师法为禅开；经演无穷尽，三尊端坐正；琅函无通处，经宝下瑶台；福禄降来临，一首无祥烟；元始传经禄，灵文佩简来；三尊端坐正，经宝下瑶台。”

“太极分高厚，行青上属天；人能修正道，身乃作真仙；行满三天数，时当四万年；丹台开宝禄，金口永流传。”[1]

（四）祭祀祈福、添福禄、贡朝

祭祀祈福、添福禄、贡朝，是整个祈福仪式中最为重要的一环。其主要有：念经禀报神仙、讲述本境社神史和族史、上饭、补幼林、献金猪金鸡、买种子、分发米粮等过程。每一过程都要求参加祭祀的代表敬酒、敬香，如果占不了卦的，要让参加祭拜的人员陪同道公轮流喝酒，直到和卦为止才能举行下一个程序。以表子孙的虔诚和遵循严格的传统规制，体现族规的威信。

1．念经禀报神仙

道公头烧香烧纸，占卦，由几位道公轮流念诵《上界贡朝理通天经》《中界贡朝理通真经》和《下界贡朝理通达经》。目的是通报天上、人间和地府的各种神灵，禀报各位神灵，讲清楚今天是金保寨举行一年一度的祈福活动，请各路神灵来领取各种祭品。在这一过程中，每念诵一段经文，必须占得阴卦，才能接着念下一段经文，否则，说明有关神灵没有请到庙内，神灵会不高兴的。为了表达村民的虔诚，第一遍占不到阴卦时，需要现场的道公师傅邀请村民代表陪同喝两杯米酒，再向神灵敬香烧纸，拜一拜，直到占得阴卦为止。禀告完毕，即烧送冥币，连拜三拜。

1．被访谈人：赵承美，男，63岁，金保寨道公和麽公师傅，访谈时间：2013年3月13日（农历二月初二）。

2. 讲述本境族史和社神史

在这个议程里，主要是由两位“师公”向参加祭拜的村民老少分别讲述蓝靛瑶祖先何时来到金保寨，怎样生活下来的简要经过；讲述蓝靛瑶祖先来到金保寨后设立本境社神保佑村民平安幸福的简要历史。仪式上，“师公”李家齐分别讲述了赵、盘、邓、李等几姓人从第一代开始到金保生活以来的艰苦奋斗史。李师公说，每年一度的祈福仪式，通过重复讲述自己老祖宗的历史，目的是让青年后代不要忘记自己的祖宗，不要忘记本民族的优良传统文化，希望子孙后代把蓝靛瑶前辈留下来的东西一代一代传下去。仪式上，李师公讲完族史、村史，上了一柱香，“师公”赵承美就开始用念经文的口吻和唱腔，讲述金保寨社神庙的建设历史。经文唱：“本境社神庙，广西右江道，泗城府西北，金保江边村，始建于清初，至今10代人，代代保平安……”据寨主赵任金介绍，寨上有三座庙，这座最老的庙是1834年由道公师傅邓经朱所建。至今已经传了八代徒弟，有七代师傅传承管理，从不间断。前六代师傅分别是：邓经朱、蒋云学、蒋妙真、蒋道通、蒋显前、赵（蒋）经宝，赵（蒋）经宝是现任主管人、寨主赵（蒋）任金的父亲，从1993年农历七月十八开始，赵（蒋）任金接任至今，每年在社神举行的全寨大小祈福、还福、祭祀、避灾活动都是由他主持的，而且平时村民不许随便到社神内拜祭，拜祭前必须向寨主通报，一般都由寨主代办。特别是妇女，不能靠近社神。蓝靛瑶认为，社神是全寨最为神圣的地方，妇女是不干净的，特别是孕妇，更不能靠近社神，否则将会给寨子带来不吉利。

3. 上饭

就是请社神吃饭。请吃饭也有几个程序。首先，是在社神庙旁用干净的铁鼎、用山泉将糯米煮熟。然后，举行简单的开锅仪式：在锅炉旁烧香纸，占得阴卦；斟酒、占得阳卦，用令箭揭开锅盖并用箭舀饭，把糯米饭放在事先准备好的一种社神山上野生的树叶里，这种树叶宽大而厚实，村民称之为“胎包叶”，它代表人类母亲肚子里的胎盘。最后，是用“胎包叶”包好的糯米饭送到神台上，敬给社神食用，目的是请社神吃了会保佑全寨人和前来参加祭祀的外地人人丁财旺、五谷丰登、六畜兴旺、大吉大利。师傅将事先准备好的一只用竹篾编制的小猪笼，猪笼长一米，直径约30厘米，笼内装着两颗一米多高的金竹树苗，口中颂唱经文，经文大意是："去年金保寨的人砍了本境山上的树木用来农业生产、生活，今年初要到山上补种幼苗和各种树木，这样才能保证本寨山常青，水常绿。"唱罢经文，敬香、纸、酒，占得阴卦，祈求社神保佑来年树木茂盛，经济林丰收。之后，一位50多岁的老人，领着一个8岁左右的小男孩在大社神的后山、村口的小社神的树林里分别种下一棵金竹树。

▲ 凌云县金保寨春节期间祈福仪式（补苗）／任才茂 摄／2013年

在跟随老人到两个社神山林种树苗的过程中，调查人员看到，山沟里、树林里的一些几百年的老树干枯了自然倒下，在地面上已经腐烂了都没有人弄走。老人解释道："这是神山，古时候老人们都规定不能砍伐和使用神山的草木，即使它们老了、腐朽了，也不许拆移，就让它们自然生存，神山才能四季常青。我们要永远保持下去，这样才能给全寨人带来福音。"

"补幼林"仪式充分反映了金保蓝靛瑶爱护自然、保护神山森林永远青山绿水的行为和理念。金保寨这种约定俗成的村规民约，给我们今天开展保护自然，遵守自然规律，保持与自然和谐相处的生态文明建设有着重要的借鉴意义。

4．献三牲、烧纸钱

向社神敬献煮熟的一头猪、三只全鸡等。每一种祭品献给的神祇不一样，要经过几个程序：道公念读《仰鬼开经文》经文、送给各种神祇、占得阴卦，才表明这种神祇收到了祭品。金猪是献给社神、盘王和玉皇的；一只公鸡献给雷王；一只公鸡献给财神；一只母鸡献给农神。然后，由道公把事先写好的冥钱分别献给盘王、玉皇、社神、财神、六畜神、五谷神等神祇。

这本《仰鬼开经文》是赵（蒋）承美师傅家传的，由其祖辈蒋经音抄录于光绪二十七年（1901年）六月初一，部分经文摘录如下：

“仰为三清帝道高真四位师真，仰为左师右圣阴阳师傅，仰为东主家先×公×妻×家三代，……仰为上世祖先盘皇圣帝，仰为上苍神农皇帝、三台禾谷父母，仰为五方招财土地，仰为猪栏牛栏鸡瓮土地，……仰为村主社皇开天李社大王，仰为此地境主灵皇水源童子祠堂庙……”

“阴阳师表法用：点开成兰金竹，化送达交与阴阳师宽乐做主，赐肉魂如笋落，与主无穷无尽大吉也。”[1]

5．买种子、分发米粮

买种子是道公师傅在农神面前念诵《神农表》经文，敬神农、求神农给村民各种农作物的种子。传说在古时候，瑶族同胞初到金保山时，开荒耕种找不到种子，他们就跑到社神朝拜，祈求农神赐予农作物的种子。当晚下起了绵绵春雨，第二天，大人们来到刚刚开垦的山坡上，发现一片绿油油的禾苗从地里长了出

▼ 凌云县金保寨春节期间祈福仪式（添粮）／任才茂 摄／2013年

1．课题组成员于2013年3月13日（农历二月初二）在金保寨举行祈福仪式时，抄录于蓝靛瑶麽公师傅赵承美保留的经书《仰鬼开经文》。

来，拯救了瑶民。从此，每年春节的最后一天，人们都要到社神里拜祭神农，以表达感恩之情。

分发米粮。道公师傅举行简单的法事后，将神台上的那袋用稻穗绑着的大米解开，在神台前的地上摊开80多张纸片，把这袋米分成80多份，发给寨里每一户人家。寨主说，这个仪式的意思是，向社神和各种神灵祈求保佑全寨人们新的一年粮食丰收，家家有米粮。

分发米粮结束，标志着祈福仪式基本结束。这时，参加祈福的男丁们向社神再拜一拜，捧着师傅分发的米粮带回家中，并把这份米粮一次性煮给家里每一位成员吃，不许给外人吃。

（五）送兵马谢师、会餐

下午三点多钟，祈福仪式结束后，师傅们端着祭品回到盘庭文主家，进行简单的送兵马和谢师仪式。寨主赵任金师傅在主持家神台摆上两碗米、三杯酒、一碗清水，水中放入一束生树叶。他点燃一炷香，念完送别师傅的神兵天马，感谢师傅恩典的经文，烧了纸钱，一次就成功占得顺卦；于是他喜笑颜开地告诉随行的调查人员，很顺利，一次就中卦，预示今年样样顺利，平安大吉！

从早上忙碌到下午四点钟，在盘庭文主家摆设了9桌饭菜，参加祈福的所有代表在这里隆重聚餐，共同欢庆祈福顺利结束，共同畅谈对新的一年的美好愿望。

五、结语

凌云，得名于山，因县治之东有凌霄山，三峰凛冽，削峻巍峨，凌架云霄，为县治内群山之冠[1]。得天独厚的地理位置，优良的自然环境，悠久的历

1．凌云县志编纂委员会．凌云县志[M]．南宁：广西人民出版社，2007，11．

史积淀，深厚的文化底蕴，孕育了包括蓝靛瑶在内的凌云县少数民族浓郁的风情和古朴的春节习俗。金保寨蓝靛瑶春节的活动丰富多彩，除了和当地汉族一样要备“年货”、祭灶神、杀年猪、大年三十包粽子、拜祭祖先、给亲戚拜年之外，还有腊月初一、初二敬野鬼、腊月中旬还福、腊月下旬为男青年度戒取阴名、正月上旬拜老同、举办婚礼、二月初二举行“祈福”等民俗活动。

金保寨通过春节一系列的文化习俗活动的开展、仪式的展示，使其本民族传统文化得到不间断地传承和发扬。比如：在青年男女穿着民族盛装“打绣球”、穿着本民族服饰举行婚礼、祈福和还福仪式中诵读各种经文等，都体现了凌云蓝靛瑶对本民族传统文化的热爱和强烈的民族文化保护意识。在各种仪式中，年长的族人向年幼的族人讲述瑶族历史、族规，同时告诫成年人如何做人的道理。这对弘扬民族传统文化，增进村民和族人团结，构建和谐乡村，增强本民族认同感等具有重要意义。

从蓝靛瑶年夜饭、还福仪式和祈福仪式上的“占卦”过程、拜祭山神、雷神、稻神、树神的过程分析，金保蓝靛瑶保留着原始的自然崇拜，反映了在自然条件相对恶劣的条件下的古代凌云蓝靛瑶世代族人信奉村社和睦、家庭和顺、追求美好生活的愿望。

从祈福仪式中备祭品、请师入户、请盘王入社神、开坛、祭祀祈福、添福禄贡朝、送兵马谢师、会餐等过程，以及道公诵读《仰鬼开经文》等经文来看，金保蓝靛瑶所传承至今的春节习俗，虽然具有明显的功利性特点，但是，从整个内容来看，它反映了瑶族先民追求人与人之间和谐相处、人与自然友好相生，希望天下太平，村民安居乐业的愿望，表明了蓝靛瑶处事严谨、为人和善的生活态度。

随着改革开放的深入，网络信息的发展，全世界各民族文化的广泛融合，金保瑶寨春节期间的习俗，在还福仪式、祈福仪式、成年男子度戒取阴名的各种仪式过程中，体现了金保寨对族人的教育不仅保留着严厉的族规，也在吸取了现代社会文明的滋养；提倡节俭和尊重个人意愿，倡导生态文明的良好风尚得以充分演绎；金保寨瑶、汉通婚、壮、瑶和汉、瑶相互拜“老庚”等现象，反映了金保瑶寨开放包容的民族性格，与当地各民族团结和谐相处的良好风尚。同时，金保寨青年一代通过进城读书、打工，他们的思想正在与外界社会交流融合，他们的穿着、饮食习惯和精神生活也逐步汉化，逐步走向国际化。

恭城瑶族自治县观音乡水滨村平地瑶春节习俗调查报告

莫纪德

恭城瑶族自治县位于广西东北部，与湘南江永县交界。恭城于隋大业十四（618年）年置县，1990年成立瑶族自治县，现设3个镇，6个乡，1个管委会，117个行政村，3个社区，8个居委会。全县总面积2149平方千米。2012年底统计，全县总人口296673人，其中汉族112729人，占总人口的38%；瑶族175506人，占总人口的59.16%；壮族7753人，占总人口的2.61%。

恭城瑶族主要为盘瑶，分为平地瑶和过山瑶两个支系。瑶族自唐至清，分别从湘、赣、粤陆续入境，逐渐形成（观音）平川瑶、（栗木）平原瑶、（嘉会）唐黄瑶、（西岭）新合瑶、（莲花）势江瑶、（三江）伸家瑶等六大聚居区域。恭城瑶族现今风俗的形成除受主流文化影响外，还受民族来源和生存地域等因素制约。本调查的研究对象平地瑶是盘瑶的一大支系，由于一直以来被认为是与“汉族无异”的瑶族群体而鲜受学术界关注。2013年春节前后，调查者在观音乡水滨村平地瑶做春节习俗调查，发现当地风俗有其独特之处，其中的春节习俗，既同于汉族又有别于汉族，其同在于大体，其别在于细节。

一、观音乡水滨村概况

观音乡位于恭城瑶族自治县最北端，距县城47千米。地处都庞岭边缘，三面环山，中为河谷，东界湖南江永，北临广西灌阳，南接恭城栗木镇。主要河流为平川源（现称观音河），流长21.45千米，因其为栗木平川发源地，故称。平川源一水中穿，两岸平台坡地为田园村庄。该地呈喀斯特地貌，石山与土岭交错，农业以稻作和山耕相补相济，全乡辖地132平方千米，耕地840公顷，林地112112公顷。水滨村处观音乡最北端，与江永、灌阳交界，西接狮塘村，全村面积76455亩，其中水田2321亩，人工林40000亩。

观音乡为平地瑶聚居区，以地域而名平川瑶。明朝洪武初年（1368年）因恭城发生梁朝天、雷虎子叛乱，官府至湖南道州招募瑶兵参与平叛，事后有盘、唐、李、邓、俸、周、蒋、杨、何等姓平地瑶先民被安置于平川源，自此定居。嘉靖九年（1530年）县府官员亲临其地平息争讼，将该地划成十个瑶排，各纳皇粮一至二石。以涧里源为界，上垌称上五排，下垌称下五排，外称五排瑶。同年，经官府允许招入广东籍“板瑶”入源开垦。清代康熙年间因领土争斗，“板瑶”（过山瑶）被驱逐出境。清乾隆五十年（1785年），湖南保庆府部分人群入境批耕山地，自此落居。

由明而清，平川源均附属恭城北乡，至清宣统元年（1909年）才开始“钉门牌、编户口”。民国二十三年（1934年）成立观音乡，乡政府驻地观音山屯，民国三十六年（1947年）改驻渍头村，下辖观音、杨梅、狮塘、水滨、渍头、上宅、车田、上枧、苔塘村公所。1958年成立人民公社，下辖观音、洋石、狮塘、水滨4个大队。现辖4个行政村，32个自然屯，共10131人，其中瑶族人口占93.6%。

水滨村民沿河而居，河东有垒里、狮尾、古骨圩、上源垒、水滨；河西有牛眼塘、莲花、石坪、矮寨、白竹铺、茶源、岗子上、旱地（接狮塘村），共13个自然屯，16个村民小组，815户3030人，其中平地瑶为90%。梅山瑶（保庆人）主居牛眼塘和垒里，人口占9%。白竹铺地接矮寨、茶园屯，为村委会所在地，属第7小组，有54户216人，以蒋、杨姓为主。民宅大致依公路而建，初呈街坊状。该屯有卫生室、幼儿园、民族文物展室、操场各一处，食杂商店二处。

平地瑶信梅山教，奉梅山神。水滨村以周、蒋、杨、俸、何、盘姓为主，旧时合称“两排六姓”。该地一是寺庙多，有“六庵八庙”之说，中华人民共和国成立后陆续毁塌。现今水滨村的寺庙有1995年以后新建的月岩庙（主敬观音）、白马庙（主敬黄飞虎）。二是神亭多，原矮寨、石坪、狮尾、岗子上、上源垒、水滨屯都各有一座神亭，1995年新建的有旱地、茶园“休闲亭”。水滨村为瑶族《梅山图》遗存地，该图共12幅，总长99米，在还愿奉神时悬挂，共绘有608位神像，184位祖先像。2003年恭城桃花节时复制展出，被学界专家誉为“目前中国（瑶族）唯一的，保存最完整的，反映瑶族历史最深刻、内容最丰富的瑶族文物”。梅山教奉神还愿时“吹笙挞鼓”，计有下马（迎马神）鼓、上马（送马神）鼓、招兵鼓、女鼓、将军鼓、文官鼓、四季鼓计7个套路，2010年入选自治区非物质文化遗产。水滨村现有的几位梅山教师公，在2011年举办的“水滨村第五庙盘王节暨第二届梅山文化节”中，曾全程演示了酬还盘王良愿科仪，同时演出了宗教文化的歌舞节目。

二、年前准备与过年

（一）年前准备

1. 熬红薯酒

平地瑶嗜酒，所以户户熬酒，且具工艺传统，该村熬酒以红薯酒为主，米酒、玉米酒为辅。红薯酒以红薯为原料，一般在端午节前后种植红薯，立冬前挖红薯。各户所得红薯除喂猪以外，大部分用来熬酒。

以红薯熬酒，大致分为二道工序。一是红薯发酵。把红薯洗净，削去沙眼或烂坏的地方，切碎并入锅煮熟，起锅晾一晚，次日以每百斤生红薯配5斤酒饼（曲），搅匀后置入大黄桶封闭，发酵一月以后，于农历十月初旬可以开熬。也可以连沤数月，在进入十二月以后再熬。虽然各户种红薯数量不等，但大多按边挖、边煮、边沤（发酵）、边熬的顺次进行。二是熬酒。熬酒器具有熬锅、铁盖、熬钵、酒坛等。熬酒技术较传统，生火起锅以后，在锅中放入一盆清水，再倒入红薯酒坯，上盖铁锅，四周用湿巾封闭以防漏气，锅盖上有一洞，用一节竹筒连接熬钵，熬钵的另一方还有一个洞口，也用竹筒作为滤酒器。熬钵上还有一个铁锅，人们称为天锅，上放凉水，起冷却作用，在水温达50度以后要换一次水，一般换四次水可熬完一锅。每锅酒大约有30斤二十多度的酒，每锅从起锅到结束要用3小时，一天8小时，也只能熬3锅酒。

白竹铺全组56户人家，只有2户因夫妇外出打工，没有熬红薯酒，据初略估计，该屯农户熬过年酒最少100斤，多的上千斤，平均每户将近400斤。其中杨才明、蒋礼先、杨仁辉3户都有1000斤红薯酒。我问村主任杨才明，为什么要熬这么多酒，他说这不算多，他自己还熬了50斤米酒。熬酒除自己饮用以外，主要是招待客人，一个春节用酒不少于500斤。他又说到杨仁辉，该户有7人，其中3人喝酒，平时每天要喝2斤。杨才明还说他在腊月才熬酒，只熬了一半酒坯，还有一半要到农历二月才能熬完。如果以100斤红薯产酒30斤计算，杨才明大概种了4000多斤（一亩地）的红薯；以每天熬酒60斤计算，单是熬酒时间也要一个多月。

2. 做米花

米花，俗称炒米。炒米、花生、麻蛋是平地瑶喝油茶的佐用食品，其中炒米最为常见，用量较大。以人口计，每人一年平均要做20斤左右。做炒米一般在农历十月立冬以后，但主要的还是在十二月，还要选择天气干燥、吹北风的日子。炒米以糯米为原料，用温水渗泡数小时，以指捻即碎而不黏手为标准，滤干水后上甑蒸熟，出甑冷却后打散，拌入适量米粉（米糠），晾一两天又以手抓而不结团为检验标准，再加入一定米粉，用脚碓舂扁（或用石磨压扁），经过这一工序，炒出的米花才会膨大松脆。舂过以后的炒米，还要进行晾晒，直到干透，再用米筛筛去米粉，即可封存备用。

3. 打糍粑

平地瑶过年虽然也做年糕，但做量少，大多数家庭以打糍粑为主。做糍粑以糯米为原料，同做炒米一样，经蒸熟以后趁热分量置入石臼，用杵棒槌打溶烂，而后放在团篁和桌面反复搓压，再均匀分团，整成圆饼形状，经阴晾几天，放入缸中注入清水保存。做糍粑必须男女结合：用杵棒打米饭须要气力，是男人的活，而且要两个男人轮番捶打，故而称之为“打糍粑”；糍粑要趁热做，这是女人们的“细活”。

糍粑是平地瑶传统食品。中华人民共和国成立前，（过去）每到农历十月，人们要做一次糍粑，用以还愿供神，故而俗称为“恩粑”或“祖宗粑”。现在虽然不还愿，但每个家庭还是要做一次。外嫁的姑娘要回外家以糍粑“送礼”，因此糍粑又被戏称为“姑娘粑”。糍粑不但是春节打油茶招待客人的基本食品，也是拜年或“回吊箩”[1]的基本礼品，因而其数量也较大。杨才明一家4口，在农历十二月做了40斤米的糍粑，算是比较少的，有的家庭要做100多斤，一直可以食用到农历四五月。

4. 杀年猪

因闭塞和交通不畅的原故，水滨村至今仍流传着“养猪为过年”的俗语。据周民统介绍说，在过去交通不便的时候，几乎家家都杀猪。现在虽然村村寨寨都通了车，但人们在有条件的情况下还是主张养猪，以便过年杀年猪。白竹铺56户人家，有30多户杀猪，占60%。杀年猪时间并不能具体到腊月的某一天，但一定要在立春前一个礼拜。据周民统说“立了春才杀年猪，腊肉就挂不爽（干）”。因而，水滨村各村寨杀年猪一般都在腊月十五至二十五日，杀年猪要先烧香供茶，把肉猪赶到堂屋去杀。猪倒地以后，用钱纸到血口处擦，沾上血的纸称为“血财”。待肉猪修剖以后，依次要“吃泡汤”、挂腊肉、挂腊肠、做血肠。

杀年猪后，用切好的血口肉、瘦肉、猪肝、粉肠等氽汤，平地瑶称为“泡（báo）汤”。按传统礼节，除同一香火的伯叔兄弟以外，还要请外公、舅爷以及本坊老人来“吃泡汤”。如果请不来，就割下2斤“泡汤肉”送过去。杨才明6兄弟分成6户，在2012年腊月二十三日这天，6兄弟轮流杀猪，中午开了2桌，除帮杀猪的弟兄外，只请了1个舅爷、1个姑爷和3个朋友来吃“泡汤”。岳父（母）已经去世，也免去了送泡汤肉。

做完“泡汤”，在剩下的年猪肉里选取五花肉分割成1～2斤的长块，

1. 回吊箩：当有亲朋交往赠礼、接待维系情感或者在拜年期间走亲戚朋友时，以吊箩盛装礼品（多以蛋、糖、粑、饼这老四件为主）回赠对方以示情谊长存的礼数，相当于礼尚往来。

按10斤肉用3两白糖、3两盐、3两酒（50°）的配比，将猪肉入缸，放一层肉，撒一层糖、盐、酒。入缸完毕，覆盖封闭。第二天翻动一次，使猪肉均匀着味。一般腌制三天，就可以“挂腊肉”，如果遇到“回南”天气，就等到转北风时再挂。挂腊肉时，每块要再刮一次猪毛，打孔拴丝线（或棕叶片），用热水清洗一次，再依次挂于火炉上方的楼梁上。如此风吹烟熏一两个月，待腊肉干透，选一个北风天气再入缸封存。有的家庭腊肉一挂，边吃边用，并不进缸，一直挂到吃完为止。2013年春节，滨水村的杨才明杀了一头350斤的年猪，卖了一半，留了一半，所挂腊肉在100斤左右。

杀年猪的当天，取后腿肉切细，加入细盐、白糖、胡椒粉、米酒等佐料，拌匀腌放数小时。将猪小肠清洗干净，再用一节小竹筒为滤斗，套入小肠，然后将腌好的猪肉逐一灌入。以5寸为节、用麻线拴扎后热水烫一次，吊挂到火炉之上，烟熏火烤一周即成。食用时割下一两节放入锅中蒸上10来分钟，取出切成薄片上盘，即为“香肠”。在白竹铺屯不管是杀年猪的或是不杀年猪的，家家户户都挂腊肠，每户在10～20斤。

年猪的“下水”（内脏和肠）也不浪费。滨水乡的居民先将糯米渗透，以香菇、食盐为佐料，把猪内腔残留的鲜血拌入，然后灌入洗净的猪大肠。其做法和做腊肠一样，只是要将血肠蒸熟才能吊挂熏烤而已。据蒋礼发说，以前大多数人家都做血肠，近年来，人们生活水平提高，不再像过去那样“物尽其用”“绝不浪费”，血肠制作十分麻烦，所以不少人家做了腊肠就很少做血肠了。

5. 送灶神

传说，灶君（神）是玉皇大帝派往人间监察善恶的神仙，每年腊月二十三日要升天“述职”或休息，大年夜再回到人间工作。白竹铺人的“灶王神位”设在火堂边的墙壁上，每个月的初一、十五日烧三根香，供三杯茶，腊月二十三日早餐前送灶王和年三十晚接灶王，没有特殊仪式，也是三香三茶即可。观音乡“上五排”各家各户的厨房很特别，都有板梯、地窖、竹屏楼、三脚灶的设置。在厨房的一角，挖一个长宽约80厘米，深20厘米的火堂，中间放一个铁三脚就是一个灶，虽然各家都已使用液气灶、沼气灶和电磁炉，但均依旧保留三脚灶烧水和打油茶。杨才明在2010年建了水泥平房，但仍使用老厨房，火堂旁贴着一条红纸，大概是“灶王神位”，灶上挂满了腊肠和腊肉，像杨才明这种情况和形式，在白竹铺较为普遍。另外平地瑶的“敬灶王”也较特殊，每到腊月最后一天，即过大年这天晚上，要将铁三脚撬走“休息”一晚，正月初一早上再把铁三脚复位。

（二）过大年

1. 大年三十的祭祀活动

祭祖宗。白竹铺人并不是立户就另立香火，而是多户共用一个堂屋。堂屋正壁立本氏历代祖先神位，称祖先香火；下设土地神位，同祀“牧牛童子，养猪小娘”，称土地香火；大门设天官神位，称天官香火，三个香（炉）火合称“三司香火”。老堂屋还挂一个小铜钟，烧香前要先敲三下再烧香。过大年的早上，先在祖先香火烧3炷（每炷3支）香，在土地香火烧一炷香，天官香火烧一炷香，然后在3个地方各供3杯清茶，祖先祭台（桌）上供3样水果：柚子、苹果、柑子，3块糍粑（均贴红纸）。然后分别烧几叠钱纸（3片为1叠），放几串鞭炮，即完成早祭。下午供祖宗时间一般在5时左右，称为“供（年）夜（饭）”。先敲钟，烧香改由从外到里，即天官到祖先到土地。祖先和土地共一个供台，供3杯茶，4杯酒，菜肴有1碗扣肉、1碗鸡肉、1碗猪肉、1碗豆腐（或腐竹）等；酒过三巡以后，再供4碗饭。几分钟后收桌，再在大门左边依序摆供祭天神，祭罢才化纸放鞭炮。有的只在祖宗供案上摆一次供品，“统一”祭供即罢。

祭养娘。小孩出生以后如果病难多不好养，就请“八字先生”课算，按金木水火土五行，缺什么补什么，然后拜灶、木、石、水等物为“养娘”。这样在每年腊月三十晚和正月初一都要给“养娘”祭一次，直到结婚时祭供一次，才解除“合同”。不过年祭很简单，只要烧香、供茶、烧纸并贴一片红纸条就行。现在大部分的小孩都没有寄养娘，也就无须祭祀。

2. 吃年饭

近几年，水滨村外出打工人员逐年增多，2012年全村共有700人。白竹铺65人外出打工，赶回来过年的有63人，只有蒋智伟夫妇“坚守岗位”未回。吃年夜饭俗称吃“团圆饭”，在观音乡的瑶族家庭中意义重大。白竹铺村人过年的菜肴比较丰盛，一般都有鸡、鱼、腊肉、腊肠（血肠）、扣肉、米散肉、油豆腐、水豆腐、粉丝等几种，其中扣肉和米散肉比较传统，厨艺也较讲究。扣肉制作，取猪腹五花肉为原料，分割成方块（每块1～2斤），先用水煮熟，然后用竹筷在皮上戳眼，擦去油渍，以白酒拌姜汁反复搓擦几次，再下油锅，炸至皮焦黄起泡为止。这个过程叫做泡扣肉，一般在年前做好10～20斤的扣肉待用。制扣肉时再将泡过的肉烧水煮（或水泡）至肉皮松软，上板切成厚约1厘米长约7厘米的肉片，再按皮底肉面的方法镶入海碗中，上甑蒸约20分钟，取出淋上食盐、香葱汁、豆腐乳等佐料，用海碗将肉反扣过来，再淋一次料汁，即可上席，这叫“净扣”。还有一种叫“芋扣”，以槟榔芋切成像扣肉片一样长短的芋片，再与扣肉相间镶入碗中，上甑蒸至芋熟即成。扣肉在平日办酒席称为压席菜，在过年时则被称为“压年菜”。粉蒸肉俗称米散肉，也是当地的“祖宗菜”。猪肉可以是五花肉或骨头肉，经黄焖后（或生拌），用炒香磨碎的米粉（也可用黄豆、绿豆）拌匀，再用莲叶包封成团，入锅蒸熟即成。

吃年饭的时候，水滨村的瑶民家庭会在火堂打火锅，外放一个四方形的木板架，可在上面摆碗筷和酒杯。以鸡肉火锅打底，开餐时在锅上架一块小木板，按扣肉、米散、香肠、腊肉的顺序一碗一碗的吃，然后撤去木板，再吃鸡肉，要以鸡头、胸肉敬老，用鸡腿（或翅肉）抚小。吃了一会以后，再往锅中加菜。平地瑶嗜酒，过年时一家男女老少都喝酒，直到尽兴为止。在开饭之前，凡家中养有狗的都要先喂狗，并注意观察狗先吃的是什么，认为狗第一口吃的东西，预示着来年该物价格一定上涨。

3. 坐年守岁

吃过晚饭之后，老人们会敦促小孩洗澡，还告诫说“过年不洗克膝头，出门吃饭无彩头”，意思是说如果过年不洗澡，以后到别处吃饭就碰不上好机遇。入夜以后，人们会相继到活动中心广场，观看舞狮、舞龙排练，或者参加广场健身舞，然后再互相邀请到家“坐年”。邀的伴一定是志趣相投的，大家才能集中在一起开展活动。于是有的看电视“春晚”，有的打大字牌，有的练习唱民歌，有的“谈白（话）”。到了深夜11点左右，主人炒米花，打油茶，请大家喝茶。然后架起火锅，喝消夜酒。平地瑶流传“三茶四酒”的俗语，意思是说油茶必须喝三碗，酒必须喝四杯。酒杯比较大，可盛二两酒，四杯酒喝下肚，酒量差的也就醉了。过去没有时钟，只能听鸡叫迎新年。现在以零时迎新年，各自到堂屋烧香、供茶、放鞭炮。杨才明说：他放了200元的鞭炮，有的还放礼花迎新年。迎新年以后，各户还不忘壅火炉，保留“压年火（种）”。

三、春节活动

(一) 拜年

拜年，主要是“走亲戚”，这些具有婚姻关系的亲戚包括外祖父（母）、岳父（母）、舅父（母）、表兄弟、表侄等；姑姐妹关系的姑妈、姨娘、姑表、姨表等。这种在正月相互往来的关系俗称“π吊箩”，中断关系叫作“断吊箩”。在观音乡（上五排）狮塘和水滨两村，各户人家所走的亲戚都比较多，主要原因在于婚俗，大凡娶亲婚，女方所有的亲戚每户3人参加送亲，到男方吃新婚酒。第二年正月新姑爷拜年，必须走完这些亲戚。蒋礼发女儿蒋雁云1988年结婚时请了61家亲戚，第二年正月他的女婿就走了61家。又如杨才明1985年结婚，第二年做新姑爷共走了40家，直到前几年岳父岳母相继去世，这些亲戚才逐渐减少到13家。杨才明父亲胡孟林（后改姓杨）原到水滨屯入赘，后来才搬回白竹铺居住，现在还有叔婶弟兄共8家，另外还有老婆的姑妈和姐姐2家，合计23家亲戚。走亲戚少了，走朋友多起来，杨才明先后走了37家，女儿走了4家，儿子走了6家，合计是47家朋友。亲戚加朋友共计70家。

在水滨村，拜年习俗中最有特色的是抓阄拜年，因为按水滨、狮塘两地的拜年风俗，每人每天只能走2家，一个正月走不完，必须采取抓阄排列名单和顺序的办法，不过“老水源（老亲戚）必须先走，然后才是其他亲戚。1988年正月，蒋礼发抓阄拜年情况如下：

1～2阄：盘自玉、盘昆云；3～8阄：安金、安辉、安全、明刚，四妹、土花；9～19阄：盛刚、青山、盛均、明邦、明安、国书、廷昌、智高、明玉、明相、明均、明金、世标、连生、明高、明枢、明波、明祥、廷金、文魁；20～29阄：礼星、仁质、文祥、才山、礼晏、又全、礼科、智丹、启才、代祥、才光、智平、义辉、智虎、智龙、智山、仁石、武辉、祯祥、碧祥。蒋礼发告诉我说：1～2阄属岳母的外家；3～8阄为母亲的外家和妻子的姐妹，9～19阄是妻子的外家和本人的姐妹，20～29阄是本村（屯）的亲戚，可以一边拜年，一边请他们来陪客。

拜年礼物：据杨才明介绍，以前拜年的礼物有4块糍粑、4个鸡蛋、4块黄糖、1包饼干、1（小）块腊肉。对方只接糖、蛋、饼三样，然后在吊箩中回1个利市、2块糍粑。现在虽然有些变化，增加了包装酒或其他东西，但“老四件：粑、蛋、糖、饼”仍然不变。

宴客：由于抓阄拜年的原因，各家各户每天来客多有一个定数，因而每天还得预约本姓或本屯的亲戚来家陪客。来客多在中午前到达，一家安排中餐，另一家则安排晚餐。中餐打油茶和菜肴准备几乎同时进行，待客人喝了三碗油茶之后，马上撤去茶锅，摆上火锅喝起酒来。菜肴的丰寡依家庭贫富而定，腊肉、腊肠、腐竹、粉条是基本菜。但招待新姑爷一定得讲究体面，备十大碗，正月二十日以后新姑爷要会一次“新客”，把女方的所有亲戚请去，集体招待一餐。此后每年聚一次，叫作“会年客”，直到儿子结婚有了新客为止。在春节期间，本人两次到水滨白竹铺调查，吃了6餐宴席，在俸医师家以土鸡为火锅，先后上席的菜有：扣肉、粉蒸肉、全鱼、香肠、腊肉等“十大碗”，席间大家互相敬酒，以酒为乐。过了正月二十日，女人们要回外家住上二三天，外家人还要邀伴送姑妈（娘）。这样主家还要摆上一二桌酒席，热情招待送客。从正月初二至正月尾，各家各户走亲不断、来客不断，显得十分热闹。

（二）娱乐

1. 舞狮

水滨村现有白竹铺、矮寨、莲花3个屯的狮队和龙队。大年三十上午，白竹铺龙狮队到本村各户舞龙舞狮“辞老年”。正月初一出外到各屯拜年，分别走了12个屯，直到初六才收兵，另外两个狮队也是如此，先在本屯，然后出村。狮队进村拜年，该村主事人手托茶盘，茶盘里要放一小包茶叶、一片树叶、一个利市、三杯清茶，在村口迎接狮队，称为“敬茶”或给狮“插青”。还要给狮子系一块红布或红丝线，谓之“彩头”。主事人领狮队依次进入各户堂屋拜舞，主人不停地放着鞭炮。跳完以后，主人要给大家献茶，然后送一个利市。这样，从村头至村尾依次拜过以后，再在村中旷坪“耍大堂”进行全套表演。矮寨的狮队还有拳术、刀术、棍术表演，技艺传承较好。狮队如果遇到“新郎公”来拜年，还要专门为他拜舞一番，表示祝贺。当然新郎公也不能吝啬，尽量给一个大红包。舞狮结束，各户热情邀请大家到家里喝酒尽情招待。

以前，水滨村不但有10个成人狮子队，还有10多个小狮队。小狮队跳的是单狮，4～5人组成一个队。正月初一在本屯拜年，初二出村，每到一户跳完，有钱的户主给一个红包，无钱的就供给2个糍粑，因此人们戏称为“粑粑狮”。这些小狮队，走过一村又一村，直到正月十五才收兵；现在这种情况已经越来越少见了。

2. 现代文体活动

近几年水滨村广场舞十分活跃，已发展到10个自然屯都建立有广场舞队伍。水滨村委因势利导，于2012年正月初六下午在白竹铺举行了广场舞比赛，有10个队200人参赛。评比结果为牛眼塘、水滨、狮尾3个队分别获得一、二、三名。村委会分别发给600元、500元、400元的奖励，其余各队也分别给予200元的鼓励。正月十五晚上，水滨屯也举行了广场舞表演，有12个队参赛，村委会拿出1000元支持活动。

岗子上从正月初一到初五举行了“上五排青年篮球赛”，有16个队参赛，白竹铺队、狮塘（2）队、岗子上队获得前三名。村委会拿出1000元支持活动。总之，现农村过年的文体活动也越来越现代化了，虽然传统的舞狮子仍保留，但似乎受城市等外来影响的新民俗也正在形成。

3. 狩猎

平地瑶源自“梅山蛮”，在《梅山图》中绘有四山白公，翻天张五郎等狩猎之神，民间俗称“梅山”。白竹铺立有梅山，以翻天张五郎为主神，大凡行猎都比较应验，该屯猎队世代相传，在上五排各村寨中最有名气，连相邻的几个湖南江永瑶寨也经常请他们去打山猪。打猎有个人和集体两种行为，个人行为以下套和放铁夹为主。

集体围猎：在上五排流传着“吃正月，耍二月”的俗语，所以正月的围猎也是他们的“娱乐”活动之一。出猎时邀上几个同伴即可，到了一定的场域，根据地形地貌进行分工，由4人分成2组，在野兽必经之路设卡，守候伏击；剩下2人放狗赶兽，每个人都带有一个竹哨，发现野兽和逃窜方向即发出讯号。当野兽冲卡时，伏击者先后开枪，以开第一枪打中的为“炮头”，以将野兽击毙的为“炮手”。猎物倒地，发出讯号，大家聚集一起抬野兽回家。按瑶人狩猎风俗，在猎物上肩以前是“见者有份”的，如果是孕妇还可分得2份。打猎要“敬梅山”，出猎前先烧香供茶化纸；打猎归来，要砍下头颅“祭梅山”，还要以兽肠、肺喂狗，表示酬劳。猎物分配也有定制：打到鹿子，炮头得皮，另占1份，其余各占1份；打到山猪，炮头要头，另占1份，炮手占2份，放狗的得一只猪脚，另占1份，其余均分。打得兽肉，不但当天有一顿美餐，还可留肉招待客人，充实宴席内容。自2000年收枪治暴以后，白竹铺人没有了鸟枪，打猎也相应停止，放夹安套也较少，只有“放搭子”搭山鼠还比较盛行，不少人还有自己多年号占的“领地”。所谓“放搭子”，就是在山冲里山鼠出没的地方，找一块重约10~20斤的石块，打下一根短木作为扛点，以一根短木作为扛杆，将石块撬起来，另一头安上机关连接枝条，枝条经过扛点伸入石块，前端插入烤香的诱饵，触动机关，石块下压，山鼠即被“搭”住。放搭人在一个山沟里可连放一二十个搭子，每隔二三天去收一次，取出被搭的山鼠或其他动物，再行安装。搭老鼠从立冬开始，直至惊蛰，持续数月，收获不少。鼠肉，也是白竹铺人招待外客的“山珍”。

四、水滨村春节习俗的变迁

水滨村的春节习俗具有持续时间长、内容丰富的特点。生活在水滨村的平地瑶，在春节前要花上一个月的时间去准备春节所需要的酒、食物和拜年的礼品。待到春节来临，人们既要在家宴客，也要四处拜年。在此期间人们要办的宴席多，娱乐活动也多。人们通过传统习俗来稳定村落的社会组织，同时维护在不同村落里的亲朋间关系。这种关系的稳定，又反作用于传统习俗，使得水滨村的春节习俗具有一定的稳定性。但由于近年来社会大环境的变化、水滨村外出打工人数增多等原因，水滨村的春节习俗变迁的速度也在加快。

（一）祭祀习俗的变迁

平地瑶信奉多神，在还愿酬神时，要请到1000多个“梅山神”。在明清时代，大凡建村立寨，都有“村头土地（社），村尾泰山”的设置，每逢过节必须烧香化纸，大年三十晚和正月初一要用“三牲”供奉一次，现在有的村寨虽然还遗存土地、泰山，但其香火已经十分清冷。

过去小孩出世以后多数因病难多不好带而拜“养娘”，因而村旁的古树、古井、大石等在春节随时都可以看到祭祀的标记——红纸条，这一现象现在已不多见。

在过去，平地瑶敬奉“牧牛童子，养猪小娘”，过年要祭祀猪栏神和牛栏神，以求六畜兴旺，现在随着电视、网络、农业生产新技术的普及，人们对天气变化、生老病死有了与过去不一样的认识，过去出于对未知事物产生的敬畏心理逐渐减弱，许多祭祀仪式也随之淡化、消失。现在，被完整保留下来的只有祖先祭祀。这是因为当地素有孝敬长辈、不忘祖先的优良传统，所以祖先祭祀依然被当地人所重视。

（二）赶圩习俗的变迁

过去，由于交通不便，年货的置办是一件很不容易的事，“赶圩”便是年前需要特别去做的一件大事。

“养猪为（了）过年”的俗语不知在该地流传了多少年。过去人们把养猪养牛称为“家财”，把打野兽也称为“求财”，反映出普通农家的“生财之道”。观音乡四村（委）历来无集市，由水滨村到栗木街远距50里，山重水复，往来艰难。为适应环境，人们不得不力争“自给自足”，红薯酒自己熬，糍粑自己做，猪肉是春节送礼和待客的主要礼品和菜肴，缺了肉，过春节就没有意义了。因此，再穷的人家，也要争取养一头年猪。另外猪肉的价格历来不菲，如果以物换物，一斤肉值8斤稻谷。买100斤猪肉，要花去800斤稻谷的钱，因而人们又认为“养猪等于攒钱”。

1992年，打通了涧里源，开通了观音到水滨村牛眼塘20千米的公路，其后即有私营班车往来至县城，农用车、微型面包车、摩托、小轿车逐年增多。交通设施的改善，给人们年前购物带来方便，一些物品不再非要自己家做，自给自足，而是从市集购得。1998年以后，当地由种植稻谷为主的传统型农业向兼种植水果的经济型农业发展。在这种传统农耕基础发生变化的情况下，有的农户也逐渐放弃养年猪而改为买猪肉，一部分人改变以农为本的观念，走向城市打工挣钱，家中留下一老一少，年猪也“以购代养”。

人们对“圩”也有了选择的余地。如果到栗木街赶圩，半天时间即可往返，再也不像过去肩挑步行“两头黑”。另外村里还有多个食什零售商店，人们可以随时购买补充所需，不必再专程等到圩日，结伴出村购物。

（三）拜年与宴客习俗的变迁

“吃正月耍二月”，反映了观音乡平地瑶春节和农耕习俗。以个体家庭来说，“π吊箩”到亲戚家吃，接待来客在自己家中吃，肯定是“吃正月”。按过去的耕作习俗，二月社日开犁，三月清明播（谷）种，二月主要的农活是开挖山地，还不算很忙，“耍二月”的说法也有道理。在大集体阶段，生产队按照上级的要求，正月上旬就安排出工，但并不紧张，人们仍然是边出工边拜年。在二十世纪90年代种植水果以后，要赶在水果开花前清园、修枝、施肥、喷药，农事时间安排已经不同以往。2013年正月，天晴时日多，人们在上午都忙着进果园劳作，当有来客时再回家设宴喝酒。

1．拜年习俗的变迁

在2000年以前，水滨村基本是沿袭旧俗，蛋、糖、粑、饼这四件必不可少，用糍粑“π吊箩”也是规定礼数。此后逐渐有了改变，糖果改用袋装，饼干改用盒装，并增加了瓶装酒。特别是打工回来的年轻人，多少带回了一些“洋气”，用盒装酒、大礼包或者牛奶替代了“四大件”。另外是走朋友，相互间也逐渐省去了“回吊箩”的礼节。二是拜年对象的变化，除旧亲、旧戚的拜年以外，朋友家互相拜年在逐年增多，像杨才明一家就走了40多家朋友（朋友明显多于亲戚），按“你来我往”的风俗，接待人数肯定相应增多。在旧俗中，朋友必须转变成养爷、同年、伙契才方便走亲戚，现在无须拜认，凭着“革命感情”就可以了。当然，一经“π吊箩”就必须在一段时期内固定下来，否则“断吊箩”就是断了朋友关系。另外，还有拜师习俗，如宗教师、课日师、地理师、匠艺师等，拜师学艺，“一日为师则终生为父”。除春节拜年以外，凡师父家的红白喜事都必须参加，直到师父师母寿终正寝为止。新中国成立以后，这些师父人数逐年减少，徒弟拜年相对不多。

2．宴客习俗的变迁

宴客就是招待客人喝酒吃饭，凡有客来，除喝油茶外，还必须请喝酒，否则主人会感觉惭愧“对不住”，外人也会评价“少礼”。宴客的变化主要体现在两方面：一是菜肴的增多，改革开放以后，水滨村人均收入逐年增多，2012年达到4000多元。经济收入的增多，使春节宴席上的菜肴也较为丰盛。据周民统说，在改革开放以前，除了待新客和会年客，一般有三四个菜就不错了。如今随着物质的丰富，水滨村的春节气息显得更浓。二是陪客的变化，以前来拜年的是男客，则由男主人招待喝酒，女眷和小孩是不上桌的，按照一桌8～10人计算，如果客少，就在家族中或本屯找人来陪，坐满一桌，以尽量减少餐席的数量。现在有了改变，特别是晚餐，如果找不到人来陪，则一家男女老少都上桌，一起陪客人喝酒，如果来的是女客，男人也可以上桌陪酒。

（四）娱乐活动的变化

1956年以前，水滨村不但有多个狮子队、龙队，还有多个祁剧团，各个团能演出一二十个剧目。这些团队在春节期间都十分活跃。大年三十晚和正月期间，各村寨互相邀请演出，人们在“看戏”的同时受到传统文化的教育，还得到精神的愉悦和享受。1958年桂林行署设立时，水滨村的吹笙挝鼓队还代表恭城文艺队到桂林作了演出。1966—1976年，祁剧团更名为“毛泽东思想文艺宣传队”，龙、狮拜年活动中止，人们在春节期间乐于宣传毛泽东思想，娱乐活动也围绕此进行。1977年以后，龙狮队重组，锣鼓声给当地春节带回了“俗味”，同时篮球、乒乓球赛事的开展，为春节注入了现代体育的气息。2011年以后广场健身舞也逐渐由一个屯发展到10个屯，这种舞蹈老少皆宜，每到晚上喇叭（扩音器）一响，各村寨又是一片欢腾。

文化娱乐的变化，反映了人们对传统文化的认识与延承，体现了时代的进步与风貌。

附：主要信息提供人

周明统，男，1935年9月出生，原任观音乡水滨村支书多年，1992年退休，现为平地瑶梅山教主要行职师公。

蒋礼发，男，1942年正月出生，曾任观音乡水滨村委干部多年，现为广西区级非遗“吹笙挝鼓”主要传承人。

杨才明，男，1963年正月出生，现为观音乡水滨村委主任。

全州县东山瑶族乡六字界村春节习俗调查报告

盘福东　盘　立

前　言

广西桂林全州县的东山瑶，是盘瑶的一个分支，因聚居于全州县东部的山区，故称“东山瑶”。东山瑶中大多数是元大德九年（1305年）从灌阳瑶族千家峒翻越三峰山，流离粤北乐昌，又至江西，辗转全州石塘，于元末明初、中期先后进入东山定居，属进山“定居型”。在与汉族长期的接触交往中，东山瑶形成了既有明显汉文化痕迹，又独具特色的民族文化。东山瑶将春节作为一年中最重要的节日，即是汉瑶文化相互交融的结果。而将年期延续至农历二月初一敬鸟节等，则是东山瑶本民族所独有的特色。

调查组在全州县东山瑶族乡有多年的调查工作经验，又于2013年春节期间，以六字界村委这个行政村作为主要调查点，围绕东山瑶族的春节习俗活动对六字界行政村下属的六字界、唐家、畔塘、洪塘四个自然村展开了田野调查。在结合东山瑶习俗研究的相关文献和调查组此前在当地调查所获得的东山瑶习俗材料的基础上，撰写出这篇调查报告。

一、调查点概况

东山瑶族乡位于广西壮族自治区全州县东部，北纬25.94°，东经111.37°，处于都庞岭山脉北壤湘桂褶皱地带，方圆418平方千米；辖16个村委、183个自然村，总人口3.36万。东山瑶族乡是一个瑶、汉民族聚居区。瑶族25541人，占80.6%，为广西瑶族人口最多的民族乡，有两个瑶族支系：一为东山瑶，自称“标敏”（瑶人），他称“过山瑶”；一为下路瑶，自称为“瓢敏”（瑶人），他称“滚约民”，现居住在东山东南的斜水村与灌阳县文市镇、水车乡的泡江瑶均称为下路瑶。本次主要的调查点六字界村委位于东山瑶族乡的东部，距县城46千米。东山瑶的村寨大多以家族为单位，有的以姓氏来命名，六字界村委下辖的唐家村即是一例。

六字界下辖的4个自然村中的六字界村有207户，人口722人；唐家村和畔塘村60户，人口216人；洪塘村154户，人口464人。这四个自然村为纯瑶族村落，共有盘、唐、庞、周、蒋、沈、范六姓，盘是大姓，占全村人口的96%。六字界村海拔1500米，可用耕地总面积为4326亩，人均耕地三亩。因属于高寒地带，农作物成熟周期为一年一熟。主要种植水稻、玉米、红薯等农作物。2012年，六字界村人均年收入为1600元。瑶胞称屋为“表”，旧式房屋南北两面山头墙体为方形封闭式，仅设大门，设小后门。“表”内建有北房、南房、后房、厢房。北南房为主房，称之为“正房”，正房的中间是厨房，西间是卧室，东间是厢房。将北南房分开的正中是大堂，大堂正面是天井，大堂后面是长辈卧室。大堂西面设神龛，神龛分上下两层，上层置历代家先偶像，下层置香炉，用来焚香敬祖。神龛前放条桌或八仙桌。父辈居住北房，晚辈居住厢房。现在，大多数居民已经住上了新式的砖制结构二至三层楼房。但都是由村民自建，没有统一规划，村道也尚未硬化。

六字界村委的这四个自然村都是由家族发展形成。村民习惯上称同属于一个曾祖父的各个家庭为“太明公”，同属一个祖父的称“邹（祖）公”。各家有红白喜事时，由“邹公”定规格。同个自然村村民相互视为本家，不通婚，祖坟不分开，年节上坟的祭祖仪式共同举行。

东山瑶普遍信仰盘王，六字界村南面原来建有盘王庙，但在1966年时遭到毁坏。1966年前村里的老人们每到农历十月十六还愿日，早上起床洗脸后，第一件事就是到盘王庙盘王殿上香、磕头。每年正月初一、十五，村民们进盘王庙上香、点油灯。每年农历六月六、中元节（七月十四），还在盘王庙举行道场活动，求盘王保佑五谷丰登、家道兴旺。现在在村民的记忆中，盘王像、盘王庙的神圣性依然存在。

六字界村委四个自然村的生产、生活水平在东山瑶族乡处于中上等，几乎每家都有农机、电视机、洗衣机、摩托车，少数人家还有小汽车。瑶民的经济收入不高，但结婚投入较高。从前几年起，仅送礼一项就在万元以上。六字界村民比较重视教育，出过教授、作家。在外工作的人也较多。六字界村村支书盘小林介绍，由于外出学习后定居城市、在外工作、姑娘出嫁、自然死亡等原因，村里的人口近些年呈现负增长。

二、春节前的仪式与活动

自进入腊月起，六字界的村民就开始为过春节做准备。在此期间，腊八，村中有挑井水、捡狗屎、祭古树的传统；怀孕、未添娃娃、有人病痛不断的人家，需要架桥积功德；到了腊月二十三，有钱人家请“富灶”，腊月二十四，生活相对清苦的人家请“穷灶”。由于进入腊月起，东山瑶便不再从事生产活动，因此有较多的闲暇时间，不少村民会在腊月中选择合适的时间给自家的孩子完成传统的祭拜仪式。另外，年内有亲人去世的人家需上年坟,外出打工的人回乡也要上年坟。

此外，六字界村春节前的活动还有办年货、杀年猪、做新衣、打糍粑、大扫除、借还物等。

（一）节前的仪式

1. 腊八挑井水、捡狗屎、祭古树

东山瑶族进入腊月后停止生产活动，准备过年的物品。每年的腊月初八凌晨时分，村里的年轻人就要前往村庄南北的两口水井去挑井水，当地人对这一习俗的说法是“腊月初八赶早挑井水赶早发”，图的是来年风调雨顺的好兆头。这一天，村中的中老年人去捡狗屎，因为当地有俗话说“捡得狗屎，走狗屎运”。天一放亮，村里的中老年人就左手提粪箕，右手抓把三齿小挂耙，出门后沿途将狗屎牛粪扒进粪箕，再统一倒进沤肥坑里，做开春种

南瓜用的肥料。由于用这种绿肥种出来的南瓜十分美味，当地的中老年对于捡狗屎这一活动热情很高。在拾尽狗屎牛粪、洗净用具后，人们开始往竹篮里装酒肉、钱纸、鞭炮，拎着小竹篮到村后龙山的千年红豆杉前祭树神，轻言细语祈求古树山神保佑人畜平安兴旺。

在2012年春节调查组进行调查时，六字界村瑶胞们为保护千年红豆杉，在千年红豆杉靠河溪一带，砌筑了半径4米，高2米的墙体预防山洪冲击古杉；订立村规公约"环古杉30米周围禁止烧纸烧香燃蜡烛放响炮"。六字界村瑶民都自觉在千年铁杉周围30米线外祭祀烧钱纸、放鞭炮，遵守约定。

2．架桥

进入腊月以后，村子里还未生育的人家和已怀上孕的人家，或者有人病痛不断时，要赶在过年前架桥积功德。东山瑶民相信，这样做可以让未添娃子的人家可以添个胖娃；已怀上孕的人家能够平安顺产；病痛不断之家减轻病痛。

架桥是一件积功德的大事，因此架桥所需要准备的物品也不少，包括：从山上砍一棵三丈（10米）长的杉树，朝上面削去皮，在树头树尾扎红布条；开叫公鸡1只、6个糍粑、钱纸、1枚铜钱。架桥的时候，要请村中德高望重者主持。首先要将架桥的杉树扛到河溪架在河溪两岸，将钱纸扯开后叠成一圈。然后宰杀准备好的公鸡，将公鸡血淋在叠成一圈的钱纸和架桥木上。搭好桥头石后，将6个糍粑、1枚铜钱放在搭好的桥头石上。这时，由架桥主持人说吉利话，焚烧钱纸，架桥仪式就算完成了。已宰的公鸡被拿回家当日招待架桥的主持人，铜钱则由架桥祈愿人缝一小布袋随身带在身上。

3．请灶王

与汉族等民族的年前送灶习俗不同，东山瑶习惯在腊月二十三和二十四请灶神下凡，俗称"请灶王"。在东山瑶的传统中，腊月二十三是富灶，二十四是穷灶。由于过去东山瑶生活条件艰苦，因此在1984年前，六字界村委下辖的各村都在腊月二十四祭灶。尽管现在生活水平有了很大提高，大多数人家仍在腊月二十四请灶王过小年，称"灶王节"。请灶王仪式简单，但很严肃。东山瑶瑶民家中火塘内有铁三角架，请灶王的时候在厨房角墙木柱上贴一张黄纸，铁三角架背上放一块供板，用来点灯和供祭。腊月二十三或二十四这天的黄昏时分，先朝三脚架正方摆上小桌，供上4个糍粑（寓意“四季平安”）、糖果、点三炷香、一盏灯，祷告：“今朝请灶王，灶王下凡，带来吉祥，保人安康”。接着往铁三角架内续柴，向铁三角架续柴前淋三杯酒，请“灶王酒入衷肠，莫招火灾祸殃,一年到头平安无恙”。全过程忌讳在三角架前说“碎话”（不吉利的话）。

4. 上年坟

年内有亲人去世的人家须上年坟，入土三年的属旧坟,旧坟可由坟主后世人家自行决定上或不上。在外工作的如回乡过年，通常上年坟。如今生活水平提高了，当地人大都兴上年坟。上年坟的祭祀与清明节扫墓大同小异。不同之处主要是年坟不支三竹挂纸钱，不烧新衣等祭送物资。年坟只在坟前祭酒、肉，烧钱纸，轻声呼唤被祭者辈分“过年了！”，祭祀毕离开时鸣放鞭炮。

5. 寄拜

寄拜不是春节的准备活动，而是给小孩拜寄爹寄妈求快长快大乖巧的一种习俗。寄爹寄妈有可能是石头、树木，也有可能是人。但由于腊月后当地人就停止了生产活动，有较多闲暇时间，加上人们认为过年石神树神会出来接香火，这时候寄拜会更灵验，因此有不少人会选择年前给小孩拜寄爹寄娘。

当地人将家中小孩第一次寄拜仪式称为头拜。

要寄拜给人的小孩，家中父母酌选有儿有女，家道兴旺、人品好的人家，征得被拜者乐意为之后，择日请被选拜者吃饭，拜认寄爹寄娘。是日寄爹寄娘给寄儿（女）取名，送一只碗，一双筷、一件衣服、一顶帽子、一双鞋。吃了拜寄酒后，每年正月，寄儿（女）带一桶酒（约2.5千克）、一块肉（约1.5千克）、糍粑若干个，到寄爹寄娘家拜年。年年如此，直到寄爹寄妈百年归寿以后才结束这种礼仪。

此外，还可以选古树、巨石（也有以桥、水井）为拜寄对象，寄拜仪式的场所因选择的物事而定，要拜古树的就在古树边；拜巨石就在巨石边；

拜桥的在桥头，拜水的在水井边。良辰吉日，父母带小孩到所择之物前行祭，焚香化纸供酒肉放鞭炮，被拜物享受拜者三叩头礼。拜者叫三声“寄爹（娘），接下来做父亲的把祭过寄妈的水酒洒在古树前，饭或糍粑带回家让拜古树做寄妈的小孩吃，“吃了寄妈的饭粑，读书长记性，聪明脑袋瓜”。小孩还要根据所拜物品取亚名。拜石安石保（宝），拜树取树保（宝），拜桥的叫桥保（宝），拜水则叫水保（宝）。这样，有“爹娘”保佑，小孩安然长大，“赖仔名字随寄爹寄妈安，安然日子得平安。” 当地人相信不怕名字丑，只要喊得久，“寄爹寄妈安，赖仔（小孩）健壮人长久”。从此，这个小孩每年在过年前要先来给古树寄妈拜年到18岁，18岁后可逢双年给古树寄妈拜年,如果18岁后在外工作或外嫁他乡可以省却。

如果头拜不如人愿，还可选择其他的人家或者古树巨石等再寄拜，称为续拜。续拜仪式与头拜仪式差别不大，都是以保佑孩子快快长大、读书有成、乖巧懂事为主要目的，仪式所说的话也围绕这些内容展开。

（二）节前的准备活动

1．杀年猪

六字界村委下辖的四个自然村，家家户户都养有年猪，除特殊情况外，每家都要宰一头猪过年。杀猪这天，杀猪匠夹着杀猪刀具来到主人家坐在堂屋的长凳上，接过主人家递过来的“旱烟”（生烟叶晒干叫旱烟）烧起来。此时，主人家里已经聚集了看杀猪的人群和帮忙抓猪的青壮年男子，看热闹的小孩子们也在翘首以待。杀猪匠抽完一斗旱烟，灶坑上大锅里的烫猪水已经烧开。杀猪匠将烟斗往长凳腿上一敲，喊一声“动手吧”，主人家便打开猪圈门，主人“喏喏喏”唤猪走出圈门，守候在猪圈门两旁的四五个青壮年男子一拥而上，有的抓耳朵，有的揪尾巴，一下将那猪按在之前准备好的“杀猪凳”上，杀猪匠的尖刀对准那猪脖子与胸脯处，狠狠的捅进去，猪便发出一阵尖叫，冒出的猪血染红了杀猪匠的手和袖口，帮忙的人赶紧将一个木盆放到猪头下面。待杀猪匠把刀一抽，猪血便喷射而出，直接流到了木盆里。杀猪匠拿来食盐撒到盛有猪血的木盆中，主人家适时递上钱纸，杀猪匠接过钱纸擦拭刀上的血迹后交还给主人家。主人家接过沾有猪血的钱纸贴到猪圈门楣，年猪便杀好了。这时帮忙的人用手在木盆里来回搅和猪血，在猪血凝结成稠状后拌香料灌猪肠熬熟切成数十小节分给来到家中的大伙品尝，这就是东山瑶所说的杀年猪“吃血灌肠”。[1]

猪被杀倒后，杀猪匠在猪后脚上用刀割开一个小口，用一根筷子粗1米多长的铁条从猪脚处捅进去，猪皮下便形成一定缝隙，然后，对着猪脚上的小口鼓着腮帮子使劲吹气，帮忙的人抡起一根木槌在猪身上猛力捶打，不一会扁平软塌的猪身就变得滚圆鼓胀。杀猪匠用麻线扎紧吹气口，帮忙的人将滚圆鼓胀的家伙，放到木梯上，再将木梯抬到拼凑的两只木盆上，帮忙的人舀出大铁锅内沸水轻轻淋在猪身上，杀猪匠拿着一块半圆形刀唰唰唰地刮起来，此时，帮忙的人们顺着杀猪匠刮猪的部位浇开水，不到半小时猪毛刮净，年猪雪白滚圆。杀猪匠拿铁钩勾住猪后腿关节处，猪的裆下划刀，一直划到猪脖子杀口处，猪肚皮里的五脏六腑便露出来，帮忙的人拿来筛子接住端去翻洗。杀猪匠割下猪头让主人拿走，帮忙的人操刀将挂着的猪肉割成条钩状，用棕榈叶或禾草系上，挂到长木棍支架上。这就是东山瑶杀年猪的过程。

由于生活水平有了很大提高，现在东山瑶过年肉食很丰富，海鲜也被端上了桌。在1984年前的过去，在东山瑶家庭里，杀年猪是一件了不起的事情。因为粮食定量，没有粮食养猪，只有完成了国家规定交售生猪的指标后，从食品处开具一张完成国家规定交售生猪任务的“收购证”后，过年时才能杀猪。如果没有“收购证”，杀猪的人家须把整头猪的一半肉以国家规定价格交售给食品处。因为很少有养得起两头以上猪的，所以想要杀自家唯一的年猪，就只能花上十几或二十元钱，买一张“收购证”。被买“收购证”的人家同样也只养了一头猪，只是直接交给食品处换取现金后不再杀年

1．标敏语，指猪肠和糯米香料混猪血灌进猪尿囊蒸熟切成小节或小片。当天招待帮忙人和左邻右舍的其中一道菜。杀年猪的主家，当天请家族人到家“好伞汤”（标敏语，汉语“吃血汤”）后，每家送一块“卵漂节”（标敏语，汉语“猪尿脬囊袋灌猪血熟后切的片”）、一小节“堂澎”（标敏语，汉语“猪血灌肠”）。

猪，买几斤猪肉就算过年，因此食品处开具的证明可以卖给别人顶替生猪交售任务。那时候，杀猪一般在腊月二十七八，因为杀得太早会不便保存。现在，东山瑶大部分人家在过年期间至少能杀一头猪，将肉全部做成腊肉放入石灰缸里，足够吃上几个月甚至一年。如今东山瑶追求的不再是杀猪过年，而是向着更富裕、更讲究的花样过年。

2. 办年货、置新衣、准备年节食品

家家户户在大年三十的前三天置办年货。要办的年货主要有香菇、木耳、烟酒、糖果、爆竹等,不论自产的还是购买的,家家户户在大年都会办齐。东山瑶在大年三十洗澡换新装,从头到脚都穿新的。即使家庭条件较为困难的人家,也会在年前千方百计想给孩子们买布请村上裁缝师傅赶做一套新衣。因此,1984年前政府按人口人均“一丈二尺”布票， 瑶族比汉族多发给8尺。到2013年调查组调查时,六字界、白岭村委的居民已经不只是满足于穿新衣,年轻人还要买名牌衣装、西服来过大年。服装与汉族日常衣着已经趋于一致。

东山瑶需要准备的年节食品主要有糍粑、酿豆腐、炸豆腐、“过年鱼”等。

(1) 打糍粑

在全州县东山瑶族乡，大多数人家杀年猪前就开始做糍粑。打糍粑时，首先将蒸熟的糯米饭倒入碓臼，由两名或者三名汉子操木碓棒对准石臼里的糯米饭狠劲舂捶，然后将舂捶好的糯米团用沾水的棕绳捋到撒有干米粉的方桌上，趁热做成大小厚薄均匀的圆糍粑。最后，在糍粑上印红花，稍冷硬后放入大缸里，就算做成了。糍粑既是全州东山瑶年夜饭前祭祖的用品，还是正月拜年不可或缺的礼物。糍粑量多的人家，则将一部分糍粑存放在水缸里，用打雷前的井水浸泡，不馊不烂。可放半年甚至一年。客人到屋时,主人捞出几个糍粑滤干煎熟，喷香爽口。

过去，东山瑶每户人家在年前要打50千克糍粑。到了2013年春节，六字界村委因为青壮年大多外出打工，糯田抛荒没有糯米打糍粑，所以有一半人家用饼干、酥糖、水果替代了传统的糍粑。而坚持打糍粑的人家，是用从市场买来的糯米打的糍粑，他们这样做的原因是认为有了钱不能让后生娃仔忘掉过春节打糍粑的祖传规矩。日子好过了，更加不得少了糍粑。一个村里要是过年没有人家打糍粑，这个年过得太过于寒酸刷水（差劲乏味）。

(2) 酿豆腐、炸豆腐

酿豆腐、炸豆腐是东山瑶非常喜爱的食品，也是其常见的年节食品。酿豆腐这一食品的做法与汉族的酿豆腐有些相似，是将一四方块豆腐划成四小方块，中间挖小洞，然后抓剁好的肉末塞进小洞，这道菜是要留着大年夜下锅的，煮熟即吃；“炸豆腐”同样要将一四方块豆腐划成四小方块，只是不再酿入肉末，而是入油锅炸熟炸松。在东山瑶族家庭里，这种炸豆腐一次要做十几斤，具体的量视食量自定。

(3) 大扫除、还借物

从腊月二十五这天起，东山瑶开始为期两天的大扫除。大扫除先清扫畜禽栏。人们用簸箕先将畜禽栏粪挑到地里或田间，打扫干净后给畜禽栏垫上禾草。接着从上房开始，从上到下，从里到外，对全家进行一次彻底的大扫除。家里的桌椅、板凳、箱柜等擦得干干净净；房前屋后周围的脏东西全都清除。此外还要疏通阴阳沟，将天井污水掏尽做菜园肥料；火坑堂的灰清除到堆肥用的茅棚，清火灰时要注意留住燃着的火种，不可挪动三角架。

腊月二十五至二十七这三天内，各家需归还借用的家具及其他物件。如耕作借用犁耙的、抢插借了蓑衣的、办喜事宴席借了八仙桌的、劈柴借了斧头的等，“赶前不错后”，也有人会在腊月二十四至二十六这三天将借物归还物主。还时搭点自家拿得出手的小意思（一抓辣椒或一包糖果）感谢物主。那些借钱的人家，还不起借债时也在年前拿点小意思去表示谢意，并说明眼下还不了的原因，再借不难。村里老人说：“老规矩，祖宗传，年年过，年年做，没哪个人忘掉。老祖宗传下来的风俗习惯，不可数典忘宗，新东西替代不了，朝廷也好，政府也罢，不干涉我们瑶人心里装的东西，代代人都晓得这么做。”

(4) 贴春联、贴红纸、贴香火、贴年画、贴门神

在东山瑶族乡，有年三十上年坟扫巷道挑水还物件后贴春联的习俗（年

内丧事不足百日不贴春联贴香火），贴过春联之后，忌串门，忌索债人讨债。正月之后方可讨债。此外，还在神龛、门梁上贴3至5张红纸。神龛上部贴红纸香火（中堂）“天地国亲师位”，两边对联内容多为“国泰民安、风调雨顺、五谷丰登、灾消祸散、全家吉庆、福寿康宁、百病解除、祖神保佑”；还要在灶神神位贴红，在火柱贴写有“供奉灶君之神位”的红纸。将香火纸、神龛、供桌、堂柱、大门、房门、侧门、后门都贴上新联后，接着贴年画；最后给猪圈、牛栏贴红纸，以红纸横、钱纸竖成十字架贴栏门上，红纸横，象征喜庆；钱纸竖视为“封秽”辟邪。

另外，瑶族有祭祀门神的习惯，因此，过年前许多人家会给自己家门贴上新的门神。关于东山瑶门神传说不一，流传较广的说法是门神有妻，养育三个儿子。儿子住在大门西侧，两侧有禁规，子女只能在大门外约会，不准进门败坏风俗。门神的妻在门外为儿子招引姑娘。门神是无形的，但受汉族文化影响，尽管性格大相径庭，但东山瑶门上历来贴的多是秦琼、敬德的画像。现在东山瑶族门神与汉族相同。

三、春节期间的习俗活动

（一）大年三十的仪式与活动

1. 洗过年澡穿过年衣

进入腊月，天寒地冻，没有暖气，人们极少洗澡，熬到过年“洗过年澡”。瑶胞们说“今朝洗了年夜澡，来年身体不生包”。大年三十这天，瑶胞们无论老幼都洗过年澡，换上过年的新衣服。洗过年澡，在用杉木做成的高1米，宽0.6米，长0.7米的大木桶里盛药草熬的热水，先幼后长，轮流浸泡洗身，水脏了就换，冷了加热。瑶家药浴有清热解毒、消炎杀菌、活血通络、行气止痛、祛风燥湿、杀虫止痒、疏通经络、新陈代谢等作用，可治疗多种疾病。六字界村民谣：“若要来年身体好，过年要洗药水澡。”汉族有大年三十洗澡的习俗，寓意去旧迎新，东山瑶的过年澡不但有去旧迎新的寓意，还包含了对瑶族医药的传承与运用，独具特色。

洗完过年澡后，就要穿上此前为过年置办的新衣。东山瑶的过年衣讲究从里到外、从上到下都是新的。

2. 祭神龛

洗过年澡换上新衣后，东山瑶要祭神龛。神龛是东山瑶中最神圣的物什，家中盖好房子后要先设神龛，神龛为历代祖先圣地，神龛内布置木雕的家先偶像，这些神位从左至右依次排列，不能随便搬动。入伙时请祖先牌位入神龛，再请火神进火塘，然后才能搬日常生活用品。东山瑶传统观念中，认为天地国（君）亲（师）要居中，其余供奉的神从左边起排，家先为本家或本族所奉之神居后。神龛内设香炉，神龛前设供桌，逢年节以酒、肉、香、纸供奉。神龛常年保持清洁，不能将神所忌讳的“赃”东西放在神龛和供桌上。神龛后的房，称后堂，不设楼板，以防人去踏祖先神位。

大年三十这天下午四五点，东山瑶族家庭会在神龛前的祭桌上供上烟、酒、肉、香、爆竹等物什，待供品摆好后，家长率家人在神龛前按长幼次序依次下跪三叩头，轻声呼唤家先来过年，给家先烧纸、奠酒、磕头，请神祇保佑太平安康、丁财旺盛。家长一边喃语，一边用朱色筷子往酒杯点酒往外洒，呼唤家先一一接受年夜祭酒，而后焚纸点香，燃放鞭炮。

3. 吃团年饭

东山瑶称年夜饭为团年饭，团年饭桌有酒、鸡、肉、鱼等，要有10大碗。团年饭桌，祖辈位置靠向神龛方位，父辈男左女右坐南北两边，儿、孙辈坐东口方位。遇上严寒天气，团年饭桌下烧炭火，没有烧炭火的人家围在火塘边，火塘正中置三角架，三角架支大锅，大锅内正中有放菜碗的支架，吃哪道菜时才把那碗菜放上去。长辈夹肉放晚辈碗里，晚辈给长辈斟酒，按先长后幼的次序逐一敬酒。晚辈依次向长辈敬酒后，酒至三巡，轻声猜拳行令或讲彩话。鱼为摆设，谐年有余，其他酒、鸡、瘦肉、扣肉、米饭等都剩下一定的分量，寓意吃不完。

六字界村委的居民笃信“年夜饭的火旺”，吃年饭过程中，火塘火要红，不断续柴，象征续财。

4．守岁

东山瑶吃完团年饭后全家人会聚在一起守岁，守岁期间会讲故事、说吉利话、猜谜、吃宵夜，洗年夜脚。

吃夜宵是东山瑶守岁习俗之一，肚子不饿也得象征性地吃上一点。老人们鼓励孩子们多吃，说“贤明家先称体重，宵夜来年不受穷。”吃宵夜后，长辈给儿孙发红包，红包数额视财力量给，表示意思就可以了。现在，由于电视的普及，在东山瑶乡吃团年饭的时候“春晚”就已经开始，全家人可以一边喝酒一边看春晚，到12点时，团年饭还没吃完，所以，不少人家将团年饭与宵夜并在一块进行。

东山瑶守岁的习俗还有洗年夜脚,洗年夜脚的时间要在午夜12点之前。长辈告诉年轻人“过年守岁洗脚，来年有吃有喝”，男女老少在过年守岁时都洗年夜脚,好来年有吃有喝。

到了零点放过鞭炮，孩子们拿到父母发的贺岁钱后放枕头下,俗称岁（睡）钱，寓意岁有钱。守岁才算结束。

（二）正月初一至十五的年俗活动

1．正月初一的年俗活动

正月初一拂晓时，生活在六字界村委的瑶族年轻人就要挑井水盛满水缸，井水源源不断，象征钱财人脉“源源不断”；中年人抱柴进屋，象征新年第一天大早抱财进屋。

待天一亮，首先要给“列位家先”拜年。给家先拜年包括置酒、肉、烧钱纸、上香、点灯、表话；其次给天地诸神献供、烧钱纸、上香、点灯拜年。仪式在大堂神龛桌前举行，神龛供桌上摆香案、果、油灯、香、酒水等，大人持香教孩子们说吉利话，请列位家先和天地神受拜年礼，象征饮水思源，不忘列位家先。尽管初一早晨要做的事情不少，但依照习俗，不能直接叫唤未起床的人“起床”，如“喊人起床,当年病痛遭伤”。因守岁卯时才入睡未能早醒，也只能用暗示的话让他起床。

初一拜过家先后，孩子们要给长辈和村中各户人家拜年。孩子们出门逐家叫唤"□□□拜年！"（视辈分称呼），被拜年者喜笑颜开给孩子们发糖果、花生、糍粑。孩子们认得的长辈，不分亲疏，拜完全村各家为止。人们见面，要说"恭喜发财"。在2013年春节调查时，六字界村委村民不少人在大年三十开始拜年，通信工具使用较好的年轻人，在小年夜就开始赶早拜年了。随着通信的发展和生活水平的提高，大部分东山瑶乡的居民已经不用翻山越岭跑远去给亲友拜年，但是"新客"（新出嫁的女子和丈夫）还是要亲自去拜年。

此外，正月初一这天不能花钱，花钱意味着"出财"。 卯时娃仔睡眠不能翻身，否则"鸡鸭挨野猫黄鼠狼叼"；寅时忌响声，否则"年内老虎吃猪，豺狼吃牛"。一般情况下"正月初一不出远门，不能在别人家吃饭喝酒"，否则"一年靠别人才有吃"。

2．正月初二至初四的拜年活动

正月初二这天，六字界村委的大人们就领着孩子们在本家族之间相互拜年。先拜辈分高的，然后按辈分和年龄拜年，象征亲密无间；分家的兄弟们，用小竹篮装18个糍粑（谐"一齐发"）、一块猪肉（重3斤贴小红纸），你来我往，相互拜年，象征手足相连。

到了初三，村里人就要去岳父、舅家拜年。同村只在娘家吃一顿饭，外村路远要在娘家住一宿。岳高如泰山，东山瑶尊称岳父叫"泰山"。因此当地人也将给岳父拜年称为初三"拜泰山"。女儿女婿回娘家拜年，用小竹篮装18个糍粑、一块猪肉，给娘家拜年。瑶俗"初一金头，初二银头"，"娘亲舅为大"。阿舅、岳父是上亲，女儿女婿给娘家拜年日子不能超过初三。

到了年初四，便可以给其他亲戚朋友拜年了。东山瑶到了这天，大多携糍粑、肉等去姑姑、姨娘及亲戚朋友家拜年。通常今年甲到乙家拜年，明年乙回拜甲方，循环往复轮转相互拜年。

正月初三前，当地人都不扫地，因为这样做是"扫财出门"，正月初四起可以扫地，要从大门往堂屋内扫，是"聚财"。

3．正月初五和初六拜老庚同年、拜村年

"拜了同年是世亲"，男性称老庚；女性叫老同。老庚、同年如兄弟姐

妹亲。东山瑶通常在正月初五拜老庚、老同,你来我往走亲拜年。拜老庚、同年时，着新服饰，提两块贴（围、盖）有红纸的猪肉。走到结拜对象的村前和门前燃放鞭炮，老庚（同年）闻声接亲，相见彼此双手贴于胸前，互鞠一躬，说：“给老庚（同年）拜年了！”被拜的老庚（同年），次年回拜。老庚之间有福同享，有困难互相帮，“老庚（同年）有好日子便是我的好日子”。因此，老庚（同年）之间非常关注对方，只要知道有需要帮忙的，会主动帮助，彼此都以对方为重。

正月初五或初六，村与村相互拜年，今年甲村向乙村拜年，明年乙村向甲村拜年，循环往复。拜年队伍由青年人组成，人数不限，唢呐班吹奏乐曲。到达被拜访村时，酒肉招待，互致问候，鞭炮迎来送往。团拜就是联欢，表演文艺节目。村里各家各户凑木板铺戏台，戏台前放一排板凳，专给60岁以上的老人就坐。表演节目前，主持人先向老人问好，祝长辈健康长寿；祝福年轻人“新的一年里平安如意，挣大钱，走好运！”；祝福孩子们“念好书、考上大学”等。

4．其他活动

(1) 请新客酒

出嫁女子的第一年春节，正月初四由娘家办酒席，请房族人吃新客酒，新客指新出嫁女子的兄弟、姐妹和出嫁女子的丈夫的舅父、父母、伯伯、叔叔们。分大客和小客，舅父是大客，出嫁女之弟为小客。席间表彩话，如出嫁女子给长辈敬酒兴彩：“福如东海，寿比南山。”

正月里的新客酒，以日出东边的第一席为贵宾席，席上坐的都是舅舅至亲的主客，主人请家族中德高望重者来陪酒。主客入席后其他的亲戚朋友才入席。主人向主客敬酒，年轻的先向年老敬酒。晚辈先向长辈敬酒。有专人分别陪大客小客，从头陪到尾，散席送走为止。酒席上不管桌中菜多菜少，“陪酒人”叫声“吃菜”，客人才能下筷。“陪酒人”的筷子点到桌上哪一道菜，客人就夹那碗里的菜。每桌中间有一大碗盛四方肥肉，每人一块。它是酒席办得是否丰盛的标志。有的主家这道菜每块四方肉有四五两重，叫作“陀子肉”，一般只煮半熟。散席时各人打包回家,视为懂规矩讲礼貌。

(2) 补酒

在已经过去的一年里，中草医师给乡亲们看病抓药，不收他人钱物礼品。所以正月那些麻烦过医师的人，给医师拜年，形成“补酒”习俗。往往同一天同一餐里同时几家“补酒”，争先恐后去抢医师，医师分身不开，就请医师的家属作代表，接受补酒。

(3) 祭族神

六字界村委所祭祀的族神有盘灵公、李始公、奉祖公、唐金相、王公度等男性祖先。族神的主要功绩是开拓瑶山，抵御外族入侵，守卫家园，因此在年节行祭。正月上旬择日置神坛，献酒、各家煮肉敬神，行跪、叩头，默念“祖先保佑”等吉利话。祭时都请“历代祖先来领钱”，祈求祖先护佑子孙，设祭跪拜，烧香焚纸。祖先神听令于族神，过去以家族人聚集到最长辈之家行祭，在2013年调查时，六字界村委的村民已不再如此，而是各家自行祭祀。

(4) 演大戏唱彩调

在六字界村委，春节期间有“戏班驱鬼”的习俗。正月里在村中临时搭戏台，请湖南道县桥头镇、沙田湘剧班来演大戏。大戏多为《三国演义》《水浒》中的“折子戏”，或《薛刚反唐》《薛仁贵征东》《薛丁山征西》，或《穆桂英挂帅》《打渔杀家》等“折子戏”。由东道主圈点演出剧目；中老年男女几乎都成戏迷，场场必到，场场爆满；演得精彩，往台上放鞭炮，或掷硬币，演得悲切，台下流泪；要是剧艺平平，人们往台上丢草鞋提醒。

彩调，俗称“那嗬咿嗬嗨”。六字界村唱彩调，六字界村相邻的白岭、坝头、栗木江、分水、洪塘等村的彩调队常受邀来参加“那嗬咿嗬嗨”。演出前，彩调队员须到盘王庙上香。盘王庙宇建在村南，庙宇中的神像为木雕上彩，正中间的神像是盘王，左边是天神菩萨，右边是玉皇大帝。两旁还有诸多偶像，神像衣冠全是瑶族装束。其时，班头到盘王庙里上香。老人拦住班头（导演）问：“那嗬嗨，咿嗬嗨，为哪样敲锣打鼓那嗬咿嗬嗨？”班头答：“和谐世道，给盘王敬香。”

彩调在每年正月初四开台，一直唱到正月初十。彩调节目为《王山打鸟》《三娘教子》《蠢仔报喜》等。各家各户分担招待戏班、彩调队。戏班、彩调队接到东道主给的红包，表示今年的戏结束。戏罢台拆。1998年后年轻人大多远在异地打工，不便排演，“彩调也唱不成了”。2013年调查组前往时也是如此。

(5) 赶山狩猎

六字界村委主任说：“1958年全民大炼钢铁，瑶山毁林烧炭炼钢铁，99%的古树和水源山未能幸免。农业学大寨，开山造地，山光岭秃，不见野猪。1984年，还耕于林，十多年后林木森森，野猪成群，庄稼受害。赶山行猎的习俗得以恢复。正月里全村出动赶山行猎，猎头是总指挥。祭神的公鸡由村里的后生们在赶山前的深夜“偷”来，“偷”前，不能让主人察觉，但是“偷”时要让公鸡发出叫声，惊醒主人，让主人骂得越凶，赶山行猎越吉利。”

六字界村委与湖南省道县毗邻，深山密林，野兽成灾。元宵节前择日，全村男子出动集体赶山捕猎驱猛兽。行猎要祭猎神，祭祀分猎前和猎后两步进行。祭祀时猎头与猎手外，不准其他无关人等参祭，在深夜鸡叫前行祭。参祭者一律在此前不同房，否则会遭到神灵的惩罚，“出猎凶多吉少”。狩猎前夜，猎头选在古树或巨石前，用石块砌一两尺左右高的门牌，称“安神坛”（亦称“土地庙”），内设香炉插上红、绿、黄三色小纸旗，俗称“猎神令旗”。祭祀时，供上猪头、糍粑、水酒和一只公鸡，所有持枪的猎手都均倒穿蓑衣，将左鞋挎在右脚、右鞋挎在左脚。猎头先将“梅山神”（神像）倒置，划破公鸡冠将血滴于“庙坛”前，喃语：“凤冠祭猎，赶山必得。催山鸡到，催老虎野猪飞禽走兽，山鸡豹麂野鹿羊，不得东躲西藏，逃不出我枪，跑不掉我棍，飞不出我圈。吾奉太上老君，急急如令，急急得令催动神仙调兵遣将。”

祭奠猎神，口中念“赶山神咒”：“这次赶山不同往日。梅山神君助我一把，收山风山雨山雾，收邪影；叫野猪狼虎没藏处，叫我百发百中。打得野兽回家，一定向你们再祭。赶山山山赶到，沟溪刺篷赶到，大的不得让跑掉，小的不得让走脱。”

这种狩猎经济时代的遗俗至今仍存，若梅山神违背了人们的意愿，便受到鸡公血涂鼻抹脸的惩罚，梅山神像就要受到被抛上空中掉下地面打筋斗的戏弄。咒毕，猎手牵来猎犬行三拜礼。

围猎人多势众，圈大线长。人们进山后呼唤叫喊，有经验能跑能翻山者守卡。猎狗先行，猎手持铳沿着野兽的印迹追踪搜寻，人呼狗叫，野兽闻声惊慌四逃。此时，各卡子严阵以待，待猎犬将猎兽赶出来时，眼疾手快，枪响兽倒。猎物到手后，不可再贪。朝天鸣枪，吹梅哨，晓谕各山头守卡人撤围回村。

狩猎归村后再次举行祭祀仪式，将所获野禽猛兽连皮带毛地堆放于祭坛前，酬谢“梅山神”，将猎前倒立的“梅山神”偶像扶正，然后焚香化纸，猎头上前祭谢后，方可分肉。猎物见者有份，凡赶猎的人包括猎犬都有一份。瑶民认为“野东西是神养的，不能吃独食”。如今，在六字界村委下属的自然村中，这种赶山行猎，均分猎物的习俗至今依然存在。

（三）元宵节的仪式与活动

1．送灶王

在正月十五清晨，六字界村家家户户照例要送灶王升天，仪式祭物与请灶王大同小异。不同之处在于送灶王时要送衣、酒、糖、瓜籽等物，供在灶位前，点油灯，燃三支香，虔诚祷告：灶王上天宫后，对玉皇大帝讲好话；莫乱讲乱说，管好火，别降火灾，保佑家人平安，来年风调雨顺，五谷丰登。家里人有做不妥当的，心里莫记恨，莫把灾祸添。祷告毕，将纸衣裳、贴在神位的黄纸取下来烧掉，表示送灶王上天了。

1966年后，六字界村的瑶民和邻村一样不再专门做送灶王仪式了，现在许多人家都建了新房，砖墙混凝土楼层厨房与居室分开，没有火灾之忧，送灶的习俗进一步淡化，但人们仍会在早饭前喃“年过完了上天去吧，安心升天保佑日子安然”。

2. 送家仙、供门神

六字界村元宵节与汉族有较大差异。与汉族相同之处是元宵的灯要亮，堂屋庭前点长明灯，油灯从天黑点到下半夜。不同之处则是正月十五这一天，人们清早在神龛前供桌上备纸钱、香、烟、酒、爆竹等祭品，黄昏点燃香案上的油灯，依次供在神龛前八仙桌、水缸架、厨房灶神前、大门烧纸钱，送诸位家仙。八仙桌一般放大油灯和盛有水酒的小碗，供奉家神。大门油灯是用来供奉门神的。在大门两边点一炷香、一盏油灯，祈求门神保家宅平安。傍晚放爆竹，讲究“十五的灯要亮”，观看火光色彩，火呈暗红色，气温升高，认为雨量较多，丰收在望；火焰淡黄，则认为气候不正常，出现旱灾。认为火亮驱邪，在新的一年中大吉大利，无病无灾。

四、正月二十至二月初一的习俗活动

在全州县东山瑶族乡，人们通常认为要过完二月初一敬鸟节，春节才算结束。在此期间，有两个主要的节日，分别是禁风节和敬鸟节。

（一）正月二十禁风节

正月二十是禁风日，这天，瑶胞们悄然无声地把稻草压在房屋的南北边角处，象征“压制住南北吹来的风灾”；有把稻草压在村口路边的石头下；有的把稻草压在房前屋后；有的在北边的山垭口打草结，避免北风吹折玉米秆吹落稻谷粒。这天开门前，须用水淋湿户枢避免响声，瑶胞们忌讳户枢发响声，“正月二十户枢响，小孩哑巴不会讲”。这天也禁进菜园，禁到田地劳作，否则“瓦翻梁断树倒庄稼遭风灾”。这些禁风习俗仍然如故。

（二）二月初一敬鸟节

农历二月初一敬鸟节，是春节习俗中的最后一个节日。二月初一这天，家家户户做“鸟粑”。鸟粑是糯米泡水打成浆液，把浆液倒进白布袋，系好袋口，将装有糯米浆液的布袋置于大盆上的条架上，用石磨或重石压在布袋约1小时，布袋内的糯米浆滤干水成细白粉团，然后把白粉弄散再揉成小团，尔后搓成一个个圆形小团，小团内放少许芝麻粉黄糖再揉合成圆形状，待锅内水沸时将圆形粑粑放下去，沸滚5分钟，粑粑浮上来便熟透，将熟透的粑粑置于放有熟干粉的簸箕上，裹上香粉，然后放另一盛器里，“鸟粑”做成后，老人和小孩先吃。

做“鸟粑”前，人们把糯米浆滤干水成细白粉团捏成小粒，把小粒粘在柴枝或竹枝上，插在坡地梯田和屋边的菜园角头入口敬鸟。这天的田头、地角、菜园口忌讳人畜践踏。

二月初一，人们不惊扰百鸟，让百鸟飞来安度节日，百鸟在这一年里给庄稼除虫灭害，让五谷丰登。雀鸟飞到屋檐，下到天井，甚至跳到堂屋，主人管束猫狗不去撵。二月初一敬鸟节后，东山瑶的春节便结束了。

结语

到2013年调查组进行调查期间，六字界村委下辖几个自然村的年俗系统保留依然较为完整。自腊月起不劳作，准备过年，年期延续到二月初一敬鸟节，是东山瑶的传统，也是过去人们习俗受作物生长周期影响的表现。东山瑶善于吸收汉文化的因子，又在继承中不断发展瑶族的传统。这一特点在东山瑶的春节习俗中也有较为鲜明的体现。汉族春节，有到寺庙抢头香的习俗，寺庙中供奉的神明，也是世俗道德规范的体现。而在六字界村委，这种习俗与当地的盘王庙、土地庙的祭祀相关联。在老人的口述中，可以看出，他们认为现在部分传统的淡化、当地人中出现的一些道德问题，都与1966年盘王的神像被毁、寺庙坍塌有着一定的关系。

在六字界村生活的东山瑶，在春节借祭家先对子孙进行孝道、家风教育，同时传承延续家族结构。春节的习俗在六字界村委也发生着变化。如祭族神由集体进行变成在各家各户自行祭祀，反映了家族影响力在当地的削弱；祭灶仪式已经淡化或简化；正月初一到盘王庙祭祀活动已消失；电话拜年的趋向替代挑酒拎肉带糍粑走亲访友，不再像过去那么看重提礼拜年，等等。

六字界瑶族春节习俗在时代的发展面前有其适应性。盘王庙和祠堂不存以后，家堂的地位在当地逐渐跃升；“唱大戏避邪”“喝社酒”等习俗消失的同时，请电影队放一场电影的习俗已经形成；随着科技的发展，电话拜年、网络拜年渐渐在年轻人中间兴起。传统的习俗，在新的形式中得以传承。

附：主要信息提供人

盘福义，男，瑶族，73岁，全州县东山瑶族乡六字界村委六字界村村民。

盘兰香，女，瑶族，82岁，全州县东山瑶族乡白岭村委栗木江村村民。

盘家宽，男，瑶族，86岁，全州县东山瑶族乡六字界村委六字界村村民。

盘龙飞，男，瑶族，44岁，全州县东山瑶族乡六字界村委六字界村村民。

盘福彦，男，瑶族，50岁，全州县东山瑶族乡六字界村委六字界村村民。

盘福泰，男，瑶族，80岁，全州县东山瑶族乡六字界村委六字界村村民。

盘家安，男，瑶族，61岁，全州县东山瑶族乡六字界村委六字界村村民。

盘福光，男，瑶族，72岁，全州县东山瑶族乡六字界村委六字界村村民。

盘万寿，瑶族，71岁（东山瑶族乡政府退休公务员），全州县东山瑶族乡白岭村委白岭村村民。

唐富勋，男，瑶族，74岁（东山瑶族乡政府退休公务员），全州县东山瑶族乡六字界村委唐家村民。

融水苗族自治县拱洞村苗族春节习俗调查报告

彭　晔

前言

广西融水是一个多民族聚居的苗族自治县，有汉、苗、侗、瑶、水、壮等13个民族，其中苗族人口占39%。融水苗族依山傍水，聚族而居，形成了几十户甚至几百户的大苗寨，苗族人多住于山梁或山顶，房屋多是曲栏回廊的吊脚木楼，俗称“吊脚楼”。吊脚楼结构紧凑，不用铁钉，枋连柱、柱连梁，环环相扣。苗民历来以糯米为主食，辅以玉米、红薯、芋头等，他们喜欢酸辣味汤菜，家家户户都有坛子，用以腌制酸菜、酸肉、酸鱼、酸笋、酸辣椒等酸食。融水各地苗族在服饰上有所差异，但衣服布料多为自家染制的藏青色“亮布”，男装简朴，女装华丽。女性在年节时分，还会在手上、脖子上、头上佩戴各种各样的银饰，使得自己更加光彩照人。

融水县的民族节日丰富多彩，有各种大小民族节日、集会近百个，较大的有十多个，有“百节之乡”的美称。影响较大的传统节日多集中于春节期间：过苗年、正月初七拱洞芦笙坡会、正月十三日的安太芦笙坡会、正月十六日的香粉古龙芦笙坡会、正月十七日的安陲芒蒿节等。步入21世纪后，大多数融水苗族人已经不过苗年了，他们都跟汉族人过春节，将之称为“客年”。春节，拱洞乡苗族称之为“nòu　lēn　”，融水其他地方（如杆洞乡）苗族也称之为“něng　luǐ　”。苗族春节一般是从腊月二十三开始，一直延续到正月十五前后。春节期间，苗寨繁忙而欢乐：他们忙着为人与牲畜的食物做准备——榨茶油、备牛草、挑干柴、扫屋除尘、舂糍粑、杀年猪、灌“榔棒”、腌酸肉，等等；“压火塘”“祭火塘”“祭土地公”是他们对来年获得神灵的护佑的表达，以此能够人丁兴旺、五谷丰登；集体守岁、集体拜年、扮“磨个”增进了村民之间的团结；以芦笙踩堂为文化纽带开展的打同年活动和坡会活动，是苗族春节的两个标志性文化元素。所有的这些年前准备活动、年时祭祀和禁忌、年后娱乐活动，并不是单一的、孤立的民俗事象，而是以时间为线索的苗族春节节日链。

2012春节期间，调查者先后前往融水县拱洞乡拱洞村、安太十三坡坡会场等地调查苗族人的春节习俗，2013年又回访了这些地方，补充了田野调查资料，得以完成本调查报告。

一、村落概况

拱洞乡位于融水苗族自治县北部，政府所在地距县城115千米，从县城出发，途经大浪乡、白云乡、红水乡，它是距离融水县城最远的乡镇之一，因此苗俗保存得相对完善。全乡总面积152平方千米，辖拱洞、广雄、平卯等11个村委会，42个自然屯。总人口2.27万人，有苗、侗、瑶、壮、汉等民族，其中苗族人口占总人口的84.7%。贾星文的《融水苗族自治县志》中指出，融水苗族大约在宋代陆续从湘西和黔东的“五溪”地区迁人，大年、拱洞、红水、白云等一带的苗族是从湘西进入广西东北部，沿着都柳江上到贵州省的从江、榕江等地，而后南迁而来。[1]

拱洞村下屯距离乡政府所在地大约2千米，以农业生产和林业种植为主，近年来当地人响应乡党委、政府“山上茶果竹，田里粮鱼菜”的号召，确立了以茶叶、毛竹为主兼顾传统产业如杉木、八角、黄杞子等多种经营相结合的产业结构。板大公路过境，该公路是直通紧邻拱洞乡北面的融水大年乡、东北的三江侗族自治县洋溪乡的交通要道。总人口约480人，主要民族为苗、侗、瑶，其中苗族人口比重高达96%，有吴、莫、廖、滚等姓。

自腊月二十三起，每天各家各户的活动都是围绕着春节而展开，备好吃的，备好穿的，最让人兴奋和牵挂的，就是大年初七那场盛大的苗民聚

1．贾星文．融水苗族自治县志[M]．三联书店，1998．

▲ 拱洞苗寨 / 彭晔 摄 /2010 年

会——拱洞坡会了。调查者于2012年1月16日（农历十二月二十三）到达融水县拱洞乡拱洞村，拱洞村（包括拱洞村上屯和拱洞村下屯）是主要调查点，寄住在拱洞村上屯吴业群[1]家，这户苗家的房子是一座半悬空式吊脚楼，距离拱洞乡集市[2]不到五百米。吴业群的父亲与人合伙开了一间榨茶油的小厂房，距离住房不远，临近过年，来榨油的人络绎不绝。因为苗族人最爱喝油茶，油茶也是招待来访客人的上乘之品，因此每年年前家家户户都要在家中备好茶油，以便打油茶之用。腊月二十三的到来，预示着春节的到来，此时随处可见身着苗衣、盘着发髻的妇女在村子里来来往往。苗族妇女每到过年都会用自制的“亮布”给家人添置新衣，给女儿打银饰。到了现代社会，苗族同胞已不再自己染布裁衣裳了，但是春节添置新衣仍是他们沿袭的传统。临近春节，许多平时极少出门的苗族妇女，都前往集市为自己和家人购置布料或是新衣、银饰等，迎接春节，为坡会做准备。

苗族在过去是过苗年的，但由于受居住地周围的汉族影响，且苗年与

1．吴业群，女，24岁，村里唯一的研究生，就读于北京外国语大学，很感谢她的全程招待与陪同。

2．该乡的集市占地面积狭小，经营者大部分为苗族人，现代化程度较低。

春节之间的时间间隔不大，因此在长期杂居过程中，苗年与汉族春节逐渐合并，也就是说，当地苗族并没有放弃苗年，只不过是将时间改变了。

纵然部分苗俗在消逝，然而拱洞乡在21世纪初期，依然保存着许多传统风俗，这得益于苗俗传承的中坚力量——中老年妇女。这是一个生活圈极其狭窄的群体，儿女和丈夫是她们生活的中心，有的妇女甚至一辈子都没有到过融水县城。年节时分，她们是准备人食和神食时的主导；芦笙踩堂时，显眼的服饰和绚丽的舞蹈使她们成为亮点。但是在进行与祖先交流的活动如祭祖时，她们却是不与祖先和神灵“会面”的，是隐退于后的。正是这样一群继承传统却很少接触外界的中老年苗族妇女，协助苗族的男人们将苗俗传承了下来。

▼ 待榨油的茶籽 / 彭晔 摄 /2010 年

二、年前准备

2012年1月17日，调查者随同吴业群及其母亲前往拱洞村下屯。一路上碰见不少人，根据吴业群的介绍可知这些人都是与他们家有着血缘关系的亲属。“逢人便是亲属”这一现象并不是偶然。在拱洞甚至更多苗寨，由于村内婚的缘故，整个寨子的人都会沾亲带故。

吴业群的大舅在村里开了一家肉铺，此时吴业群的表姐正忙着灌制风肠。风肠除了自家食用外，还有一部分用于出售。初七的拱洞坡或多或少的会有一些外地的游客过来看热闹，外地人对这些苗族人的美食很有兴趣。肉铺生意略显冷清，吴业群的舅舅告诉调查者苗族人过年都会杀年猪，这几天已经陆陆续续杀年猪了，所以来买猪肉的人相对少了。他告诉调查者，杀年猪一般是从腊月二十三开始，定在农历十二月二十三、二十五、二十七、二十九这些单数日子，以家庭为单位杀年猪，大家互相帮助，一个家庭完成后就到另一个家庭。[1]

（一）酿重阳酒

吴业群的姨妈家开了一家酿酒小作坊，她们家住的是平地吊脚楼，楼下码起一大堆为过年准备的干柴。苗家人过年必喝重阳酒，吴业群的姨妈是酿酒专家，她介绍了重阳酒的相关习俗：

▲ 在火塘边烤火的莫爷爷／彭晔 摄／2012年

“重阳酒呢，就是在重阳那天蒸糯米饭做成的甜酒，现在也不一定在重阳节那天做。先用饭甑蒸熟糯米，然后倒在大簸箕里头摊匀散热，等糯米饭冷罢就撒酒曲。酒曲都是自己家做的，做酒曲一般总是那些身体健康、已经生过崽女的中老年妇女。我们苗人觉得酒曲是一种细菌，是会生崽（繁殖）的细菌，没结婚和结了婚没生有崽女的妇女是不适合做酒曲的。等酒曲和糯米拌匀罢就装进罐里头，有些地方的人还爱放一小块红木炭和一只红辣椒在上面，红木炭和红辣椒的意思就是红红火火。盖好盖子等发酵就成重阳酒了，做成的重阳酒是橙黄色的，喝起来甜甜的，有些人觉得甜就贪喝，喝那时没觉得有什么，喝罢蛮久就醉

1．被访谈人：吴国龙，47岁，访谈人：彭晔，访谈时间：2012年1月17日，访谈地点：拱洞村下屯。

了，重阳酒是我们苗人过年最爱喝的。”[1]

因重阳节而得名的“重阳酒”，其酿制时间已与“重阳节”没有必然联系了，但重阳酒却与春节联系起来，成为了春节期间一种不可或缺的文化要素。此时重阳酒不仅仅是一种物质的存在，更是一种文化意义上的“酒”：它酿制过程中携带的某些文化观念也被携入春节习俗，这些观念蕴含了当地苗人对天地万物的理解，携带着当地人对兴旺和美好的祝愿。

在当地苗族人心中，尊老爱幼是深入人心的，男主人与女主人忙着酿酒的时候，家里的老人莫爷爷却在火塘边悠闲而安详地烤着火。从他零碎的记忆并结合其他老人们的补充，可以大致了解到一些苗人流传了几代人的春节前期准备活动：他们习惯在年前准备足量的干柴和牛草，在腊月二十七那天扫屋除尘，等等，把这些事情做好了就可以让人和牲畜都能过个安稳年。[2]

▼ 准备牛草 / 彭晔 摄 /2012 年

(二) 备牛草

备草就是给牛打好春节前后十多天粮草，牛也应该像人一样在春节时吃饱住安，除夕之夜有一顿“大

1. 被访谈人：吴月花，48岁，访谈人：彭晔，访谈时间：2012年1月17日，访谈地点：拱洞村下屯。
2. 被访谈人：莫玉边，79岁，访谈人：彭晔，访谈时间：2012年1月17日，访谈地点：拱洞村下屯。

餐”。大年初一是禁止出门干活的，并且苗族人从正月初二起会有很多活动，所以过了除夕就没有时间顾及牲畜了，苗人们就在年前给牛备足了许多草，这样也好让劳碌了一年的牛过一个好年。除了打草让牛有充足的吃的料外，他们还会用草垫好牛栏，让牛在节日里住得暖和舒服。苗族敬牛，既是念牛一年耕作的辛苦、踩粪积肥的功劳，又因为牛是他们的吉祥物，牛是力与美的象征，是勤劳与踏实的象征，所以他们很敬重牛。给牛备足过年的草粮是年前必须要做好的一项工作，据莫爷爷讲，在80年代过春节之前，还会到50千米以外（现在的麻石水电站一带）给牛打草。

(三) 挑干柴

苗族人大多住在海拔较高的高寒山区，要想过好年，就要保证暖和，必须备足柴火把火塘的火烧旺。一方面，苗族人喜欢在火塘上方架个三脚架、支口锅做饭煮菜，正月十五前不上山砍柴、不下地干活是惯例，必须备好火塘柴；另一方面，年节时分，年轻男孩喜欢过家串门“坐妹”、各村之间喜欢“打同年”，天寒地冻的冷天，室内活动更受年轻人喜欢，他们喜欢围坐在火塘聊天喝油茶，干柴就必不可少了。临近过年，苗家人便三五成群上山挑年柴，年柴多是杉木枝之类，每当乡间小路上挑柴的人分外集中的时候，就是春节来了。

(四) 扫屋子

苗人习惯在农历十二月二十七打扫屋子，他们过年前扫屋，含有两层意思：一是长年累月烧干柴，屋梁上烟灰很多，有必要清扫一次，让房子以崭新的面貌辞旧迎新；二是苗人认为鬼怪会依附在破烂上，特别是辞旧迎新之际（它们）会更加活跃，只有将破烂清除，才能把鬼怪驱出家门。扫家一般由家中年长的妇女来完成，扫家时不能把破烂脏物倒到他人屋旁和田地里。

这些年前的物质储备历来都是苗家人的习惯，苗家人的出发点也就是让劳累了一整年的人和牲畜都能以新面貌欢欢喜喜地、无后顾之忧地过年。除此之外，最具苗族特色也是最重要的过年准备就是舂糍粑和杀年猪了。

（五）舂糍粑

腊月二十几的时候，人们还会舂年粑，舂年粑是苗族人为过年而准备的一项重要内容。过年的前几天，苗家妇女们便约好某一天舂糍粑。舂糍粑男女分工明确：男的负责将糯米舂软舂烂，女的负责将粘成一大团的糯米团分成一个一个小团，并且压扁压平，形成吃饭用的小碗的碗口大小的糍粑。妇女用饭甑将香糯米蒸熟后倒入石坎（圆形石头，中空）里，两个男人一人一个粑槌[1]，你一槌、我一槌轮流将糯米舂软，一直舂到没有整颗的糯米粒后整团拿出，分成拳头大小的一小团。然后拿到铺有塑料布的桌面上，压成月饼大小的糍粑块。人们往往喜欢像盖章一样，用专门印糍粑的印子，在白色的糍粑上打上五角星的红印，火红鲜艳的五角星表达人们对红红火火的生活的热切期盼。

苗族有黄糍粑和红糍粑，三姑向调查者介绍了他们的做法：

“黄糍粑，是用黄杞子蒸熬的水染成的。用饭甑蒸糯米饭那时，顺便在糯米上放一个碗，加点水，把几颗黄杞子放进碗里面，跟糯米饭一起蒸。糯米饭熟了把碗拿出来，这时黄杞子会把碗里面的水染黄，等把糯米饭倒进石坎之后，就把碗里头的黄水淋在糯米饭高头（上面），然后再舂糯米，这样就可以得到黄色的糍粑了。想做成红糍粑，就去街上买‘一品红’，像蒸黄杞子一样蒸，然后把蒸出的红水倒在糯米饭上一起舂就得了，多种颜色的糍粑送人也好看。”[2]

苗家习惯在年节时给姑姑送糍粑，当地苗人也不例外，这一习俗的延存是有根由的。在苗族地区，未婚女子在娘家都有“姑娘田”，这些田是父母为了给未成年的女子筹办银饰、手镯等贵重物品而专门从家田中划出来的，所得收入由母亲掌管，归姑娘所有。出嫁后“姑娘田”不能带走，子侄们享受“姑娘田”收入，为感念姑姑恩情，过年时特地舂三色糍粑送给她们。

1．粑槌：舂糍粑专用，中间细两头粗的木棒，中间如小手臂般大小，两头如碗口大小，中间长约一米，两头分别长约20～30厘米。

2．被访谈人：吴玉梅，31岁，访谈人：彭晔，访谈时间：2012年1月18日，访谈地点：拱洞村下屯。

（六）杀年猪

杀年猪也是苗族人过年的一项重要内容，腊月二十七这天也刚好是当地人杀年猪的日子，所到之处到处都是猪的嚎叫声。苗人杀年猪的原因：一是年节中亲朋来往较多，花费量大；二是腌酸肉或制腊肉，备来年的食用。杀年猪时，成年妇女特别是未生育女子不得下栏捉猪，不能看见抬猪上架、刀捅出血等。等将猪毛清理干净，将猪肚子里的肠子、肝肺等东西拿出后，还要将整猪拿到正屋祭祀，猪头朝外，在猪鼻子上插三根香，斟三回酒，放鞭炮，象征祭祀结束之后才能将猪切分成小块。这时小孩子会跟大人要一些瘦猪肉，切成一小块，在放有盐和酱油的碗中拌好，然后用棍子串成串，在火塘边烤着吃。男人杀了猪把猪肉分类整理好之后，就开始喊三邀四聚在一起喝酒猜拳，而家里的妇女则开始忙碌：灌榔棒、灌风肠、制腊肉、腌酸肉酸骨头等。

（七）制作其他年节食物

榔棒，主要是用糯米饭和猪血灌入猪肠子后蒸熟的一种食物。具体做法：首先将糯米蒸至半熟，加入炒熟剁碎的蘑菇木耳，倒入盛有猪血（生猪血）的盆子里，然后根据个人喜好加入适量的食盐、橘子皮粉末、薄荷花粉末、八角粉之类的香料，拌匀后灌入洗净的猪小肠中，按30厘米左右一节一节用禾秆草捆好，打一个结，一根肠子一串，边灌边用竹针扎，这样可以在煮的时候使之透气，易于熟透，也可以防止肠子发胀炸开。然后按串放入煮沸的开水中，煮熟后可以直接食用。此道菜一般过年、重大节日或红白喜事才做，这是招待贵客的佳肴。

风肠，顾名思义就是风干而成的肉肠，即用碎猪肉灌入猪肠子，熏干或风干而成。具体做法：选好猪肉，肥瘦都行，将猪皮去掉，切成小块，加入各种香料，灌好后拿到屋檐下晾干，然后挂到火塘上方熏。苗人过年喜欢置办橘子、甘蔗这些年货，用橘子皮、甘蔗渣烘烤风肠是最好的，这样嚼风肠的时候不仅有烟熏过的腊味，还会有橘子和甘蔗的甜味。每当有客人来访，风肠就是他们招待客人的最好的、最有特色的食物之一。

腊肉，杀了年猪之后猪肉一时吃不完，这时苗人会用一个缸装着猪肉，撒上盐，等两三天盐入味之后，就用禾秆草或搓成条的芭蕉叶将猪肉挂起来，等到晾干后，移至火塘上方与风肠一块熏烤。

酸肉，是将猪肉切成块，蘸上炒过的糯米粉，放入坛子中腌制而成的。苗人待客，酸肉是必备食品，而且苗家人喜欢制成大块的酸肉来招待来客，显示他们豪爽和热情。酸骨头则是拿糯米蒸熟了、骨头剁碎了，撒上一些辣椒粉，拿坛子腌制的。

在所有这些极具苗族年味的吃用物品准备中，苗族妇女都是不可或缺的，她们是过年准备阶段的主角，也因此成为了苗族春节传统习俗的延续者。

三、除夕及初一

苗族人在过年时不仅体现了他们敬牛的观念，也体现他们对树木的崇敬。以前苗族人房子周围有很多果树，过年的时候，就让小孩子用刀在果树上划开一道道口子，象征性地给果树喂点肉、菜汤和糯米饭，边喂边跟树说："树啊树，你吃吧，你喝吧，吃饱喝足过个好年，明年好多结点果子"。[1]此外，苗族人也特别崇敬枫树，据周文康讲述，每到大年三十那天，他爷爷都会砍单数根枫树，如三根、五根、七根或九根等，压在火塘上面，到正月十五的时候拿来烧。[2] 在苗族人看来，枫树是苗家人的图腾，是一种生命力的象征，过年了就应该把他们迎接回家。而苗族人认为火塘是祖先神灵的依附之处，把枫树压在火塘上就可以让祖先神灵获得枫树的自然生命力，苗族人过完正月十五也即过完春节，就将枫树送归自然，来年再将他们迎接回来。

1. 被访谈人：贾学知，75岁，访谈人：彭晔，访谈时间：2012年2月4日，访谈地点：十三坡芦笙场。

2. 被访谈人：周文康，26岁，访谈人：彭晔，访谈时间：2012年2月4日，访谈地点：十三坡芦笙场。

除夕夜吃的比较特别，虽然东西不复杂，但是很严肃。吃年夜饭多有讲究，每一样东西都具有一定的寓意：用圆桌表示一家人团团圆圆，和和美美；用长长的粉丝表达对老人长命百岁的祈愿；用鱼表示对年年有余的期望；除此之外还有鸡鸭鱼肉，表示富贵万年长，等等。年三十晚上会吃一种糍粑和瘦肉一起煮的食物，并加蒜苗和葱，吃的时候，粘一点在小孩的额头上，据说可以让他快长快大。吃年饭的时候家里要烧很大的柴火，叫“旺火”。

在苗寨有的家庭设有祖宗神位，但大多数家庭是不设香火的。不设香火的苗族人祖宗神位十分特别，他们不像汉族、壮族那样设在厅堂上，而是设置在火塘边上，平日不设香炉、神位牌、供桌，只有在年节祭祀时才能直观地显示出火塘的祖宗神位身份。火塘是祖宗神灵的化身，是一个神圣的地方，人不能跨火塘。苗寨也没有家族祠堂，他们相信只有自家祖宗才是最神圣的，才最有能力去庇佑苗家人。年节祭火塘成了家人祭祀祖宗的重要仪式，吃年夜饭之前一定要祭祀祖先。苗族人的火塘一般设在厨房，位于离厨房正门不远偏左的位置，火塘上方架个三脚灶，用于煮饭炒菜烧开水，三脚灶即是祖宗神灵依附之物，平时不能脚踢棍敲，年节以酒肉祭祀。融水有的苗族人年三十祭祀比较简单：吃年夜饭之前，祭祀时把供品摆在地下，在火塘边插几炷香；而有的地方苗族人祭祀比较隆重：在夜里九时左右，年长者面向大门口坐于火塘边，家中后辈依次围坐两边，先老后幼逐个给三脚灶敬酒、肉、茶等。

除夕之夜，最有意思的就是守岁了。吃过年夜饭祭祀后，小孩子会聚集在一起，敲锣打鼓，挨家挨户地去拜年，每到一家，热情的主人都鸣枪放炮，给小孩糖果和椰棒；小伙子们则结伴到有姑娘的人家“坐妹”[1]；苗族中年男子和妇女习惯于集体守岁，集体守岁非常热闹。除夕夜人们早早就吃过年夜饭，然后就到芦笙堂附近烧起了一堆大火，每家每户都希望烧上一些

1．坐妹：在苗族和侗族中流行的一种男女交往习俗，男女青年聚在火塘边喝油茶聊天或对唱山歌，一般于晚间进行。

自家的干柴，火越旺意味着来年的日子越红火。有的男子会围着芦笙柱吹芦笙，女人则踏着歌声跳踩堂舞。到了八九点钟，人们忙完自家的事，每家每户基本都有人参与集体“守年”活动，人们一层层地围着火堆，说说笑笑，有时穿插着节目表演，表演不了的罚喝酒；困了的人可以在备好的稻草上睡觉，一群人会把黑乎乎的灰抹到睡着者的脸上，苗家人觉得脸抹得越黑意味着来年越走运。当凌晨十二点新年的钟声敲响时，准时点上早已准备好的鞭炮，[1] 称为“接天神”，意思就是要迎接天上各路神仙，苗族人认为这个时刻是玉帝委派神仙掌管人间来年事务的时刻，鞭炮齐鸣和烟花齐放是对他们下凡的欢迎仪式。烟花爆竹放过之后，人们可以继续在火堆旁玩，也可以回家。守岁的人们还会准备鸟枪或比较大的单个鞭炮，在半夜鸡叫声刚落时放枪或放炮，隆重地迎接新年的到来。

年初一凌晨，男人就忙着放枪点炮，女人赶着炒菜煮饭。枪声炮声过后，各家各户开始吃早餐。早餐食物有米酒、糯米饭、猪头肉、鸡肉等，不设青菜，不设桌，食物平摆于火塘旁边的地上。规定在火塘边的地上吃，不能摆菜上桌，是为了祖先也能吃到，称之为“吃过地餐”。吃时，先敬三脚灶，让阴间的祖宗先吃，然后大家才举杯动筷。这是阳间子孙与阴间祖先共进的团圆饭，因此饭前要点香烧纸，敞开大门，开餐时家长会大声说“大家多吃”。

初一这天禁忌相对多。很多家务都不能做，不能倒垃圾，不能洗衣服，因为这样会把好运“倒”走、“洗”走；初一也不能做活，因为这意味着人们会整年处于忙碌的状态；忌讳小孩哭，所以小孩初一那天惹了祸，也不可以呵叱或打骂；忌讳吵架，兄弟姐妹、夫妻之间要和和气气的，一家人在第一天开了个好头之后，才能在新一年的365天里和和美美；人们只可以放鞭炮和休息，放鞭炮没有规定的时间。初一这天语言也有许多禁忌，凡是“破”“坏”“死”“光”“鬼”“杀”“病”“痛”“输”“穷”等不

1. 此为现代社会存在于当地苗族的习俗，在没有烟花爆竹的年代，多是鸣鸟枪示意并庆祝新年到来。

吉祥的字眼，都忌讳说出来。

拱洞乡平卯村村民年初一会去祭祀土地神，他们每家每户有一个土地神小庙，是用石头搭建起的小屋。供品一般就是公鸡和糯米酒等，祭祀时给土地神斟三回酒，斟完酒之后把酒洒在小庙前面，边洒还要边跟土地神说："土地公公你们好吃好喝啊"，然后再给土地公烧钱纸，希望通过酒肉和"钱财"的贿赂，可以让土地公保佑新的一年风调雨顺、五谷丰登。[1]

除夕和正月初一这两天主要的活动是祭祀和迎新，这是与祖先、与神灵交流的时机，一般都由家里的男主人来完成各种仪式，家里的女人不直接参与祭祀。等过完初一，人们就开始忙着打同年、回娘家拜年了。

四、正月活动

（一）打同年

打同年是苗族人民春节期间最热衷、也是最能体现苗族文化特征的一种民俗活动。打同年是一种集体性挨家挨户的拜年方式，就是苗寨中男女老少成群结队吹着芦笙，到另一个寨子去串门做客，住上三五个晚上，结交朋友。主要是通过赠送礼物，芦笙踩堂，喝酒吃饭，对歌谈情等活动，加深两寨人之间的了解，最后形成亲密的同年关系。第二年，受访的寨子以同样的方式回访客人的寨子。安太的一些村落至今还保留着打同年时抹黑脸的习俗，他们去拜访同年寨时，先在家里把脸抹黑，到了别的寨子其他人还会继续把锅底灰往他们脸上抹，据说脸上越黑、别人越认不出自己，接下来的一整年就会越顺利。

1. 被访谈人：吴培莲，45岁，访谈人：彭晔，访谈时间：2012年1月16日，访谈地点：拱洞村上屯。

（二）扮“磨个”

“磨个”是人们想象中的吉祥物，由男青少年穿上妇女服装，用棕皮把脸封住，装扮成姑娘、老太等角色。扮演者先祭祀祖先，后躲入村边的树丛中，等到有人喊道“磨个来了，大家快来看啊”之时，就从山中跑下来，不能进屋，只能在村子中的巷道游荡。看见村子姑娘、小孩子就摸摸他们的手和脸，姑娘就会越来越漂亮，小孩越来越聪明；见小伙子就抓住抬着走，小伙子就会越来越结实；见老人就祝福拜寿，祝愿老人健康长寿。个个都愿意跟“磨个”接触，小偷则害怕跟“磨个”接触。玩闹数小时之后就鸣鸟枪、放鞭炮，欢送“磨个”沿着指定路线至拐弯僻静处卸妆，扮“磨个”活动就此结束。据说苗族祖先最初是想通过扮“磨个”来驱赶猛兽，现在已经逐渐演变为一种娱乐方式。

（三）赶坡会

正月里苗家人最大的活动就是坡会，有坡会就会有芦笙踩堂。芦笙踩堂是苗族同胞过年最隆重，也是最具特色的活动。坡会的时间没有限制，视天气情况而定，各地时间不一。从正月初四到正月十六，融水各地苗寨就开始了连续不断的坡会，规模大一点的坡会时间一般比较固定，并且有专门的名称，如初七拱洞坡，初十良双坡，十一元宝坡，安太十三坡，香粉十六坡（也叫古龙坡）。安太十三坡和香粉十六坡规模、名声相对大一些，因此外地游客特别多。由于这两场芦笙特别注重芦笙踩堂的可观赏性，因而外地游客是被禁止参与芦笙踩堂的。小规模坡会的时间不定，如2012年怀宝东水村的坡会是在正月初四，怀宝镇喷沟村的坡会是在初八，这些小村落的坡会，名气不大，参观者也多为本乡镇村民，所以当地人很欢迎旁观者参与芦笙踩堂。在调查者见过的所有芦笙场中，历史悠久的传统芦笙场都设在某个坡的坡脚宽阔平坦处，如安太乡小桑村的党咪坡和香粉的古龙坡，设在这种地方的芦笙场旁边都会有一些高大的树木，便于人们爬到树上观看坡会。而到了近现代社会，新型芦笙场一般设在村小学的操场，这样既可以充分利用小学校园的操场，也可以利用小学的其他资源，如课桌、椅子、食堂等。

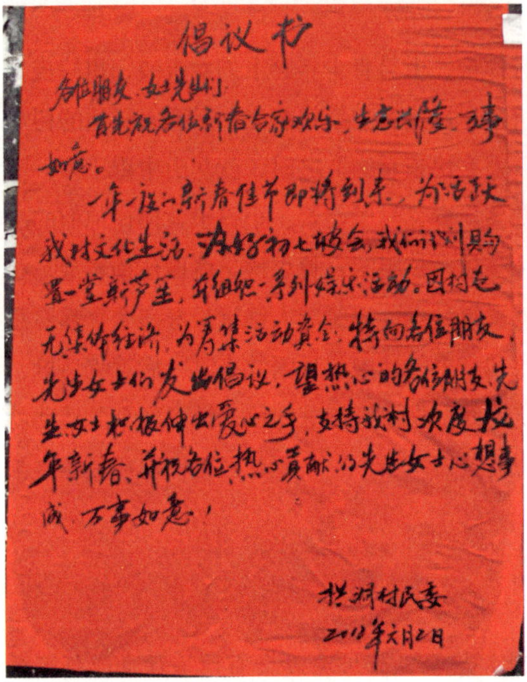

倡议书

各位朋友、女士先生们：

首先祝各位新春合家欢乐、生意兴隆、万事如意。

一年一度的新春佳节即将到来，为活跃我村文化生活，办好初七坡会，我们计划购置一堂新芦笙，并组织一系列娱乐活动。因村无集体经济，为筹集活动资金，特向各位朋友、先生女士们发出倡议，望热心的各位朋友、先生女士积极伸出爱心之手，支持我村欢度龙年新春，并祝各位热心贡献的先生女士心想事成，万事如意！

拱洞村民委

2012年元月2日

▲ 捐款倡议书 / 彭晔 摄 /2012 年

据拱洞村前任支书说，筹办坡会需要的资金主要是靠募捐，由村民自发捐款，在年前一个多月就开始筹集资金，有些资金是来源于从当地出外面工作或做生意的人所捐。[1]在拱洞村下屯走访时，就可看到村子小商店外张贴的倡议书，内容是号召大家捐赠初七坡会资金，并附着几份捐款名单。坡会需要一定的资金，资金捐赠者主要还是喜爱芦笙的苗族村民们。

坡会开始时，要先祭祀。芦笙踩堂是苗族坡会的主要内容，除了芦笙踩堂，传统的苗族坡会还有斗鸡斗鸟、斗牛斗马等活动。

在苗族坡会这种重要场合，苗族男子和苗族女子都是场上的主角，他们是一种协同合作的关系。坡会已经具备悠久的历史，坡会代代相传的精神支撑就是辞旧迎新观念。人们在辞旧时迎接神灵、讨好神灵，祈祷神灵能赐予他们来年的吉利，他们同时还会通过集体娱乐、集体狂欢来迎接新年的到来。只是到了现代社会，当这些自发的娱神娱人活动（特别是打同年、坡会）被外界过多地关注了之后，就逐渐被染上了商业的色彩，而随之演变为具有表演性质的活动，并且这些活动被关注的程度越高，其所具有的表演特征就越明显。

1. 被访谈人：莫文斌，50岁，访谈人：彭晔，访谈时间：2012年1月19日，访谈地点：拱洞村下屯。

结语

随着元宵节的逝去，龙年春节也宣告结束，苗家人开始为来年的春耕做准备，调查者对融水春节的调查也接近尾声。从年前的年货置办、榨油酿酒、备草背柴、春粑杀猪等一系列活动，到除夕的祭祖祭神、集体守岁，初一的鸣枪禁忌，再到正月的芦笙同年、坡会踩堂等，融水各地不同苗族通过这些具有标志性的民俗事象，形成了有别于当地汉族、壮族等民族的具有特色的文化传统。

从苗族的春节中，可以体会到苗族女性地位的特殊性，在有的场合是焦点和重心，有时却是禁止露面的。她们是一个生活圈极其狭窄的群体，儿女和丈夫是她们生活的中心，有的妇女甚至一辈子都没有到过融水县城。年节时分，她们是准备人食和神食的主导；芦笙踩堂时，显眼的服饰和绚丽的舞蹈使她们成为亮点。但是在进行与祖先交流的活动，如祭祖时，她们却是不与祖先和神灵“会面”的，是隐退于后的。在拱洞集市上，随处可见身着苗服、讲苗语的妇女，但是绝对不可能找到身穿苗服的苗族男子，中老年女性年轻时坚决不嫁往外村，苗族女子成为“传统、美丽、传统、朴实、勤俭”的代名词，苗族妇女地位逐渐上升，她们也在无意识中承担着继承传统民俗的任务。

苗族春节是古朴和神秘、狂欢与和谐的化身，很能体现苗族人的生活观念和民族性格，纵使有苗族妇女这股中坚力量的坚守，但是在现代化、商业化、开放化的社会中，苗族的传统受到了前所未有的冲击，融水的一些苗族乡镇的春节中再也看不到这些传统习俗。拱洞乡是距离县城最远的乡镇之一，在那里保存了古朴的民俗，可依然挡不住汉化的侵袭，凡此种种，让外界体验苗族春节习俗的机会越来越渺茫。一个真实的现场记录，能够提供一个虽非活态但却是记忆与现实交织的当下苗族春节。

融水苗族自治县拱洞村苗族初七坡会调查报告

彭　晔

一、前言

历史上的百越之地、广西北部与云贵高原相连之处，是广西唯一的苗族自治县——融水苗族自治县，该县是一个多民族聚居的自治县，有汉、苗、侗、瑶、水、壮等13个民族，其中苗族人口占39%。

融水苗族的民族节日丰富多彩，有各种大小民族节日、集会近百个，因此融水有“百节之乡”的美称。较大的节日有十多个，如苗年、正月初七拱洞芦笙坡会；正月十三日的安太芦笙坡会；正月十六日的香粉古龙芦笙坡会；正月十七日的安陲芒蒿坡会等，这些节日的时空现在已大多与春节重合。节日期间必定会进行芦笙踩堂，芦笙踩堂成为融水苗族标志性的文化习俗，对于融水苗族人民来说，芦笙响起之时就是节日，而坡会更是成为了融水苗族最重要的节日。

坡会是融水境内以苗族为主的各族人民悼念先烈、禳灾祈福、鼓舞斗志、交流感情、聚会娱乐的盛大民间传统节日。每个坡会都蕴含着美妙的神话、传说或故事，且都举行吹芦笙、跳踩堂舞等丰富多彩的民俗活动。将具有这些共同的文化元素的坡会联合起来，就构成了独具特色的系列坡会群，系列坡会群是融水县各乡镇村屯的坡会自然呈现出来的一种状态。所谓坡会群，就是在正月期间按时间先后顺序排列成序，每天一个坡会，连续不断。坡会群构成了融水县独具苗族特色的文化链条，形成一个系列化的、独特的文化空间。2006年5月20日国务院颁发的〔2006〕“18号文件”，正式将融水县系列坡会群列入第一批国家级非物质文化遗产名录。

融水苗族坡会在民俗学界、旅游学界的知名度不断提升，相关的研究成果也日渐丰富，但至今融水坡会仍然缺乏一个完整的个案。2012年，调查者对广西融水拱洞村苗族的春节习俗展开调查时，参与观察了融水系列坡会群之一——初七拱洞坡的整个过程。本调查报告试图通过对一个坡会的翔实记录，来关注苗族坡会的同时加强对苗族春节的认知。调查报告同时还结合了怀宝东水芦笙踩堂、怀宝洋洞芦笙踩堂、安太十三坡、古龙十六坡、安陲十七坡等坡会的情况，努力全方位展示坡会，形成各坡会之间的相互对照。

二、村落概况

拱洞乡是融水境内距离融水县城最远的乡镇之一，这里的传统习俗保存得比较完整。拱洞乡拱洞村（包括拱洞村上寨屯和拱洞村下寨屯）是调查者调查苗族春节的主要村落。拱洞村总人口约1100人，主要民族为苗、侗、瑶，其中苗族人口比重高达92%，有吴、莫、廖、滚等姓，不同姓氏的存在为村内通婚提供了基础。拱洞村在历史上同其他苗族村庄一样，存在过“村内婚”的历史，这就造成了拱洞村“全村一家亲”的局面，两个拱洞村的人，如果不是亲戚，那么上溯两三代人就必为亲戚了。20世纪四十至八十年代，苗族女孩只嫁本村远亲，“肥水不流外人田”是对那些年代的婚姻状况的真实反映。而那些年代兄弟姐妹特别多，两个人的婚姻就是两个家庭的联姻，日积月累就会使一个家庭在本村的亲戚越来越多，所以在拱洞村，人与人之间普遍存在亲戚关系是不足为奇的。

拱洞村依山傍水，聚族而居，形成了上百户的大苗寨，苗族人喜居山梁或山顶，住房都是栏木楼。融水苗族服饰因不同支系而不同，随着成衣的进入，现在很多中年妇女已经不再自己染布了，但是每个苗族的女子基本都会珍藏着一套自制的苗族服饰。年节时分女性还会在手上、脖子上、头上佩戴各种各样银饰，使得自己更加光彩照人。

仅就目前来说，拱洞村的传统习俗较少受到外界的侵蚀，这是一个以农林生产为主的传统村寨，可是这里也不乏读书人，每年都会出几个大学生（以女孩居多），调查者调查时寄住的人家，就有两个女儿在高校就读。这些从大山走出去的高文凭群体是最“纠结”的人：一方面向往现代都市生活促使他们离开了村寨，另一方面文化水平的提高又让他们渐感在村寨中生活对保护传统文化的重要。那些通过知识改变命运而走出大山的人，每年的坡会时节都会从外地赶回家，成为坡会筹集资金时最积极、最慷慨的捐款主体，通过这种方式为保护有价值的传统贡献自己的绵薄之力。

三、坡会的历史与相关传说

融水坡会的命名方式有很多种，基本都是以地点来命名的，例如大年乡的整英坡会、四荣乡的嘎直坡会、良寨乡的能帮坡会、红水乡的整依直坡会等。还有一些坡会的命名方式比较特殊，是根据坡会突出的特点来命名的，例如：杆洞的百鸟衣坡会、安陲的芒哥坡会。坡会的时间集中在正月初三至正月十七，一天一坡。

拱洞坡会已经有三百多年的历史，拱洞初七坡是融水系列坡会群中的一个坡会，拱洞坡会的会址设在距离拱洞下寨屯（距政府所在地约二千米）五十米的地势开阔的田垌中一个叫“忍禄”（苗语）的地方。关于拱洞初七坡会选址的历史，据当地人讲，过去坡会地址设在拱洞村远离镇政府的一个坡脚田垌里。随着坡会的影响力越来越大，来“赶坡”的人逐年多起来，这个地方容纳不下，加上田里的水老是放不干，人们只能站在田基上看热闹，很不方便。几年前，才改在乡政府所在地旁边的“忍禄”举行。

为什么要举行坡会？根据村里的老人讲述：

很久以前，拱洞村有一对相依为命的母女。有一天，母女俩到坡上放牛，恰好来了一个卖针线的货郎。母女俩被漂亮的针线吸引住了，一时顾不上在旁边吃草的水牛，谁也没有发觉母女俩挑好的几束针线被水牛吃掉了。到交银时，货郎发现几束针线不见了，误认为是母女俩偷了他的针线，无论她们怎么解释，货郎就是一口咬定是她们母女俩偷的，货郎仗着汉族的霸气，罚了势单力薄的母女俩三百两银子。事后，母女俩百思不得其解，最后怀疑针线是不是被牛吃了。经过族长同意后，族人宰牛查看牛肚子，针线在牛肚子里被找到了，证明了母女的清白。可是，货郎早已不知去向。为了找到货郎，村里人决定在正月初七办一个热闹的芦笙踩堂坡会，这样货郎就会来这里做生意。芦笙踩堂坡会那一天，罚母女俩银子的货郎没有出现。村里人没有放弃寻找他，第二年又继续办坡会，那个货郎还是没有出现。等到第三年，那个货郎终于出现了。村里人向货郎要回了三百两银子，并责令他向母女俩道歉。在村里人齐心协力的帮助之下，终于替母女俩讨回了公道。

为了纪念苗族人民这种聪明善良、正直宽容、除恶济困的优秀品质，以后拱洞村每年正月初七都会办一场热闹的坡会，而坡会杀牛、吹芦笙、跳踩堂舞、贸易的习俗也随坡会延续了下来。[1]

四、坡会的前期准备活动

虽然坡会在当地盛行已久，但由于活动参加人员多、活动时间长以及涉及面广，每年仍然需要有严密的组织。以前坡会的组成成员是一些德高望重的人，他们都是一些深谙民间文化（芦笙技巧、民间歌谣、传说故事等）的老人，随着时代和观念的变迁，现在则主要以乡村政权机构——村委会为主。通过拱洞村村委会谋划筹钱、分工监工、协调关系等，可以更顺利地组织和开展坡会。

1．莫玉边讲述，彭晔整理。被访谈人：莫玉边，79岁，访谈人：彭晔，访谈时间：2012年1月17日，访谈地点：拱洞村下屯。

（一）村民的会前准备

1. 筹钱分工

坡会需要一定的资金，拱洞村前任支书告诉调查者，筹办坡会需要的资金主要是靠募捐。由村民自发捐款，在年前一个多月就开始筹集资金，资金捐赠者主要还是喜爱芦笙的苗族村民们。前面已提及，通过读书走出大山的读书人是坡会资金捐助的活跃分子。坡会筹款一般不采用集资形式，多为村民自发捐款，手头富裕的可以多捐，“富者多出、能者多劳”是坡会准备过程中的基本原则。每家每户都会或多或少的出钱出力或出物，以便坡会可以顺利开展。“能多出、能多劳”是地位和能力的象征，“愿多出、愿多劳”是村民素质高的体现，有地位、有身份的人会通过区别性的捐款这种微妙的手段来标识自我。区别身份并获得尊敬，而其他人也可以通过“多劳”来弥补这种因无法出钱而愧疚的心理缺失。在拱洞村下寨屯调查时，调查者看到村子小商店外侧的墙上还张贴着一份倡议书，倡议书是关于筹集初七坡会资金的，还附有几份捐款名单，十元、二十元至一百元、五百元不等，多为五十元。此外，村委会作为深受村民信赖的政权机构，还具有安排、监督村民做好各项工作的职能。

2. 添置芦笙、练踩堂舞

芦笙放置久了就会遭虫啃食，或者腐坏，因此每年都要或多或少地添置一批新芦笙。制作芦笙是一项精细活，是一项祖传的技艺，需要有一定的悟性，不是每个人都能掌握。融水县很多苗寨的芦笙都是从外地引入的，拱洞村的芦笙也不例外，有很大一部分是从外地引入的，有的是从贵州引入，有的是从附近的三江侗族自治县引入。他们认为芦笙是贵州人发明的，贵州师傅的芦笙最正宗，不仅看起来精致漂亮，而且吹起来宏亮。

坡会上吹芦笙的现多为中老年男子，他们从十三四岁就开始学习吹芦笙，能够熟练掌握吹芦笙技巧，所以一般不用排练。但是跳芦笙舞需要彩排，因为有的年轻女孩出门太久了，对步伐会有些不熟悉。在各地的坡会多是以娱乐（而不是表演）为主要目的，所以苗族同胞在准备的过程中一般不必经过严密的策划，都是按照以往流传下来的程序：村委会筹款、报名参加

（可临时加入）、村委会定人。可见，没有严格的选拔程序，谁会谁参与，谁有兴趣谁加入。

3．备置苗衣

苗族妇女每到过年都会染布给家人添置新衣，给女儿打银饰，以便在坡会时更吸引眼球。到了现代社会苗族同胞已不再自己染布裁衣裳了，但是春节添置新衣仍是他们沿袭的传统。

过去，苗族妇女都是自己染布裁衣，很多村民还留存着老式织布机，用麻线或者从货郎那里买来的线织成布匹，然后自制染缸：将稻草灰和清水按照一定的比例加入水缸中搅拌，过滤后的灰水加入蓝靛料和其他植物的根，搅拌均匀，隔几天再加入蓝靛料，搅拌均匀放置几天，染布水即成。将织好的布匹浸泡半个月，拿出用重物压几天后取出晾干，又浸泡后用重物压平再晾干，如此反复四次之后，涂上鸡蛋清并捶打，待晾干之后再捶打，使布匹定色。最后在加盐沸腾的水中煮20分钟，取出晾干，蓝色的、闪光的“亮布”便制成了。

制成布匹之后还要剪裁成衣服、裤子或裙子，心灵手巧的妇女还会在衣服上绣上花鸟虫鱼、龙凤鹿牛等动植物，让衣服更加漂亮耀眼。这样手工制作染制、剪裁、刺绣的衣服，质量都是上乘的，可以穿上几年甚至十几年。现在，村子里只有一些老年妇女才会自己染布裁衣，很多年轻妇女都会到市场上买已经染好色的布料来剪裁衣服，甚至有的妇女直接买用机器生产出的苗衣给家人穿。虽然染布裁衣已经渐渐成为历史，但是坡会前备置苗衣（或把苗衣拿出来洗晒）的习俗仍然存在。

（二）场地布置

1．竖芦笙柱

芦笙柱是芦笙场的中心，芦笙踩堂人员都是以芦笙柱为中心排列的。因为芦笙柱上雕刻着各种苗人喜爱、崇敬的动物，所以芦笙柱被赋予了神圣性，芦笙柱下方空地是不能随意扔垃圾、大小便、摆放其他东西的。芦笙柱一般是大年三十那天竖好。这天一大早吃过早饭后，凡是参与拱洞坡会的所有村寨，都需要派代表到拱洞下寨"忍禄"集中。青壮年把芦笙柱抬到芦笙坪中央，把它洗涮干净，将之重新染好色，让它焕然一新。然后端端正正地竖起来，最后由拱洞下寨有威望的老人来主持祭拜仪式。祭拜地点就在芦笙坪中央的芦笙柱旁，摆放各寨拿来的酒、猪肉、鱼肉等祭品。然后由拱洞下寨的主祭人面对东方念诵祈祷词：

今日良辰好日子，
我们来竖芦笙柱，
邀你太阳神和月亮神，
下来与我们共度；
吃三杯苦茶来喝三杯苦酒，
你太阳公显威太阳婆显灵，
助我们稳固山坡，
安定民众；
做生产得丰收，
做生意有钱财；
家家牛羊满栏，
鸡鸭满舍，
鲤鱼满塘；
天天有剩年年有余，
男女老幼平安万年长。

以此希望上天保佑参与坡会的所有寨子人丁兴旺、五谷丰登、发财致富。祈祷毕，齐奏三曲芦笙。

芦笙旗在初一那天挂上去，只能立十五天，过了年一定要收好。到正月十五收旗的时候大家都来抢着拿回自己家保管。抢到的人会庆祝，据说是可以有好运，还可确保新媳妇生男孩。[1]此外，初一那天还要在场地中央竖两根高三米左右的禾树树桩，示意鬼邪不要接触。

2. 清芦笙坪

坡会开始的前一天，要清理芦笙坪。一方面要保持芦笙坪物理空间的洁净，另一方面要保持芦笙坪“精神空间”的洁净。首先由村妇女主任组织村里的妇女对芦笙坪进行大扫除，村主任指导青年男子将芦笙场上方的横幅、灯笼、系着彩旗的绳子拉好，还要把入场道路两旁的彩旗插好。然后，由一位德高望重的老人（一般是寨佬，必须会念祭祀词）手执芭芒草、禾树树枝边走边念咒语，并挥扬手中的芭芒草和禾树枝，以驱赶魔鬼邪气，保持芦笙场的“洁净”。

五、坡会的节日仪式与活动

一切准备就绪之后，初七就开始进行正式的坡会活动了。坡会当天，小孩早早起床穿好新衣裳，穿梭在忙碌的人群中；参与芦笙踩堂的妇女也开始梳妆打扮；男子则拿起珍藏了一年的芦笙，擦拭灰尘并试音；老年妇女则在家中准备祭品……

（一）绕场祭祀

首先由村里年长的妇女在芦笙坪外摆上供品祭祀归来的祖先和神灵，供品一般有糯米饭、糯米酒、鸭子等，再由村里的年长者走在前头，带领全体参与芦笙踩堂的男女老少绕着芦笙场走三圈，苗语称为“痴打”。绕场时，由手持小芦笙的芦笙头吹“引路曲”。绕完场地之后，再由年长者提着祭品、香纸、蜡烛到场地中央的芦笙柱前摆好，然后绕芦笙柱三周，吹三曲，

1．被访谈人：周文康，26岁，访谈人：彭晔，访谈时间：2012年2月4日，访谈地点：十六坡芦笙场。

吹完之后面向东方蹲下，口念祭词：

今天太阳亮丽夜吉祥，
玩坡会过年关，
一帮阿爸阿妈，
带一帮姑娘后生，
进芦笙堂入芦笙坪，
踩堂给竖岩看，
踩圆圈给阿爸阿妈见。
眼下旧的一年过，
新的一年来，
做农活粮食有剩，
做生意钱财有余，
天底下众人安康富有。[1]

祭词主要祈求田神保护好一年庄稼，不让水旱虫灾侵害；祈求财神护佑生意人生意兴隆，财源广进。念完祭祀词之后，年长者拿着手中的芭芒草、禾树枝到场地中央围着芦笙柱插好。按规矩，各村各屯芦笙队进场后先吹三曲合调作为“暖坪”之曲，然后鸣响三声铁炮并燃放一长串鞭炮，由芦笙头（以前多是由寨佬担任，现在一般是村支书担任）吹响第一声芦笙，以此宣告芦笙踩堂正式开始。

（二）芦笙与踩堂

1．芦笙与芦笙堂

芦笙是苗家人最喜爱的乐器，家家户户都有芦笙，只要会吹芦笙的人，

1．戴民强．融水百节．融水苗族自治县民族事务局、融水苗族自治县苗学研究会编印，广西工学院印刷厂承印，2012：27－28．

都会被苗族人当作自己的朋友。芦笙与苗族的关系十分密切，可以毫不夸张地说，一个传统的苗族村落必然会有芦笙。在拱洞村，只要是重大的节日或是大型的庆祝、娱乐活动，就少不了芦笙的助兴，芦笙承载了他们的“节日史”。苗族人的喜怒哀乐都可以用芦笙来表达，苗家有句俗语：“芦笙不吹响，谷子难发芽。芦笙一吹响，手痒脚也痒”，芦笙陪伴苗族人走过了漫长的岁月。据说，三国时就已经有芦笙，芦笙是诸葛孔明发明的。三国时战乱不断，百姓难以安生，诸葛孔明为了让一方百姓团结协作、安心耕种，就发明了芦笙，让老百姓通过吹芦笙结交朋友，以此减少纷争，保证人民安心生产，确保地方平安。[1]

融水苗族人的芦笙有广义和狭义之分，广义上的芦笙还包括地筒。吹地筒和吹低音芦笙（最大最长的芦笙）的人紧挨在芦笙柱底，吹中高音芦笙的人在外围。拱洞村民喜欢用羽毛或“芭芒草”插在芦笙上，或是用丝绸缠绕，以此装饰芦笙。吹芦笙一般由男性负责，吹芦笙时他们身体左右摆动，节奏越快摆动频率也越快，但是很少移动步伐。偶尔在吹奏一段缓慢的芦笙曲时，他们也会绕着柱子缓慢移动。在芦笙表演的场合（例如县庆芦笙比赛、外出表演等），他们还会表演一些杂技动作，如倒立吹芦笙，搭人墙吹芦笙等。吹芦笙是由男人们专门负责的，但是现在有一些苗族女子也开始学吹地筒，她们开始“侵入”男性专属领域。

芦笙堂就是进行芦笙踩堂的地方，苗语称为“打嘎”，可以理解为芦笙场、芦笙坡或者芦笙坪，是一个苗寨的娱乐活动中心。芦笙堂可以分为村内芦笙堂和村外芦笙堂。村内芦笙堂位于村中央的平地上，中间立一根芦笙柱，村内芦笙堂大小苗寨都有，但是大小有别，主要是给寨子内部人员的娱乐、招待朋友提供场地；村外芦笙堂一般位于村寨附近的大田和坡脚草坪上，主要是为了纪念某个活动。[2]这种芦笙堂是几个村寨共有的，芦笙堂的拥有者有主客之分，主寨是芦笙堂的创立者，主寨具有优先入场权、管理权

1. 讲述者：石善峰，男，73岁，侗族，怀宝镇洋洞村人。
2. 吴承德，贾晔．苗族芦笙．广西人民出版社，1992：81－82．

和主持权。

2. 芦笙柱

相传很久以前芦笙堂中央是没有芦笙柱的，可是十几米长的大芦笙柱无处可傍，吹芦笙曲时还要扶正芦笙，非常困难，后来苗族人就想到了可以在中间立一根柱子，让长芦笙靠着柱子，吹奏时就不用扶住芦笙了。芦笙柱最初是用于靠挂芦笙的，后来人们在芦笙柱上刻上了苗族人喜爱的、崇拜的动物，才逐渐成为现在有神灵依附的、染上了神圣色彩的“神柱”，即“东嘎”。

拱洞初七坡的芦笙柱长约十米，用杉木制成。柱身雕龙刻凤，涂青、红、蓝三色，柱顶部雕刻着苗族人民素来喜爱的鸟兽，如孔雀、野鸡、白鸽，还有混合型的神鸟。这些鸟类是“达配”——苗族女子的象征，寓示着苗族女子像鸟儿一样美丽、善良、能歌善舞；离顶部约五分之一处，装一对木质牛角，这是“达亨”——苗族男子的象征，寓示着苗族男子像牛儿一样健壮、勤劳、忠厚、诚实。下半部是一对横杆，横杆是平和、中正的人生观的体现；横杆雕刻有鱼头或凤头，表达了人们希望苗族妇女能够拥有鱼类一样的生衍繁殖能力和像凤凰一样的美貌；再往下是刻有龙凤戏珠的后盘底座，集中反映了人们和谐、富贵的愿望。总之，芦笙柱是神圣之物，刻画了苗族人的优秀品质，寄托了苗族人美好的愿望。[1]

3. 芦笙曲

芦笙曲主要有同年曲、引奏曲、踩堂曲、竞赛曲、迎亲曲、送亲曲等，而坡会的芦笙曲主要有引奏曲、踩堂曲，偶尔也会借助竞赛曲来增加节日气氛。

芦笙踩堂是打同年活动的重点，它创造了两寨之间亲密接触的良机，创造了两村文化交流的空间，因此指导芦笙踩堂的芦笙引奏曲和芦笙踩堂曲也就成了坡会的关键所在，芦笙吹得响，节奏感强，踩堂才能尽兴。引奏曲都

1. 被访谈人：贾学知，75岁，访谈人：彭晔，访谈时间：2012年2月4日，访谈地点：十三坡芦笙场。

是跟踩堂曲合在一起的，是在芦笙踩堂开始之前吹奏的那一小段芦笙曲，相当于发音口令。引奏者是整堂芦笙踩堂曲的核心，一般选村里芦笙吹得比较好听的人（多为寨佬或者芦笙队长，也有例外，例如东水村这两年的芦笙头是一位在校大学生吹奏），引奏曲用音最尖最高的小芦笙吹，以便在踩堂过程中其他芦笙吹奏者能够辨出引奏者的芦笙，跟着节奏吹，不至出现混乱。吹奏时间的长短由引奏者来决定，自由发挥，吹得长能够显示引奏者的吹奏技能，但是很多引奏者会考虑到后面要带领全体踩堂曲吹奏者完成吹奏，一般选用长度适中的曲子，这样既能展示自己的技巧也不至消耗太多体力。[1]

踩堂曲，是由全体芦笙队合奏的芦笙曲，踩堂舞根据踩堂曲的节奏而进行，男吹女跳，这是对苗族男女协调合作的展示，也是坡会参与者之间无障碍交流的一种手段，踩堂曲表达了对祖先的敬仰，传达了丰收的喜悦，同时也是祥和与希望的象征。

4．踩堂舞

“芦笙响、手脚痒”，只要芦笙一响起，苗族女子就手拉手、围成圆圈跳起踩堂舞。融水踩堂舞，是按芦笙和地筒共同吹奏的踩堂曲节奏，围绕芦笙柱挪动步伐的舞蹈，由苗族女子完成。最常见的踩堂舞舞步为：上三步，退二步，并脚转身，脚跟上顶，身体前倾，头部随之微微摇动，双手随着身体的扭动而自然摆动，动作柔和。或向前迈，或向后退，或转身，或踢腿，或摆手，或拍手，或屈膝，或下蹲，有时候像是在划船，有时又像是在采摘果实，有时还像是在往篮子里装东西。总之，踩堂舞尽情展示着苗族女子的勤劳和灵巧。在芦笙坪上，待嫁姑娘通过踩堂这种方式展示自己，以吸引未婚男子的目光。有些地方的女子踩堂还增加了道具，有扇子、手绢和鲜花等，以增强喜庆氛围和美感。

5．芦笙的相关禁忌

苗族对芦笙的制作和使用有一系列的禁忌。有一条便是，芦笙师傅禁吃

1．引奏曲的资料由2011—2012年怀宝东水村的芦笙头何宁聪（男，25岁，苗族）提供。

竹鼠肉。传说这是因为从前苗族人不知道芦笙是什么，当芦笙师傅在人间做第一把芦笙时，所有的动物都来看。一开始制作的芦笙，那六根装有簧片的竹管长短是一样的。就在师傅去吃午饭时，竹鼠牙齿痒了，就把那六根竹管这根咬去一截，那根咬掉一段，弄得长短不一。师傅吃饭回来，发现芦笙被咬坏了，知道是竹鼠干的，就狠狠地打了竹鼠一巴掌。但是，当芦笙师傅吹奏这把难看的芦笙时，声音一高一低，非常动听。这时，他才发现他错怪了竹鼠，所以赶紧跟竹鼠道歉："刚才错打你了，芦笙的做成也有你的功劳，从此以后，我们苗族人世世代代不杀你，不吃你的肉！"从那以后，芦笙师傅再也不吃竹鼠肉了。[1]

此外，芦笙是禁止外借和乱放的。芦笙是苗族人的娱乐工具，象征着和谐富裕、丰收喜悦，村中的芦笙即使是不够用，少一个人吹芦笙也不能去跟别的村借。借别村的芦笙显示了自己村的穷困，而把芦笙借给别人会把好运转移给别人，因此，芦笙是一个村寨的守护之灵、节日之魂，不可以交付他人，别人也无权分享。芦笙还是神圣之物，不可以随便放置：不可以放在姑娘的闺房中，否则男人在吹奏芦笙时易出事故；不可以跟杂物放在一块，否则会给村寨带来危害；不可以将之丢至野外，否则会将不详之灵引入寨子中。

6. 洗芦笙坪

坡会的最后一堂芦笙踩堂之后，还要"洗芦笙坪"，简称"洗坪"（苗语称为"押打"），同样各村各屯芦笙队按顺序绕场三圈。芦笙踩堂时，苗人的魂魄是与祖先的魂魄结合在一起的，都停留在芦笙坪中。"洗坪"是芦笙踩堂参与者的魂魄（苗语称为"金鲁金力"）与祖先的魂魄的告别仪式，通过"洗坪"将自己的魂魄带走，带着田神、财神、祖先的祝福回家，回家后吃肉吃饭，这样才平安健康，做活才有力气，来年生活过得更好。"洗坪"仪式完成之后放铁炮和鞭炮，在铁炮声和鞭炮声中，参与芦笙踩堂的人们告退，坡会散场。

1．梁彬，王天若．广西苗族民间故事选[M]．广西壮族自治区民间文学研究会，1982．

（三）斗马与斗牛

1．斗马

斗马是融水苗族各地至今普遍流行的活动。最初斗马只是权贵炫富的手段，那时两马相斗难分胜负之时，为了争得最后的胜利，权贵们会大打出手。中华人民共和国成立后，斗马才逐渐成为普通苗民的娱乐活动。

斗马分为三个步骤：首先是“选斗”。由上寨、下寨、培基等几个参与初七拱洞坡的寨子推选出几名多谋善断、为人公道，且懂得斗马规矩的中老年男子，他们就是斗马的组织者和裁决者，由他们去物色斗马对象。其次是“耍斗”，也称“走堂”，就是由一名身着紫亮襟衣、头缠围巾、腿扎绑带、腰系铜铃、手执花鞭，一身骑士打扮的马主，骑着或者牵着参斗的马匹，绕场走一圈，与观众见面，以示威风。最后是“相斗”，先让一名胆大心细的骑手将一匹雌马牵入斗马场，再由两名骑手——参斗马匹的主人将参斗的两匹雄马牵来与雌马“相认”。片刻，两名骑手迅速解开缰绳松开雄马，为争夺雌马，赢得母马青睐，两匹雄马互不相让，拼命厮斗。

斗马属于情斗，两匹公马要通过角斗来获得母马。两匹雄马时而直立厮咬，时而腾空弹踢，寻机咬住对方喉、眼、唇等要害之处；有时又会前蹄扬立，试图用厉声长啸吓住对方；有时又会追逐，你踢我咬，不放过任何一次攻击对方的机会；一下子又双双卧倒，静止不动，伺机找对方关节、腹部啃咬。厮咬之声“嘎嘎”作响，令人望而生畏，斗到精彩之处，观战呼声迭起，敲锣击鼓，助威声援，构成一幅紧张激烈、扣人心弦的斗马图。如果哪家苗族后生的马最后取得了胜利，将会成为年轻女孩眼中的英雄。

2．斗牛

斗牛也是融水苗族一些坡会场上依然保留的节目。参斗的牛都是牛牯，或是水牛，或是黄牛。牛要么是村民自家饲养，要么是村民集资集体购买。参斗的牛以草、粮、酒、蛋为主食，集体购买的牛所需伙食由村民共同承担。

斗牛之前，所有参斗的牛都要先由牛主人牵着绕场亮相。这时牛是经过装饰的：牛背带饰鞍，牛鞍上放着镂刻双龙张牙舞爪的戏镜图和龙宫浮雕，还插着红、黄、蓝多色三角旗。绕场两圈之后，再退场。

即将格斗时，牛主人端来一桶鸡蛋甜酒给牛喝。接着两牛分别从格斗场两边进入，牛一进入格斗场，就会冲向对方。接触的一刹那，后蹄用力撑地，双角拼命向前抵撞，比拼谁的力气大。两头牛都奋力向前顶，想伺机戳对方的眼睛、下颔、脖子，斗得鲜血淋漓，也没有退却之意。力气小、牛角短的一方会被撞得连连退步，实在招架不住就会掉头满场跑。这时，就可以判定谁胜谁负了。但若是两头牛互不相让、不分上下，没有一方逃跑之时，可以通过察看两头牛受伤程度就裁定谁胜谁负，然后使相斗的两牛终止格斗。假如双方主人事先商量好让牛一斗到底好让观众一饱眼福的话，则不必制止格斗，但是这样会让两牛有伤残甚至致死的危险。

斗胜的牛牯将披着红毯，由牛的主人（若胜者为集体所有的牛，则由村支书）牵着绕场三圈，此时欢呼声和掌声此起彼伏，经久不息。

（四）打同年与对歌

打同年，就是在春节期间一个苗族（或侗族）村寨向另一个苗族（或侗族）寨子赠送礼物，两个寨子杀牛祭祀并进行同年宣誓，然后一起娱乐（芦笙踩堂、聚餐、坐妹、对歌等）的习俗。

并不是每一个坡会都会有打同年活动，但是一方面拱洞坡会由下寨屯、高武寨、培基寨主办，由上寨屯、高文、龙培、振民协办，另一方面参加坡会的既有侗族也有苗族，这种多个不同村寨和两个不同民族参与坡会的局面，为拱洞坡会打同年活动的开展提供了前提。打同年以主办寨之一、坡会会址所在地——拱洞下寨为主寨，参与坡会的其他寨子为客寨。

夜幕时分，白天的芦笙踩堂结束之后，客寨芦笙队应邀到主寨打同年。拱洞下寨村支书（以前为寨佬）带领村里盛装的年轻男女到村口列队迎接，敬酒献茶，寨子双方的歌师需对答《盘问歌》。《盘问歌》用侗语问用侗语回答，《盘问歌》内容如下：

主寨问：今早你们来得快，闯着[1]路面什么树？

闯着什么桥头在？为何做房不做楼？

客寨答：今早我们来得快，闯着土地公公在桥头。

闯着土地公公桥头在，土地公公做房不做楼 。[2]

主寨问：今早你们来得快，闯着什么坐石上？

闯着什么石上坐，为何过河不穿鞋？

客寨答：今早我们来得快，闯着蚂 [3]坐石上。

闯着蚂 石上坐，蚂 过河不穿鞋。

……

对完《盘问歌》，双方还会对唱《松门歌》。当地人无论是侗族还是苗族，都喜欢唱侗歌。很久以前，侗寨的寨门是用松树枝搭建的寨门，所以有“松门”一词。现已看不见松门，但是别寨入寨唱《松门歌》的习俗还保留着。《松门歌》也是由主客寨备受尊敬的歌师对唱：

主寨问：今早你们先到哪堂？[4]先到哪堂后到哪堂？

什么青来什么红？青青红红几多年？

客寨答：今早我们先到我们堂，然后又到你们堂。[5]

墨的青来纸的红，[6]青青红红万千年。[7]

---

1. “闯着”：当地方言，意思就是“遇到”。

2. 因为侗族（苗族）人住的房子多为吊脚楼，都会有两三层楼，而土地庙是只有一层的小房，所以说它做房不做楼。

3. 蚂：青蛙。

4. 意为先到哪堂芦笙，当地人用“堂”来作为修饰芦笙踩堂的量词，如“一堂芦笙”。

5. 这两句歌谣的意思就是：我们今天早上在自家芦笙坪芦笙踩堂告别自己的先祖后，就马上赶到你们这里来了。

6. 这一句歌谣的意思就是：松门上的对联所用的墨水是青色的，写对联用的纸是红色的。

7. 这一句歌谣既是说松门和对联长存，更是两寨人对友谊长存这种心理的表达和祝福。

各地打同年对歌有不同的唱词，但是对歌都是为了寻找两寨的共同之处，拉近距离。接下来客寨就把带来的礼物——鸡鸭、酸鱼、糍粑、糯米献给主寨，主寨接收礼物并摆放整齐。然后主寨牵着用毛毯裹住牛头，红纸包着牛角的牛牯，由主寨歌师牵着牛牯转芦笙柱三圈，俗称“转牛”。转牛之后，主寨芦笙队还要吹奏象征团结和友谊的“同年曲”，接下来主客寨再联合进行芦笙踩堂。晚上，还要在芦笙坪设置“同年宴”，主客寨同桌进餐，猜拳声、劝酒声响彻拱洞下寨。

吃过同年宴，主客寨之间的男女青年还会对歌，晚上对歌多为情歌，需男女对唱：

凤凰飞到我村来

主寨男：没想到冰雪地里盛开瑰丽的鲜花，没想到茅坡岭飞来金色的凤凰，凤凰、凤凰，羽毛散发着金光，把我们全寨照亮。

客寨女：我们是乌鸦寻烟一岭过一岭，我们是麻雀找谷一丘到一丘田，我们姐妹衣衫褴褛串村要饭，好像乌鸦麻雀一样，飞呀、飞呀，飞到你们这块富饶的山庄。

香甜果子人先尝

主寨男：美好的姑娘像果子结在树上，我们正想用竹竿去拨，但是别人有了灵活的钩子，早把果子钩去了，再香的果别人先尝了，我们的竹竿再长也不顶用。

客寨女：我俩像沟边的刺菜没有哪个采，我们像路边的苦李没有哪个钩，香甜的果人人爱，苦李进口害得你郎眼泪流。

我俩结交不用媒

主寨男：大路好走不用伴，白马好骑不用鞍，青石磨刀不用水，我俩结交不用媒。

客寨女：上山砍柴靠柴刀，下水耕田靠牛犁，生意买卖靠朋友，我俩结交靠个媒。

从相识唱到结交，从结交唱到相恋，从相恋唱到相别，从相别唱到相思，有时会一直唱到天亮。[1]

第二天客寨离开时，主客寨还要到芦笙坪吹笙踩堂。芦笙踩堂结束之后，主寨赠送客寨牛头、猪腿、羊牯作为礼物。分别时唱“分别歌”，相互祝福，并相约来年继续芦笙踩堂。

六、坡会重要民俗事象的内涵与变迁

芦笙队是坡会必不可少的元素。芦笙踩堂是坡会的关键，共同的芦笙踩堂模糊了地域的差异，主客寨在一定程度上也可以称为以芦笙为中心的“芦笙文化圈”。芦笙语是他们唯一的共同语言：芦笙曲是他们都可以听得明白的，芦笙舞也是他们都能看得懂的。吹奏芦笙是苗族人对生活需求的呈现，是他们对神灵和祖先的诉求，也是他们对自我情感的表达。

芦笙踩堂的人员安排，可以反映出少数民族地区的思想观念。首先，芦笙踩堂队列的分布以男人为中心，是“以男人为主导”的等级观念残存。在芦笙踩堂时，男人比女人更接近神灵和祖先的暂栖地——芦笙柱。男人和女人以芦笙柱所在地为中心向周围辐射，男在内女在外，女人实际上是以男人为中心的。这种排列也是一种等级的象征符号，象征了在侗苗族社会中男人的主导地位。其次，芦笙踩堂位置安排的最终指向是圆满与和谐。仅从芦笙踩堂的外部形式来看，所有的乐器和人员无论多少，哪怕间距再大，他（它）们的排列都必须是一个圆形，以芦笙柱为中心层层围圈，排列成各个大小不一的“圆”。这种对“圆”的追求展现了少数民族对圆满的渴望，而从这个芦笙踩堂的内部形式来看，男人和女人是互相配合的，主寨和客寨人员之间是互动和交流的群体，所有人共同完成芦笙踩堂对和谐关系的表达，

1.歌词由吴培莲、吴玉花等提供，彭晔整理。被访谈人：吴培莲，45岁；吴玉花，43岁，访谈人：彭晔，访谈时间：2012年1月16日，访谈地点：拱洞村。

是人与人之间的和谐相处的演绎。

就目前来说，在每个苗（侗）民族村寨内部都会存在一批会吹芦笙的中老年人，只要活动需要，他们就会临时组成芦笙队。吹芦笙是公开的技巧，甚至可以说是苗族男子的基本技能。但对于拱洞村来说，随着与周边汉族、侗族的频繁接触，这种对芦笙文化的自觉传承也受到了前所未有的冲击。当地人在芦笙技巧传承中，出现了文化断裂的现象：20世纪六七十年代出生及之前出生的男子一般都会吹芦笙，二三十岁的年轻男子会吹的相对少。六七十年代出生的老一辈及之前出生的更老一辈，他们将学习吹芦笙作为一种基本技能、一种爱好，他们会吹芦笙是一种文化生态环境自然而然的造就。二三十岁的男子，受到市场经济发展的影响，不愿意学习这些具有身份识别性质的民俗文化，不学习这些传统的东西对他们来说是脱离原始走向现代的途径。20世纪90年代得益于县政府“贝江风情一日游（三日游）”的推行，传统民俗文化的价值重新被挖掘，十几岁的小男孩开始热衷于学习吹芦笙，使传统文化传承后继有人，使原生文化在没有被遗忘之前被激活，让原生文化继续发声。这种隔代传承虽说畸形，对于原生文化的传递和保护来说，也算是为时不晚。在洋洞村这种受现代化强烈冲击的侗寨，当地人极为重视对文化空间做转移性的保存，在新农村的寨门不远处建成的水泥操场，成为了打同年芦笙踩堂的“仪式空间”，打同年的传承依赖芦笙文化的支撑。社会发展是无可阻挡的，对传统文化的“仪式空间”进行“移植性”保存，虽然会致使传统文化“变味”，但就目前来说，这也算是当地民众自发的、有意识的保护文化的有效策略。

七、结语

苗族的春节是踏着芦笙的欢歌而来，伴着芦笙的声声祝福而远去的，芦笙踩堂是苗族人重大的民族文化活动，融汇了芦笙踩堂的苗族坡会俨然已是承载着苗家人春节意涵最重要的仪式场、娱乐场。没有坡会的春节是寂寞的，没有坡会的春节也算不上春节，坡会已经成为苗族春节最重要的标志。

坡会链条再长，每一年都会有结束的一天。随着元宵节的来临，融水系列坡会也暂时告一段落，然而对于坡会的研究却依然没有结束。苗族的芦笙踩堂已逐渐为外界所熟知，本来芦笙踩堂只是少数民族自娱自乐的庆祝方式，芦笙踩堂是苗族不可或缺的“节庆文化”，现在融水一些地区却把这种传统文化作为一种经济资源来挖掘，对传统文化展开商业化包装，使芦笙踩堂成为一种经济化的“文化资源”，这或许是坡会的幸运，也或许是坡会的灾难。

附录一：融水苗族系列坡会

以下为2006年5月20日正式列入“国家级首批非物质文化遗产代表作名录”的融水苗族系列坡会：

坡会名称	时间(农历)	地点	主要活动
整英坡会	正月初三	融水大年乡大年街下边地名为“整英”的河坝上	入场仪式(“万民伞”开道），赛芦笙、斗鸡、斗鸟、舞龙、舞狮、扮演唐僧师徒文艺演出等
嘎直坡会	正月初四	四荣乡荣塘村河边寨底，一处苗语叫“嘎直”的田垌里	芦笙踩堂、赛芦笙、斗马、斗鸟、苗歌对唱等
平卯坡会	正月初五	拱洞乡平卯寨河边坝上	芦笙踩堂、赛芦笙、苗歌对唱、“多耶”、斗鸟等
沛松坡会	正月初六	安太乡培地村背，一处苗语叫“沛松”的地方	芦笙踩堂、赛芦笙、斗马、斗牛等
拱洞坡会	正月初七	拱洞乡拱洞街对面河坝，一处苗语叫“忍禄”的地方	芦笙踩堂、赛芦笙、斗鸡、斗鸟、篮球赛、打同年、侗歌对唱等
能邦坡会	正月初八	良寨乡培洞村老寨底的河滩上，一个苗语叫“能邦”的地方	芦笙踩堂、赛芦笙、斗鸟、苗歌对唱等

乌勇芒蒿坡会	正月初九	安陲乡乌勇寨芦笙坪	芦笙踩堂、赛芦笙、斗鸟、苗歌对唱等
整依直坡会	正月初十	红水乡良双村边河坝上	芦笙踩堂、赛芦笙、打同年、斗鸟、芒哥表演、苗歌对唱等
整堆坡会	正月十一	安太乡元宝村整朵，一处苗语叫“整堆”的地方	芦笙踩堂、赛芦笙、斗鸡、赛马、斗马、苗歌对唱等
百鸟衣坡会	正月十二	杆洞乡杆洞村边大田垌中	百鸟衣芦笙队吹芦笙、赛芦笙、斗鸟、斗牛等
整欧坡会	正月十三	安太乡寨怀村与林洞村交界处，一处苗语叫“整欧”的田垌上	芦笙踩堂、赛芦笙、斗马、赛马、斗鸟、斗鸡、篮球赛、苗歌侗歌对唱、文艺表演、打同年等
更喔坡会	正月十四	白云乡邦阳村上邦寨一处名叫“更喔”的田垌里	耍“精令”、吹芦笙、斗鸟、唱苗歌、文艺晚会等
大坡坡会	正月十五	香粉乡大坡寨边坪上	祭“无祀坛”、山歌对唱等
古龙坡会	正月十六	香粉乡政府所在地古龙寨边的坡坪上	吹笙踩堂、赛芦笙、斗马、赛马、舞龙、舞狮、斗鸟、球赛、文艺演出等
安陲芒哥坡会	正月十七	距安陲乡政府所在地江门街一华里，一处称为“金竹沟”的地方	芒哥表演、芦笙踩堂、芦笙比赛、斗马、斗鸟等

附录二：主要信息提供者

1. 莫玉边，79岁，苗族，拱洞村下寨屯。
2. 吴玉花，女，43岁，苗族，拱洞村下寨屯人。
3. 吴培莲，女，45岁，侗族，拱洞村上寨屯人。
4. 贾学知，男，75岁，苗族，安太乡尧信村人。
5. 周文康，男，26岁，苗族，安太乡尧信村人。
6. 唐世勋，男，76岁，侗族，怀宝镇洋洞村人。
7. 石善峰，男，73岁，侗族，怀宝镇洋洞村人。

三江侗族自治县林溪乡高秀村侗族春节习俗调查报告

黄 洁　徐赣丽

广西三江县的侗族不像其他侗族地区，有过“侗年”或“过冬”的习惯，他们一年中几乎月月有节，但正月的春节是最盛大的节日，人们于农历年底即准备过年，凡在外地工作或外出的人，都在大年二十五杀年猪之前归家团聚，他们在节日期间安排了丰富的活动：酿年酒，贴春联，除夕宰猪杀鸡，焚香化纸，祭祖敬神，全家欢宴，围坐火炉，明灯燃烛，彻夜“守岁”，打甜水油茶，鸣放鞭炮。初一祭祖，拜神庙和“萨堂”，聚餐团圆。与汉人春节有相似之处，也极具本民族特色。《三江侗族自治县民族志》中“节日与社交”一条提道：“春节期，宴请亲朋欢庆，唱戏吹芦笙贺新年，喜气洋洋，一片欢腾，在林溪、同乐、良口、独峒、八江等部分地区，于初五六便开始串寨，‘月也’（weiye）、唱侗戏、桂戏、赛芦笙、‘多耶’赛歌，或玩山走寨等集体娱乐，彼此往来。”[1]呈现了三江侗族的春节仪式与活动的历史概况。1949年以来学界对三江侗族习俗的各层面展开了调研，但整体描述当今春节的具体材料仍相对缺乏。

侗族自称“宁更”（nyenc gaeml），主要分布在云贵高原东部边缘的湘桂黔三省区毗邻地区的高寒山地，交通和经济都较不发达，并与汉、苗、水、瑶等民族形成交错杂居的分布格局。因所居地理位置为楚越边界或镡城之岭，汉人古籍多称其为“洞蛮”“洞氓”“洞人”“峒人”或“溪洞之民”。[2]广西壮族自治区境内侗族主要聚居在三江侗族自治县、龙胜各族

1．三江县民委．三江侗族自治县民族志[M]．南宁：广西人民出版社，1989：78．
2．吴浩主．中国侗族村寨文化[M]．序，北京：民族出版社，2004．

自治县，并散布融安、融水、罗城、东兰等县。[1]其中，三江县处于三省交界地带的南面，桂西北与贵州交界的山区，境内侗族与贵州、湖南地区的侗族有一衣带水的关系。在侗文化分区上，与广西龙胜、融水，贵州黎平、榕江、从江，湖南通道等县同属于南部侗族地区，因山川阻隔，交通不便，接触中原汉族文化的时间相对较晚，经济文化和社会发展相对缓慢，传统文化保存相对完整。而在同一区域之内，因交通条件、经济状况、内部追求、外界影响等方面差异，在民族语言、侗歌、舞蹈、木构技艺、礼俗等方面各具特色，形成和而不同、多元共生的村寨文化。

林溪乡是位于三江县北部高寒山区的侗族聚居乡，北边与湖南省通道县牙屯堡镇毗邻，南边与周坪乡连接，东边与湖南省通道县甘溪乡相邻，西边与八江乡相邻，全乡95%的人口为侗族，除了牙已村1个苗寨，其他包括程阳八寨、冠洞、高秀、高友、美俗、合华、水团、弄团等12个村皆为侗寨，主要分布于通城公路两侧。高秀村因地处偏僻，交通相对闭塞，公共建筑多，生态环境原始、聚落格局完整，而传统习俗保留较多、过年氛围较浓，适宜开展春节习俗的田野调查。2012年1月17日～25日（农历腊月廿四至正月初三），调查者在林溪乡高秀村和程阳村观察与记录当地的春节习俗。2013年2月3日～3月5日（农历腊月廿三至正月廿四），调查者又再次前往高秀村，居住在当地村民家中，参与观察村中从节前准备到节后开市的整个过程，期间多次参与高秀村、林溪乡、湖南通道县的节期村际交流活动，获取了大量的第一手资料。本调查报告的资料主要来源于这两次调查。

一、村落概况

调查点高秀村是湘桂交界的侗族村寨，位于三江县林溪乡东北部，与林溪乡高友村、弄团村和湖南通道县高步乡高团村、坪坦乡阳烂村、陇城县四

1．姚丽娟．侗族地区的社会变迁[M]．北京：中央民族大学出版社，2005：1．

塘村毗邻接壤。村寨四面环山，平均海拔546米，民居多以木质吊脚楼傍山交错而建，发源于高友的高秀河自南往西北穿过村寨，经林溪与湖南甘溪、陇城交界的“科马界”山，流往毗邻的坪坦乡阳烂、高步、高团等地，汇入长江流进洞庭湖。侗人沿河聚居，形成了村寨依山傍水的自然生态。

侗寨完整的村落空间包括风水山与古树、河流、福桥、家屋与粮仓、鼓楼和凉亭、鱼塘和水田、水井、庙宇等。除耕地和山林，高秀村共有干栏式民居300多间，大小各类鼓楼9座（姓氏鼓楼5座，中心鼓楼1座，3个老式卡房），戏台1个（2012年6月重建落成），桥梁6座（福桥3座，木桥改水泥桥3座），寨中井亭和范围内大小凉亭二十多座，飞山庙2座（为谢家和吴家所有），萨坛1个，雷子庙、南通庙、观音庙各1座，土地庙12座，构成其自然与人文空间。因至今保留着河流、水田、山林、鱼塘等构成的原始环境，自然生态保护较好，曾获全国生态文明村和柳州市第六届“十大美丽乡村”荣誉。

高秀村自祖先落作约四百多年历史，现有396户1600多人，分高秀和马哨两屯。高秀屯世居向、吴、杨、谢、石、陈六姓，分别为三百多年前陆续从江西泰和县、湖南通道县、贵州黎平县等地一路迁徙而来。全屯人口以大姓房族建有的上杨（南门）、下杨、吴、吴（西门）、谢姓五个鼓楼为中心相对集中居住，由此发展自然形成五大生活片区。其中，向、石、陈姓人口少，为不受其他大姓家族挤压，向家、石家曾与上杨结拜兄弟，陈家曾与下杨结为兄弟。马哨距高秀屯5千米，由高秀屯谢、杨、吴三姓散户为农耕方便于二十世纪30年代迁居发展形成，至今有两三代人。村中姓氏之间历来有规矩，虽坟墓不在一处，但规定同姓之间不婚，结拜兄弟的大姓内部也不婚，到1949年以后才有所突破。

高寒气候和地理条件使耕种和养殖成为高秀侗人传统的生计方式。村民的生活必需品可通过种植、喂养家畜和稻田养鱼获取，如食用的米、油、油茶、鱼、鸡、鸭、猪和牛肉，衣服是自栽的棉花纺纱染侗布制成的，自己的住屋和公共的鼓楼、桥梁都是山上种的杉木做的，招待宾客和送礼也主要是自家生产的猪肉、鸭肉、糯禾和草鱼，包括腌制的酸肉酸鱼，食盐、农具和其他用具可逢二、七或逢五、十就近去湖南省坪坦乡或广西林溪乡的圩场购买，形成了相对稳定自足的村内生活。每人拥有的四分田、几十亩茶油茶叶地和杉木林，是他们日常劳作的主要所在，使他们的村中生活成为一种历法制的时空体验。

“林溪—冠洞”公路和广西自治区统战部援建的“统战路”通行后，高秀到县城需1个半小时车程（41千米），为村民打开了一个村外的世界。1979年第一批打工潮后，年轻一代和60岁以下的村民90%都陆续出去了，留守的多是60岁以上的老人、妇女和小孩。当地男青年基本外出到湖南、浙江、江苏、广东等地打工，从事木石、印刷等行业；会吹芦笙、有歌艺的就去像桂林、阳朔等地旅游景点表演。女青年外出也不少，但相对较近，如在县城古宜、柳州市等地，方便农忙时回来帮忙插田收割；家里有老人帮带小孩的年轻妇女也有去广东一带打工的，一般从事电脑绣花等职业。

现代以后，留守村中的青年和老人，以务农、经营木材加工与家具销售、房屋建造、开小卖部、当司机、教书为主。村中有两个制作侗寨百家宴用的桌椅和建新居用的门窗和家具的小型木材加工厂、一个铝合窗加工厂、七个门面小卖部、五部八座载客小车。村里没有茶叶加工厂，现在都是高友或外面的人来收新茶，但大部分农户都在乡政府的政策推动下栽种茶叶。当地农户的水田每年种一季水稻，一般是产量更高的杂交稻，但因过年过节都需要糯米，所以每家每户也种有一亩左右的糯禾。村里经济作物以杉木、茶油、茶叶为主。当地出产的红薯、韭菜口感甚好，2012年10月开始，乡里也到高秀村举办“文化林溪——民族特色红薯节”的活动。

高秀侗人的家屋（侗音“yan”）为杉木制成的三层吊脚楼。传统家屋空间中，一楼饲养鸡、鸭、猪、牛等牲畜和设置厕所，二三楼住人、储藏粮食和安置神龛，随人口增长也起四楼作卧室。一层是牛圈、猪圈，上到二层是长廊，中间设堂屋，安有祖先神位和土地神位，是一家人祭祀、待客的主要场所。堂屋左边为尊，是老人卧室，家中兄弟各居两边。传统在堂屋背后设置粮仓和火塘，是血亲家庭成员聚宴、炊烤、取暖的空间。妇女管火塘间，男性管堂屋。寨改后，不少家庭一层建成砖房，仍圈养牲畜，但设置烧热水间、厕所或设为厨房和粮仓，一层以上保留木房，为日常起居之所。取

▲ 鼓楼与福桥 / 黄洁 摄 /2012 年

消火塘，而多在一二层之间留一块水泥地安灶建厨房。如果在堂屋没有设神龛，祭祀祖先便在灶边进行，另外在堂屋放火盆烤火，成为春节期间一家人看电视、聊天、祭祀、接待客人的重要场所。

高秀村侗寨的公共空间，由鼓楼、风雨桥、土地庙、萨坛、飞山祠、水井等共同构成。高秀侗人的鼓楼（侗音“liangting”）是杉树形木阁楼，为四角或六角楼，由木框架、重檐和宝顶组成，宝顶上多塑葫芦。鼓楼喜单数，取其不满足意，代表了宗族的旺盛和高升。鼓楼正中设有火塘，并有几条长凳。过去鼓楼是各族处理族内事务、聚会议事、夏天歇凉、冬天烤火的地方，而鼓楼前的石坪是不同姓氏之间吹芦笙做也的场所，现在结亲和分家打通了村寨中房族间的联系，减弱了各亲属聚落片区的血缘属性，鼓楼渐渐成为居住片区老年人的活动中心，当地人也称“老人馆”。寨中另有四个老式卡房，为1960年集体生产时期的产物，现改为女老人馆，多为妇女们烤火、村里歌队等唱歌聚会的地方。中心鼓楼和卡房男女都能去，但妇女一般不去各大姓氏鼓楼。

高秀侗寨旧时皆实行寨老制，以地方款约和村内乡规民约管理村寨事务，由寨老组织全寨防御外敌侵犯，以确保所有成员的生存与繁衍。1949年后取消寨老制，但1982年成立了“老人之家”，后改为“老人协会”，协助村委处理民间事务，理事会成员有五个，由全寨投票选老人担任，实际为寨老制的发展，其下有文艺队、芦笙队、琵琶队、情歌队、多耶队等五个队，参加者主要是村中的老人和妇女。中心鼓楼和戏台由老人协会主管，是全寨接待外宾、举办文艺活动的重要场所。

二、节前的准备活动与仪式

（一）三江侗族春节的由来

广西、湖南等地侗族最初并没有以正月过年的习俗，而是以冬至前后的“吃冬”（janl dongl）作为侗年，后来受汉族文化影响，除仍保留侗年习俗外，也以正月作为春节，并赋予了许多本民族的意识、情感和宗教色彩。《湖南侗族史料：节俗》中记：“春节虽不是侗族的传统节日，但因为它符合侗家人的心理需求，人们不仅接纳了它，还赋予了它全新的内容。在侗族所有的节日中，春节的活动是最丰富的，一个正月间几乎天天有活动。”[1]志书记录了包括敬萨、爆竹迎新年、敬神灵、给雄鸡献果、接滩水、拉客吃茶、请客喝酒、吃新年茶换新年酒、坐仓楼、耶歌会、哆毽、过元宵、舞春牛、接春雷、抬官人、唱侗戏、围山狩猎、“月也”（weiye）讲款、多耶、踩歌堂、行歌坐夜、相约做豆地、请新娘饭等近三十项活动。[2]

现在在高秀村，当地侗人也没有“吃冬”的习惯，据传是因为他们祖辈的时候，原本有在十一月过冬的习惯，那天总要吃新鲜的鱼，要祭祖、全家

1. 李根富，史文志．湖南侗族史料：节俗[M].北京：线装书局，2007：60.

2. 见《湖南侗族史料：节俗》目录。贵州榕江县乐里一带的侗族也过侗年，在每年农历十一月十九日至二子二间的辰、戌日，辰日在先辰日过，戌日在前戌日过，节期三天。期间主要安排祭祖、吃团圆饭、请客访友和踩歌堂、吹芦笙、斗牛等活动。在贵州天柱、玉屏、榕江、黎平、从江等接近汉族地区的侗寨，到农历年底，家家户户忙打年把、贴春联、打扫房屋内外，还酿酒、杀猪、准备过年。除夕晚上，摆设供品，鸣放炮竹，祭祖敬神，合家团聚。节间，有的宴请亲友，走亲拜年，玩龙舞狮。南部山无敬神祭祖，但集体娱乐较多，欢度时间长达半月至一月，其间或吹芦笙、赛歌，或唱侗戏。青年男女行歌坐月，通宵达旦。榕江、黎平、从江一带尤为盛行村与村互相走访，称作“月也”。正月初，从江县六洞地区，还要穿扮如穷丐、盗魁、妖仙、营兵、古渔前往邻寨作客，举行“抬官人”活动，届时举寨参与，之后男女青年相约进行踩歌堂，被称为侗家的狂欢节。黎平、从江一带侗寨，建有祖母堂（萨），纪念侗族的女英雄杏妮，除平时举行大型活动，包括赛芦笙、斗牛、征战等都要先到祭萨外，春节期间，还要进行一次最隆重的祭祀活动，全寨参与并喝香茶以得到祖母保佑。从地方民俗文献资料看来，就整个侗族地区而言，贵州和湖南不少地方，如榕江、黎平、从江等地都既过侗年，也过春节，侗年以祭祖为主，春节的活动更为丰富，除了祭萨、唱侗族大歌、踩歌堂，还有抬官人、舞龙舞狮、月也等活动。

吃团圆饭。但是有一年又到过冬了，天气非常冷，有位老人家到田里去要鱼准备过节时，结果因为水太冷就冻死了。那一年村里就没有“吃冬”，因为老人去世按照侗人的习惯是一律要吃素的。到了第二年吃冬的时候，他的儿子守忌也没有去田里要鱼来过冬，只是吃旧年的酸鱼，两年没过冬以后，祖辈们就约定以后总不过冬了。

在三江地区，春节也属于侗族全族都过的节日，算一年当中最重要的节日。传统的春节一般从腊月开始直到过完元月，开年二月二的节气之前结束。现代以后因外出打工，初六过后走亲访友就少了，全寨的新年活动持续到正月十五元宵节才渐进尾声。与汉族不同，他们改火塘为灶还不久，亦没有敬灶神的说法。春节期间，家家户户要杀年猪、打糍粑、吃油茶、走亲戚，也要举行祭萨、拜飞山、放花炮、芦笙踩堂、对歌、唱侗戏及月也等村寨之间的文化交流活动。过年也是侗人置办各种喜事、招待贵客的繁忙时期，三江县林溪乡当地的侗族习惯在年前二十七至二十九结婚，到年初二或初三时回娘家，程阳八寨更是每年固定于正月初二在男方家摆酒，正月初三集体送新娘，形成习俗惯制。然而随着村落内部分化和生计方式的改变，现代的侗人春节在形式和仪式上也有所调整和变迁。

（二）节日的组织与安排

高秀村高寒气候和村民的生计方式决定了留守村里的人们主要围绕着农耕农事，应付自然和生存。腊月正值岁末，田事已告竣，这时到春节期间，对于农户和个人而言，是个很好的休息和沟通亲属感情的时期。临近正月，在外打工的年轻人陆续从各地回到家中与老人小孩团聚，并承担主要的劳动和过年的准备，代替家翁成为家中祭祀、杀猪、劈柴的主力，也帮忙媳妇在厨房准备些饭菜、陪孩子和老人。按他们的传统，家家户户从腊月开始就要置办过年要用的米酒、年猪、腊肉和酸鱼，到农历年底，忙打年粑、贴春联、打扫；除夕晚上，摆设供品，焚香烧纸，鸣放炮竹，祭祖敬神，合家团聚，辞旧迎新；春节期间，宴请亲友，走亲拜年，等等。

就男女个人而言，侗族妇女和男性一样参加生产劳动，同时担负着大部分以至全部家务，包括砍柴、种地、犁田、做饭、照顾老人、抚养儿童、纺纱织布，等等。尤其是当代男青年大多外出打工，留守的妇女更是家里生产劳动的主力。逢年过节，家里置办年货、准备祭祀和接待客人用的各种食材、照顾老人小孩等，也都主要是女人的事。但在某些神圣空间和社交事务的参与上，如祭祖拜神等仪式活动，回娘家、走亲戚等社交活动，大多由侗族男性主导，女性很少参与。但到过年时候，姐妹亲戚间也经常走动，村里唱戏唱歌表演者也以妇女为主。而一到过年，年轻人回到村里就承担起家中重活，老人们也因此得以休息，他们多数天天饭后便到老人馆去，边烤火边闲聊或者下棋、打牌、看电视、听侗歌，也唱多耶、弹琵琶等。

春节期间，村里的老人协会和村委从初一下午开始就安排和组织了很多活动，传统如放花炮，在鼓楼坪里月也（weiye）、多耶、情歌对唱、芦笙踩堂、唱侗戏、演桂剧等节目，还有男女青年相约打毽子、赶场唱歌、行歌坐夜，初二到初十期间还会去往其他村寨参加“月也（weiye）”。现代以后还有打乒乓球、篮球，这些都是老人协会、文艺队组织操办的，但自2012年因从村外买进来的花炮质量不好，燃放后烧到了山腰的树木，老人协会已经贴出公告，不准村民再购进花炮经营和燃放，只允许祭祀、走亲戚和唱戏的时候放点小鞭炮。但他们组织了2012年新戏台的扩建以后，方便了集体活动的开展。

（三）节前准备

高秀侗人在十月、十一月剪完禾、捡完茶籽后，到腊月来临前，村民们就要种油菜花、大白菜、蕨菜，各家各户都烧米酒，家里亲戚朋友多的，或准备在正月进新屋、结婚办酒的家户，到年中就买来一批小鸡、小鸭和猪崽来养，在池塘里也提前留大草鱼，放田时候收回来的鲤鱼也先放进池塘里畜养，等过年过节时用于祭祀或待客。九十月份收完谷子前后，天气不冷不热，蚊虫不多，有些人家也提前腌制酸菜、酸鱼和酸鸭，或者制作当地的特色菜小干鱼或太阳鱼，以备过年待贵客用。米酒是从农历九月初九烧重阳酒开始就陆续在进行，等收完谷子空闲了，就天天有人去烧酒。这些都是过年祭祀祖先、招待客人必不可少的。

林溪乡的高秀和程阳都有在大年廿七或廿八结亲，到过年初二、初三送新娘回娘家的风俗，对于当年办喜事的家户，需在办酒之前做好各种准备。在高秀，男方家在准备办喜事前一年就先买一头猪崽养着，到办喜事那天杀猪。米酒、酸肉酸鱼、烟和糖也一律提前备置，而且新娘的母亲要为将出嫁的女儿做几套新侗衣和金银配饰作为陪嫁。2012年村里有1家结亲，2013年村里有3家结亲。程阳更是固定在大年初三这一天新娘子全村集体回门。所以有些家里到年边也要打扫卫生、置办年货、新衣等。

除夕早上，村民一早便开始贴春联。一般来说，门、窗户、炉灶和主要日常用品都要贴。门联分贴大门的和贴耳门的两种，一户家屋的只贴一道大门，有的耳门也贴，共贴外屋、粮仓和堂屋三道门，多的贴十几道不等，但耳门都不贴也没事。两三户共一家屋的，每户贴一对大门联，里屋一般不贴。除门联外，窗户、灶、木板墙，猪棚、牛棚和养鸡鸭的地方，及拖拉机、耕作用具、汽车等，都要贴一片红纸或“福”字，图喜气和平安。春联以前由村里的先生帮大家写，现在会书法的人就自己写，多数还是从小卖部或镇上买。村中小卖部一过腊月初十就开始从林溪街或古宜镇批发春联来卖，带有汉族现代潮流元素如财神、福娃、喜羊羊等花样繁多，对联文字取意平安、家和、发财、兴旺等，以平安和气为主。多数村民早在腊月十五前便买好春联，早饭前八点多就开始从外往里张贴对联。村中家户一般都要在除夕下午之前贴好春联，准备祭祀和晚宴。而村里的鼓楼、土地神庙、飞山庙、萨坛等公共场所，也由寨老和老人协会组织张贴春联和红纸。一般是中心鼓楼、女老人馆和南通庙由老人协会负责，姓氏鼓楼由各姓氏房族自己负责，在除夕中午之前贴好。

（四）杀年猪

高秀侗人各家各户基本都有养两到三头猪，在除夕之前，从腊月廿四开始到腊月廿八，各家各户都要杀一头年猪迎接春节。杀猪在主家的屋外找个空地或较近井边的空坪，主要是方便用水和清扫血迹。杀猪由3～4个男人完成，一般是家里的阿公、年轻人和亲戚朋友一起完成，其中二人抓住猪蹄，把猪头朝下搭在木马上，一个人把刀打竖往上破喉放血，再放进用四根棍子首尾相接围成的铺着塑料布的槽里，用开水烫去毛，破肉，然后再分别分内脏，片肉，凝猪红，并拿到厨房。与此同时，主家的老人、媳妇和来帮忙的妇人家就在家里烧些开水，热猪血，洗菜煮饭，准备中午拜神（侗音：斗萨）的用品和祭品，包括中午请客的饭菜。

杀猪时，一般不请房族来帮忙，都是请亲戚、朋友和邻里，属于年边的一次小型家庭聚会。此外，高秀侗人崇尚敬老和分享，一般哪家在早饭或午饭后杀了猪，也到各鼓楼请老人们到家里用餐。现代年轻人在外打工回来，多趁此机会走动以联络感情。这天中午，主家在屋里摆上两三桌饭菜宴请客人，有时多达四五桌（每桌约十二三人）。饭前，拜神用品由家中妇人准备，一般用本地的家常食材搭配炒几样菜，如瘦肉炒芹菜、猪杂炒酸菜、猪血、水煮五花肉，分别用盆或桶装好。拜神由家中男主人（多为老人）在家中堂屋的神龛进行，没有神龛就在灶边或平时烤火的地方摆个方桌祭拜，先倒三勺/杯米酒，摆上刚煮好的饭菜，向家中祖先和土地神烧香烧纸并祈愿祝福。这时，客人们一般带点水果作为礼信，到家中先在一旁烤火，主家拿烟果招待。待拜神仪式完毕，才将饭菜装进小碗里端上饭桌，斟上新米酒与亲朋好友分享。这天杀的猪，猪头是留着的，完整的猪头肉用于除夕傍晚的祭祀，其余的肉被分成几份，一般由主家的舅舅或姑爷分别带一份回去，剩下的才自家留着过节，或制作腌酸肉、熏肉及灌腊肠等。酸肉和腊肠存放上半个月或更长的一段时间，等到过年亲友来访的时候就能拿出来做

▼ 贴春联／黄洁 摄／2012年

招待了。据说这些酸肉能保存至少3到5年。

（五）打年粑

▲ 传统打年粑／黄洁 摄／2012年

高秀侗人过春节都要打年粑，一般在大年三十上午。谢家因纪念祖先落寨而先在大年廿九打，但2012和2013年没有农历三十，全寨都在廿九打年粑。这天，当家里男人忙着贴春联，妇女们也开始蒸糯米，准备“打粑粑”了。当地的糍粑，就是糯米打成糊状物后捏成的圆形年糕，是春节期间重要的走亲访友的必备礼品。村民们早饭后，就用木桶甑子蒸糯米饭，一般一户要蒸三四斤糯米，他们也从山上采些黄栀子果实回来熬成水，等糯米饭蒸熟后，将汁水倒入饭中，将其染成栀子黄色，他们觉得这样更好看更香，而且黄栀子是传统中药材，具有泻火、清热解毒等功效。

▲ 已经捏好的年粑／刘丽琼 摄／2013年

糯米蒸熟以后，就开始打年粑。传统是用石碓或者木碓靠两个人配合来捶。现在村里绝大多数的村民是用通电的机器打出来。村里有三四台这样的机器，一台一天可以打七八十到一百多户。但也有少数人家里有碓，三两个年轻人聚在一起，帮邻居家打，他们把蒸熟的糯米倒在“碓款”中，由两个人用木头做成的“碓锤”，各站一边，一先一后有节奏地边打捶，边推揉，最后将糯米捣成了糊状，虽然费劲，但他们认为还是老方式打出来的糯米粑更柔韧好吃。

糯米糊抬回家以后，家里的女人开始忙活起来。蒸糯米、抬去排队打粑、做糍粑，一般由家中妇人（媳妇和婆婆）全包。她们先把捶烂的糯米糊拧成圆陀压扁，然后涂上红点，制作成圆形糍粑，寓意家人年年团圆。年粑，过年时用来打油茶和送礼，数量一般视家里的亲戚朋友多少而定。有亲戚去年一年内有生小孩的，也就是说家里有未满周岁小孩子的，还要预先准备好两个大粑粑，到时挑去送给小孩子。

三、春节期间的节日仪式与活动

（一）敬神祭祖

春节期间的除夕、大年初一和正月十五，高秀的侗家人都要祭祖敬神，主要是祭拜土地、菩萨神庙、萨神和家屋神坛。村中的神庙都很简单，像南通庙和飞山祠都是空间不大的庙宇，土地庙和萨坛是数块石板围砌而成，在家屋之间或鼓楼附近，没有神灵偶像或香坛。听村里老人说，当地按传统在除夕傍晚和正月初一早上，团寨三百多户人要集中统一到在中寨的土地庙和萨坛那里祭拜，但现在渐渐改变了。2012—2013年两次春节，调查者在寨中未看到此类公共的祭祀仪式和活动，只有邻近村民来敬酒祭拜并烧香烧纸，住得较远的只在各自生活片区祭拜，有的只是祭拜家中神龛，也不到土

▼ 祭土地／黄洁 摄／2012 年

地庙祭拜。

除夕这天午饭后，大约下午三四点钟开始，各家就要准备杀鸡拜神了。一般而言，在晚饭前，谢家不仅要在家中祭拜，还要祭拜祖宗祠堂飞山祠及居住片区的土地庙。顺序一定是飞山祠最先，其次土地，最后才是家中神龛。其他村民就通常是祭拜离家屋较近的土地神，再拜家中神龛，包括“天地君亲师”和土地神位；没有神龛的，就在自家火塘边或灶旁烧香；家里已经灶改没有火塘的也在厨房或吃饭的地方仪式性地摆三个碗，并在旁边烧香祭拜。通常这些祭祀活动都是年轻男人的事，也有携同家翁和小孩去庙里祭拜的，但基本上没有妇女参与。寨上有的村民也去祭拜南岳五通神、观音、萨和桥上的关公等，虔诚的人家带祭品来点盏油灯、烧香烧纸，并燃放鞭炮。但村民们认为土地和庙宇一般随各家心意可拜可不拜，全拜则有五六处之多。祭品多为全鸡、猪头肉、年粑、水果和糖果，有的也用草鱼，拜时一律都斟上三份酒，其中一份浇在燃烧中的纸钱上，取“浸（进）钱”之美意。上完香必放鞭炮，去哪里拜都放，村民的解释有两种，一种是图喜气，热热闹闹的；另一种是觉得这样土地神就能听到了，是通神的渠道。大年初一早上的祭祀仪式比较简单，不须带祭品过去，只到土地庙和飞山祠里点灯，添点香油，烧些纸钱即可。

（二）除夕守岁

除夕敬神祭祖之后，家家户户便各自回家团聚，吃年夜饭。除夕晚宴比平时丰盛，一般要烧一条大鲤鱼，拿出年前做好的腌鸭肉、烧鸡、猪肉、酸菜等十来道菜。现在村民家里基本上都用电磁炉煮，把洗好的青菜放到猪肉汤里现煮来吃，但对鱼的吃法没有规定一定要留头和尾。过年不管胜不胜酒力都要喝点酒，表示对老人的尊敬。开饭后，年轻的晚辈先向餐席中的长辈和老者敬酒，祝福身体健康，这时长辈也会回敬。年夜饭由于菜多酒多，到十二点还要鸣炮，所以家里一般会吃很长时间，到所有人都酒足饭饱尽兴为止。吃年夜饭时，除了全家吃团圆饭，有时也会喊亲戚朋友来。有客人来时，传统都是分两桌吃，男人和客人在堂屋吃饭，女人带着小孩在厨房里吃。现在家里年轻人出外多了，回来也没有讲究，一起吃也可以。

除夕晚，家里的老人会给儿孙们压岁钱，大人一定要守到凌晨十二点，也鼓励小孩子一起守到凌晨。饭后，全家围着火聊天，扯家常，吃东西看“春晚”等电视节目。喜欢外出的老人也带柴火到鼓楼去烤火打牌，看“春晚”、看碟片，等等，他们认为聚在一起玩耍更开心，所以乐意去鼓楼，但十二点前就都回家去了。

除夕晚十二点，为庆祝新年，村里每家要燃放一串长长的鞭炮。这时，寨上的上杨家还要在家屋东方（太阳升起的位置），门口或堂屋长廊，放一条长凳子，上面摆放三杯清茶，并烧香祭拜，以此庆贺和祝福新年。等放完鞭炮村民们才熄灯休息。因为大年初一不宜早起，又不出门不劳动，小孩子太晚起床也不会挨骂，所以除夕夜每家每户都会一起做伴到深夜两三点才入睡。

（三）正月初一砍柴、打油茶

正月初一，高秀侗人不必像贵州从江六洞地区的侗族，要在一大早去水井边挑新年第一担水，但在新年一早天刚亮未亮时，主家要上山去砍柴（财），取义新年发财。据说，以前因为寨上农户多，家里经济状况一向不是太好，村民希望新年到来条件能有所改善，寨上每家每户基本上都去山上砍。男主人在大年初一五六点钟就摸黑起床到坡上去砍些柴，回来刚好做早饭。砍柴时，分东西南北不同方位，当年要在哪个方位砍比较吉利，有的还要问寨上的地理先生，一般是到东方去砍，称紫气东来。现在剩下老人和妇人家留守村寨比较多，男主人在外面打工赚钱也够家用，用柴火不多，年轻人也懒得上山去砍，就将就劈点去年的柴火来用，所以初一大早去砍新柴的就少了很多，只有一部分家户还遵循旧习年年去砍柴。

高秀侗人正月初一不出门，在家休息、打油茶、吃团圆饭。串门走访亲戚朋友拜年，一般是新年第二天才开始，现在年轻人也不是完全讲究。初一早上一般是全家老小都要在家里打油茶。打油茶，当地也称“泡米油茶”，是过年节和招待贵宾时候不可缺少的食品和饮品。油茶制法自有当地特色，是用蒸熟的糯米晒干以后用茶油来炸成的“发米”做的，有些还先把蒸熟的糯米用各色野菜或树叶汁染上颜色，自然晾干或放进火塘里烤干，再倒进茶油里炸，等到糯米成为颜色鲜艳的米花浮上表面，再捞起来晾干。新年的油茶还有多种做法，各家都能按照自己口味和材料来做。最传统的做法是把除夕刚做好的年粑蒸熟了以后，切成条状或不蒸直接切条，放在碗底，倒入一些糯米花和炸过的花生米，再把采来的野山茶叶炒过后，熬成水倒入碗里就可以了。有的油茶还泡点糯米饭，或者放点豆子。除了正月初一，高秀侗人也在三月的谷雨节、鼓楼落成庆典、月也（weiye）、百家宴时宴请外村贵客、新娘进门第二天请房族亲友等重要节日与礼俗场合打油茶，以茶代饭，招待客人。

▲ 初一打油茶 / 黄洁 摄 /2012 年

高秀侗人在大年初一这天，要严格遵守各种禁忌：其一，不能动扫帚不能扫地，表示不能劳动；其二，全家不能出门，也不进行任何走亲访友的活动，全家早上祭祀完就都在家中打油茶，到大年初二开始才可以外出或远游；其三，家人不能在家屋里梳头，如果非梳不可也要过瓦在外面梳；其四，不开市不开河，所有的小卖部都不开门做生意，人们也不到河里去洗衣服或者洗菜、洗头。所以，村中的妇女一般都要在除夕之前打扫干净三四层高的家屋，到初一就不再打扫，而且即使家里在除夕夜午夜燃放的鞭炮留下的一地鞭炮纸，也一概不能清扫。并在初一之前，准备齐全所有过节需要用的东西，贴好春联，在家迎接正月初一。

(四) 走亲访友拜年

从正月初二开始到元宵节前后，高秀侗人几乎都在走亲访友，一般去向娘家、外婆家、舅舅等亲戚及朋友拜年，他们也会派人回拜或来聚餐。房族的亲戚之间也有一起吃饭聚会的时候，但通常只要本房族也有共同的亲戚朋友的，都会喊来一起来吃饭，而与外婆家的往来从过年杀猪、吃年夜饭开始，一直延续整个正月都是你来我往。以吴永平家2013年春节的亲戚往来为例：2月5日杨艳菊（吴永平妻）的大姐家杀猪请全家去吃饭；2月6日杨艳菊的妹妹家杀猪请全家去吃饭；2月7日，杨艳菊的小妹从南宁回来拜年；2月11日吴永平家去杨代英（吴永平母）的娘家拜年；2月12日杨艳菊的姐妹来家里拜年；2月13日去杨艳菊的娘家拜年；2月14日吴永平家三个舅舅来家里拜年；2月16日吴永平家去小姑家；2月17日杨艳菊和姐妹几家人一起到外婆家拜年；2月18日吴永平家和杨艳菊的姐妹几家人一起到程阳小姨家拜年；2月20日吴永平家父四兄弟请外公和亲戚到大爷爷吴国芳家吃饭；2月24日杨艳菊请幼儿园的老师来家里吃饭；2月26日吴永平请高秀小学的老师来家里吃饭。来往主要是吴永平及其父亲吴国元的亲戚，期间也有文艺队和同事的聚会，整个正月几乎都在繁忙的亲友往来中度过。

拜年时一般都要提箱水果，带点年粑作为礼信，家里有子孙多的，也带两包糖和红包过去送小孩子。全家男女老少都去，到了家门口，先鸣炮再进家门。先到里屋放下礼信，再到堂屋火塘边或者家里大厅烤火的地方，和主家的阿公阿萨边烤火边聊天，话些家长里短，家里主妇一边拿出些水果和花生、瓜子、糖果等招呼客人吃果，一边在厨房里准备饭菜，招待客人在家里吃一餐饭。过年拜年一般都会留下吃餐饭，如果家里没有其他客人或其他事情忙，有时会花上大半天或一整天时间在主家和外婆或亲戚家吃果聊天，到酒足饭饱了才各自回家去。

(五) 初二送糍粑给新生儿

高秀侗人正月初二有给新生儿送糍粑的习俗，即给去年一年内出生的小孩家送礼物，主要是送大粑粑。凡是村里前一年出生的未满一周岁的孩子，他外婆家的亲戚朋友都要去送礼，房族都来帮忙。送礼的村民大多准备一个圆圆的大年粑，或几个小年粑，水果和糖果。这天，主家要在家里要摆上三四桌饭菜，宴请所有来送礼的亲戚、邻里朋友和来帮忙的房族亲人。如果初二这天亲友要去拜年，家里没空摆酒，也可在初三到初六中选一天再摆，但一般在初二。

2013年正月初二，吴永平家因舅舅杨家2012年腊月初七刚得男孙，按传统习惯，亲戚们每家挑两个大年粑和一包白糖去主家吃酒。外婆家一般还要准备一到两个大粑粑和几个小糍粑，另外还带上一大块腊猪肉，并要带一包白糖来给小外孙。这些礼物一般是拿一对箩筐装好，其中有一个箩筐放上几串鞭炮，通常是由家中的男主人挑过去，或者提过去主人家。挑过去时，一路都要放炮，到了主人家门口更要放一串长炮，以示举村为小孩庆贺，渲染喜气和热闹。送完礼就留在主人家吃了饭再回去，通常是早饭或者午饭，吃一餐就各个回家去。客人去时，也要在主家门口放一串长长的鞭炮，以后才回到放礼信的里屋，主家一般收下粑粑和白糖，还会适当还礼。

（六）接新娘、送新娘

三江地区不少侗寨至今仍遵循传统的婚俗礼制，青年男女在春节前结婚举办婚礼，并在正月送新娘，每到过年，接新娘、送新娘成为全村至为热闹的乐事。一般是大年二十九或三十半夜的时候，男方家在一两个伴郎陪伴下，前来迎接新娘，到正月初二或初三再由男方家房族的人陪伴，送新娘回门，其中以程阳八寨最为特别，全寨集中在正月初二这天在新郎家办酒，到正月初三这天早上送新娘。

在高秀侗寨，从腊月二十六到正月里都陆陆续续有青年男女结亲，去接新娘。通常是男方请先生算好日子时辰以后，到吉时，趁夜深人静，带一个伴郎到女方家里接走新娘，伴郎一般是自己房族的兄弟或者最好的朋友，一起到了新娘家打油茶后，再悄悄把新娘带出门，以免被其他人撞见。如果路上遇到别家接新娘的话，两个新娘之间还要互换物件并绕道而行。接新娘到家里来时，家里的老人家都躲在楼上起居室，并故意把楼下的板凳弄乱，将晾在火塘炕上的禾把拿下来。踏进男方家门，新娘首先要把禾把一一放到炕

▲ 送新娘／黄洁 摄／2012年

上，把板凳摆好，并拿起火钳生好火，表示以后在此当家。然后烧茶水、准备好糯米，才喊楼上的老人家下来吃油茶。第二天一大早，新娘便起床舂米准备早饭，并在房族几个姑娘的陪同下，到井边去挑第一担水回来家里用。这天早上还要打油茶请房族所有的亲戚朋友，算是与房亲的初次见面。正式摆酒一般是在第二天中午，通常结婚办酒的话，是全村不论亲戚朋友，都可以来吃酒。也请村里的芦笙队来家里吹两首芦笙。晚上有时也请歌队、歌王来吃酒，酒罢，便到戏台上唱戏，贺新婚、对唱情歌。2013年2月19日（正月初九），寨上歌王杨昌盛与湖南通道的女歌友受新婚夫妇邀请在戏台上对唱了一夜情歌。据说这种习俗前几年村里比较多，现在请的少。

回门之前，新娘在男方家还要吃两餐酒，一餐是到新郎家最亲的姐妹家，如果没有姐妹就到姑妈家或外婆家，由新郎房族中的二十来个妇女陪同去，一般是接来后回门前，称为“转丁”或“转酒”；另一餐是到新郎的兄弟家或叔伯家，由家婆陪同去，一般是结婚办酒后的第二天，称为“吃偶登”，这些新郎都不参与。到正月初送新娘回门，新郎家要准备好一餐中午办酒席需要的所有用品，用于在新娘家宴请外婆家的亲戚朋友，主要是猪肉、鸡鸭、酸鱼、酒、烟和果、糖等，还要专门准备一份送给舅舅的礼物，一般办酒的物品除了给外婆也给舅舅单独留一份，另外一定要送一坛刚烧好的米酒给舅舅，称为“舅舅酒”，所有物品随同新娘和由房族的亲朋组成的队伍一起送到新娘家。现在虽然随着年轻人外出工作，与外族或外村的结亲渐渐增多，有的也已经在外地领结婚证，但到过年回家的时候仍然要补办这些传统仪式，只是在时间和形式上做些调整，送嫁妆上仍按惯例，要等生小孩以后才由外婆送来，接新娘时只将她要穿的一些衣物带过来，与周边坪坦乡阳烂村等地同俗。

2013年春节前后，高秀村有三户吴姓人家举办婚礼，新娘都是汉族。2013年2月8日（腊月廿八）下午四点多，吴永盛家刚刚接新娘子到家，正在打油茶招待房族的亲朋好友，新娘与吴永盛在南宁教书认识，是玉林的汉族姑娘，所以不太讲究时辰，是白天接来的下午才打油茶，但接来以后，其他习俗也按照村中的规矩来。2月16日（大年初七）中午，调查者和杨艳菊陪吴丰锦家的新娘去“转丁”，新娘是柳城的汉族姑娘，家婆为她制作了侗衣，她也很开心地参加了整个仪式过程。“转丁”的时候，由那边最亲的伯妈协助新娘插花穿侗衣，妆扮完毕后，家婆给新娘子一个红包让她拿在手上，陪同的妇女排成一队，最前面的是新郎家的伯妈，她挑了糯米一篮子，酸肉一大块，酸鱼两大整条，上盖红纸，还有一担烟、一担酒、一担陪酒妇女送来的糖。新娘子排在队伍中间靠前面。到了姑妈家门口，要鸣炮才能进门，这天，姑妈家都要准备两桌大盆装的果和糖招待新娘和陪酒妇女，等姑丈将伯妈挑来的礼物拿到家中神龛祭拜后，换点糯米饭，收一条酸鱼，其余都原样退还。姑妈和房族就忙着盛粥准备开饭。饭后，姑妈和房族打甜油茶请大家品尝，并给每人发一个红包，给新娘一个红包和一条头巾。以后又由伯妈带着，把礼物和新娘送回新郎家。回来后，家婆也给陪酒的妇女每人一份红包和红毛巾。2013年2月6日（腊月廿六），高秀村上杨家嫁到附近程阳的姑娘杨桂兰回门，送亲队伍皆乘车来，挑担的装在大拖拉机车上，新郎新娘和陪嫁的队伍，带来办酒的礼物花样很多，除传统的糯米饭、酸鱼酸肉、一大边猪、鸭子等，两大罐刚烧好的送舅舅的酒，也有啤酒、香烟、糖果零食等，这些酒肉到中午时请娘家同一房族的亲戚朋友吃一餐，也挑去送给舅舅。新娘这天要穿侗衣戴花，左手拿一把粉红雨伞，右手拿家婆给的一个红包，陪同女伴每人手里拿一份红毛巾和红包，都是新娘子给的。等到了娘家，妈妈要再给新娘一个红包送她回夫家。等到过年，一般是初三、初四，新郎和新娘还要回外婆家一趟，送粑粑和水果来拜年，吃一餐饭再回去。

在林溪乡程阳，以正月初三集体送新娘独具特色。2012年1月25日（正月初三）上午九点，我们到程阳平岩就随处可见杀猪、放炮、烧菜、宴请、送亲的情景。住公路边平寨的吴老师家今天送新娘，先要在家摆酒，并准备好送新娘的礼物。摆酒每样菜都要烧上四五锅，糯米也要蒸几桶。送给新娘家的礼物，一般要准备生猪、鲜鱼、腌鱼、生鸭、熟全鸭、鸡、糖果、糯米等，数量和担数不限，通常根据自家的经济条件操办，因为送亲无论远近都要在村里转上一阵，多少带有炫富和攀比的性质。像吴家，共准备了猪5边，鲜鱼和腌鱼3担，生鸭子、熟全鸭、糖果、糯米各2～6担。随行的队伍，伴郎1～2个，伴娘2～10个，一般是主人家的亲戚或朋友，年龄也都不限，十岁出头的小孩子当伴娘的也有。宴席中，伴娘和其他人分开，在楼上新房外用餐，吃的也和楼下的宾客有所不同，样式要多。早饭后，新娘和伴娘就开始梳妆打扮，由亲朋好友组成的送亲队伍少则二三十人，多则七八十人也有，这时也开始分工，放鞭炮的、挑礼物的。队伍一般是由两个伴郎领着，一个在队伍前头牵领，一个在伴娘队伍前，为新娘挑一担侗衣和侗布。伴娘和新娘相仿穿扮，也插花并佩戴民族传统银饰，伴娘的服饰有时稍微简单些，但也一律传统正式装扮，区别是新娘左手会执一块折叠整齐的布料。送亲时，新娘或走在队伍最后，或走在伴娘中间，旁人一眼就能辨认出新娘。队伍从新郎家出来到新娘踏进娘家家门，一路都要放鞭炮以图热闹开心。新郎不去送亲，等队伍出门以后，他就与家人留在家里忙碌。亲朋好友通常要送行，至少要在村里走2千米路，如果路途太远，也要在村里转一圈，之后再坐拖拉机或客运小车，把新娘送到家。这天午饭各自回家吃，待晚上再一起到新娘娘家吃晚饭，并把新娘接回新郎家。

（七）唱侗戏、桂剧

正月唱侗戏、桂剧，是高秀老人们最喜闻乐见的事了。据寨上94岁高龄的吴树荣先生介绍，1942—1943年时，他和杨光华、谢甫信元等人去桂林龙胜县平等乡广南村（屯）请师父来教唱桂林戏，后来他们三个带头学桂柳话并在村寨里唱，桂剧就这样开始在高秀唱了起来。后来到1945年停唱了几年，到中华人民共和国成立后又唱了三十多年。关于侗戏，附近村寨都传说是从湖南通道县坪坦乡阳烂村的龙明耀开始学侗文以后，才开始在湘桂交界的侗寨传播开来的，高秀自80年代开始跟湖南阳烂村的师傅学侗戏，以后改唱桂剧为唱侗戏，现在村里面会编会唱远近能详的就是吴家艳师傅了。据他回忆，以前过年在戏台上唱戏，传统剧目有《薛平贵》《王玉莲》等，点个茶油灯放在柱子上就开唱。正月至少都要唱上十天半月，有时从初三、四开始，唱戏师傅就陆续被请到外面的村寨去唱，唱个把月才回来。

现代以后，唱多耶、对情歌、吹芦笙、赞颂款、演侗戏等在当地都统称“唱戏”，甚至有些汉语歌曲、现代民族舞蹈也包括在其中。主要是因为村里唱戏不像以前，是出于爱好而拜师学习，练唱腔学科，现在参与演戏的文艺队队员都是业余的农家妇女，平时家务繁忙，只是到临近演出时，夜晚来戏台背诵吴家艳师傅的剧本里的唱词，排练动作就上场演了。再者，以往唱戏主要是讲历史，唱古老流传下来的事，现在剧目改了，虽也讲史，像《凤姐》选段、《童台分别》，但诸如《去广东打工》《计划生育政策好》《改革开放》等一类剧目是新时代的产物。每逢春节，众人穿着传统服饰，由老人协会或文艺队组织，来到鼓楼坪或戏台上表演。众人手牵手或手搭肩围成圆圈边舞边唱多耶，齐唱或一人领唱众人合，旋律欢快悠扬；围坐听或款师单独朗诵，或众人一起吟诵，讲款句式简短，铿锵有韵，自有一番气势和节奏；观看侗戏演绎侗族传说故事情节或琵琶歌舞，听打击乐声朗朗，唱腔变化多样；还有男女对歌、芦笙踩堂，场面热烈壮观。

2012年春节，高秀村里的戏台还在维修，没有场所唱戏，全村就没有举行集体的文艺活动，只是一些爱好文艺的青年和老人聚集到女老人馆，团坐唱戏、唱多耶、弹唱琵琶歌、对歌等自娱自乐。戏台建好后，2013年正月初三晚，村里举办了新年晚会，文艺队共安排了12个节目，三场侗戏，各占半个多小时，但多数还是民谣、民族歌曲、民族舞蹈等文艺表演。村里老人都来听戏，年轻人也都来看热闹，唱戏期间，要放很多炮，而当地和附近村寨都有乐捐习俗，伴随每一个节目登台演出，村中观戏的无论男女老少，都往戏台上献红包，村民觉得年轻人爱好文艺，组织表演娱乐大家，所有人不论多少都应有所表示以作鼓励。

（八）月也（weiye）

“月也”（weiye），即正月里去别的村寨拜年做客，可以说是春节期间全村广泛参与的最热闹的活动了。月也的时间、先后和场所，由两个村寨共同商定进行。一般是先一个村寨到另一个村寨去做客，过几天，另一个村寨又来这一个村寨做客，相互往来。在三江地区，村寨之间的“月也”包括唱桂戏也、唱侗戏也、吹芦笙也、多耶也，情歌对唱也、舞龙舞狮也、鸡毛也[1]等近十种也，现在只舞狮一项取消了，其他形式还盛行于逢年过节，尤其是春节期间、七月十五到八月十五之间（主要是芦笙也）。就高秀而言，二月二、谷雨节、新米节和红薯节，时常有邻近村寨来村里月也做客。这种月也与贵州包括榕江、黎平、从江等地侗族盛行的“月也”有些相似，但贵州地区的活动主要是侗族大歌、芦笙舞以及踩歌堂，且场所也主要是在祖母堂、鼓楼火塘边或鼓楼坪内。三江地区的侗族大歌很少，主要流行于梅林石碑一带的侗族，月也时，主要是耶和情歌，当地称“小歌”。传统而言，每种月也进行时就单独是这种也，如芦笙也就单是吹芦笙，情歌也就单是情歌对唱，多耶也就是两个村寨各派一个歌队进行男女对歌。现代以后有时表演

1．属于旧时地方社会头人间的一种特殊的weiye，现时已很少见。贵州南部山区、北部侗等地称“鸡尾也”，一般是由地方头人进行，由请神、哆款、敬神、跳神、找子午等仪式组成，具有一定的神秘性。

形式有所调整、综合化，如在吹芦笙时也进行踩堂。正月里的月也一般从大年初二开始，一直贯穿整个正月，几乎都有这种交流交往活动。以唱戏为主，也唱多耶和情歌对唱，到夜里，全寨男女老少都来到鼓楼坪，大家对着火塘围成一团，边烤火边看戏，其乐融融，可谓侗族的独特年俗。

传统去"月也"一去至少三到五天，一方面是以前交通不便，来回靠走路，去月也的寨子一定要留在作客的村寨住夜，有时要翻山越岭跋涉数千米才到达作客的村寨，接待的主家村寨的村民以谁家争取的客人多为荣，另一方面是月也也有些习俗上的讲究。月也通常是下午去，傍晚到主家村寨。到的头天晚上，客人敲锣打鼓来到主家村寨，要先到他们的鼓楼坪，为平时唱戏等活动举办的场所，有的径直上戏台或礼堂，主家村寨的人都要来"拉也"。这天晚上，主家村寨要请来月也的客人吃酸宴，如酸鱼、酸肉、酸菜，当晚唱完戏后留客人住夜。到第二天一早，主家村寨要杀猪、宰羊或杀牛，准备草鱼等祭品到鼓楼坪前面拜神，这时，如果他们将猪头或羊、牛、草鱼放到拜神的方桌上时，来做客的村寨就要派一个师傅上前念款（侗族称"哆款"），一般是杀猪的多，上猪头就要"款猪"，即讲猪的来历，上其他也一样要念款，如"款羊""款牛""款鱼"等，拜完神以后就在寨中搞百家宴，全寨宴请来月也的客人。后又集中到戏台唱戏看戏。白天唱，晚上也唱，这样连唱三天三夜，甚至更长。这时两个村寨之间还有些文艺上的互动，一种是对多耶，如果客人先起耶，主家的村寨就要去还耶，如果主家先起耶，客人就要去还。按高秀村歌师杨光正讲，"看一个侗寨的文化是怎样的，要看他的多耶怎样，所以去月也一定要对多耶，比村寨人才和文化，哪个唱得好哪个村就面上有光。"耶的声调都比情歌有力量，以鼓楼庆典的耶歌最雄壮，而月也的耶歌主要是"补"（"赞"的意思）村寨的风俗习气和村寨里的人才，如待客热情、人才辈出，风调雨顺、行行兴旺等，都是些经常运用的溢美之词，主客之间也会耶，如招呼不周、技短献丑等谦虚礼让的言语。还有一种是"对联仗"，主寨在戏台贴一对，客人来了还一对，有时主寨贴好上联了，由客人对下联。但在礼节上，如果主家早在客人来之前已贴好，客人到了可对；如果客人到了以后，主家还没有先贴，后来才贴的，客人不一定要对；如果客人刚到，主家贴上去的，客人一定要还对，不还对主家会觉得客人水平不高或是没有人才。所以有时客人来月也（wieye），也先给出一副对联或上联，让接待的村寨来对，以试探他们村子有没有人才。湖南岑冲村1982年正月二十一日来高秀村大队月也时，一到寨上就在演出的戏台上贴出了一副对联，“归处高秀习演古今歌盛世，不才岑冲鸣锣击鼓贺新年”，高秀杨光华先生当即给出了下联，“岑冲衣长习演古今歌盛世，高秀袖短粗茶淡饭待佳客”，颇受两村民众好评，彰显才华的同时又不失相互的礼貌和谦敬，这种形式的文艺人才竞赛也为大多数村寨喜爱。2013年春节，湖南下都天村和高秀之间也有一场，都天的对联为：“高瞻远瞩传经送宝意气珍贵，秀朝风华光临献艺精神可佳”，歌师杨光正对曰：“都是三江根兄弟同台皆作秀，天下一家人团结友爱是为高。”将都天、高秀嵌入联头联尾，对仗工整，既表达了谦虚礼让，又寻根溯源传达了两个村寨之间讲求团结友爱的长久情谊。唱戏月也期间，主家村寨村民每天都来拉客人到家里吃饭住夜。

到月也结束，第四天来月也的客人回去时，接待的主家村寨要集中到本寨寨门拦住客人们，为他们唱送别歌或欢送歌，这时，来月也做客的村寨要派出歌师来还歌，如果还得不好，客人就要被多留一天，隔天再来对，直到对好了才肯放客人回家。回去时，主家村寨把前一天杀猪专门留下的猪头送给来做客的村寨带回去。在当地，送猪头也有特别的含义和讲究。主家请客送的猪头一般要包括一根尾巴咬在嘴里，意味着有头有尾，表示希望以后主客村寨之间长久往来。如果接待月也的村寨觉得这一次客人来了，唱也够意思玩也很尽兴，就将猪头猪尾一起送上。客人把猪头带回村里去，请寨上的老人家吃一顿，等于承认领了主家村寨的这一次情分，欠下了这一份情谊，以后他们来本村月也，全寨村民也同样以礼相待，并办个猪头回请他们。如果接待的主家村寨觉得与来月也的客人交往不够意思，不想继续往来，猪尾就不一起送去，只把猪头抬来，表示有头没尾，以后两个村寨之间也不必再有往来。

以前月也的时候，基本上全村男女老少都去做客，寨上所有老人家也去，他们都懂唱歌、多耶、唱戏，高秀村中的老人家基本上以前都去月也过，但现在老人一般不去，年轻的去得多。到夜晚唱戏的时候，做客的村寨中同来的年轻人，不唱戏的小伙子就相互结伴到做客村寨的姑娘家里去“坐妹”，唱歌聊天，相互认识。以前交通不便，需要通过这样的方式才能认识些外村的姑娘，到以后就可以相约到山上去唱歌去玩耍，到感情稳定了就提亲结婚。高秀村内也有很多通过月也认识结亲的例子，其中被他们广为流传的是村中的教书先生、桂剧师傅杨光华，写得一手好字，又懂唱戏，一次春节到陇城去月也时，在一个姑娘家坐夜，后来那姑娘看他那时去唱戏演的薛金山，戏唱得好人也长得好，就喜欢上他跟他来了。直到二十世纪80年代以前，高秀村的通婚圈仍以本村为主，但传统以歌为媒、行歌坐夜的方式毕竟有限，借与外面村寨月也的机会，认识外村的青年男女也成为村民重要婚恋交往的途径。

2013年2月20日（正月十一）湖南通道县坪坦乡的侗歌协会来寨上月也。下午六点多，他们二十多人一路坐车来，由会长龙开玉领头敲锣打鼓带进寨来到鼓楼坪，村里鸣炮迎接，队伍径直穿过鼓楼坪上到戏台，那里早已等着来“拉也”（抢客人）的村民，他们有的正在起房子的、做工的没来得及换装就来戏台抢客人，一般一家抢到两三个客人就回家准备吃饭了。唱戏和文艺表演在晚饭后（约十点）进行。当晚共唱了两场侗戏和几场民族舞蹈，到十二点左右唱罢就乘车回去了。月也讲究有来有往，所以在2013年2月22日（正月十三）傍晚，寨上的文艺队也组织一部分村民一起去坪坦乡月也，他们也同样热情相待。

现在修公路通车以后，月也一般是全寨乘坐大卡车和小面包车，青年也有开摩托车去的，到接待的主家村寨唱一夜戏就回来，类似于文艺宣传与交流，但这种礼尚往来的情谊还是保持在寨与寨之间，只是形式有所调整而更为灵活。以2013年春节发生在高秀村和下都天屯两个寨子之间的一段月也小插曲来看。2月26日（正月十七），调查者同村里文艺队七十多人乘大卡车去湖南通道县黄土乡下都天村屯月也，车程一个多小时。到了对方村寨的礼堂时，已有三四十个村民来拉也了，他们一般是一家派个代表来，有的一片区几户一起来。唱罢戏，主家村寨民众一拥而上戏台拉也，希望客人留下住夜，有些男青年还闹着要对歌聊天，老人家也在旁边劝请客人到家里喝酒吃夜宵，然而，高秀来做客的文艺队多是妇女，要回去照顾家中老人小孩，男青年也要建房做事，就坚持要当晚回去。经过四十多分钟的争执以后，高秀有十多人被留在主寨住夜，包括老协组织者、文艺队队长和几个男歌手，妇女最后基本都坐车回家了。隔日（正月十八）下午四五点，高秀村里又沸腾起来，原来是下都天那边派了十来人到村里找村主任和寨老，他们称昨天去的人不够多不够意思，他们今晚设百家宴，邀请团寨的人今晚再去他们村里月也。侗人称这种为“勾也”。事情起因于村寨的旧交情。据说，2000年高秀村谢永璋当村副书记时，下都天的人受邀来村里月也，那时他们几乎全寨都来，来了两百多人，村里对他们很客气，光谢永璋家里就摆了五六桌，从早上到晚上，都在请客人喝酒，而且招待了他们三天三夜，下都天的男女老少都念及高秀那一次的情分，也要好饭好菜招待他们三天三夜。但这次高秀村去做客不仅人少、时间短，很多都没住夜就走了，所以他们只好来勾也，请高秀村民一定都去，并留宿三天三夜，才够还当年的情分。经过协商，当天下午六点钟，高秀村的吴寨老穿上衬衫西装整齐的行头，到各鼓楼喊老人一起去。晚上，又去了男女老少近两百人。多数老人告诉调查者，他们年纪大了以后都有七八年没参加月也了，这次是看在都天的情分上来的，到了对方寨子，各家各户早已经准备好饭菜，在礼堂以百家宴招待，席间，祝酒歌不断，其乐融融。唱罢戏，高秀村寨老上台表达了歉意和感谢，下都天村委书记也表达了他们的热情和理解，村寨之间以后还将继续长久往来，保持传统情谊。两支多耶后，都天村民才不再挽留高秀的客人，高高兴兴欢送他们回家。可见民众之间的情感需要，是“月也”这种春节民俗传统得以延续并能长期存在的原因，尽管随着当下便利的交通方式和现代生活方式的改变，其内容和形式也会相应调适和变化。

（九）正月问四季

一般到正月，高秀侗人会去找巫师（侗音，“香收”）问问新年里四季可能发生的事情，家里头一家老小平安，或者出门打工的，都去找巫师看。

因为正月去问比较准。村民一般是以家户为单位或以个人为单位去问四季，可以问得家里未来一年怎样、用不用做点什么、做事情顺不顺利，也可以问一年四季的吉凶、财运如何、这个年岁有没有凶、有凶怎么改；然后根据巫师的建议举行相应的仪式来改变预见的状况。2013年春节，吴永平家里奶奶去湖南坪坦找巫师替家里两个小孙子看四季，得知要帮他们各架一座桥才能保他们健康聪明，奶奶回来后就让爷爷到山上砍了两根杉木（不能是树干分叉的，也不能是被雷劈过的），按巫师说的那天一早悄悄到东方的山坳里架上。吴家安家也找巫师看过四季后，他相信家里今年要请先生来家里招谢十二龙神才能得到安乐。按照高秀侗人的习惯，一般新屋落成后，每隔三年要请先生来家中设法坛谢土的，但吴家安家里已经有十多年没有搞谢土了。看完四季后，他请杨昌生先生看了日子，选在2013年正月廿四惊蛰这天午时来家里谢土引龙。

▲ 谢土安龙 / 黄洁 摄 /2013 年

对整个村寨而言，村里有点古怪的事，比如收谷子进屋以后十一二月了，鸡到晚上十点就开始叫了，就是不太平了，要推火神鬼（侗音，“推煞”）。2013年1月21～23日（腊月初十至十二），因鸡乱叫恐怕为火警，村里老人协会请寨上巫师杨昌平看过后决定进行一次集体的“推煞”，四个地理先生和团寨的家户全体都参与其中，连搞三天。“推煞”第一天早上，要先祭拜村中所有的神灵和庙宇，并走寨。队伍由村里各家派代表组成，差不多有百来人，包括十几个小孩了，化装穿扮戏服，并手持宝剑和大刀，排在前面。四位先生由吴昌能引导主持，分别敲锣打鼓、带着竹篾和纸编制糊成的船，列于中间。跟在先生后面的，是寨上的老人协会成员，属于各片区鼓楼的代表，身着长袍寿衣、戴帽，听先生指引。妇女一律在家准备法事需要的用品，主要是炒黄豆、茶叶和木炭。队伍祭拜完村寨所有神庙后，就从村子的东方开始走寨，经过每一个家户门口时，家中的妇人家从里屋将准备好的炒黄豆、茶叶和木炭撒出门外去。这时队伍前方的小孩子边喊边跳撵鬼出门，妇人家也将预先包好一包的黄豆、茶叶和木炭拿给先生放到纸船上，等走完全寨，这些东西要随纸船放到河边，由一只鸭子拉下河去，村民还会拿起石头打鸭子，让它游得更快更远，预示着把瘟神带走，越远越好。之后团寨要请先生在寨中吃一餐饭，全村搞百家宴。接下来两天里，先生要起法坛，敲锣打鼓，诵念经文，并要为每家每户画一道小黄符纸贴在门口，团寨的所有公共建筑，包括鼓楼、风雨桥、庙宇、井亭、凉亭、食堂等都要张贴一张大黄符。

四、其他仪式与活动

（一）进新屋办酒

高秀村里当年进新屋的家户，多在腊月二十六至正月初六选吉日摆酒请客，也属于亲朋好友相互走动、联络感情的好时机。这时，除了宴请亲朋邻里，无一例外都会写个红纸请帖到鼓楼请村里的老人都去吃酒。2012年1月19日（腊月廿八），我们以谢永辉家客人的身份参加了他家亲戚杨家的喜酒。去吃酒的房亲多送一竹篓或挑一担糯米（约六七斤），上面盖张红纸片，亲戚要送的礼信多些，一般是两扎晒干的糯米禾把，加一打啤酒；中老年妇女换上了当地的传统服饰，带着小孩爬山过河来凑热闹。到了主人新居，进门前一律先鸣炮，才进门，进屋先到主家收受礼信的地方登记好，再由主家招呼着各自上楼去吃酒。酒席桌上，酸鱼、酸肉、酸菜、糯米饭是当地侗人进新屋办酒招待客人必须有的几样东西，其他如鸡、小虾、香菇等家常食材则是时菜，看当时方便。酒席的饭菜通常在自己家里起大锅灶准备，也可到各房族的公共食堂办。酒席罢，主家还为每人发花生、瓜子、糖果等带回家，以图吉利。

调查期间，村里正在新起的三套新房是三四层的砖房，已并非传统的杉木结构房子，但新屋建成的办酒习俗基本保留了传统。按惯例，摆酒这天，主家还要请村里的芦笙队来为新居吹奏两首曲子，吹完后留他们在家吃酒，或请村里爱唱多耶的人或歌王到屋来耶赞新屋（侗音：“补新言”），唱赞美歌和祝福歌，以讨福彩。

（二）唱赞屋歌讨糍粑

就高秀传统而言，在除夕家家户户都打完粑粑以后，这天下午吃过午饭差不多四五点钟的时候，寨上十二三岁的男孩子就两三个相约为伴，抬个箩筐到寨上各家的家门口去唱款唱新年歌，这是一种赞屋歌（侗音，“嘎补言”），讲唱主人家里的好话，讨点吉利粑粑或者大鸡腿。[1]

听杨代英奶奶讲，小时候，家里两个哥哥总是在除夕打完粑粑后就几个小伙伴做伴一起去别个家里唱新年歌，唱的内容一般是主人家在大寨里哪个地理方位，赞美主人家的房屋和人好，把主家唱开心了，就会给小孩子们糍粑或鸡腿。这类新年歌有很多，媳妇杨艳菊给我们唱的一支歌，大意是：你的家在坡脚下，一群小鸡来找吃，你们把粑粑给我们，我们回去分给小孩子吃。现在小伙子会唱歌的很少，这种习惯也就慢慢没有了。寨上五六十岁以上这一辈的老人以前过年的时候经常去唱，有时能讨回来一大筐糍粑和鸡腿，回忆起来还很有乐趣，但他们年纪都老了，很多原来的歌都记不住了；到了20世纪六七十年代出生的中年一代也只是听讲过没有唱过，有印象知道一点，更不用说20世纪八九十年代以后出生的年轻一辈了。

（三）正月打毽球、游戏

春节期间，从正月初一开始一直到二月二，高秀村凡是十来岁的适龄男女青年也喜欢相约到鼓楼坪、公路边、田段等相对空旷的地方打毽球、游

1．形式与贵州肇兴到除夕夜去开门面的老板或家户去唱歌拜年讨红包相似。

戏。一般是寨上小伙子对哪个女孩子有点意思了，他就叫上几个兄弟朋友主动去邀请那个腊妹到坡上打毽子，腊妹叫上几个姐妹朋友，等吃过早饭了就一起出门。以前寨上每家每户都有一个稻草棚，小伙子请女孩子去随便哪家的稻草棚边捡稻草边扎毽子，表示对她有意思，扎毽子时候在那里聊天，扎好毽球就去玩耍，下雨了就在鼓楼那里打到天黑，不下雨就在山坡上。20世纪八九十年代时，青年男女十七八岁，不用外出打工，二月初二之前，几乎天天去打毽子，都是几个小伙子约好，哪里有一堆女孩子他们就去哪里玩。属于村寨内传统谈恋爱的一种方式。2013年春节，高秀村在鼓楼坪前放了两张乒乓球桌台，天气好时，男女老少也集中来鼓楼坪，打乒乓球、下棋，参加点娱乐活动，村委会也组织男女青年参加篮球比赛。

（四）赶圩唱歌

旧时，当地有“赶圩唱歌”的习俗。傍晚七点钟左右，村里五六个姑娘到坡上赶圩，小伙子也四五个出来找姑娘们玩，男女对歌交往。当地农民娱乐方式简单，也不外出打工，成年在家，妇人家也不上山做工，只在家纺纱织布。小伙子白天到田里地里干活，到五点多钟回来了，到傍晚就去赶圩唱歌，到农闲时候更甚。那时基本上男女老少都会唱歌，1980年以后，随着男青年多出外打工，妇女也很少在家纺纱织布，就不再行歌坐夜了。但赶圩唱歌在一些年轻人之间还在流行，属于谈恋爱的方式之一。进入正月，寨上的姑娘和小伙子，一有时间就几个相约一起到坡上去唱歌，一般都是同年的年轻人。吃过夜饭，小伙子就结伴走寨去行歌坐夜，也不唱歌就是聊天。

高秀当地还有一种上山赶圩的娱乐，形式类似于“种公地”。正月戊日，本寨和外寨的青年放假不用劳动，四五个相约去到坡上采棉花，挑棉花籽。等男女互生感情了，三月种棉花时节，小伙子就和他的好朋友到林溪街上请师傅打一对竹篮，送给心仪的姑娘用来种棉花。姑娘来接竹篮时，在家准备一包糯米饭和腌肉腌鱼，和小伙子在路上吃。到接新娘时，小伙子送的这对竹篮就用来装新娘的新侗衣挑到男方家去。[1]现在种棉花制侗衣少了，这种习俗也就渐渐淡了。

（五）寨里头芦笙也

寨里头有吹芦笙也（侗音，“为耶棱”）的习俗，一般在过年前后、正月间，属于村寨内部不同姓氏之间男女交往的重要方式。寨上传统有四个芦笙队，分属上杨家、下杨家、谢家和吴家，到九十月份收完谷子，进入农闲时期以后开始，每天晚上渐渐有人吹芦笙也，到春节期间最盛。这时，不同姓之间的芦笙队在傍晚前相约到各族属鼓楼坪月也、赛芦笙，比赛完就留住吃点夜宵。村寨里边平时可能就随便点，晚上做工回来，几个小伙子就约好去姑娘家里行歌坐夜。坐久了有感情了，女方就给点信物给男方，如送手镯，男方就拿去收起来；等感情深了，女方或给一匹侗布让男方拿回家，作为定情信物。以后女方嫁来就用这匹侗布做衣服给男方，男方又把手镯还给姑娘戴，侗人称为“互换信物”（侗音：“还灯”），意思是你给我了，我又还给你。20世纪80年代以后，各姓的青年外出打工多，村里四个芦笙队合并为一个，各姓之间就不赛芦笙，只是男女相互之间去吃点宵夜，聊天谈情。

（六）贸易活动

腊月开始，高秀村里沿主要干道上4家小卖部、中心鼓楼旁边2家小卖部、高秀小学旁边的2家小卖部就已经准备了大量的年货、送客拜年的礼物，包括春联、红纸、成箱的苹果和梨、啤酒等。一般要上林溪乡或三江县城去进货，从腊月以来，他们已经卖了不少春联，正月也开门做生意。从过年杀年猪开始到正月结束，高秀村民都可以从沿河的小卖部买到过节要用的猪肉、鱼、鲜菇、青菜等食材，以及拜年要用的鞭炮、礼信，等等，尤其是水果和鞭炮。祭祖敬神、家里辞旧迎新、外出吃酒、走亲戚拜年、月也聚会

1．侗族习惯在结婚时，由新娘母亲为女儿制作十几二十套新侗衣，在接新娘时只带这些衣服到男方家而没有嫁妆。

各种场合都要燃放鞭炮，因此吸引了外地商贩来村里兜售。一般到初二以后圩场才开市，高秀村民到大年初五、初七开始，也到林溪街和坪坦乡去赶场，买些过年请客要用的鸡鸭回来。

五、结语

2012春节的调查行将结束时，正好是当地返工潮之际，从正月初五初六开始，占高秀村超过村寨人口65%的中青年就要陆续离开高山里的家乡和亲友返回打工地区。与之相对应的是，整个村寨此时此刻还笼罩在过年热闹的人情往来中，家家户户新贴的春联、窗纸和满街的爆竹花，此起彼伏的拜年鞭炮声。尤其是2013年春节在村中所经历的，村寨集体的活动，唱戏、月也（weiye）等从初五以后才正当热闹的时候，甚至是以一种“你方唱罢我登场”趋势继续不断上演的，却渐渐成为了文艺队和老人协会组织操作下的少数妇女表演的，老人、妇女和孩子们的娱乐，而从团圆的幸福感中挥之不去的是不合时宜的冷清。

从调查者目前的调查来看，三江地区的春节，自腊月廿五杀年猪开始到整个正月结束，其中包含的诸多仪式与活动，无论从内容形式还是功能意义上看来，都极富民族和区域特色，而保持了传统的机制。但随着生活和交通条件的改变，侗人在生计方式上的变化和职业上的分化，也从各个方面逐渐改变着他们的传统民俗，表现在春节习俗上，就是一些仪式和活动的逐渐失落，或是在传统内容和形式上出现了适应现代需要的调适性特征。青年长年在外打工，传统文化的代际传承和延续的纽带出现了一定的断层，受到明显影响的是春节期间的很多传统歌唱习俗，其中就包括除夕傍晚的唱赞屋歌、赶场唱歌、行歌坐夜、情歌对唱和全寨的唱戏、月也等，而吹芦笙和唱戏也多成为了老人和妇女的业余兴趣和娱乐活动。在调适方面，以月也为例，以往全寨都走路去别的村寨做客三到五天才回，现代通车以后一般由村里文艺队、歌队、芦笙队或民间侗歌协会组织去一夜，以这些文艺组织的成员为主，他们似乎更倾向于用“文化交流”或“文化宣传”来形容类似的活动。同时，在一些传统的禁忌和敬神等仪式上也大多作了弹性化的处理。而随着人口向外流动越来越多，在外务工人员与村寨内部常住人口之间的联系也越来越遵循一种城市化的作息，作为公共假日的逢年过节也自然而然成为他们一年中家庭团聚、操办喜事、联络感情的重要时间。

在侗人生活的农村社区中，我们似乎也看到“公共节日假日”笼罩下传统春节式微的现象。然而，在高秀和周边村寨，侗族在人与人之间似乎总是更倾向于传统的血缘姻亲和亲密关系，而具有浓浓的“人情味”，这种精神气质影响着当地的春节习俗传承。现在年轻人一般到过年才回到村里，真正意义的节日主要是春节。这时，除了亲友团聚和情感交流，年轻人也主动承担起家务、过节准备和祭祀等，也多选择在假期操办喜事，如结婚、进新屋、生日酒。每逢村里组织集体性活动，青年只要在家也都来参加并尽力帮忙。2013年春节发生在高秀和下都天这两个桂湘交界村寨间的月也小插曲，体现了这种“人情味”正是传统春节在当下延续的内在原因。

当春节志的调查进入尾声，我们对于当地民众及日常生活考察和理解也许才刚刚开始。毕竟春节作为侗族众多节日中较为重要的一个，代表了当地民众一年历法制度中的一个阶段，也是当地文化的综合呈现，但相对于个体生命周期和整个村寨发展的时间，也只是其中一小部分。调查中，受民族语言、单点调查等限制，有些重要的民俗事项不能亲历实录，也缺乏前人的研究成果和相关文献，且在调查中尚有很多不明之处，诸多问题还需要进一步研究和探讨。

附：主要信息提供人

吴家能，男，侗族，1941年出生，三江县林溪乡高秀村寨老、老协会长。

向文芳，男，侗族，1951年出生，高秀村退休老师、老协文秘。

石　科，男，侗族，1963年出生，三江县林溪乡高秀村村主任。

吴国刚，男，侗族，1931年出生，三江县林溪乡高秀村款师、地理先生。

吴昌能，男，侗族，1948年出生，三江县林溪乡高秀村地理先生。

杨昌平，男，侗族，1943年出生，三江县林溪乡高秀村鬼师。

杨光正，男，侗族，1945年出生，三江县林溪乡高秀村歌师。

吴家艳，男，侗族，1941年出生，三江县林溪乡高秀村侗戏师傅。

杨昌生，男，侗族，1943年出生，三江县林溪乡高秀村老协委员、芦笙队队长。

杨　庆，男，侗族，1964年出生，三江县林溪乡高秀村文艺队队长。

吴胜女，女，侗族，1943年出生，三江县林溪乡高秀村多耶歌王。

杨孙凡，女，侗族，1970年出生，三江县林溪乡高秀村歌手。

吴树荣，男，侗族，1918年出生，三江县林溪乡高秀村村民。

吴国元，男，侗族，1942年出生，三江县林溪乡高秀村村民。

杨代英，女，侗族，1946年出生，三江县林溪乡高秀村村民。

杨艳菊，女，侗族，1973年出生，三江县林溪乡高秀村村民。

谢永璋，男，侗族，1943年出生，三江县林溪乡高秀村村民。

龙开玉，男，侗族，1954年出生，湖南通道县坪坦乡阳烂村侗歌协会会长。

环江毛南族自治县下南乡波川村毛南族春节习俗调查报告

周颖虹

前言

环江毛南族自治县是全国唯一的毛南族自治县，也是我国毛南族最大的聚居区。本文主要是以环江毛南族自治县下南乡波川村塘龙屯为调查点，深入调查毛南族的春节习俗，结合节日的生成语境，即村寨概况和历史发展做深入全面的调查，进行忠实的记录和慎重整理，以及适当的总结和分析。对春节习俗的调查，主要关注节日起源（文献、碑刻、民间资料、口述史等）、节日过程（准备、场域、按日期和时间排定的详细内容）、节日的传承变迁等情况。

毛南族过春节主要活动有：除尘（大扫除）、杀年猪、备年货、贴门神画、贴对联、包粽子、做豆腐丸或豆腐煎、煮红米饭、摆前堂、点清油灯、吃年饭、小孩子“晨读”、放十二响炮、洗鸟枪（打枪）、回娘家、放鸟飞，等等。

为了更好地了解毛南族的春节习俗，调查者走访了附近的下南村上纳屯、中南村及县城等地。在获得第一手田野调查资料的基础上，结合有限的文献资料及毛南族老人的回忆，撰写出这篇田野报告，力求真实地反映毛南族春节现状和反映当地人在“春节”这一节日中所经历的文化变迁。

一、历史地理背景

（一）人文历史概况

环江建置历史悠久，自唐贞观十二年（638年），置环州设思恩县，至今已有一千多年。置县以来，县行政辖区变化较大，南北几次被分治。唐天宝年间析环州北部设抚水州，宋改安化州，元代废安化州，其所辖之地域隶入思恩县。元代以后，思恩县行政区划基本不变。清光绪三十一年（1905年）析思恩县东北部设置安化厅，1912年改为安化县，1913年改称宜北县。中华人民共和国成立后，1951年8月，思恩、宜北两县合并，置环江县。1986年11月1日，经国务院批准撤消环江县设立环江毛南族自治县，于1987年11月24日，正式成立，行政区划不变。

在全县32万多人口中，汉族2.9万余人，占9.06%，少数民族29.6万余人，占90.44%。环江是毛南族人口的主要聚居地。1990年全县毛南族人口总数为54874人，占全国毛南族人口的76.25%，占全区毛南族人口的77.58%。毛南族与壮、汉、苗、瑶、仫佬、水等民族杂居，组成了和睦的民族大家庭。壮、毛南在全县人口中占的比例分别为69.82%和16.84%，是最早开拓这块土地的土著民族。其他各族分别自清中期和清末相继从自治区内外迁徙而来，共同杂居。毛南族人口分布具有大集中、小分散的特点。在新中国成立前，毛南族的人口长期都只是徘徊在1.5万人左右。中华人民共和国成立后，人口才逐年增长，至1990年，第四次人口普查时，毛南族人口增至72370人。至2010年毛南族人口达到107166人。

据《毛南族简史》记述："现在毛南族分布的地区，古为'百越'（或'百粤'）民族居住之地"。毛南族因其地而名其族。周围的壮族称呼毛南族聚居的地方为"江毛南"，毛南人自称为"大毛南"，其意都是"毛南地方"。毛南族按自己居住的地名自称为"毛南人"。毛南族语言，自称为"哀南"即"南人"，意即毛南地方的人。众称是"窘南"，"窘"即众多之意，"窘南"意指毛南地方的人们。附近壮、汉、瑶、苗、仫佬等族也习惯称毛南族为"毛南人"。1956年2月11日被批准为一个单一民族。毛南族居住的地方，自古以来就有少数民族居住。毛南族是由当地土著民族发展而来的，但也融合有外来民族成分在内。毛南族聚居的“大毛南”，有谭、覃、卢、蒙、韦、颜等姓氏。其中以谭姓为最多，约占毛南总人口的80%以上，分布的地方也最广。

（二）地理环境和生计形式

毛南族是一个人口较少的民族，主要聚居在广西壮族自治区环江毛南族自治县，小部分散居在周围河池、南丹、都安、宜州市县境内及外省。环江毛南族自治县地处广西西北部，介于东经107° 51′ ～108° 43′，北纬24° 44′ ～25° 33′，东与融水、罗城两县相邻，南与宜州、河池接壤，西隔打狗河与南丹相望，北与贵州荔波、从江两县毗连。其县城在思恩镇，总面积4572.31平方千米。县境处于云贵高原南延部分，地势较高，其东部、东北部是雄伟的九万大山，县境最高地区主要为土山。西北部为金坳山脉，均属中山地带。总地势北高南低，四周山岭绵延。主要河流有大环江、小环江、打狗河。县境位于北回归线之北沿，属南亚热带过渡的季风气候区。南部边缘地带属南亚热带北缘，中南部及大小环江河谷地带属中亚热带谷地气候。全县气候温和，雨量充沛，日照充足，无霜期长、雨热同季，作物可一年三熟。

毛南族聚居地“毛南山乡”（县境西部的下南乡）地处云贵高原东麓的余脉之间，境内石山绵延，西部为地势较高的大石山区，山多耕地少，土层薄而贫瘠，且易旱易涝，只能种植玉米和杂粮。在峒场（石山区）居住的毛南族人多以玉米、红薯、小米等杂粮为主食。现在，部分富裕起来的人家到市场上购买籼米用做主食。东部为半石山区，有山间小平地，土地肥沃，有山溪流和山塘水灌溉，条件相对较好，为毛南族的主要产粮区，居住在这里的毛南族人以籼米为主食。

毛南族地区蔬菜较多，四时不断，有豌豆、白菜、苦麻菜、南瓜、红薯叶、豆荚、芭蕉芋、青菜和萝卜，其中南瓜是秋冬常食的蔬菜，既可切片煮粥，也可单独蒸食。肉类来源主要是家禽、家畜，有猪、牛、鸡、鸭、狗等。毛南族一般都喜食半生半熟的菜肴，认为一些肉和菜特别是鸡，煮得过熟会走味。唯独对鸭以煮烂熟为宜，在烹饪上有“鸡生鸭熟”之说。毛南族在杀牛时，喜饮牛血，称牛血为“牛红”，认为喝牛红对身体有补益。毛南族的食粮以大米、玉米为主，高粱、小米、红薯、南瓜为辅。他们的饮食习俗中一个最大的特点就是“百味用酸”，喜爱腌制酸肉、酸螺蛳、酸菜，这些都是待客的传统佳肴。酸类食品很多，尤以“毛南三酸”最有名，亦即毛南人自称的“腩醒”“索发”“瓮煨”。

毛南族的房屋在1970年以前，大部分为木结构“干栏”式。贫苦农民多以茅草盖屋，编竹篾为墙。20世纪80年代后，各乡镇水泥钢筋结构的新式平顶房、楼房陆续出现，旧房改造大多用火砖、水泥砖替代坭泥。

今天，毛南族仍以农耕为主，是一个以稻作经济为主的民族，主要从事水稻种植，玉米等杂粮种植,渔、牧业经济在生活中亦占有重要地位，也兼营家庭手工业、建筑业等。

波川村是环江县下南乡的第二大行政村，位于毛南族聚居的中心地带，距县城约66千米，2008年全村下辖14个自然屯，32个村民小组，780户，3296人，其中98.8%是毛南族。全村总面积为21.6平方千米，地处云贵高原东麓，地质多为蜂丛洼地谷地，山多地少，耕作条件较差。全村公有土地3000余亩，旱地与水田面积大致为二八开。“土地能生金，寸土也要耕”，所有土地皆得到较好地利用。近年来，波川村开展整村推进工程，菜牛养殖，种桑养蚕，甘蔗种植，依据当地资源优势和经营优势发展农业，尤其以菜牛的饲养最为出名。村里建立了科技养牛示范户。毛南菜牛是一种专门饲养作肉食的黄牛。大石山区环境适合黄牛的生长，茂盛的百草为黄牛提供了天然的食物。毛南地区的地下水、泉水含有丰富的矿物质。毛南菜牛在这种环境中，自然生长得又肥又快。毛南菜牛多采用圈养方式，各种草料采回来丢在栏里给牛吃，如此喂养七八个月，牛个体丰满圆润，毛色光亮，肉质凝重而细嫩，肥瘦相间，香甜可口，营养价值高。一般外地的牛肉只有瘦肉，质粗且老，含水分多，呈暗红色，煮熟后有股草腥味。毛南菜牛则是一层瘦肉夹着一层肥肉，形似五花肉，色呈粉红，清甜而不油腻，牛内脏也别有风味。不但本民族的人爱吃，还深受外地人的欢迎。近年来，随着食品加工业的发展，菜牛被加工成牛肉干，远销全国各地。这使得菜牛的市场需求量大大增加，更加刺激了菜牛产业的发展。菜牛的饲养成为波川村主要的收入来源之一。

近年，许多年轻人外出务工从事开矿、建筑、运输和商品零售或批发业。基础设施实现了水泥路屯屯通，居民们96%用上了自来水，85%建起了楼房，70%有移动电话或程控电话，65%有沼气池，95%有电视，基本脱贫。过去生活用水主要是去附近山中挑来泉水，由于人畜饮水工程的开展，现在家家户户用上了从山中引来的自来水。

波川村塘龙屯，距下南乡府所在地2千米，距县城66千米。地势起伏多变，屯中房屋的整体布局不固定，基本上是沿村中的主要道路两侧。村子依山而建，后面及山上种有大片护村林，既防石头滑落，又美化风景，村民约定不许随意砍伐。村子前设有集体活动场所，如水井边、溪边、道路旁或大树下摆放石凳，供人们节日及闲暇时间聚会、娱乐。

毛南族多同姓聚居于一个村屯，为同一血统，同一祖宗，宗教信仰和风俗习惯高度一致。波川村也不例外。波川村以谭姓为主。少数外来户风俗也随同村中的大姓，不然会受排挤。

毛南族的每个村屯都有自己崇拜的社神（社王）。20世纪前，各村屯还建立社王和三界庙宇。屯前有用大块片石修建的神龛，安放李广将军塑像，作为屯神崇拜。

二、节前准备

春节是毛南族一年中最大、持续时间最长、活动内容最多的一个节日。关于毛南族春节的来历，屯里的人没一个能说得清楚，也不知道是什么时候开始过春节的。从节日习俗看，毛南族传统节日都围绕水稻的生长过程展开。从水稻种植到成熟有一系列的节日或仪式。

(一) 村民的节前准备

1. 除尘

除夕的意思是“月穷岁尽”，人们都要除旧布新，有旧岁至此而除，来年另换新岁的意思，是农历全年的最后一个晚上。故此期间的活动都围绕着除旧布新，消灾祈福为中心。毛南人也一样。每年从农历腊月二十三日起到年三十，民间把这段时间叫作“迎春日”，也叫“扫尘日”，在春节前扫尘搞卫生，是我国人民素有的传统习惯。毛南族人讲究在春节来临前的农历腊月二十三、腊月二十五、腊月二十七单日搞大扫除，清除房屋中的蜘蛛网、灰尘等垃圾，以扫除晦气，迎接年三十晚神的降临。

2. 购年货

毛南族虽地处偏僻，但著名的黔桂古道就穿过毛南族人聚居地之一——木论。这条古道自古以来就是西南的交通要道，被誉为大西南的“丝绸之路”。毛南族人早在宋代就与外界进行贸易往来了，他们大量引进外界的商品和技术，也输出自己的产品。这里是毛南族人聚居的中心，清末明初逐渐发展成为毛南地区经济贸易中心。这里不仅是毛南族人集市贸易之地，也是附近壮、汉、苗、瑶、水等族人民及宾阳、南宁、柳州、桂林、宜州、河池、怀远、荔波等外地的商人进行商品交易的场所。毛南人不仅在这进行商品上的交易，也无形中进行文化的交流互动。每年春节前是下南圩最热闹的时候。市场上各种各样的商品应有尽有。

节前十天左右，人们就开始忙于采购物品。毛南人必备的年货有：鸡、鸭、猪肉、鸡蛋、砖式黄糖、姜、甘蔗、对联、门神、年画、香火、鞭炮、灯笼、烧给祖宗的纸钱、水果、水豆腐、包米粽用的菖蒲叶或者竹叶、稻穗、芝麻、绿豆、花生米、五花肉、排骨等。他们会买一些消遣时吃的零食如瓜子、带壳的花生、糖果、年糕、饼干等。家里要是有小孩的话，他们会帮小孩子买新衣服，以备小孩过年的时候穿。

3. 包飞鸟粽、米粽

据谭金全老人讲，在过去，春节即将来临时，家家户户都会预先采好菖蒲叶，等到除夕那天，家中的妇女用准备好的菖莆叶编“百鸟”，往“百

▲ 飞鸟粽 / 卢杰 摄 /2007 年

鸟”的空腹中装入拌有饭豆、芝麻、肉丁等制成的香糯。“百鸟”有鹧鸪、山鸡、燕子、鸬鹚、画眉等。“百鸟”编好后就拿到大锅里蒸或煮熟。待其出锅，先分给家里的小孩每人一只，其余的“百鸟”则用一根长甘蔗把它们的提耳串起来，均匀地摆开，于掌灯时分挂在堂屋正中香火堂下面。“百鸟”尾朝墙，面朝大门，意为“槽鸟”。“槽鸟”有槽关之意，意为祈望新年山鸟不叮吃谷物，专吃害虫，作物丰收，也寓意百鸟烘巢，合家温暖，夫妻恩爱。这天，出嫁并生育了的媳妇要回娘家领“鸟”，希望孩子将来像小鸟般活泼可爱。近几年来，由于飞鸟粽编造相对比较复杂，许多年轻人不会编飞鸟粽，这样，做“百鸟”的人家渐渐减少。离集市越近，做“百鸟”的人就越少。现在有些人家为图省事用各种米粽代替“百鸟”拴到甘蔗上，架挂在堂屋香火前。米粽有三角粽、四角粽。四角粽、三角粽是为了给小孩子招魂。意为来年养殖牲畜顺利。

4. 做豆腐丸

毛南族逢年过节、操办喜事，都喜欢做豆腐丸。豆腐丸，团圆之意。其做法是把猪肉（或牛肉）、干虾、花生米、大蒜、香菜、胡椒混合剁碎，加入食盐后拌匀成馅，捏成丸子备用；将捣烂的水豆腐放在手心里打成片，包上肉丸子，放在手中或碗里反复滚动成圆状，然后放到油锅内煎或炸，直到表皮成金黄色即可。需要吃时，拿来炸好的豆腐丸放在锅里煮

▲ 豆腐丸 / 周颖虹 摄 /2012 年

或蒸。其味道鲜香可口，既是宴请客人的必备菜肴，也作为礼物相互馈赠。春节期间吃豆腐丸寓意合家团圆、和和睦睦。

5．杀年猪

过去，在农村，几乎家家都养猪，毛南人在农历十二月二十九就杀年猪。毛南人爱拿猪肉做腌肉、腊肉，用糯米、花生、柠檬叶、盐、猪油等灌入猪小肠中做成血肠。现在，好多年轻人外出工作，家中大都是老人、小孩，并不是每家都养猪。在下南，主要是小中型的养殖场和个别有年轻劳动力在家的人家养猪。养猪的人家和养殖场在过年的时候仍然会杀年猪。没养猪的人家就到市场上买猪肉。近年，环江明伦镇的特产黑香猪成为毛南人喜爱的佳肴。用作肉猪的黑香猪在十几到三十斤，刚好够一家人食用，不少人家选择将黑香猪当年猪来杀。毛南人多是吃新鲜的香猪肉，普通的大猪的猪肉，毛南人通常拿一部分来加工。猪肉的加工方法，比较有特色的是酸肉和腊肉的制作。前面说过，毛南族人的饮食习惯中有“百味用酸”的习惯，独具风味的毛南三酸之一的“腩醒”是用猪肉或牛肉腌制而成的别有风味的酸肉。在过去，杀年猪的时候，肉类丰富，人们一时吃不完，又没有冰箱保存，做成酸肉是不错的选择。制作的方法大致如下：先把肉切成薄片，加上适量的食盐，搅拌均匀，盛放在盆里2到3天；再拌入蒸熟的糯米饭，晾凉后放入坛中，压紧密封。一个月后，酸肉便可食用。食用的方法是将肉盛于碗中，放入蒸锅中蒸熟。这样蒸出来的酸肉，肉质细嫩，酸甜可口，香味诱人，是毛南人待客的佳肴。在旧社会，家中有没有酸肉，是衡量家庭经济实力的重要标志。毛南族人也喜欢用猪肉制作腊肉。制作腊肉多用腰方或五花肉。肉要切成长条形，两到三厘米厚，切好后放入盆中，将盐或酱油搓在肉表面，待盐或酱油渗进肉中，再挂到灶上方。这样，就可以利用烧火时产生的烟来熏肉。待到瘦肉变干变硬，肥肉变透明，腊肉就可以拿来烹调食用了。这样熏烤出来的腊肉咸中带着股浓烟味。现在，烧柴做饭的人家制作腊肉，仍喜欢用这种传统的方式。在农村，毛南人喜欢把制作好的腊肉存放在粮仓中，或挂着，或是直接放在稻穗上。住在楼房里，使用电器或煤气做饭的人家，制作腊肉，只得将腌制好的肉挂在家中通风的地方，自然风干。虽然现在毛南人普遍用上了冰箱，食物的保存已经不成问题，但酸肉、腊肉由于其特别的风味，仍是毛南人餐桌上受喜爱的食品。

6. 煮红鸡蛋

所谓煮红鸡蛋就是将普通的白鸡蛋煮熟了，再用植物色素将其皮染红。毛南族逢年过节都要煮红鸡蛋，一般是和百鸟同一时间煮。红鸡蛋一是为了给小孩子招魂，并祝福来年小孩子平安，二是图个喜庆。

7. 贴门神、贴对联

准备完食物，毛南人开始贴门神、贴对联。贴门神意为防守妖魔鬼怪，保护家人。门神主要贴在大门前，大都是从市场上买来的唐朝大将尉迟恭、程咬金组合或是三国时期的张飞、关羽组合。对联主要贴在大门前和神堂前。过去，对联大多是村里有文化的人帮写的。文化人根据各家的情况来写，既有对旧的一年的总结，也有对新的一年的展望。现在，春联大都是从市场上买的，许多对联都是现成的，没有很强的针对性，不过贴着增加一下节日的喜庆气氛而已。

▼ 贴对联 / 周颖虹 摄 /2012 年

三、节日仪式与活动

(一) 大年三十的祭祀仪式

过年的前一夜，就是旧年的腊月三十夜，也叫除夕，又叫团圆夜，毛南人少不了各种祭祀活动。

毛南族的崇拜信仰中，祖先崇拜最为重要。祖先被毛南人称为“家仙”。毛南人非常尊重父母，素有尊老爱幼的传统美德。老人去世后，儿孙们要将其列入祖宗牌位，逢年过节时供奉，以示不忘父母养育之恩。每户毛南族人家都设立有专门供奉祖先的灵台，毛南语“强公扒”，即祖先的桌子。灵台设在火塘旁边或家人用餐的地方。灵台是四方形的，上面摆放祖宗的灵牌位及香炉。每逢节日、喜庆之日或平时杀牲，都要先在这桌上点香供奉。年三十晚上，祖先的桌子上摆放米粽、红鸡蛋、砖式黄糖、面条、橙子、酒等。

每户毛南族人家都设立有“香火堂”，毛南语称“灵花”，即小阁神龛，是保护家堂的“总指挥部”，统一设在对着大门的墙壁上。阁中贴上大红纸，正中竖着写“天地君亲师位”。其两侧各有一行小字，左侧是“守龛童子，护宅郎君”，右侧是“三界公爷，一切神祇”。再往外，两边是对联，上联为“金炉不断千年火”，下联为“玉盏常明万岁灯”，横批“金玉满堂”。阁台中间摆设有一个香炉，每逢节日或喜庆时都插三炷香。在春节期间，阁台上要摆上新鲜的水果（柑橙或苹果）。水果两边各摆一碗红糯米饭，米饭上放一个红鸡蛋。糯米饭两边各放一堆呈锥形的粽塔。粽塔两侧各点一支蜡烛。春节时，则在阁台下横挂一排“百鸟粽”。神台下方的墙上，贴有“财神到”或者其他年画。神台下方的方桌上，都要摆上两盘整只的鸡或鸭（头朝神堂）、一碗猪肉、一碗豆腐、两碗盐水（供鸭时放鸭酱）和六个酒杯（酒杯里只倒少量的酒，意思意思）。

准备好晚餐后，毛南人首先祭祖宗牌位和香火堂，一般多用猪肉、煮熟的整鸡、牛肉、米饭、豆腐、红熟蛋和酒等祭品，摆到祖宗牌位桌上和“天地君亲师之位”神堂下方的大桌上，分别点上三支香祭祀。“天地君亲师之位”下面，悬在墙上的长形木板上则摆放水果、红熟蛋、面条、酒、砖式黄糖等。年三十晚上，毛南人在祖先牌位香火前点清油灯（只能用清油，不能用桐油）一直到天亮，有的人家一直摆到十五。清油灯的做法是将食用清油放在小碟里，然后用布条作芯点燃，如果灯芯结花大，预示今年能发财。

▲ 打边炉／卢杰 摄／2000年

每户毛南族人家房屋内设灶王之位。凡是分了户的，都要另立新灶，即用红纸写上“灶王之位”贴于灶台后墙上。据说灶王是神仙派到人间主管人间烟火的神。火灶设在屋内靠墙的一角。年三十晚上要在灶台上点上一支香祭祀。每年农历正月初一到十五，都可以修灶或立新灶，传说这期间灶王回天庭过节了。

点完香火堂、灵台和灶台的香火后，还要在家中所有的门两边都点上香。然后，每个人都可以在神堂前许愿。毛南人相信桌上供的鸡、鸭会代他们向神传达他们美好的愿望，神会保佑他们在新的一年里实现他们美好的愿望。等到香燃尽之后，毛南人才拿神台下方的方桌上摆的供品来吃。吃年夜饭之前，毛南人要先放连响的鞭炮来邀请祖宗回家。毛南人在入冬后爱打边炉（即火锅）进食，春节期间也不例外。除夕晚上吃的食物主要有鸡、鸭、鱼、牛肉、豆腐、青菜、猪肉、血肠等。在过去，年夜饭都是一家人在一起吃，一般不到别人家吃。但现在，同村朋友之间也互相串门吃年夜饭。

（二）大年三十的节庆活动

舞火龙是毛南族具有悠久历史的活动。据谭金全老人讲，过去，毛南族人每逢大年三十夜，都要耍火龙来祈求来年风调雨顺、逢凶化吉、祛病保平安。舞火龙以村为单位，在村前空旷的地方耍。全村的大人小孩都来参加，热闹非凡。火龙的制作非常考究。材料要用九年生的金竹，做一条龙要用七七四十九天，以后每次裱糊都规定九天完成。龙衣也需由村里德高望重者指定的老、中、少九名毛南族妇女用少女织的土布做成。当地人认为舞火龙只能用这种布，用其他布就会着火。她们在织龙衣的时候，都许下了自己的心愿。火龙的龙须，全部用精致的红麻丝制作。龙身里的蜡烛，用桐油浇灌而成。舞两条龙需64人，且分工细致，有民间艺人、神灯童子、金银水财手、牛角手、玩宝手、玩龙手、号手等。舞龙前，火龙灯全部用桐油浇灌的蜡烛点亮，浇灌蜡烛时，还要有毛南族八旬以上的健康老人专门举行仪式。据说这样做成的蜡烛不会使龙着火，还有驱邪作用。舞龙时共有三个步骤：请水、舞龙、放水灯。请水就是把龙从水中请出来，也请龙在来年中多给雨水。请水时，民间艺人手提台灯走在前面，两个神灯童子各领一条火龙往河边走，两边牛角、大号齐鸣，牛角通天，大号通地，把龙从水中请出来。这是舞龙活动最庄重、最热闹的的部分。舞龙，就是龙请出来后，到各地舞动。每年三十夜，火龙舞到哪家，主人都会捐钱，点一对蜡烛放在家门口或求上一盏水灯，到小河边点放。据说这样可以祛病驱邪，祈求全家来年平安幸福，日子过得红火。放水灯是舞火龙的最后一个仪式。一个个造型美观的莲花灯放到河里，河水熠熠生辉。据说，莲花灯既是给龙照亮回龙宫的路，也是放灯人许下的一个美好愿望。舞龙完毕，人们可扯下龙须作赠人礼物。龙须是龙全身中唯一可以送人的辟邪至宝。毛南人相信把龙须套在手上或挂在家中的门头上，可以保佑全家一年四季平平安安、和和睦睦、因祸得福、遇难呈祥。

毛南人不兴守岁。在过去，吃完晚饭就去观看火龙表演。但是耍火龙活动在中华人民共和国成立后已经很少见到了。所以现在的人们吃完年夜饭，看看电视，累了就去休息了。

（三）正月初一的仪式与活动

1. 晨读

晨读就是指凌晨早早起来读书。毛南人非常重视利用节日民俗对孩子进行教育。大年初一鸡叫头一遍的时候，凡是上学的小孩被大人叫起，坐在堂屋的神桌前，然后打开书本，大声朗读，直到黎明鸣炮迎新时止。晨读一开始，村子里琅琅的读书声，打破夜空的宁静，形成一道独特的风景。民间认为让孩子大清早读书，孩子脑筋才会灵活，肚子才“吃”得下书，即学得进东西，这样也会让孩子养成勤奋学习的好习惯。初一早上读书，预示以后天天勤奋读书，养成用功读书的好习惯。毛南地区直到清朝乾隆年间才有机会学习汉文化，毛南人觉得想在短时间内赶上别人，就得付出更大的努力。他们只好以勤补拙。“晨读”始于清朝乾隆年间，兴盛于清朝末年至民国年间。毛南人深层意识中都有“学而优则仕”“万般皆下品，唯有读书高”和光宗耀祖的思想。在过去，毛南族受到的压迫剥削非常重，加之山区生产条件恶劣，耕地面积又少，生产受到限制，生活艰苦，只有奋发读书，外出谋生，才会有好的出路。在“文风颇盛”的风气和助学习俗的影响下，毛南族读书人较附近的壮族、苗族、瑶族、水族等少数民族要多得多。但由于经济上的原因，在毛南山乡聚居的毛南族群众虽大部分人都能看书、写字，但总体的文化素质不高。20世纪六七十年代，因受“读书无用论”的影响，“晨读”风气逐渐淡化。据村里的谭良君姐姐讲，她小时候已经没见有晨读的风俗了。又据毛南族的文化人说，晨读的风俗在农村已经淡化，不过少数重视教育的、有文化的人家还保留有晨读的风俗。

2. 挑新水

在过去，农村还没有自来水的时候，村民用水都要到河边或泉边挑。初一凌晨，妇女们都赶早到河边挑新水，图个吉利。新水挑回来后，毛南人将“恩”树叶（汉语名为牛尾树）泡水洗脸，以示迎新。近些年，农村普遍用上了自来水，这些习俗也就渐渐消失了。

3. 洗枪

毛南族人居住的地区是大石山区。在过去，狩猎曾是毛南族的主要生活支柱之一。农闲时节，亲戚朋友喜欢相邀去狩猎。好多毛南人大都有自制的鸟枪。在除夕时，猎手们就把枪擦得亮堂堂的，待初一鸡叫三遍之时，猎手们就出门对空打三枪，谓“洗枪”。在初一这天打枪，预示全年枪都好用，打猎百发百中。“洗枪”是毛南族人游猎生活的遗风，新中国成立后，自制的鸟枪已经很少有了，此俗也渐渐消失了。

▲ 放十二响炮 / 周颖虹 摄 /2012 年

4. 放十二响炮

打鸟枪过后，开始放十二响炮。大年初一，每个民族都会放炮，但与别的民族不同的是毛南人不是燃放连响的爆竹，而是燃放单个的大爆竹，并连续放十二个。按照顺序，第一个炮代表一个月，如果哪个炮特别响，说明哪个月很顺利，如响声小或者不响，说明那个月可能有灾，家里要小心行事。放十二响炮在过去叫打竹炮。竹炮是用青嫩的竹子作原料：人们将圆满无缝的青竹放到火上烘烤，等到竹皮冒油泡，发出吱吱的响声，再放到木砧板上，用斧子用力锤，竹节就会爆裂，响声震耳。人们以放炮竹的声响情况来预测新年的吉凶。其实，每一节竹子都是经过人们认真挑选的，出现哑炮的现象是很少的。与其说是预测凶吉，不如说是毛南人借此表达在新的一年里事事顺利的愿望。

5. 祭神

毛南族相信“万物有灵”，也吸收壮、汉族的宗教观。此外，还有少数人信奉基督教，它是中华人民共和国成立前外国传教士传入的。民间有多种自然崇拜，山有山神，水有水神，树有树神，村头村尾有土地神（庙），名目繁多。家内的鬼神更多，最受崇拜的有三界公、婆王、雷王、灶王、蒙官、观音、门神和李广将军等。三界公是毛南族最崇敬的善神。每个家庭中均设有三界公爷神位，祈求庇护全家安康。李广将军庙设于每村村口，作为保护全村的村神。此外，门上贴有门神；灶旁供灶王；神台中央供奉“天地君亲师位”。每年正月初一或节日喜庆，以及每月初一和十五，都要对诸神祭拜，求神庇护。在过去，由于迷信鬼神无所不在，人们一言一行，都要循规蹈矩，唯恐冒犯诸神而招致祸害，因而在人们的生产和生活中充满了恐惧与神秘的气氛。现在，随着现代教育的普及，年轻人不再迷信鬼神，祭拜活动也渐渐减少。

6．吃汤圆

在过去，初一是禁止吃汤圆的。因为汤圆形同冰雹，当地冰雹常见，吃汤圆怕庄稼会受冰雹之灾。改革开放后，这一禁忌渐渐消除。取而代之的是，放完十二响爆，毛南人开始做汤圆。春节是个欢乐祥和的节日，也是亲人团聚的日子，离家在外的孩子在过春节时都要回家欢聚。汤圆意为团圆之意。

做汤圆的主要原料为糯米或糯玉米、也可以是两者的混合体。糯米或糯玉米在年三十晚就要先用水泡软。过去，毛南人在年三十晚就用石磨来把泡过水的糯米或糯玉米磨成浆。现在，随着机器的普及，交通较为方便的村民多用机器磨米，较偏远的山区的毛南人仍用传统的石磨磨米。糯米或糯玉米浆用布袋装好，吊在桶上，自然滴水。初一早上，毛南人先煮一锅水，放入姜、砖形黄糖（或红糖）。糖烧水的同时，可以拿已经结成固体的米浆来搓成圆圆的汤圆了。等到汤圆搓好后，毛南人用手拿生汤圆，逐个放入沸水中煮。汤圆自已浮出水面，就算是熟了。汤圆煮好后，就开始祭祖。在祖先牌位，神堂桌上各摆三碗汤圆，点上三支香。香烧完后，毛南人就拿桌上的汤圆放到锅里热一下然后一家人一起吃汤圆当作早餐。年初一早上，全家吃汤圆，用汤圆、猪肉、鸡肉、酒等敬祖先、三界公、波王、灶君等，并在门外放鞭炮。

家长则到灶里铲一些草灰扬在房子四周，据说可以防虫蚁进屋。毛南人还将扁担插在门口，上端挂秤、下端系刀，意保人畜安泰兴旺。这天一般不到别人家串门，只在自已家待着，除外嫁女外，一般亲戚都不来拜年。中午和晚上，吃的肉类都是年三十晚剩下来的，因为初一不能杀生。

（四）初二至十四

1. 回娘家

大年初二，外嫁女都要回娘家探亲，有了孩子的外嫁女还要带孩子回外婆家。在过去，妇女们都用篮子挑鸡、面条、肉猪、糖果、酒等礼物回娘家。一般是夫妻俩带孩子一起回去。外嫁女带回去的礼物，主要是给自己父母，也给父母的同辈兄弟，也就是她们的伯伯或叔叔送礼物，一般只送一块几斤重的猪肉和面条。送礼物的同时，外嫁女会邀请伯伯、叔叔和他们的家人来自家吃团圆饭。外公、外婆、舅舅等要给外甥打红包，以示关爱。

一般情况下，没有什么急事，外嫁女会在娘家住一个晚上，和家人聊天，互相问候、祝福。初三，她们一般回自己家。如果自己家没什么事忙的话，也可多住几日。

2. 摆年酒

毛南人过年都要摆年酒。所谓摆年酒，就是家族兄弟间轮流摆宴席，邀请族中人和自己的好朋友来家聚餐。家族兄弟间互相协商请年酒的时间，以免重复。定了哪家请年酒，别的几家就不必做饭。请年酒一般是晚上，现在也有中午请的。如果是晚上请年酒的话，一般都要中午就开始准备，使客人能在下午5点左右可以开始用餐。这样，吃饭的妇女们可以早去早回，喝酒的男人们也可以多些时间在酒桌上闲谈。

毛南人特别好客，家里来了客人，不分男女，全家都要站起来请客人坐下，待到客人坐下后，全家人才坐下。全家人都热情接待，帮添饭、夹菜、斟酒。在节日里，毛南族喜欢用开水涮牛肉待客。食用的牛肉一般是本地产的菜牛肉，将其切成薄片，调以配料。即按本地的习惯，在火塘上摆置一口铁锅，进餐时大家围拢在铁锅的周围，将生肉、生菜倒入沸水中涮熟，然后蘸配料下酒，这是毛南族民间最常见的宴请形式。毛南族成年男子都好喝酒，并有“非酒不足以敬客”之说。酒是必不可少的，“无酒不成礼”、

“有肉没酒不算过节”“不醉倒几个不算喝酒”。有的人家还自己用高粱、玉米、糯米、小米、黏米、红薯、南瓜等酿酒。毛南红是毛南地区著名的糯米酒。但近年来，毛南人喝的酒以市场出售的瓶装白酒居多。节日里亲戚们团圆在一起吃饭、喝酒，自然心情好，所以男人们常常会喝醉。

3. 娱乐、体育竞技

在过去，在新年里，街上到处有舞龙灯、舞狮子、唱采茶戏。舞狮子最常见，舞狮队多是由村屯自发组织的。哪家需要请舞狮队来自家门前拜年，就提前说一声，还要在自家楼上吊礼物。礼物主要是烟、酒、红包等轻便的东西，舞狮的人要站成人墙才能拿到礼物。舞狮子舞到谁家，谁家就放鞭炮，场面很是热闹。人们请人来舞狮子，都是想图个吉利，希望在新的一年里，日子过得红红火火，现在这些活动已经很难见到了。

毛南族是一个善歌的民族。唱歌是毛南族人生活的一部分，是毛南族最普遍的一种文娱活动。过节这种喜庆的时光，唱歌是少不了的。毛南人常常触景生情，即编即唱，表达自己的情感。在过去，春节期间，男女青年则都集中到山坡上唱山歌，谈恋爱。在室内，毛南人主要唱“欢”。“欢”是毛南人家里办喜庆之事和春节期间用以祝福、恭贺、赞颂、庆祝、增进欢乐而在室内唱的一种民歌形式，主要在婚礼和宴会上演唱。“欢”要在堂屋唱，不能在屋檐和野外唱。它有五言四句和五言八句之分。格律严整，押音尾韵和腰脚韵。可对唱，也可由二名歌手作双声部独唱。每首歌的前四句为母句，后四句为子句，母句需复唱一遍，叫勒脚。唱“欢”时的场面非常热闹，精彩之时，常可听到人们的欢呼声。现在，只有些老年人还喜欢唱“欢”、听“欢”，年轻人对此已经没有什么兴趣了。

毛南人喜欢棋类，除了传统的象棋之外，他们还创造了特别的棋类游戏，有三棋、射棋、围母棋、簸箕棋、牛角棋、禾剪棋、皇棋等等。棋子是用田间地头的小石子做的，棋盘随时可以在地上画。

踢毽子、骑竹马、打陀螺、跳绳、爬杆等活动是小孩子喜爱的娱乐形式。现在，传统的体育活动被一些新鲜的所取代，足球、篮球、乒乓球等都成为村里孩子们喜爱的体育项目。

（五）正月十五的仪式与活动

在毛南族众多的节俗中，正月十五“放鸟飞”最具特色和奇趣。

传说过去毛南山乡有位老法师。他有个独生女儿，生得聪明伶俐，心灵手巧，俊美出众，不仅花绣得好，山歌也唱得好，还从父亲那里学会了不少法术。她擅长以竹篾和菖蒲叶编百鸟，人称“小鸟姑娘”。她与隔山一位编织手艺高强的小伙子相好，两人经常在一起学手艺，上山采集菖蒲叶，编成各种形状的小鸟。日久生情，两人决定准备大年初一完婚，结为终身伴侣。老法师想考验一下未来女婿的本领，于是在除夕那天，让他用半天的时间把屋后山上的藤和树全部砍光。这可把小伙子难住了。小鸟姑娘安慰小伙子说：“你不用担心，我这里有捆绣花线，你拿到山上，解开线，围一个大圈，圈中的树和藤就都砍掉了，你围上几次，山上的树和藤就可以全部砍光了。”小伙子照小鸟姑娘的方法去做，果然不到半天时间，就将后屋山上的树和藤都砍光了。老法师还不甘心，继续考验小伙子，于是对他说：“我要在山上种粮食，你拿种子去山上撒好吗？”小伙子立刻挑起满满一担谷种就上山撒。没多久，小伙子就兴冲冲地回来报喜：“我已经把谷种撒遍山上了。”老法师到山上一看，脸色就变了，生气地对小伙子说：“山上哪能种谷子，你天黑前要把谷种全部捡完，换上小米种子。”这下可难住了小伙子，小鸟姑娘看到此情景，让未婚夫回家把他们俩人过去编的百鸟都用箩筐装来。姑娘对着编的百鸟吹了口气，又对小伙子说了几句悄悄话。小伙子把百鸟带到山上。刚放出来，这些鸟就变活了飞出去，很快就捡回了所有的谷种。小伙在天黑前重新撒上小米种。老法师见小伙子既勤快又诚实，人品不错，就同意了他们俩的婚事，说：“明天是大年初一，女儿还得和我吃团圆饭，到正月十五你们再办婚事。”从此，便有了“放鸟飞”的节俗。“槽鸟”从除夕持续到元宵节，待到正月十五元宵节，毛南人把香火堂上的所有东西拿下来，全部吃掉。其中，取下“百鸟”，入锅再蒸煮，入夜，以“百鸟”当饭，谓之“放鸟飞”，意为让“小鸟姑娘”出嫁之意。现在，放飞鸟则寓意：春节把鸟放飞，免得来年来吃庄稼。晚上，一家人再聚在一起，吃一餐团圆饭。春节就算结束了。第二天，毛南人开始新一轮的春种。[1]

（六）节日禁忌

毛南族的节日禁忌很繁杂，尤其是春节期间。

1．语言禁忌

正月初一这天不能骂人或说粗话，忌用汉语讲“火”，因为毛南语中“火”是“穷”之意，不吉利。

2．行为禁忌

大年初一被认为是聚财之日，忌往屋外倒水，也不能洗衣，不能晒衣服，也不能扫地，否则会失财、破财。除夕、大年初一忌向别人借钱、借粮，要火种。忌洗晒衣被，忌使用石磨，怕影响全年收入。烧火时不能用嘴吹火，否则以后会起大风，对庄稼不利。忌煮稀饭，怕雨水会把庄稼淹没，（人到地里庄稼会闹虫。）不能做类似扇扇子的动作，怕风把庄稼吹倒。妇女忌梳头，忌戴白头巾，以免家里有白事。忌缝补衣服，以免受人鄙视。小孩，特别是女孩忌去别人家串门。初一，早上忌睡懒觉，怕以后天天睡懒觉。初一白天，也忌睡觉，怕禾苗会倒伏，人会变懒。不能用脚踏灶，烧柴时必须把粗的那头先送进灶内。不能砍柴，不能动刀、杀生。年三十晒的衣服晚上十一点之前就要收回家。当天不能洗头，因为邻近毛南山乡的瑶家人会在初一洗头，如果初一洗头就会和瑶人一样头很臭。

年三十晚和初一的鞭炮纸，到初二早上用袋子装好。十五早上，拿甘蔗上挂的粽子来煮软，吃剩的粽子叶放干后收集起来。刮风时，毛南人就拿它

1．《毛南族简史》编写组《毛南族简史》修订本编写组，毛南简史[M]．北京：民族出版社，2008：107–108．

们来烧火，起烟，赶走大风，这样做据说很灵验。初一至初三火灶要一直燃着，寓意全家全年烟火不断。

3. 饮食禁忌

初一至初二忌吃青菜，怕以后地里多长草；忌吃汤泡饭，以免水冲坏田地里的庄稼。

总之，毛南人在春节期间许多事不能做，只是玩乐和走亲访友，生活行动处处都要小心。毛南族在生存、繁衍、发展的过程中，形成了自己独特的禁忌文化。禁忌文化无处不在，无时不有。有些合理，有些是则似乎没有什么根据。

结语

毛南族的文化有着自己的独特内涵，在与周围的民族进行交往互动的过程中，融合了其他民族的文化。在毛南地区，大多数毛南人都能用壮话或汉话与周边的民族进行交流。与毛南族接壤地区的其他民族也会说毛南话。毛南族的建筑文化受壮族的影响很大，例如毛南族的干栏建筑与壮族的相似。饮食文化也有很多相似之处，比如用烟熏的方法来制作腊肉，春节都有杀年猪的习俗，冬天有打火锅的饮食习惯。（“百味用酸”的饮食特点则是受黔南地区饮食文化的影响。）毛南族歌谣也受壮、汉等民族歌谣的影响。毛南族歌手大都会唱壮族民歌。毛南族的宗教既有道教、佛教的元素，又有楚地巫文化的元素，是民族文化互动的产物。改革开放后，只要是社会上流行的服装，毛南族年轻人都会买来穿，服饰与汉族已经没什么差别。

近年来，由于毛南边远山区生产条件恶劣，政府安排了几次移民，住在毛南山区的毛南族群众搬迁到了离县城较近的地方。年轻人读书、外出工作的也越来越多。毛南人走出山乡，进入城市，受到外界文化的强烈冲击，思维方式在变，行为方式也在变。毛南族感受着现代工业文明在不断进步与发展，除了70到80岁的老人家还在传承本民族的文化，年轻人已经逐渐淡化了民族文化，和民族文化日行渐远。

当前毛南族春节文化单调、乏味。缺少资金、场地、设施，也缺乏组织和人员，并且也没有人引导，春节文化氛围日益淡薄。节日开展的一些山歌演唱等活动，内容和形式都比较单调，氛围不浓，范围小，缺乏吸引力和影响力。过去很多节庆活动都已经消失，春节渐渐变成只是家庭成员间团圆、交流的节日。

附：主要信息提供人

谭良君，环江县下南乡波川村塘龙屯人。

谭金全，环江县下南乡波川村塘龙屯人。

蒙国荣，毛南族下南乡人，毛南族著名学者，现居县城。

卢　杰，毛南族，现居县城。

蒙祖升，壮族，县宣传部副部长。

罗城县仫佬族春节习俗调查报告

罗树新

春节原为汉族先民的传统节日，起源于先秦时期的中原黄河流域，秦汉以后传入岭南地区，后来逐渐发展成为壮、侗诸民族的共同节日。唐宋时期中央王朝在仫佬族地区设县置吏，汉族文化开始对仫佬族产生影响，汉族的春节活动在仫佬族地区逐步生根发芽。明清时期，中央王朝加强了对仫佬族地区的统治和管理，大批汉人进入仫佬族地区，汉族文化对仫佬族的影响更甚，春节已成为仫佬族重要的传统节日。到了清代，仫佬族的春节活动已经非常隆重热闹了。

当代春节是仫佬族一年四季中活动最隆重、持续时间最长和内容最丰富的民间传统节日。但是在各类古籍文献中对仫佬族春节的介绍很少，这与仫佬族习俗与当地的汉、壮族习俗有许多共同点等有关联。本次调查以调查者本人在罗城仫佬族自治县多年的生活经验和观察为基础，结合近年春节期间返乡回村的走访调查和访谈记录，及参阅相关资料，撰写而成，较为全面系统地记述了仫佬族春节习俗及其显著特征，目的在于弘扬仫佬族优秀的春节文化。

一、调查点概况

罗城仫佬族自治县是我国唯一的仫佬族自治县，它位于广西壮族自治区北部，云贵高原苗岭山脉九万大山南麓。县城东门镇地处东经108°53′、北纬24°54′，西距金城江镇130千米，南距南宁市326千米。罗城县属于半山区地带，河流也多。罗城气候温暖，雨量充沛，适于农作物生长，但每年的春夏交替的时候都要降一两次冰雹，对农业生产造成危害。

1983年8月国务院批准建立罗城仫佬族自治县。据2011年4月发表的全国第六次人口普查数据，2010年全国仫佬族人口为21.62万，其中罗城县大约有11.67万。仫佬人居住的总体特点是“聚族而居”，同姓的大都居住在一个村子里，如一个村的居民虽同姓但不共祖，也必须分段居住，相互不能混杂。清代，仫佬族地区县以下划分为“里”，在“里”下面设有“冬”。每个“冬”大约有十多户人，“冬头”由大家推选，主要负责筹粮收款。“冬”原是为缴纳粮款而划分的社会基层单位，由于仫佬族大部分同姓聚族而居，因此“冬”以下又划分“房”，它实际上又成了封建宗法制度。“冬”实际上也是一个宗族群体，在一个寨子中如果有几个“冬”，则各“冬”的房屋建筑都在本“冬”范围。以巷道作为分界线隔开，分得一清二楚，若迁移另建新寨，亦以冬”为单位，集中一处，宗族的纽带紧连，各“冬”都设有“冬头”，亦称“首事”或“族长”，是本宗支的自然领袖，由群众推举办事公平、有威望、有能力的长辈担任，没有固定报酬，负责组织本年蒸尝、祭祀、析产、婚丧，制定族规禁约，调解纠纷等[1]。

广西罗姓仫佬族现共有三十多个村屯和居住区，总人口约1.5万人，占仫佬族总人口的7%左右，是仫佬族大姓之一。罗村是罗姓仫佬族的聚居村屯、发源地和大本营，现保存有仫佬族古朴、完善的“冬”组织、会款、家谱、字辈诗，以及风情浓郁的民族传统习俗和独具特色的节日风貌。现存明清和民国建筑有民居、石墙、祠堂、庙宇、碑刻、石拱桥、石板桥、青石路、水坝和石磨、石碾、舂碓、石斗、石狮、石栏等，村屯后山有成片的古代墓群和岩棺墓葬，是外界了解和研究仫佬族社会生活、精神文化和节日习俗的重要基地。

罗村位于县城南部2千米处，是罗城仫佬族自治县的南大门和交通咽喉，是仫佬族核心文化的内核，包括紧连的大罗、小罗和孔章三个自然村屯，统称“罗村”，行政辖属自治县东门镇章罗村。罗姓仫佬族原分为八

1．徐赣丽．罗城文化生态报告，未刊稿，2014，4．

个“冬”，其中一、二、四、五、七冬已后嗣无人，今仅存三、六、八冬。三冬子孙聚居小罗屯，六冬子孙聚居大罗屯，八冬子孙聚居孔章屯。其后代子嗣繁衍，人口增加，又分别从各个冬迁徙至龙岸镇马赛屯，黄金镇江口屯，宝坛乡宝坛街、四堡街，乔善乡石屯、拉龙屯，纳翁乡牙洞屯，天河镇龙眼屯，怀群镇里洞屯、剑江屯，四把镇罗有屯、白马屯、新印屯，东门镇勒党屯及凤梧、德音、大境、横岸村等的部分自然屯。如今融水苗族自治县三防乡的罗姓，南宁市罗家街的罗姓，也都是由罗村分迁出去的。广西罗姓仫佬族分布虽然较广，但是相互之间关系十分密切，往来频繁，遇有重大事务都互相通气，协商处理，外迁的罗姓仫佬族经常有代表返回罗村过春节和清明节。

罗村历史悠久，据《罗城仫佬族自治县地名集》记载：罗村建置于唐末光化三年（900年），从湖南迁此，以罗氏称名，至今已有1000余年。乾隆十六年（1751年）的罗村仫佬族族谱记载：“罗姓先祖罗十一、罗十二兄弟，原籍为湖南长沙桥头河村，元代因遭兵灾，随征交趾国，后落籍罗城县，并娶当地讲仫佬话的女子为妻，立业安家，最初居住在凤凰山脚下，名曰罗义村。明洪武二年（1369年），立罗城县，南迁至县城下街居住，勇村屯后的古榕树旁原为罗村先祖罗十一、罗十二墓地，后再向南迁至罗村居住。由于罗姓仫佬族在地方势力较为强大，颇具影响力，宋代开宝五年（972年）在凤凰山脚下置罗城县，并以仫佬族罗姓的罗字为县名。地方民谣有“先罗村、后罗城”之说。元代至今，罗姓仫佬族已有三十余代人口，具有当地原住民和外来汉族的共同血缘。如今广西罗姓仫佬族与湖南长沙桥头河村地方的罗姓居民依然保持着十分密切的往来，例如互派代表参观访问，座谈生产技术和生活经验，共同编写罗姓家谱等。罗村仫佬族现有人口约2000人，人均寿命73岁，其中90岁以上的长寿老人二十余人，百岁寿星3人，是仫佬山乡著名的长寿村屯和文化村。

罗村仫佬族的民族民间传统节日很多，一年四季中的每个月份都有节日活动，如农历正月的春节、二月社、三月的婆王节和清明节、四月牛王节、五月端午节、六月驱虫保苗节、七月中元节、八月的中秋节、九月重阳节和秋末十月的依饭节等。依饭节是仫佬族最具特色的民族传统节日，以感恩供奉和娱乐活动为主，其中四把镇的中寨村和东门镇的中石银村是仫佬族依饭节的传承基地，依饭节活动开展十分红火隆重，而罗村的活动则非常一般。

在罗村，春节是一年四季中活动最隆重、持续时间最长和内容最丰富的民间传统节日。春节又名新年节，在仫佬语中称之为“达年”，即过年的意思。罗村仫佬族的春节活动从农历十二月二十四送灶王上天开始，直到新年农历正月十五，时间长达二十天，是一年当中时间最长的传统节日，分为年前活动、除夕到初五大年和正月十五小年等三个重要时节。从除夕之夜到正月十五元宵节，每天都有活动内容，其中以农历十二月二十四、除夕、大年初一、初二、初五和十五元宵节这五天的节日活动最为隆重、最具民族特色和最有代表性质。随着时代发展和社会进步，罗村仫佬族的春节习俗和节日活动也在与时俱进，过年习俗中的“陋俗”部分正在淡出历史舞台。

二、节前准备

仫佬族的年前活动时间为从农历十二月二十四到除夕前的一周，这期间的活动内容有奉神感恩、清洁家居、贴写春联和布置中堂、筹办年货等。

（一）腊月二十四奉神感恩

灶王是仫佬族人丁和家畜禾苗的保护神，管奖惩善恶，此外还负责向天帝汇报人间的冷暖，受到仫佬族的普遍敬重。农历十二月二十四是仫佬族春节的始端，为感恩灶王“上天呈善事，下界降祯祥”的功德，当天晚上罗村仫佬族家家户户杀鸡呈猪头供奉灶王，以前还敲锣打鼓，现在主要是燃放鞭炮，以送灶王上天，向天帝汇报仫佬族过去一年的劳动和生活，之后全家团圆聚餐，拉开了仫佬族春节的活动序幕。据罗村仫佬族妇女罗世花说，当年生育男孩的仫佬族家庭，在这一天还须携带子孙到距村屯三千米远凤立屯的龙岩庙供奉感恩。而后回到本村的婆王庙供奉感恩，并给婆王送一双小布鞋（由于日积月累，现在罗村的婆王庙里已经挂有各种小布鞋百余双）。供奉感恩的人一路上欢歌笑语，感恩的人还赠送路遇的人每人一个粽粑，现在也有送糖果的，最后在家内隆重供祖感恩，这叫“添丁还愿”。如果生育女孩，一般不去寺庙奉神。

由于农历十二月二十四是个吉日，所以有许多仫佬族青年男女都选择在当天举办婚礼庆典，村民罗树娟的女儿就在这一天举行隆重婚庆，除亲朋好友外，还有美国青年前来访问庆贺。婚庆前新郎、新娘的母亲需先到村屯的各寺庙进行奉神感恩，供拜先祖。一旦供奉除夕就不用再去寺庙奉神了，而只在家中供奉。

（二）贴写春联、布置中堂

仫佬族家庭的春联多为村屯擅长书法的民间文化人士书写，也有自己书写的。罗村现有的民间书法家有罗武生、罗正安、罗禄新、罗现华、罗现祖等，其中罗现祖书画俱佳，每年为村屯百余户仫佬族人家写春联，同时他还到圩场为群众写春联，只收取少量的笔墨和劳务费用，一堂春联20元，颇受欢迎。每年农历十二月二十四，有一批仫佬族书法界人士聚集在自治县民族文化广场中心，为各族群众免费书写春节对联，内容有反映仫佬族传统文化的，也有体现新时代气息的，如“结构调优共奔小康文明路，科学种养同唱时代进步歌”等。县委宣传部长韦代如介绍，2014年春节免费书写春节对联900余副，其中广西文联主席、仫佬族知名学者潘琦亲临现场，挥笔泼墨。随着科教的发展，现在还有的仫佬族青年使用电脑书写春联的。2013年调查组在罗村调查时，罗村村长罗吉斌、罗兵华、罗群生、罗善群和村干部罗三红等，他们凭借自身的才华和外出学习参观的体会收获，在年前合作创作了一首文明、卫生、安全、节俭、和谐、进步的春节歌谣，并用红纸书写张贴在村头屯尾，过往行人纷纷赞许。村委还规定：春节期间不能赌博、酗酒、打架，坚决取缔黄赌毒，坚决反对铺张浪费和大吃大喝，排查安全隐患，杜绝火灾危害，让大家心情舒畅地过好文明、祥和、多彩、时尚的新年佳节。

罗村仫佬族的每个家庭中堂内都立有祖先神龛，分别供奉祖先、灶王和土地。其中祖先神位最大、居中堂正中，写有“罗氏历代祖先之位”，上写有“豫章堂”，两侧对联：“神恩浩荡增百福”“祖德缠绵集千祥”。罗现华是长寿家族，其母亲罗三鸾为百岁寿星，九十岁还去开荒种地。他家五世同堂，在“祖先之位”上写有“五世其昌”，左下角立有“值年太岁之位”。灶王神位在左侧，写有“定福灶君之位”，两侧对联：“有德修积好”“无私度量宽”，上为“积善堂”。土地神位在右侧，写有“兴隆土地之位”，两侧对联为：“求财须有道”“谋利岂无章”，上为“集宝堂”，堂下有一个钱罐，内有许多硬币，以示财源滚滚。各家春联大同小异，都是歌颂神恩祖德，教育后人积德行善、循章守道、敬老爱幼、勤俭持家、劳动光荣等。

▲ 中堂布置 / 罗树新 摄 /2014 年

仫佬人家讲究清洁干净，中堂上都设有宴台，每个神位前都立香火炉，以焚香、燃烛、烧纸钱之用，香火炉上贴有红纸。祖先神位两侧分别置有煤油灯各一盏，现在多安上红色电灯，堂台上素供有绿树枝叶、沙田柚和苹果。香火炉上点燃香火和蜡烛，烛光辉煌、香烟袅袅，灯光闪亮、红喜静洁，以供奉祖先、灶王和各路财神都过好春节，灯火持续到正月十五元宵节。

（三）杀年猪、办年货

春节前罗村的仫佬族人要杀年猪，用年猪肉配料酒、盐等制作成腊肉，香肠则是用肥肠、猪血，马肉和糯米等制作，并置于柴炉上熏干而成，味道鲜美、香郁可口，可以长期保藏不变味。过去每家过年杀一头猪，可以一

▲ 挂腊肉、香肠／罗树新 摄／2014 年

直吃到八月十五，甚至可以保质到第二年春节前，不太富裕的人家，则是几家亲戚共杀一头年猪。由于生活水平提高，每天都能买上新鲜肉菜，现在多数家庭只做少量的腊肉和香肠。春节前多数家庭都自酿米酒、糯米甜酒，自做酸辣菜肴和风味小吃。需要购买的年货有：米粉、糖果、甘蔗、沙田柚、苹果、瓜子、花生、鱼肉、菜类和其他土特产品等食物，及香火、纸钱、彩纸、鞭炮、彩灯、灯笼、气球等春节用品，有的人家还要添置新衣物、新家具和新餐具等。

罗村人外出务工、在外工作的罗村人也多在年前携带家小和土特产回家过年团圆，村长罗吉斌有3女1子，其中大女儿罗田利外嫁江西、夫妻二人现在上海市办有电子公司、育有一男一女，二女儿在广西南宁市工作，三女儿在广东打工，儿子年纪最小、在罗城县高中读书，年前全部都回家过年团聚，欢庆佳节。

三、除夕及正月的习俗活动

（一）除夕

罗村仫佬族在除夕这天的活动主要有奉神供祖感恩、家庭团圆晚宴和歌舞棋牌娱乐等活动。

1．奉神感恩

2014年调查者从北京返乡探亲，除夕上午十点，与弟弟罗树松的儿子罗福学一同前往供奉感恩，全部过程、活动经历都有亲身感受，体会深刻。奉神的过程是，先在庭院的天井供奉感恩天地，而后到村屯的各个寺庙奉神。寺庙奉神多为仫佬族家庭主妇和奶奶携带子孙担挑相伴前往，也有的家庭是男人负责，穿戴整齐干净，担挑的箩筐和扁担贴有红纸或系上红绸布，以示虔诚纯洁和红喜好运。现在的寺庙奉神还有开小汽车和骑摩托车前往的，行前也需将车辆清洗一新，并系上红布。奉神用品有猪头、公鸡、腊肉、香肠、米酒、米饭和沙田柚、苹果、饼干、米粉、香糖，及香火、蜡烛、红纸、纸钱、鞭炮等。奉神时先在寺庙的神像前摆上供奉的食物，并烧香点蜡，拜请神仙用食，期间要不断续酒，最后烧纸燃放鞭炮。罗村现有寿福寺、白帝庙、社庙、圣母庙、土主庙、牛王庙、蚂蚱庙和红庙等八个寺庙，各寺庙都有自己的庙神和显著特征，除夕期间，人们要对这些寺庙的主神依次祭拜，以示感恩。

寿福寺是全村最大的佛教寺院、供奉佛祖，共有五尊佛像，位于村屯后2千米白虎山和横龙山之间的山坳上，寺前是大片田地，后面是山体和连片峒地，有一条乡村公路东西走向，寿福寺扼守交通要道，四周山青树绿，鸟语花香，空气清新，环境优美，景色迷人，是古林州八景之一。建于明末清初，山坳间原建有石墙和石门，以防御外来入侵和猛兽骚扰，1944年日寇入侵被毁，1958年“大跃进”期间彻底毁坏。2003年罗村三屯的仫佬族群众和在外的仫佬族集资，及政府捐资重建寿福寺，占地面积300余平方米，建筑物面积150平方米，寺庙周边新植有十余棵榕树，并立碑记载。到寿福寺奉神，以求家庭福寿安康，这是仫佬族受佛教影响较深的表现。

▼ 奉神感恩 / 罗树新 摄 /2014 年

圣母庙位于村屯前的河流边，寺庙四周有明清石板桥、石拱桥，及成片肥沃的农田，地势宽阔，庙后有百年古树，庙前新栽有榕树，建有休闲广场和游泳池，自然风光十分秀美。圣母庙内有婆王抱婴儿等五尊神像，到圣母庙奉神感恩，以求子孙平安，幸福健康。到牛王庙供奉，以感激牛马的辛勤劳作等，感恩神灵保佑家畜的安康健壮。

土主庙位于村口，说是庙事实上没有庙宇建筑，只有人工雕刻的狮子、猴子之类的动物石像，供神就在石像前面摆设酒肉，烧香点蜡，供神土主庙，以求神灵保佑村寨平安幸福。蚂蚱庙位于村屯田地乱石堆上，也没有庙宇建筑，只有天然石头和几棵自生自长的树木，奉神就在树木和石头前进行；同时到田地里用稻草和树枝制成稻草人，身着破旧衣服，头戴破旧竹叶帽子，好似活人站立田间，以驱赶蚂蚱和鸟虫，保障庄稼未受害，新年丰产丰收；活动仪式还敲锣击鼓或敲打破旧脸盆，较为特殊、十分有趣，村屯少年儿童和周边行人看着都哈哈大笑。这些都是仫佬族悠久古老的原始宗教崇拜的具体表现。据老村民罗正业讲：只有当年有人去世的家庭才供奉红庙，其他家庭不用供奉，所以春节供奉红庙的情况很少；红庙很小，由于长期无人光顾和照管，现早已废弃无存，奉神活动就在原址上举行。

除夕的寺庙供奉感恩活动十分隆重，非常热闹，路上行人相遇，都喜笑颜开地说道："恭喜"，对方应答"大家恭喜"，共同祝福。由于全村有几百户人家，所以常常在寺庙前排起长长的奉神大队。寺庙奉神多在除夕早饭后进行，也有的家庭是午饭后去的，因寺庙较多，且相互间距离较远，所以全部的寺庙奉神活动需要三个多小时，中午去寺庙奉神的要到下午三四点才能结束。

寺庙奉神活动结束后，人们回家在家庭的大堂供奉祖先、灶王和土地财神。家庭的供祖奉神感恩活动程序如下：先在家庭中央摆上八仙饭桌，饭桌上有酒饭和肉类，其中米酒五杯，米饭五碗，筷子五双；饭桌两侧各置长凳一张；再架梯到中堂上烧香点蜡，虔诚叩拜，口中念咒，内容多为"感恩祖先""神灵保佑""家庭幸福安康"之词，同时在家中的各门栏上插上三根香火，一同供奉宴请其他各路神仙。供奉期间不断续酒，一般是五次，持续五到十分钟，最后在饭桌旁燃烧纸钱，并将供酒倒到纸钱上，燃放鞭炮，以示庆贺。接着到大门口前摆设供奉在外的鬼魂，供奉仪式和家中相同，只是米酒三杯、米饭三碗，且不用筷子，用时也只有两三分钟。所有的奉神供祖活动结束以后，全家才开始晚宴用餐。

2. 吃年夜饭、守夜

大年三十的年夜晚饭非常丰盛，以贺庆一年的劳作丰收和欢喜，鸡鸭鱼肉一应俱全，水果瓜糖及烟酒饮料也是应有尽有，有炒菜的，也有火锅的。鸡鸭做成白斩鸡、白斩鸭，用五花肉和芋头片蒸制扣肉，还有豆制品和新鲜菜心等，除夕吃鱼以示年年有余。罗村仫佬族的年夜饭吃得较早，一般都是下午四五点，更早的三点就开饭了，再晚的在六点左右。饭后父母给儿孙们压岁钱，而后在家里玩棋牌娱乐，或看影视，青年男女和儿童则多是到县城观看歌舞表演，燃放烟花爆竹或其他娱乐活动，晚上还有舞龙和仫佬族特有的独角鹜表演。

除夕之夜各家各户灯火辉煌，以前点煤油灯，现在都是电灯，香火不熄，以示香火不断，后代繁荣。子夜时分村屯烟花炮竹声四起，有钱的家庭燃放烟花爆竹多达数百元至上千元，持续几个小时。青年男子彻夜不眠，需要在宴台前守岁直到天亮，叫新年守夜。东门镇上凤立村人才济济，是闻名海内外的仫佬山乡秀才村，每年除夕之夜村委组织全村屯青年为共和国守夜，2000年至今，已有15年历史。

（二）大年初一挑新水拾黄金柴木

大年初一罗村仫佬族有挑新水和拾黄金柴木的习俗。大年初一是仫佬族新年的开始，也是仫佬族梦想的发端，每个仫佬族人都希望有一个喜庆的新年、美好的梦想和充满希望的明天。水是生命之源，为求吉利和平安，子夜时分公鸡刚刚啼鸣，仫佬族家庭先杀鸡供奉神，燃放鞭炮过后，点燃一个火把、或一盏灯笼，现在多用手电，挑上水桶快步出门，直奔向平日取水食用的村边水井。大罗屯有村东、村南、村西三口水井，各户就近担水。到了目的地后，先烧香点蜡供奉水神，再往水井里丢几枚硬币，意为向水神爷爷买水，口中念咒吉利话语，最后挑上新水高兴回家。家人早就在庭院大门前守候，新水一到，每人都喝上一碗，以求吉祥好运，简便的夜宵之后才去睡觉做梦。去挑新水的都是青年男女，以示新春吉祥、青春似火。

仫佬族民间认为，第一位挑到新水的人是一年中最有福气的，故而过去在大年初一凌晨鸡鸣时刻，家家户户都争先恐后地向村前后的水井奔跑，夜色中火把、灯笼、手电交织成一幅独特的夜景。随着社会经济的发展，现在罗村仫佬族人家在院庭内都打有水井，孔章屯群众还集资在后山脚下打井建有自来水站，村民全部用上自来水，因此现在大年初一的凌晨只有极少数人去村边的水井挑水了。

大年初一早晨，罗村仫佬族全家男男女女、老老少少都要去村后山上拾取黄金柴木。拾柴的时候一般都不携带镰刀，用手、用石头拆断，并做成一小捆，然后用红绳系好，带回自家，放在中堂的香火台上。“柴”和“财”谐音，拾柴的目的以求新年财源广进。拾柴的过程中，双方见面都以“恭喜发财”“财源广进”等相互招呼，共同祝福。也有的群众拾取黄金柴木到市场或寺庙出售，几小根一担，每担10元、20元不等。

大年初一当天罗村仫佬族家庭不做新饭菜，不食荤腥，人人要吃素食，进行斋戒，寓意清明洁白和艰苦奋斗。早上都煮食汤圆，寓意全家老小新年团团圆圆，然后在一起煮红糖、斗糯米糍粑，尽情娱乐、欢乐开怀。斗糍粑是仫佬族青壮年的拿手好戏，先将糯米蒸熟，再用舂碓斗溶，并捏成一个个似小碗口般大的糍粑，再移到芭蕉叶上用鸡蛋黄或茶油涂抹，晾干后盖印红色的花纹圆图，以作为新年食物或馈赠亲朋好友之佳品。一家做好了，再到另一家，团结合作，友谊相传。普通家庭一般斗二三十斤糯米，最多者达一二百斤。现在商品经济发展很快，已经有糯米糍粑的专业经销商家，故而多数家庭都是定做或到集市购买，自己不斗糯米糍粑。晚上用红糖煮食糯米糍粑，喝红米酿酒，寓意新年团圆红火。

罗村仫佬族有十二件事情是初一这天不能做的：

一、不能天亮才起床，要天未亮就起床，否则一年内的田土就会崩溃，新年就没有好收成。

二、不能一清早就打开大门，要待日出雾散之后才能开门，否则邪气回进屋里，人丁不兴旺，清早日出之前均从后门或侧门出入，不能从大门出入。

三、不能打破东西和拨火，否则会缝衣断针、锄地断锄。

四、大年初一不得扫地，否则钱财将被扫出家门，不能招财进宝。

五、不能吃青菜也不能下地劳作，如果初一吃了青菜，鸟兽会把地里种下的玉米挖起来吃掉；不下地，否则田地会生很多野草。

六、不能吃荤，初一吃荤菜，人会生病、没有精神，家畜会生病、发瘟。

七、不能洗衣物，否则福气将会被洗掉，以后清贫如洗。

八、不能吵嘴和说不吉利的话语，否则家庭会吵架，邻里不和，做事不吉利，处处碰壁、倒霉。

九、不能打人和骂人，初一打人是将自己的力气送给别人，别人体魄健壮，而自己的身体却因此虚弱。

十、不能串亲戚，否则会踩脏亲戚家的居室，赶走财神。

十一、不能劈柴，大年初一不得劈(逼)柴(财)，否则财神爷会被吓跑，再也不会登门进福。忌卖干柴，大年初一只能卖生柴，买卖双方都有好出彩，卖者有生柴(财)出售，表明家庭富裕；买者能生柴(财)，招财进宝、全家幸福平安。

十二、忌炒豆，初一炒豆家里的小孩会生疮、生疖子，有皮肤病。

现在这些禁忌习俗有的已经不存在了，有的还存在。

（三）大年初二至初五的活动

初二凌晨时分开始，一直持续到天亮前，各户杀鸡供奉土地财神。先用香纸贴在中堂右侧的香炉上，并点蜡焚香供敬财神爷，最后燃放鞭炮，以祈求财神庇佑，财源广进。供奉土地财神与其他的供神仪式基本相同，主要区别在于供奉土地神只有三碗饭、三杯酒，且不用筷子，不摆凳子；只用公鸡而没有肉类，且必须有公鸡的内脏、鸡血等三牲大礼；由于土地神位居中堂右侧，故供奉的桌子也只放在家庭中央的右侧。

初二天亮后出外拜年，人们见面，相互说吉利话、共祝福寿语，例如“恭喜发财、万事如意”，“人畜兴旺、福寿安康”，“福如东海、寿比南山”，“努力奋斗、梦想成真”等。初二上午，罗村仫佬族的契爹、契娘宴请契儿、契女吃年饭，契儿、契女带上腊肉、米粉和衣布来孝敬契爹、契娘。午饭过后契爹、契娘给契儿、契女压岁钱，并回赠糯米糍粑等，情深意切、话语浓厚。初二当天亲属会集，人口众多，热闹非凡，饭菜比除夕之夜更加丰盛丰肴。受传统宗教的影响，有的仫佬族人家认山石或大树作为契爹、契娘，春节期间需给山石或大树贴上红纸，烧香燃炮，以示供奉感恩。还有的仫佬族人家婴儿出生时体弱多病，依靠吃狗奶、牛奶长大的，名叫小狗、小牛，年前也给家狗、牛马系上红绸带，以求图吉祥和幸福健康。

初二至初五，外嫁的女儿携带孩子们喜回娘家，并带上公鸡、腊肉、水果和烟酒等礼物来孝敬父母，看望兄妹亲属。女儿在娘家住两三天之后即回夫家，返回时父母和兄妹的每个家庭都要回赠糯米和糯米糍粑各一担，每担约20余斤，如果回赠的礼物过多，娘家的子孙就会积极主动帮助担负。

现在初三以后，罗村仫佬族的亲朋宴席增加了爆炒狗肉、猫肉、猪肚、猪腰等菜肴，而肥肠、牛肠和其他内脏等一般用于下火锅。地炉火锅是仫佬族春节著名的特色饮食，家家户户都食用，明代至今已有六百多年的历史，现在更多的家庭使用电动火锅，饮食更加清洁健康。仫佬族的地炉火锅是在家里的地炉上架起铁锅，锅水沸腾后便将洗净切碎加调料腌好的鸡鸭鱼肉和蔬菜、香菇、木耳、豆腐等食物置于铁锅内，煮熟后夹起置于用食盐、辣椒、葱、蒜、香菜、酸醋等做成的调料中尽情食用，味道鲜、香、脆、嫩、酸、辣。在地炉旁边取暖，边饮食、边闲聊，心情十分舒畅，往往可以吃上几个小时。仫佬族有“山尖、笔尖和筷子尖”的美誉，其中“山尖”讲的仫佬族山区“山如剑排，水似汤浮”；“笔尖”讲的是仫佬族重视科教，作家多、科学家多；“筷子尖”讲的是仫佬族热情好客和饮食丰盛，宾客光顾仫佬族家庭，仫佬族人多用地炉火锅盛情款待，令人流连忘返。初五是大年访亲友活动的最后一天，宴请亲朋好友，非常隆重热闹，过程和大年初二大体相同。晚饭前杀鸡供祖奉神，之后全家晚宴用餐。

过去罗村野生动植物资源十分丰富，经常有动物毁坏庄稼，危害人畜，故而在初二到十五的休闲期间，仫佬族村民喜欢集体结伙拿枪带狗围山打猎，为民除害，以期满载而归，象征着新春吉祥，一年顺利。大罗屯的罗禄绪等人身强力壮，且养有几条猎狗，每年春节都捕获有野猪、刺猬、狼、穿山甲、果子狸、猴子、蛇、山蛙和凤凰、猫头鹰等野生动物，并宴请亲朋好友，兽皮卖给收购站。20世纪60年代，大罗屯的猎手们还在村后的山林里，打死了一只200多斤的老虎，并按户分肉，族长分得虎头。现在野生动物少了，人类要保护野生动植物、保护大自然，法律和村规民约都规定不能狩猎，人们便用原来打猎的时间来开展文体娱乐活动。

（四）正月十五元宵节

正月十五元宵节是罗村仫佬族春节的最后一天，也叫小年，活动非常丰富，至此，春节活动画上一个圆满的句号。起床后打扫庭院卫生，并放鞭炮庆贺。上午杀鸡宰鹅、聚餐会友和斗糍粑、包粽子。然后上街购物娱乐，还有猜谜、唱山歌等文体活动等。晚上有闹元宵、耍龙灯、舞龙跳狮表演、燃放烟花爆竹、品尝风味饮食和情侣赏月等活动。一直到子夜凌晨做生意和挖矿的仫佬族人家还杀鸡供奉土地财神和天地，以求一年健康平安和财运亨通，和初二凌晨的供奉活动大体相同。

元宵节的夜晚，仫佬族人家还到别人家里的菜园摘取几片菜叶或蒜叶，带回家中煮宵夜，如果没有蔬菜，青草也要抓一把，称为“偷青”。仫佬族民间认为，“偷青”能给家中带来吉祥平安，其有含义二：一是预示着偷青者新年会交好运、人丁安康、家畜肥壮；二是被偷青者家中的农作物会长得更好、收成更大丰收，因此当人们看见自家的青菜被偷时，不但不会制止，反而会在一旁鼓励偷青者多偷，甚至暗地里指引外人到自己的地里偷青。“偷青”活动非常有意思有情趣，一直沿袭至今。

▲ 银氏宗祠 / 罗树新 摄 / 2014 年

（五）正月期间的其他活动

1. 赶庙会

为求上天保佑和吉利多多，春节期间罗村仫佬族还到附近的开元寺和多吉寺烧香拜佛和赶庙会，多是成群结队，或全家老少一同前往参加。多吉寺位于罗城公园内的凤凰山脚下，始建于明朝宣德三年（1428年），清康熙四十年 （1775）重修，总占地面积10余亩，建筑面积1000多平方米，为三进院落，规模宏大，设计精湛，砖木结构，朱梁画壁，造型美观。寺前东西各有一大榕树，为清代于成龙所栽，前有于成龙雕像。多吉寺环境幽雅，堪称罗城寺庙建筑之冠，1927年后毁坏，1993年由各方捐资重建。寺内现有观音、如来佛、文殊、普贤、刘三姐、哼哈二将、十八罗汉等72尊塑像，其中观音铜像高8米，重达28吨，蔚为壮观，为河池市最大的观音铜像。春节期间多吉寺人群拥挤，香火旺盛，其中以大年初一和十五尤其热闹，人气香火异常旺盛，就是远在融水、融安、柳州和宜州等县市的仫佬族信徒和游客，也是早早便驱车前来烧香点蜡，虔诚叩拜，各民族人数多达万人之众，是春节期间县内最大和最热闹的庙会活动。

奉神供祖和赶庙会是罗村仫佬族春节的重要传统习俗，古老纯朴，热烈隆重，具有浓郁的民族特色，一直完好地保存至今。现在的奉神供祖和赶庙会活动除烧香点蜡、燃放鞭炮外，还具有休闲运动、族群交往、思想交流和积德行善、文明教育的社会功能。庙会活动还与歌舞棋牌、狮舞表演、走坡对歌等联系在一起，更加健康节俭、精彩文明和时尚进步。

2. 彩调歌舞和龙狮表演

仫佬族的彩调剧是用汉语桂柳话演唱的，有“唱彩茶歌”和“唱彩茶”等形式，约于清朝初年传入仫佬族地区，乾隆十九年（1755年）《庆远府志》云：“自元日至上元夜，竞放纸炮，悬彩灯，或群聚为龙马狮子等灯，或装妇女唱彩茶歌，宣锣鼓嬉戏以为乐。”道光二十四年 （1844年）《罗城县志》载：“初一至十五日各门首挂灯，敲锣鼓，放鞭炮。夜则演故事，舞龙灯，或唱彩茶，或唱杂戏。”据不完全统计，从1900到1949年，罗城、天河两县春节期间演出的彩调剧目有50个之多。1949年以前，罗村祠堂建有戏台，春节期间有彩调、戏剧、唱山歌、铜鼓、乐器和龙舞、狮舞等表演。新中国成立后，彩调剧演出增加了刘三姐歌舞等新内容，有的年份分迁县内其他乡村的罗姓仫佬族也纷纷返回罗村团聚，文体活动有山歌、彩调、相声表演和球类比赛等。2014年春节初六下午1点至3点，古耀村文艺队在开元寺举办有彩调剧演出，表演传统和现代彩调多达20出剧目，有附近村屯的数百名各民族群众参加观赏，异常热闹。

罗村仫佬族的龙舞、狮舞表演历史悠久，多在庙会和春节期间开展活动。龙舞从除夕开始，敲锣打鼓舞龙走村串屯，还有到县城圩场表演，围观的群众也可一显身手，至正月十三、十四，龙队挨家挨户去发帖拜年，十五晚收帖，各户送红封包，并大放鞭炮“烧龙”。舞龙有布龙、草龙两种，两者舞法基本相似，草龙用稻草编织而成，分7、9节不等，是仫佬族特有的龙舞，舞毕后需将草龙拿到河边烧掉，送给海龙王，以祈求海龙王保佑风调雨顺、五谷丰登、新年吉祥、人畜安康。

舞狮有单人舞，也有双人舞，或俯或仰，或腾或卧，摇头摆尾，左盘右旋，翻滚跳跃，与观众烧炮相戏，放炮越热烈，狮舞越活跃。表演以“耍台桌”为主，舞狮者要按鼓点锣声进行。舞狮之后有武术表演，如翻筋斗、过钢叉、跳台桌、竖人梯等。狮舞从正月初二开始，敲锣打鼓，戴有各种面具的陪伴队随狮子到各家各户拜贺新年，并发红帖，正月十五日晚收帖，主家送红包、柚子、米酒、糯米糍粑等礼品，并放鞭炮祝福。

3. 走坡对歌

走坡对歌是仫佬族重要的传统习俗，多在农历八月十五和春节进行，历史十分悠久。清康熙年间陆次云所著的《峒谿纤志》记载：仫佬族先民“伶人，生于奥谷之中，状如猩佛，不室而外，饥食橡薯、百虫，附近瑶人，亦莫能译其所语。”“溪洞男女相歌于正月朔、三月三、八月十五，而三月谓之浪花歌，尤无禁忌。”每年从正月初一到十五，罗村仫佬族的男女老少，着节日盛装，几人、几十人、乃至几百人聚会在山坡上或赛场里唱山歌，尽情歌唱自己的劳动生活和爱情友谊。罗村传统坡场有村屯后山的寿福寺和南部的扁担山脚坡地、开元寺地台等地。如今县城的罗城公园、民族文化广场和成龙湖公园又成为仫佬族走坡对歌的新坡场，春节期间人如潮涌、歌声沸腾，欢笑声、唱彩声、锣鼓声、鞭炮声、卡拉OK声和舞蹈脚步声等，汇成一片，热闹非凡。

罗村仫佬族的走坡对歌有随口答、古条和口风三种形式，有用仫佬语演唱的、也有用地方汉语土拐话演唱的、还有用壮语演唱的，这在少数民族中是较为独特的。村民大多数都会唱山歌，从几岁孩童到百岁寿星都喜欢唱民歌、好舞蹈，其中有罗代烈、罗炳生、罗寿宝、罗武生等一大批享誉县内外的民间歌手，他们保存有仫佬族古代民歌本，也会自编新民歌。小罗屯的仫佬族歌手罗炳生从小爱唱民歌，曾拜会几位老歌手为师，14岁便会唱各种句式的仫佬族山歌，反应敏捷，擅长即兴编唱，历次走坡均受瞩目，1957年春节演唱的《乐登桥》，获县民族民间文艺汇演二等奖；自编自唱的新民歌《仫佬族青年婚恋》，采用赋、比、兴的创作手法，对旧有的婚姻制度进行了无情的批评和深刻的揭露，对新社会的自由婚姻给以热情洋溢的歌颂，颇受欢迎。如今罗炳生虽已年过八十，但是对民歌的创作和演唱雄风依然不减当年，而且唱风和表演更加精湛和细腻。

走坡对歌更是罗村仫佬族青年男女春节谈情说爱的社交盛会。走坡时仫佬族青年男女身穿节日盛装，各自结伴，三人一群，五人一伙，选择好地方后就掏出手帕，做好准备。几个男青年看见女青年从对面路上走过来，就摇摇手中的手帕，女的看见手帕就停下，男青年开始唱歌。男的唱完后，女青年也摇手帕答礼对唱，人越来越多，歌也就越唱越起劲。在走坡过程中仫佬族男女青年传歌互答，以歌为媒，谈情说爱，以寻觅自己的心上人，一问一答，如果双方都高兴满意，则互赠毛巾和布鞋等信物，直至婚姻。有时从早唱到晚，从晚上唱到天亮，十分热闹。走坡情歌属于随口答民歌，由《风流歌》《邀请歌》《盘问歌》《初逢歌》《问村歌》《初恋歌》《约会歌》《问定歌》《守等歌》《怄气歌》《猜疑歌》《暂离歌》《结双歌》《建家立业歌》等一系列情歌组成，内容丰富，形式活泼，格调高雅，是仫佬族的情感史诗，也是仫佬族重要的非物质文化遗产和精神文化宝典。仫佬族著名作家潘琦在《走坡随想》中说道："仫佬族视民歌为生命的礼赞和精神的寄托，仫佬族的山歌文化体现了生命与爱情的永恒主题，是人类最高尚情感的歌咏。" 随着时代的发展变化，仫佬族的走坡对歌又增加了许多新内容、新形式、新思想。

春节期间仫佬山乡天晴气暖、花草芬香、菜丰畜肥，劳工轻闲、亲朋会集，最适合走坡对歌和婚庆活动。走坡对歌和春节婚庆是仫佬族重要的传统特征，也是仫佬族春节活动的一道亮丽风景线。

4. 文体活动

罗村仫佬族春节的传统体育娱乐有舞龙、舞狮、抢粽粑、抢花炮、竹连球、烽火球、武术、太极拳、气功、斗牛、斗鸡、斗鸟，打花龙、打灰包、打鸡头、打陀螺、打土叭、打水筒、打气枪、打的蓬、吹气球、踢毽子、凤凰护蛋、虎掌象步、抢青、抢板凳、抢亲飞彩、赛竹钩、马革竞技、赛犁、滚煤球、滚竹环、绕线团、骑木马、砍猪脚、比近等。棋类活动有母子棋，裤裆棋、六子棋、牛角棋、围棋、象棋、军棋等。牌类有大字牌、扑克、麻将等。村民罗树松为农村科教信息示范户，建有网吧和碾米机，罗小兵建有家庭商店，皆因仁慈厚道、人际关系好，成为了罗村的娱乐活动中心，春节期间每天都有数十名男女老少在打牌、下棋、打麻将，或进行网络游戏和饮食聚会、思想交流等活动，热闹非凡。

现在春节的文体活动又增加了篮球、乒乓球、羽毛球和拔河比赛等，主要是在大罗屯、小罗屯和孔章屯之间开展，也有到外地参赛，有时也有外村球员参加比赛。2014年春节，还有美国五名青年到大罗屯，与罗村篮球队进行了两场精彩的篮球比赛，由于美国人年轻身体好，个子高大，（年纪最小的18岁，最大的27岁，且身高都在1.8米以上，最高者达1.95米），打篮球有绝对优势，两次比赛都赢了，但他们对罗村青年的顽强拼搏精神和机智勇敢依然表示钦佩。后来他们还与大福村、横岸村的篮球队进行比赛。

为繁荣和活跃仫佬族的春节气氛，罗城县政府每年都举办丰富多彩的迎新春文娱活动。除夕之夜，县民族剧院举办群众性的迎新春文艺汇演。正月初二，民族文化广场举行春节游园会，有即兴对联比赛、猜谜语、猜灯谜、智力竞赛、投箭、抽奖、祈福、卡拉OK和民间工艺才艺展示等活动。大年初二至初五，开放广场音乐喷泉，举办中国梦、欢乐仫佬族群众文艺演出会，有40余支农村业余文艺队表演了30多个精彩的民族文艺节目，还有打高尔夫球、敲锣、蒙面击鼓、飞镖、气步枪等文体娱乐。正月初六、初七，凤凰山公园举行有精彩的斗鸡和斗鸟比赛，还有来自宜州、金城江、凤山、南丹、来宾和柳州等市地的爱鸟协会前来助威参赛。正月初八，民族文化广场举办有刺绣现场表演比赛，仫佬族众多的刺绣高手齐聚现场玩转针线活。成龙湖公园有走坡对歌、爬山运动、环湖步行、水上游戏和庆祝县庆重大建设工程图片展览等活动。此外还有山歌比赛、庆元宵群众文艺演出，及篮球、乒乓球、羽毛球、拔河比赛和群众健身等文体活动，供各族群众参与互动，共祝新春佳节。

初一至十五，县文化馆举办有“墨韵罗城”的迎新春书法、美术和刺绣作品展。仫佬族博物馆有仫佬族的历史文物，仫佬、壮、侗、苗等少数民族的服装，仫佬族依饭节的活动场景和于成龙廉政文化等展览，接待各民族群众数万人。在县乡图书馆、新华书店、文化市场和农村文化站、农家书屋等更是人群拥挤，人人都在努力学习中国梦、仫佬族梦和科技文化知识，大家积极畅谈外出务工生活和全面建设小康社会的心得体会。罗村民间诗人有诗赞叹：“罗城春色连四季，柳州猿猴育仫佬，剑江美景胜桂林，才龙瀑布落九天……仫佬山寨十一乡，人人努力奔小康，感恩诚信又创新，星辰璀璨耀城乡。”

5．生产和生活劳动

仫佬族认为劳动最光荣，劳动越多，收获也越多；奉献最高尚，奉献越多越长寿、人生也越精彩。罗村仫佬族的春节劳动，有清洁村屯，美化家居，洗衣做饭，杀猪做腊肉，种菜卖菜，鸡鸭养殖，打鱼捞虾，放牛采药，种树栽果，手工编制，刺绣雕刻，商贸经销等。

罗村仫佬族农家大都养殖有猪牛、羊鹅、猫狗、鸡鸭，还有鸟兔和鱼虾等，有的养猪大户的存栏生猪多达几十头至百余头。大罗屯养殖大户罗树策、罗新光、罗爱群等养殖鸡鸭鹅多达数千只，春节和平时一样天天都很忙，甚至除夕和初一也都在劳动。村民罗贵新承包村里的几座山体数百亩，种植桉树万余株，收益颇丰；村民罗金敏、罗照光等承包本村土地200余亩种植甘蔗，春节前后雇用农民工数十人，收砍销售甘蔗，成为罗村劳动致富的榜样。大罗屯现有罗贵文、罗小兵、罗树群、罗万德等五家商店，经销烟酒饮料、香腊纸张、糖果饼干等数十种商品，春节期间购销两旺。春节成为了罗村仫佬族群众比劳动、比贡献、比健康、比廉洁和比幸福、比出彩的好时光和好机会。

过去春节，罗村仫佬族人一般要休息15天，尽情玩耍，歌舞娱乐，正月十五年节结束后人们便开始春耕种植和务农劳动。现在正月初六、初八以后就有许多仫佬族中青年外出务工，或动工盖新房、建桥修路等。

结语

仫佬族原本没有春节，仫佬族春节是汉族文化影响的必然结果。罗村仫佬族春节活动中的供社王、写对联、贴门神、说吉利话、给压岁钱、舞龙舞狮、唱戏闹灯、猜谜游戏等活动，与汉族和周围其他民族基本相同，而许多的活动内容、形式或礼俗等，又具有风情浓郁的民族特色和地方特点。同时仫佬族的春节文化还吸收了周边壮、瑶、苗、侗等民族的优秀文化因素。如彩调剧是在广西汉、壮民族的民间歌舞和说唱文学的基础上逐步发展起来的，具有较为浓厚的地方色彩，传入仫佬族地区后又融入了仫佬族的文化内容和民族特色，成为了仫佬族歌舞文化的重要内容。罗村仫佬族春节的发生、发展过程是汉民族与生活在广西的原住民族交往、融合、共同发展的结果。

附：材料提供人

潘晓梅，仫佬族，女，北京市教委。

罗吉斌，仫佬族，男，现年50岁，罗村村长，从事房屋建筑和木材商贸。

罗现华，仫佬族，男，现年80岁，小学教师、民间医生、罗村原村委。

罗正业，仫佬族，男，现年78岁，农民、罗村原村委。

东兴市沥尾村京族春节习俗调查报告

任才茂

春节，是居住在广西东兴市江平镇沥尾村京族人一年当中除了哈节之外最为隆重、最为热闹的节日，最早在这里生活的京族民众用靠海吃海的生活方式度过了501个春秋，其过年的习俗和民族心理与汉族人十分相似，其过年时间与汉族基本是一致的，从腊月的筹办“年晚福”活动、准备年货，到正月十六“拜社神”才算基本结束，时间持续一个月。

随着京汉民族文化的相互交流与融合，带有海洋气息的京族人过春节并不是孤立的文化事象，而是一个包含腊月中旬做“年晚福”、腊月下旬扫墓祭祖、大年三十到哈亭祭祖祭神、除夕守岁、正月初一买新水、初二至初六女儿回娘家拜年、初二至十二吃“散年饭”、大年初三全村到哈亭，公祭祈福、正月十五“过小年”、十六拜社神、新年首次出海祭海祈福等，是一个由一系列相关京族春节传统习俗组成的综合性节日系统。

京族哈亭事务委员会所延续五百年的族内“村翁”组织，使得京族仍然保持着古朴丰富的各种春节仪式和礼仪，内涵深厚，民族特色鲜明。本课题调查组选择了过年氛围较浓、传统习俗保留较为完整的江平镇沥尾村为田野调查点。2012年1月初至2013年2月初，调查组成员多次赶赴该村进行田野调查，获取了大量第一手资料。在此基础上，结合前人所做的调查和文献，通过调查人员亲历的节日记忆和调查所得，整理、撰写成了这篇调查报告。

▲ 京族哈亭／任才茂 摄

一、京族的来源及其生活环境

京族是我国北部湾畔唯一的一个以海洋渔业经济为主的少数民族，主要聚居在广西壮族自治区防城港市下辖的东兴市，集中分布在中越边境和海岸线上的东兴市江平镇沥尾、巫头、山心三个半岛渔村，《防城港年鉴2010》载："2009年末全市总人口86.92万，其中京族2.25万"[1]。据沥尾村委会2011年统计，该村京族总计约4450人，占全村总人口的95%。[2]京族，历史上自称为"京""越""唐人""越人"或"安南"，1958年，根据本民族意愿，经国务院批准正式定名为京族（有"心向北京"之意）。京族的祖先大约在16世纪初由越南涂山等地漂流而来，至今已有500多年历史[3]。据沥尾村存留的旧时乡约表明，京族先民于越南洪顺三年，相当于中国明朝

1．防城港市地方志办公室．防城港年鉴2010[M]．南宁：广西人民出版社，2011：334．
2．任才茂．京族的海神信仰与和谐社会的构建[J]．广西民族师范学院学报，2012(1)．
3．符达升，过竹，韦坚平，等．京族风俗志[M]．北京：中央民族学院出版社，1993．

武宗正德六年（1511年）由越南的涂山等地陆续迁至东兴江平镇滨海岛屿一带。新中国成立初期称“越族”，后改为京族。当时，这里是无人居住的荒凉小岛，他们和陆续迁来的汉、壮各族人民一起开发和建设这三个岛屿。在京族的叙事歌中，对其祖先的迁徙也有反映：“京族祖先几个人，因为打鱼村过村；跟踪鱼群来巫岛，孤岛沙滩不见人。巫头海上鱼虾多，打鱼生产有门路；落脚定居过生活，找到这处好海埠。京族祖先在海边，独居沙岛水四面；前继后接几十代，综计阅历数百年。”[1]

沥尾哈亭石碑（2011年底新建）碑文《京族简史》叙事歌载：

闲来座谈古代事，越南涂山是祖籍。洪顺三年的一天，先祖飘到福安邑。出来方向实难分，四面海水岛林浓。先行落脚后探询，方知东边是白龙，西面竹山界相接，北边谭吉是邻里；红揽蚝蛎满海滩，潮落更多蟹蛤蝌。在此居住半年间，鱼虾多来南海上。人随船漂无定时，日浴太阳夜宿霜。大伙会集共商量，决定在此建草房。众信一心目归一处想，你去砍树我扎墙。大家辛苦日夜干，砍树割草来建房。”[2]

“沥尾”这个岛屿曾经几易其名。最初京族祖先从越南迁徙到这里定居时，称为“福安”，因为当时这里只是一片荒岛，京族祖先从越南涂山出海北上打鱼时无意间发现了这座岛屿，认为适合人群居住，就留了下来，意思是希望这个岛屿给渔民带来福气和平安。据苏维芳编印的《沥尾京族苏家族谱》记载：“据祖传，我们苏氏祖先原居福建沿海，有九兄弟都靠打鱼为生。后来，有三兄弟迁居台湾，还有三兄弟前往西南沿海方向打鱼。其中一个落脚钦州那丽，现分布在广西博白、钦州等地苏姓即是其后人；另一个到现在的越南广宁省先安、河桧地方，后来有其后人又有迁回东兴竹山、松柏、牛桅岭等地；再一支就是我们的祖先，漂流至越南海防市涂山地方安

1. 农历2012年正月初五，调查者任才茂在沥尾村哈亭文化广场碑林抄录。
2. 农历2012年正月初五，调查者任才茂在沥尾村哈亭文化广场碑林抄录。

居。16世纪时，苏福值夫妇随大伙打鱼船又漂流回东兴福安，即现居住的沥尾岛。”族谱又载：“迁居福安村至今，已发展到第十一代人了，有90多户人家近400人。”[1]

从苏家族谱来看，苏姓京族祖先在迁往越南之前应该是汉族，后来到越南后与当地越族杂居被越化，其语言和生产生活习惯与越族交流融为一体，甚至与越族通婚，后来成为越族。1958年才根据沥尾渔民的意愿把本民族改为“京族”。

自古以来，京族以浅海渔业捕捞、养殖加工为主要生产方式，浩瀚的大海，海鱼、海风、海岸、沙滩、码头、渔船、渔民、渔网、盐田等滨海渔村风景，与京族精神生活密切相关的哈亭、海公海婆庙、镇海大王庙、伏波庙、水口大王庙、三婆庙等民间信仰祭祀建筑，伴随京族渔民的生产生活全过程，凸显京族物质生活和精神生活的海洋性特征，构成了京族民俗别样的文化形态。[2]“京族三岛位于北部湾畔的被北仑河口，其地理位置为北纬21°33′，东经108°08′。三岛为海水冲击而成的沙岛，海拔一般在4~8米。沥尾岛地势平坦，地形狭长，面积为13.7平方千米。巫头岛中间高，两头低，呈纺锤状，面积只有5.8平方千米。山心岛地势四周高，中间低，像盆地，面积2.8平方千米。三岛都与大陆的距离很近，属于陆岛，退潮时可以徒步往来。”[3]京族地区属于亚热带季风气候，受海洋和十万大山山脉的影响，阳光充足，雨量充沛，全年最高温度为34℃，最低为3.4℃，平均为14.7℃，全年七月份最热，全年平均日照时间为1558个小时。三岛夏季长，没有明显的冬季，春秋相连，是个“草经冬而不枯，花非春也常放”的四季节气不明显的地方。夏季气温虽然较高，但由于有海风调剂，并不干燥炎热。雨量充沛，三岛年均降雨量为2784.8毫米，年降雨日数达150~190天，3~11月上旬为雨季，夏季降雨特别集中，约占全年降雨量的50%~60%，冬季降雨很少。北部湾地区属季风气候区，夏季多西南风，冬季多

1．被访谈人：苏维芳，男，京族退休干部，是年65岁；2012年1月13日，访谈人任才茂在苏维芳家中采访，从苏维芳编纂的《沥尾京族苏家族谱》（2010年1月编印）中摘录。

2．任才茂．京族海洋民俗探论[J]．贺州学院学报，2012(1)．

3．京族简史编写组．京族简史 · 绪论[M]．北京：民族出版社，2008(10)．

▲ 出海捕鱼 / 任才茂 摄

东北风。每年的7月至10月，还常刮台风。新中国成立后，在京族地区设置了气象站，一旦预测到台风，就立即发出警报。有效地保障了京族渔民的安全和渔业生产的发展。[1]

过去，沥尾岛四面环水，与大陆沟通不便，淡水资源匮乏，不具备农业开发的基本条件，京族先民把岛屿视为天然的庇护所和新家园，在没有先进的航海工具和技术的条件下，以浅海捕捞与滩涂作业为生。在长期的生产中，他们因地制宜地制造出各种渔具，创造了各种捕鱼方法。

随着改革开放的深入，如今的沥尾岛已经不是新中国成立初期的贫困渔村，而是从一个仅仅靠浅海捕捞与滩涂作业为生的渔业民族村变成了渔业、边贸、旅游业、餐饮业等多种经济实体的小康新村。据村支书苏明芳介绍，该村2011年人均收入超过8000多元人民币，2010年被评为“全国文明示范村”。村党支部书记苏明芳是第十一届全国人大代表，也是村翁（苏氏族长苏维坤）的长子。

1．京族简史编写组．京族简史·绪论[M]．北京：民族出版社，2008(10)．

二、京族的春节习俗概述

京族的春节习俗渗透着大海的气息。京族人民除了庆祝本民族的重大节日——哈节外，也欢度与邻近的汉、壮等民族共同的节日——春节，但在形式上具有自己的特点，蕴含了京族文化特征。在京族春节活动中，需要准备的物品、祭品都离不开鱼类、鱼制品等，这体现了京族人对海洋资源的依赖和尊重。

沥尾村京族春节前后和春节期间，至今仍保留和传承着与汉族、壮族、瑶族等民族不同的节庆习俗。如在大年三十前十天左右，有举行“年晚福”的习惯。“年晚福”也叫“还福”。每年农历腊月二十至二十八日，渔业互相组织的“网头”率领“网丁”们拜神，做“年晚福”[1]。同伙作业的“网丁”聚集一起，由“网头”主持“年晚福”仪式，各村哈亭事务委员会亦主持较为隆重的“还福”仪式，祈求海公海婆、镇海大王等神灵保佑来年海上平安，生产丰收顺利。

再如，沿袭了京族祖先迁居到中国之前的传统习俗，沥尾村京族人不是在清明节开展扫墓活动，而是在春节前一周左右举行，各个家族或村民小组或以户为单位，从腊月二十举行“年晚福”仪式之后的第二天，就开始举行祭祖扫墓活动，直到腊月二十八、二十九，都还有人在扫墓。京族人家扫墓是以家族为单位或以户为单位，组织较为隆重的集体扫墓祭祖活动，他们世世代代尊重和敬仰祖先，养成了必须先拜祭祖先，让九泉下的祖先先过年、才轮到活着的子孙过春节的习俗。京族人通过春节期间祭祖扫墓，缅怀祖先，将“敬老、感恩”教育发扬光大。

大年初一，每家家长要拿上香烛到井边烧拜，叫“买新水”。初一大早天还没亮，妇女就要从河里背回“吉祥水”，认为初一的新水可以带来福音和好运，能保佑一年的吉利。

过春节时，家家都要做“白食饐”（用糯米粉包糖心做成的一种糕

1. 符达升，过竹，韦坚平，等. 京族风俗志[M]. 北京：中央民族学院出版社，1993.

点），大年初一早餐不吃荤不喝酒，只吃糖粥、粽粑和白食饐。

“求禄”：除夕夜，京人还有“求禄”的风俗。求禄分为两种：一种称为“采禄”，通常从寺庙祭祖返回时，随手采摘一根带有绿叶的树枝回家，寓意为采集天地神灵赐给的福禄。这根树枝拿回去后，插在家里的神龛前，直到树叶枯残为止；另一种是带一些果品回来，也称之为“禄”，可以分发给朋友亲戚，京族人认为是在“散福”。

此外，京族过年时有将甘蔗放置于神台旁边的风俗。“与中国民俗中放置甘蔗祈求一年的生活从头甜到尾的含义不同的是，越南（放置的甘蔗）是作为照顾祖先从阴间返回阳间的拐杖。”[1]据苏维芳老人说，沥尾村许多村民在过年时都在家中神台放置一节上好的甘蔗，至正月十五才能和其他祭品一起移走，其含义与越南的越族过年放甘蔗的含义是一样的。同时京族也有给小辈“压岁钱”的习惯，甚至是同辈之间也会互相派送红包，以示互相祝福。

关于京族春节习俗的记载还有：除夕那天家家户户都把过年的要吃的菜肴煮好，等到过年时都有现成的菜吃，取“去年有剩到今年”的吉意。到了午夜，全村各户到哈亭供茶拜祖，放完一串鞭炮，各人回家后再拜自家祖先。[2]

大年初一清早，大家纷纷拿香烛跑到井边烧拜和“买新水”（即取水），这一天人们不到别家去做客或拜年，不愿意进别人屋，也闭门谢客不喜欢别人进自家门。早餐，家家户户吃糖粥、粽粑、白薯，午餐才吃荤喝酒。外出时，要看何方有利，就朝那方走，到年初二才外出访友或做客和拜年。到了正月十五“过小年”，备三牲（鸡、猪肉、鱼）拜祖吃一餐，表示整个春节才算结束。[3]

1．罗长山．越南传统文化与民间文学[M]．云南：云南人民出版社，2004．

2．广西壮族自治区编辑组．广西京族社会历史调查(5)/中国少数民族社会历史调查资料丛刊/国家民委民族问题五种丛书[M]．北京：民族出版社，2009(6)．

3．广西壮族自治区编辑组．广西京族社会历史调查(5)/中国少数民族社会历史调查资料丛刊/国家民委民族问题五种丛书[M]．北京：民族出版社，2009(06)．

《京族简史》载：京族的春节比较隆重。除夕那天，家家户户把过年的菜肴和白薯饐（用糯米粉包糖心做的一种糕点）做好。待到中午，全村的人都齐集哈亭供奉“三牲”（指猪、鸡、鱼），拜祭诸神；回家后再祭拜自己的祖先。晚上吃过团圆饭后，家家户户的男女老幼都要等到（即“守岁”）零时捧上白薯饐供奉祖先，方能睡觉。[1]

大年初二开始外出拜年访友做客。大年初三至十五，京族各家各户开始吃“散年饭”，如苏姓和阮姓初三“散年”，初四各姓“散年”，吴姓初十“散年”。“散年”的宴席佳肴丰盛，参加的人员有京人家族中德高望重的“翁古”，也有青壮年和亲戚朋友，一共要摆上三五桌宴席，热热闹闹吃完“散年饭”后，就可以出海打鱼了。

到了正月十五“过小年”，备猪、鸡、鱼拜祖后，春节活动就算结束了。民间有句俗话：“正月十五吃完糯米粽子和白食饐就做工”。

三、京族春节前的准备和主要习俗仪式

（一）京族春节前的还福活动——做“年晚福”

按照传统习惯，沥尾村京族人从腊月中旬开始到腊月二十九，一般要举办两种还福活动，一种是以村或者家族为单位的集体还福仪式，一种是以家庭为单位的个体还福互动。当地人称为“年晚福”。京族的集体还福活动主要有三个时间节点：一是腊月十六，以康王庙为集中点，举行还福活动；二是腊月十八，以水口大王庙为集中点，举行还福活动；三是腊月二十，以哈亭为集中点，举行还福仪式。三个还福日子中，以腊月二十的哈亭还福最为隆重。

每年腊月中旬，一般以姓氏为单位，各家族开始张罗本族人做“年晚福”的事宜，先是有族长（村翁）召集本族的村老大（村老大又尊称为

1．京族简史编写组．京族简史[M]．北京：民族出版社，2008(10)．

“翁古”——村里年长的、会制作道具的男性老人）召开家族会议，就本年末如何开展年晚福祭祀活动达成一致的意见，便开始筹措资金，准备祭品、道具等，到腊月十九，统一将祭品、香纸等集中在哈亭，腊月二十这天，才由本村翁古、哈亭事务委员会成员、陪祭员、村老大代表计约六七十人，先后集中在哈亭祭祀还福之外，还要到本村的各大小庙宇还福，并且到海边举行简朴而庄严的祭海还福仪式。

▲ 在哈亭举行集体还福仪式（年晚福）的糯米粥／任才茂 摄／2012 年

农历2011年腊月十九至二十日，调查组在沥尾哈亭实地参与了京族做“年晚福”的还福仪式。集体还福主要程序及内容如下：

▲ 集体“年晚福”仪式用的的纸帆祭品／任才茂 摄／2012 年

1．筹备祭品

农历2011年腊月十九这天，哈亭亭长苏春发、副亭长苏权德等组织哈亭事务委员会成员、村老大准备生猪头、全鸡、糯米饭、糯米糖粥、米酒、糖果、饼干、水果、香纸，并由几位村老大（用竹篾、泡沫、颜料、彩色纸等制作战船和渔船模型8艘，三头九尾海神精模型等，还要备兵旗、写祭文等）。

范世喜介绍说，8艘船模型中，最大的那艘是要拜祭海神的，在还福这天，连同“三头九尾”海神精模型运到海滩边举行祭拜仪式后就留在沙滩

▲ 集体祭拜哈亭诸神 / 任才茂 摄 / 2012 年

上，送给海龙王；其他7艘小的船，是分别送到京岛上的7座庙宇，有镇海大王庙、海公庙、海婆庙、本境庙（土地庙）、六位婆婆庙（三婆庙）、高山大王庙、东（南）水口大王庙（龙王庙）。[1]

2. 正式还福

农历2011年腊月二十集体还福仪式：

(1) 在哈亭集中祭拜。各家代表、村老大、哈亭事务成员先集中到哈亭祭拜亭内诸神，举行拜祭仪式，扔“杯珓”，如占得顺卦即三叩首谢拜。

(2) 到海边沙滩上祭拜海神。备三牲、道具、香纸到海边举行祭拜仪式，师傅念读祭文后扔“杯珓”，如占得顺卦即三叩首、鸣炮谢拜，将战船模型、海神精模型留在沙滩上，任凭潮水冲击吞没。

(3) 到七座庙宇祭拜，这七座庙分别是镇海大王庙、海公庙、海婆庙、

---

1. 被访谈人：范世喜，男，京族，79岁，沥尾村14组村民；访谈时间：农历2011年腊月十九日。

本境庙（土地庙）、六位婆婆庙（三婆庙）、高山大王庙、东（南）水口大王庙（龙王庙）。拜祭内容和程序与到海边拜祭的一样。

3．乡饮

还福仪式结束后，大约中午一点钟，凡参加拜祭的代表回到哈亭举行乡饮（会餐）。乡饮席位安排也是很有等级规定的。首先，能够参加乡饮，就标志着京族青年男子已经成年。成年女子在自家做好菜肴后用托盘盛放端到席上即回去，让家中的男主人入席。其次，在新中国成立之前，乡饮席位是用木板或者砖块搭建为三个级台。最高一级称为“床官”席，靠哈亭中间，由村中“翁村”和“翁古”[1]入席；第二级为“中亭”席，由哈亭“官员”[2]和50岁以上的老人坐席；第三级也是最低一级为“行铺”席，位置靠哈亭边角，由50岁以下的“白丁”坐席。按照习俗，白丁主要任务是负责体力较重的活，如担负村中修路、修缮哈亭庙宇、修建学校等义务劳动。这种习俗仍然延续至今，亭中的席位台阶已经在20世纪80年代拆除，“床官”“中亭”“行铺”

▼ 澫尾村“年晚福”祭祀镇海大王／任才茂 摄／2012 年

1．“翁村”和“翁古”：京族内部族群原始的民间村民组织中，“翁村”即“族长”；“翁古”，一般是德高望重的70岁以上的男性老人。

2．“官员”：哈亭历任和现任的“翁记”“翁宽”等哈亭事物管理人员。

的席位称呼仍然保留，在农历2011年腊月二十日的还福活动的乡饮席上，基本上沿袭旧时排位，按照年龄大小排席，发扬尊老风尚，让年长者坐尊位。

旧时，乡饮铺席是席地而坐，一般是6人或8人一桌。现在人们生活水平提高了，都摆上大圆桌和椅子。旧时，菜肴都是由各家轮流送来，摆放在长方形的木托盘上（京语称为“蒙”），整托至于席中，每“蒙”六个菜以上，全是荤菜，有虾、鱼、炸沙虫、鸡、扣肉、鱼丸等，当天的祭品也平均分到各席。而农历2011年腊月二十日的乡饮饭菜已经不是各家带来的，是在哈亭的厨房现做的。据亭长苏春发介绍，从20世纪90年代初开始，村民生活富裕了，不再实行从各家各户备菜肴的习惯了，而是在上一年还福活动结束时，由村里评选出有能力的，家中人丁兴旺的一户人家担任当年还福仪式的主持，在年初开始养一头肥猪，再从各家自愿捐出10元或20元不等，到做“年晚福”头一天（腊月十九），由主持和哈亭的“官员”采购食品和祭品回来，汇集在哈亭统一烹饪。村民以为，能够入选主持的家庭，是他们的福气，大家都争着当一次主持。

关于个体还福。个体还福主要以家庭户为单位，在腊月二十一至二十八之间，根据实际情况，家庭主要成员备祭品到哈亭、本境庙（土地庙）、海公海婆庙、海边等地烧香拜祭还愿，然后回家拜祭本家祖先神。感谢诸神一年来对本家老少身体健康、生产生活、婚姻事业等方面的保佑。

做“年晚福”的习俗是京族的老祖宗一直流传下来的、从来没有间断过的祭祖传统。因为，旧时，京族人生活特别困难，一年四季在海上生产打鱼，环境险恶难测。京族祖先为了祈求祖先神、各种先辈英雄之神、海上神灵等一切神力保佑，避免出海岛民在海上遭受大风大浪等厄运袭击，京族祖先在每年年初举行祈福仪式，春节后首次出海也举行祈福仪式。因此，到了每年年末，就要举行还福还愿仪式，以感谢各种神灵一年来的庇护和保佑。京族祖先这样做一是为了答谢神灵保佑，二是要表明京族人民是一个诚实守信的民族，是一个敢于承担责任的民族。

(二) 京族春节前的扫墓、祭祖、祈福活动

与汉族和其他少数民族不同的节日习俗之一是：京族不过清明节，将扫墓祭祖活动放在春节前举行。有家族集体扫墓和家庭分散扫墓两种仪式。沥尾村举行家族集体扫墓的有苏氏家族、都氏家族、阮氏家族、裴氏家族。在这里，以沥尾村苏氏家族举行"祭祖祈福"活动为例，介绍京族春节扫墓活动的情况。

据沥尾哈亭亭长苏春发介绍，由于京族祖先最初来到沥尾、巫头、山心几个海岛，生活非常艰苦，京族的后代非常感念祖先为他们创造的可以赖以生存的家园，从老祖宗开始就传承下来这样的传统：在每年年末（腊月中旬）召开家族会议，即开始休渔，从腊月二十一日开始到腊月二十八日，陆续有各家族组织本族人备三牲、香烛、纸钱到祖先墓地举行祭拜祈福仪式，拜了家族祖先神，再拜本境神、镇海大王神、龙王神、海公海婆庙等，才能备年货过春节。[1]

1. 备祭品

农历腊月二十二日早上九点左右，沥尾村苏氏家族的五六位翁古（村老大）：苏权德、苏维芳、苏权忠等集中到村翁（族长）苏维坤家，准备扫墓祭祖的祭品。必备祭品有：金银纸宝（冥钱）一箩筐、香烛炮竹若干、彩纸衣衫几十套、手工大红马一对、兵马旗（用来拜祭生前当过师公的祖先，并写有被祭拜的祖先的姓名，目的是请千万兵马守护祖坟）、酒礼、三牲等。此外，各家各

▼ 苏氏家族在族长苏维坤家准备祭祀的祭品 / 任才茂 摄 / 2012 年

1. 被访谈人：苏春发，男，是年55岁，沥尾哈亭亭长、京族独弦琴传承人；采访时间：农历2011年腊月二十二日。

户委派青壮年男女到祖坟墓地除草、上土、清洁卫生。

按照祖上传承的惯例，每年春节前苏氏家族开展集体祭祖活动，本姓家族各户拿出一些米粮、海鲜、全鸡、肉类、酒水、香纸等祭品，汇聚在村翁家，也是苏氏家族的最古老的老祖房，先由道公师傅在老租房里请师，并由几位年长的翁古协助道公师傅制作祭祀用的冥钱、冥衣、冥车、兵马、兵旗和三牲、糯米糖粥、水果、糖品等祭品。此外，还要组织10多个会做饭菜的族人，在老房子准备祭祖结束后的会餐宴席。改革开放之后，沥尾村民生活富裕了，有的家庭开了旅馆，有的家庭开了餐馆。从2009年开始，聚餐的地点改在本族人在村道旁开的一家餐馆里举办，各家各户不用像往年那样自带米粮海鲜之类的物品，而是捐出几十元钱，由翁古们统一采购会餐原料，比较富裕的家庭，鼓励赞助多一些钱物，以表达对祖宗的尊重和怀念。2011年农历腊月二十二日这天，苏氏家族的集体祭祖活动中，由"翁古"们商议确定：每家至少捐出30元，有在外做干部的人家最少捐100元。也有本族老板赞助多一些的，如在村上开宾馆的苏明利老板就赞助1100元，苏明军老板捐款900元，也有捐200元和400元不等的。据餐馆大门的墙上公布榜上统计显示：本次祭祖活动共计收到11600元。

2．扫墓祭祖

中午11时，先在苏家老屋祠堂神龛拜祭家神，然后前往岛上的祖坟举行祭祖仪式。

参加祭祖的人员主要有：族长（村翁）苏维坤（也是师公），分房房长7人，村老大（翁古，75岁以上老人）约20人，本岛苏氏各家各户至少派1名代表，有的家全部出动，共计100余人。

需要拜祭的祖先坟墓有：从越南涂山搬迁到京岛的第一、第二和第三代祖先，共8座祖坟。祭祀顺序为：第一代始祖公苏福值和始祖婆合葬的祖坟、第二代高祖公苏贵公和高祖婆坟、第三代太祖公苏庭贵等2座坟和3座太祖婆坟。

在每一座祖坟举行祭拜仪式之前，都由青年男女对祖墓的四周清除杂草，并给祖坟添上新的土。师公在每座祖墓的祭祀过程中都要请师念经，并向先人灵魂祷告："是日是某年春节即将来临，苏氏子孙各家各户都前来祭拜，请祖先收领各种祭品。"此外，族长还要代表全族子孙烧香纸，献祭品，跪拜，祈求"祖先保佑苏氏子孙平安幸福、来年渔业农业丰收、人丁兴旺、生意兴隆、财源广进，孩子求学步步高升。"等，表达族人美好的祈愿。期间，师公还要现场占卦，占得阴卦和顺卦之后，才轮到村翁、翁古等祭拜，各家子孙轮流跪拜。祭拜完毕，即燃放鞭炮。

▲ 腊月二十二日苏氏家族举行集体祭祖活动／任才茂 摄／2012 年

3. 召开家族大会、聚餐

到中午14时左右，祭祖结束，参加祭祖活动的全体人员100余人，会集在村上本族开办的一间酒家，先召开家族例会，然后举行家族会餐。会上，由哈亭亭长苏春发主持会议，家族事务委员会的出纳公布一年来本家族经费收支情况，家族族长长子、村支书、全国人大代表苏明芳作家族传统祭祖教育讲话，着重讲述了为什么要开展一年一度的家族集体祭祖活动及其重要意义。

为什么京族不和汉族人一样在清明节期间扫墓，而在春节前夕开展扫墓活动？京族冯秀老人说是有重要原因的：第一，是因为旧时，京族人是一个勤劳勇敢、富于团结的民族。在清明节期间很忙，天气正好转暖，正逢出海打鱼的好时节，所以，要到年尾时天气变冷，休渔时节京族人家才有空去扫墓，每年扫墓时，都要以家族为单位统一清扫和拜祭迁来沥尾岛的第一至第三代祖坟；第二，京族人十分尊敬先人，要把敬仰祖先，感恩先人为子孙后代开拓栖身之地、创造宝贵财富留下的优良传统薪火相传。[1]在京族人看来，他们希望在阴间的祖先要和阳间的人们一样，能够干干净净的过新年，要先请祖先吃上美味佳肴，才能轮到子孙吃。这种习俗，充分反映了儒家思想在京族生活礼仪中的影响。

(三) 备年货

据本村老人协会会长赵必坤说，京族春节要购置的传统年货主要有：黏米粉丝、年糕、香料等；腊月二十八九开始包糯米粽子；大年三十早上吃“白食饐”。

2011年农历腊月二十九日这天一大早，吴家大女儿跟妈妈一起到沥尾村农贸市场采购年货。按照习惯，年货一般要提前几天准备，只是今年年前连续几天都下毛毛雨，所以等到今天才准备。菜市场好不热闹，人来人往，她们买了黄花鱼、京族米粉丝、猪脚、猪肉、黑白木耳、蒜苗、大米、糯米、盐、酱油等。

其实，除了准备这些之外，在过年之前的几天里，勤劳的京族妇女大多数都会去海边的沙滩挖沙虫、耙螺等；天气好时，“网头”组织“网丁”们到浅海“拉大网”；壮年男子还要驾驶渔船、竹筏到较深海域捕捞些海鱼、虾蟹之类，以便在过年休渔期间还能吃上鲜美的海味。“沙虫”是京族渔民家庭过年过节、办喜事、招待客人等宴席上，必不可少的一道海味，现在一斤干沙虫要500～600元，村民在春节这个特殊的日子里，要吃上几条沙虫也不容易。

从市场回家后，小吴的妈妈就开始准备年夜饭了。小吴和爸爸在街上批发部采购其他年货，如糖果、饼干、水果、饮料、茶叶、烟酒、鞭炮，等等。京族人也有添置新衣裳过年的习惯，如村里没有称心如意的新衣服，大家还得到镇上（江平镇）去买。过年前，有的家里家电坏了，如热

1．被访谈人：冯秀，男，是年77岁，京族，沥尾村19组村人，调查时间：2012年1月13日。

水器出问题了就要换新的。[1]

（四）年前“大扫除”、贴春联

京族年前的“大扫除”一般要提前几天做的，在过年之前搞大扫除也和外村的汉族同胞说的叫“送灶神”差不多。2012年的“送灶神”是因为天气不好，连续几天下雨，许多家庭都推迟到大年三十这天才做。用金竹子做一把新扫帚，家中每个卫生死角都要彻底清扫，清扫后的垃圾要拿到附近的十字路口旁扔掉，连同新扫帚一起扔掉。意思是要把过去一年的污渍、尘埃一切除掉，迎接崭新的一年。

京族与内地人家不同的清扫任务还有：把家门前的渔网收拾好，整理干净。一切搞干净后，就清除旧联贴上新的春联。购买年画和张贴春联是京族人必不可少的年节习俗，他们祖先在越南时期一直都与中国汉族一样养成了购置年画和请人撰写春联的习惯。年画的内容，许多题材取自中国民间，如福禄寿三星图、老鼠嫁女图。此外，他们也在大门上张贴门神和“恭喜发财” 等吉祥语字样的汉字。

四、京族春节期间的主要活动及习俗

（一）大年三十祭拜祖先神

京族和汉族一样，在大年三十吃年夜饭之前要举行拜祭家神祖堂祖公的仪式。像往年一样，晌午刚过，吴氏家族过年时拜祭祖宗时，爷爷领着子孙们向祖先祈祷：“请祖公保佑全家人平平安安、顺顺利利；保佑我们耕田多谷，出海多鱼；保佑子女求学成才，能找到一份好工作”等等。住在哈亭附近的村民首先要到哈亭供奉祭品，烧香敬茶，燃放鞭炮，然后才分别拜祭自

1．记录人：吴洁（1990–），女，京族，沥尾村19组村人；调查时间：2012年1月21日，梧州学院应届毕业生。

家的几代祖先。[1]大年三十祭拜祖先神，是京族怀念祖先、追思祖宗，教育子孙后代尊敬长辈，继承祖先勤劳勇敢、团结互助、勇于担当责任、善于吸取他族文化等优良传统的好时机。

拜祭祖先分三个程序，先是到老祖房拜整个家族的总祖公堂或者到哈亭祭拜众村家先神，然后拜本自然村的土地公，最后将祭品端回家中拜自家的祖先神堂。祭品有猪肉或猪头、全鸡、全鱼、糯米饭或糯米糖粥、糖果、水果等。从大年三十晚开始，祖先神台要点着灯，直到正月十六早上才能熄灭。

（二）吃年夜饭

2011年农历腊月三十这天，吴家从早上就开始杀鸡宰鸭，清理各种海鲜，煮好各种美味佳肴。此外，腊月二十九晚上已经把正月要吃的糯米粽和“白食饐”做好，以便大年初一不再做食品，表示京族人富足“从年尾剩余到年头”的吉祥寓意。包糯米粽和做“白食饐”的特色小吃是京族家家户户都免不了的。有的是腊月二十八、二十九一大早做好的；有的家庭在吃完年夜饭后才做。大年三十要把近几日要吃的青菜取回家，因为，此后的几天都不能下菜地摘取蔬菜。

京族人家的年夜饭菜式多样，焖黄花鱼、凉拌海蜇皮、炒沙虫、炸鱼干仔、白灼虾、焖花蟹、炖猪脚、白切鸡，还有必不可少的车螺、瘦肉海螺炒米粉等，佳肴丰盛。合家团圆欢宴，畅谈一年来人畜平安、收入情况以及来年发展生产或外出做生意的设想。

（三）京族守岁

1. 哈亭的守年

哈亭副亭长苏权新介绍，每年大年三十晚上，作为象征京族的公共祭

1. 记录人：吴洁(1990–),女，京族，沥尾村19组村人，调查时间：2012年1月21日，梧州学院应届毕业生。

祖、祭神集中场所哈亭，都要组织村老大代表、哈亭事务委员会成员、哈亭陪祭员集中到哈亭守年（守岁）。2011年腊月三十晚，各家各户吃完年夜饭后，以上人员从晚上八点开始，集中到哈亭烧香纸，点蜡烛，逐个祭拜之后，便在哈亭正厅备一堆干柴，烧燃一堆旺火。参加守年的人员便围坐在火塘边一边吃着点心一边聊天，畅谈各自一年来的收获和团聚的喜悦心情。直到凌晨零点钟，大火燃放鞭炮迎接新年的到来，各自再次向哈亭各位祖先神、英雄神烧香祭拜之后，除了留下一两个香公留守哈亭之外，其余每个守年人员由哈亭发给一个十元人民币的小红包，蕴含的意思是预示各家各户在新的一年里都会红红火火、大吉大利！[1]然而，旧时的习惯，是让每个守岁人员拿着一把燃着旺火的柴棒回家的，表面上是可以照明引路，但其真正内涵是表达了渔民对未来一年怀有一堆红红火火、吉祥如意、万事顺利的愿望。

2．家庭的守岁

京族的除夕之夜是比较隆重的。吃完年夜饭，按照习惯，家里的小孩洗完澡，穿上新衣服，领到压岁钱，就和家人围坐在大厅里守岁。老人给小孩发压岁钱，预示子女在即将到来的新年里乖巧、平安。

小吴一家人一边观看现场直播的“中央电视台春节联欢晚会”，一边听大人们畅谈家事、国事、天下事，其乐融融。

除夕之夜，忙了一年的人们终于可以闲了下来。一家人一边守岁，一边做着“白食饐”或者包糯米粽子。有的聚在一起烤火闲聊，有的聚在一起打打麻将和玩各种棋牌游戏，还有的三五成群的小孩玩玩具枪、燃放烟花。欢声笑语连成一片，四周都被笼罩在浓浓的节日气氛里。[2]

“白食饐”是京族过年最具特色的小吃。是将磨好的上等白色糯米粉，

1．被访谈人：苏权新，男，京族，是年51岁，沥尾哈亭副亭长；访谈时间：2012年1月9日，访谈人：任才茂。

2．记录人：吴洁（1990–），女，京族，沥尾村19组村人；调查时间：2012年1月21日，梧州学院毕业生。

加水搓成团，再“摘蹄”做成一只只如拳头或茶杯那样大小的传统糕点。以红糖或白糖、芝麻为馅放在中间，轻轻揉成一小团，最后放在蒸笼蒸熟。这是京族大年初一凌晨迎春接福时，和糯米粽一道用来放在神台祭祖的食品，也是京家人过年吃用或赠送给亲友的吉祥食品之一。“这乐融融的情景，就像北方汉人在大年三十晚全家一起包‘团圆饺子’似的，其情深长，其意神妙，其趣欢畅。同时又在煮着糯米糖粥相配，其甜丝丝的气息一阵阵飘溢。”

当凌晨钟声响起，龙年春节的脚一步踏进了千家万户，便而响起了炮竹声，响遍了整个沥尾村。从凌晨开始，一直到大年初一的清晨，除了燃放鞭炮，还有燃放烟花的，漫天的烟花，把岛上的天空都照亮了。大年三十所产生的屋内屋外的垃圾，一直要留到正月初三早上五点钟才允许清扫，这叫“送穷鬼”，连垃圾和扫帚一起，丢到户外远处即关好家门一至二小时才能开门。

（四）大年初一迎新接福

每到大年初一凌晨，各家各户要给家里神龛各位祖先神上香、上茶、酒、糖果、水果、糯米糖粥、“白食饐”、糯米粽、甘蔗等祭品。大家争着让各位祖先第一个收到本家的供品。京族人认为，如果哪位祖先第一次收到哪家的供品，就会保佑那家人丁平安，捕鱼养虾丰收，做生意兴隆，求学的金榜题名，在外工作事业有成。

大年初一这天人们不许吃菜、不吃荤，只吃糖粥、糖果等素食之类，吃饭之前要先用糖粥、糖果、水果拜祭祖先神。2012年大年初一天刚亮，小吴的爷爷就去老祖屋拜祭祖公了。首先是去拜家族老祖堂，然后再拜本房小祖堂。祭品通常都是三杯茶、五碗糖粥。这个时候，也是祈求祖先保佑的时候，从新年第一天开始，祈求祖先保佑在今后这一年里，家人平平安安，一切顺利。[1]有一些人是到声誉较好的“仙姑”那里祈福的，通常是要买上几斤米、一只鸡、几斤猪肉、蜡烛等祭品，祈求平安，顺利。

1．记录人：吴洁（1990–），女，京族，沥尾村19组村人；调查时间：2012年1月22日，梧州学院应届毕业生。

大年初一这一整天，大人们通常都不允许小孩说不吉利的话的，俗话说，初一的时候说什么不吉利的话，就会真的不吉利。还不准随意进入别人家门，主家也“闭门谢客”。

▲ 昔日的京族歌圩／任才茂 摄／2013年

大年初一这一天，京族人的娱乐项目很多。最有特色的是“哈哥哈妹”集中到京族歌圩、哈亭旁对唱京族山歌、哈歌，演奏独弦琴，跳竹竿舞等。京族哈亭旁还设有“京族山歌堂”，由村里老人协会举办山歌会，年长的人们大多都会聚在一起唱歌、听歌。

▲ 大年初一、初二演奏独弦琴／赵军 摄／2013年

像往年一样，沥尾村村委还组织篮球友谊赛、拔河比赛。年轻的打篮球，也有唱采茶戏、下棋、打扑克等文体活动。人们都以各种娱乐的方式喜迎新春。

（五）大年初二开始拜年

京族人的拜年习惯是：和汉族人一样，外嫁女儿大年初二、初三回娘家拜年。按照惯例，大年初一不能开门，不许外人特别是外家女子来串门。京族拜年的主要礼品有：糖果、饼干、水果、猪肉、鸡、鸭子等；特色礼品有：“白食饐”、糯米粽、干沙虫、干鱿鱼、干鱼片、风吹饼、鲇汁（鱼露）等。主家回了礼品，红包给小孩，同时把亲戚送来的糖果、水果、饼干捡回少许让来访者带回去，表示回礼、礼尚往来的意思。

从大年初二开始，是探亲访友的好日子，一般要准备好水果、饼干、糖果、猪肉、鞭炮等，外孙跟着妈妈到外公外婆家拜年。京族女儿回娘家拜年的习俗有三件事是必须要做的：第一，如果女儿的子女（娘家的外孙）还小，如需要背着去外婆家拜年的话，女儿要在背带上系一把家用裁缝剪刀，并绑上三条茅草，用于辟邪，可以抵挡路上遇到的恶鬼邪神，庇佑外孙到外婆家拜年来去平安、顺利；第二，女儿带着丈夫、子女回到娘家大门口燃放鞭炮，以庆贺娘家新年大吉；第三，女儿拜年完毕回程时，娘家要送给女儿四条生蒜，表示有去有回，清清静静，平平安安。

（六）春节期间的祈福活动

1. 普通家庭祈福

京族春节的祈福活动比较盛行。各家各户一般在大年三十、正月初一、初二、初三、十五多次开展祈福活动。有的是以家族为单位的，有的是以户为单位的，备三牲、酒礼、水果、糯米糖粥等，到村里的哈亭、庙宇、老屋祖先祠堂、祖先墓地拜祭祈福，回家中祖先神龛也要烧香祭奠、祈福。到哈亭、家族老屋祠堂拜祭祖先神，有的还要到三婆庙、六位婆婆庙、镇海大王庙、水口大王庙、高山大王庙、土地庙等为某项特殊愿望进行专门祈福。

大年三十中午，在家中神龛摆鸡、猪、鱼、糯米糖粥、水果、糖果、饼干、酒茶等，烧香纸，请历代祖先神、各路神灵前来“吃年夜饭”，并祈祷、祈求祖先及各路神仙、神灵保佑全家在新的一年里身体健康、四季平安、渔业丰收、人丁兴旺等。按照规矩，每年大年三十至次年正月初四，每天都要设各种祭品给祖先，早晚烧香祭拜后，家人才能用餐，以表达对祖先的怀念，传承敬老尊祖的优良传统，弘扬中华民族的尊老爱幼的传统礼仪。

2. 哈亭公祭祈福

每到大年初三，是京族人到哈亭举行公祭的日子。上午十一时前，哈亭事务委员会组织村老大（翁古——七十五岁以上的老人代表）到哈亭拜祭各位神祇：中间的是主神白龙镇海大王，右边的是高山大王、点雀神武大王，左边的是太祖广泽大王和陈朝兴道大王；此外，还有左昭右穆祖先神。主要祭品有：鸡、猪肉、鱼，糯米糖粥、糖果饼干、水果、香纸、鞭炮等，求亭内五位大神保佑来年丰收、平安，心想事成。然后到黄马大将军庙（京族人有功祖先神）拜祭，拜祭自家的家神（祖先神）。

当然，除了初三较为隆重之外，初四到正月十五，也有本村或外地人陆续到哈亭拜祭的。

3．祭海祈福

京族渔民每年春节后第一次出海都要举行简单的海祭。要到海边、船上祭祀、烧炮，祈求来年渔业丰收、平安顺利。

通常，农历每年腊月二十六七开始，至正月十五前后为休渔期，大家都表示，就算海上有再多的海味捕，也不出去了，渔民在海上奔波一年了，也该休息一下了。这个习俗近年有所变化，即休渔期大大缩短了。

正月里，吃了“散年饭”，特别是正月十五之后，人们都会陆陆续续地出海。按照惯例，新年第一次出海前要到海公海婆庙、哈亭、高山大王庙、本境庙以及海边和船上拜祭，主要是祈求出海平安、捕鱼多一些。总之，祭拜诸神的目的是希望神灵保佑一切顺顺利利。

村民龚叔家在2012年新年之后的第一次出海举行了简单祭海仪式。备祭品：鸡、饼干、水果、糖粥、香纸、鞭炮等，先在家中拜祭祖公，然后到海边拜、到沙滩边拜，最后将祭品摆在停靠在海滩上的船头，贴上“出入平安”字样的条幅，在船尾贴上“一帆风顺”字样的条幅。船主一边烧香纸，一边叨念着祈福的话语。祭文如下：

“今年新年伊始，祈求海公、海婆保佑渔民打鱼赚得几十万元，大家生活越来越好；祈求海龙王保佑渔民捕鱼捉虾，一网打得几千斤；祈求海神保佑渔民心想事成、样样顺遂！”

尔后，挂在船头上的鞭炮也随即点燃，宁静的海滩也开始热闹起来。这是一种简单的出海仪式，京族渔民祈求开张大吉，一帆风顺，年头到年尾都平安、顺利，出海收获多。

据说还有一种仪式，那就是：带上一只公鸡，在船出海之前，割鸡脖子，或者割开鸡冠，后将鸡血滴到船头船尾，俗话说是“挂红”，也是祈求一帆风顺，出海能够收获多多。做完仪式之后，一般在风平浪静时正式出远海，如有较大风浪，就在近海域布大网，网些海鲜。

77岁的村民冯秀介绍，他祖上来到京岛生活已经有七代人。他十三岁开始出海，到现在已经七十多岁了，每年“散年”之后仍然出浅海捞鱼。[1]

2012年农历正月初五，笔者在金滩海岸边遇到一渔民张叔夫妇整网收鱼。张叔是十八组村民，今年六十二岁，身体老当益壮，谈笑风生。他平时很难闲得住，从十几岁开始渔业以为生，每年春节都较早散年出海。今春大年初三，他就领着老伴到海边烧香祭拜海神，就在附近浅海撒网捕鱼。他很了解海鱼的习性，他说：“春节天气冷，鱼喜欢靠近海岸。每次出海几个海哩，甚至半个海哩就可以网到鱼。今年大年初三我出海一个小时就收网，获得100多斤上等的巴碟鱼，每斤可以买到20元。趁这几天大家都休渔，我每天忙两三个小时就能收入100多斤鱼，拿回去送给亲戚朋友尝尝，也是一件有意义的事。”[2]

（七）“散年”

京族有吃“散年饭”的习惯。每到大年初三至十五是京人内部走亲访友的好日子，同时也是亲戚或家族之间吃“散年饭”的主要时段。

“散年饭”是京族主家在出海、下地务农或外出做工之前，要邀请亲朋好友、邻居兄弟团聚一堂，吃一餐新年团圆饭，一是为了庆祝过去一年的丰收，二是加强亲戚之间的沟通和团结，三是交流生产生活和教育子女的经验，四是商量、展望来年生产、生计愿望。吃团圆饭前还要拜祭家族祖先、本境神，以祈求保佑来年全家平安、生产丰收、万事顺利。

“散年”活动是京族老祖宗传承下来的家族祭日，也是家族聚会日。有的家族兴旺可以独家轮流承办“散年餐”，不是十分富裕的家族，就各家集资办“散年餐”。“散年”的意思，京族人解释为：在一年复始，万象更新

1．被访谈人：冯秀，男，是年77岁，京族，沥尾村19组村人；调查时间：2012年1月26日。
2．被访谈人：张叔，男，是年62岁，京族，沥尾村18组村人；调查时间：2012年1月27日。

之时的春节，从大年初二至正月十五，京族各家各户要根据本家族的实际，同时也要和其他来往比较密切的家族商议，选定好日子，举行家族、亲戚、邻里的团聚会餐活动，特别是已经外嫁的小姑、大姐、小姨等京族女子，都要抽时间回娘家拜年，娘家要杀鸡宰鸭，并准备各种海鲜食品，摆设几桌家宴，招待前来拜年的女儿、女婿、外孙，同时还邀请邻居兄弟、亲戚一起热热闹闹地聚餐，家庭聚餐时间从早到晚，来客要燃放鞭炮贺新年，主人要给外孙及前来拜年的晚辈发红包（压岁钱），以图吉利。

在同一个家族中，如果你家定为大年初三，另外一家就定为大年初四、或初五，一直排到十五。亲戚、兄弟间轮流做东。某家吃完“散年饭”，第二天就可以举行简单的开海、祭海仪式，出海打鱼，正式开展春耕生产。有的出海打鱼、有的下地耕田地，有的出门做生意，吃公家饭的要回单位上班。因此，这项聚餐活动叫作 “散年”。

案例1　吴洁家的“散年”

吴洁家是正月初十“散年”，这一天是宴请亲戚朋友来吃饭的大日子，长辈们都说，“散年”比大年三十还要隆重。

一大早，小吴跟爸爸一起杀鸡，准备各种食材，等妈妈下厨。当一切准备好了之后，孙子跟爷爷一起去拜祖公。其实春节期间，每天早上都要向神台上的祖先烧纸敬香敬茶的，大年三十、初一、初二、初十和十五早上还必须到老祖房拜祭最老的祖公。实际上，京族的传统是：先拜哈亭，再拜水口大王庙或康王庙，最后再拜土地公和自家祖堂，但由于距离那些庙太远，就没去那里拜。拜自家祖堂，是有讲究的，在神台正对面摆放着一张桌子，桌子上是祭拜祖公的酒、饭菜，有一只鸡等祭品，烧香纸，敬茶酒。拜完神台上的家神之后，爷爷还要稍侧转那张桌子将鸡头拜祭的朝向指向大门口，然后再拜一次，这一次所拜祭的对象是祖先家神的朋友，亦或是一些没有子孙后代的旁系先祖，让他们也享用节日的赏赐。[1]这样的简洁祭神仪式，目的

1．记录人：吴洁(1990–)，女，京族，沥尾村19组村人；调查时间：2012年2月1日，梧州学院应届毕业生。

是表达京族人希望家神和村上的各种神祇保佑家人在新的一年里平安顺遂、渔业丰收、事业兴旺。

案例2　苏维芳家的“散年”

苏家的散年活动一般在正月初三吃“散年饭”并烧炮拜祭老祖公，送来阳间和人们过新年的老祖公回阴府，苏家人一般要在苏家的老屋祠堂做散年饭。“散年”后就可以出海。正月初三的散年活动也叫“过大年”。苏维芳介绍，旧时，由于京族祖先人口较少，从越南迁徙到京岛一带生活，自然环境十分恶劣，周围人烟稀少，与汉族、壮族、瑶族等其他民族交往还不是很广泛。[1]为了壮大本民族（的）在生产、生活和文化等方面的实力，团结和凝聚民族力量，战胜各种自然险恶的威胁，应对外来各种侵扰，朝着一个村民组织日趋严密、渔民生活越来越富裕、文明的目标迈进。京族人就形成了从正月初二开始，至正月十五，每天都有“散年”的活动。

通过“散年”活动，京族人可以联络族人、亲人的感情，交流生产生活经验，提出解决日常生产生活遇到的问题和困难。如果哪家存在什么困难，遇到不幸，大家会群策群力，相互帮忙渡过难关。

（八）正月十六：“做社”

京族“做社”，就是“祭祀社神”的活动。每年正月十六，是京族社神的祭日。十六这天，由哈亭事务委员会组织，每个村民小组派两名村老大做代表，哈亭陪祭员准备祭品（与平时的祭品一样），全体哈亭事务委员会成员、村老大代表，先集中到哈亭拜祭，然后到村里各大小社神庙拜祭。拜祭社神的目的是：为了感谢各社神一年来对全村男女老少康宁的保佑，对渔民生产生活平安顺利的庇护，同时祈求各位社神保佑村民平安顺利。

京族春节前后的“年晚福”“集体扫墓”“祭海”“散年”“做社”等活动的共同目的是，传承京族人团结协作的精神，弘扬关爱他人，乐于奉献

1. 被访谈人：苏维芳，男，是年69岁，京族，沥尾村15组村人，退休前任防城港市公安局副局长，退休后从事京族文化研究工作；调查时间：2012年1月26日；访谈人：任才茂。

的民族传统。

（九）已经失传的游神

据吴洁的奶奶介绍，1958年之前，京族人都会在正月十三至十五游神，用绳子绑住一张桌子固定在两架梯子上，然后扛着“降生童”[1]开始沿着村道游神。那位老奶奶说，她的父亲就是“降生童”，以前游神的时候就是扛着她父亲的。）老奶奶说“降生童”很厉害的，用一把长剑从左脸刺穿到右脸，然后再把右脸上的刺上来的剑折弯，这整个过程都没有流过一滴血。那老奶奶说的都是当年她见到的。她曾劝她父亲不要再去游神了，她说她父亲当时也答应说不做了。但当锣鼓响起来的时候，他手脚都抖着，然后喃着谁都听不懂的话语，不由自主地匆忙往哈亭的方向奔去了。

游神通常都是在晚上的，先是从哈亭出发一大帮大人小孩扛着自制的灯笼在后面跟着，“降生童”坐在桌子上，由几位青年人扛着，游遍整个村，在游神的时候，每家每户都会摆糖粥和白薯粒在家门口，之后“降生童”会含上一口煤油喷向糖粥、白薯粒，还有原本就摆在桌子上的燃着的油灯。当煤油遇上火，火势大增。这表示，往后不管是做生意，还是出海、耕田，都红红火火的。游遍整个村之后，回哈亭。

老奶奶说，自从1958年之后，就不再游神了，现在，祖堂得到了重建。游神是失传了，但有一件事情一直延续着，那就是每年正月十五，用竹子编成一只两三米长的船，还编有船浆的，在船上放着纸的衣服、纸钱、香烛，在哈亭门前烧掉，意思是过年了，各种保护神从四面八方回来，而如今已到了正月初五，要用船送神出海。

1．降生童：民间特定时间、仪式上，当地人认为被神选中，暂时降生到这个人身上以便参与仪式、享受人们供奉的人。

四、京族春节习俗的特点

(一)中原文化烙印深厚

通过调查，发现京族人春节期间的许多民俗行为具有明显的中原文化特点。具体表现在以下的方面：

1．根深蒂固的儒家文化

中华民族是以中原文化为代表的一个重根的民族，对祖先的敬仰与崇拜通常以祭祀的方式体现，所以人们会在最重要的节日，以最虔诚的态度，用认为是最好的食物，来供奉祖先。在过年习俗中，中国汉族人是这样做的，从越南迁居到中国的京族同样可以看到类似的行为。京族在客厅设立祖先神台，春节期间每天早晚隆重祭拜祖先神，这充分表明儒家文化在京族传统文化中已经根深蒂固。

其实，京族的祖先越族早在越南时期已经深受中原文化的深刻影响。历史上，“广西于今其西南隅与越南相邻，但古时越南乃为古代交趾、越裳、骆越的地方，现在的越南北部即秦始皇时象郡的一部分。今桂西南一带与越南的北部在当时同属于象郡，并无所谓的边界。”“汉时，南海尉事赵佗自立为南越武王，是时广西及越南均属于南越。汉武帝削平南越，以秦之三郡改置九郡，统隶于交趾，后改名交州。”[1]从史料可以推断，古代越南属于中国南方领土一部分，当地民众的生活习俗自然受到中央集权所在地的文化——中原文化的影响。特别是自秦始皇派史禄率兵开通灵渠、汉武帝时代在合浦开辟海上丝绸之路之后，有力地促进了中原文化向南越传播。同时，秦朝统一岭南后，还将大量汉人迁居岭南，与越人杂居。东汉伏波将军马援平定交趾二征之后，留下不少汉人将士及家属驻守交趾（今越南境内），维护地方秩序。种种历史事实表明，从秦汉以来，中原文化中的儒家思想及其尊老传统和祭祖习俗对交州各族民众的影响是自然而然的。

1．广西壮族自治区编辑组．广西壮族社会历史调查(7)/中国少数民族社会历史调查资料丛刊/国家民委民族问题五种丛书[M]．北京：民族出版社，2009(06)：19．

从京族家中设立的祖宗神台和神位安排也可以找到中原文化的影子。如苏维芳家的祖先神台位置和中原地区汉族家庭一样设立在客厅中堂正上方，参照中国百家姓中的“延陵郡堂”，神台中央书写“苏门堂上历代先远宗亲之位”，右边写上“是吾宗支”，左边标明“普同供养”。神位两侧还配有对联，上联是“宝鼎呈祥香结彩”，下联是“银台报喜烛生花”，横批“福德流芳”。如果谁家传承道公师傅的，在神台右边还要设立“道公师祖神位”，如杜氏英雄祖先杜光辉的后代杜玉彬是沥尾村第十五小组村民，也是世代祖传的道公师傅，还是本村有名的“降生童”，他家的神台还设有前几代祖辈供奉的众师傅的神位：“阮一郎、阮二郎之位”“杜光辉之位”“忠将黄马神灵大将军之位”“杜金余之位”“杜三郎之位”等，横批“吉星高照”。[1]

▲ 杜氏祖先神台／任才茂 摄／2012 年

▲ 吴氏祖先神台／任才茂 摄／2012 年

2. 强调“龙”的崇拜

中国是龙的传人，龙是中国人崇拜的神灵，京族人也自称其为“龙子仙孙”，并且以龙作为其图腾，这说明京族人在民族根源意识方面与汉族人具有极强的认同

▼ 山心哈亭（吃亭）龙柱／任才茂 摄／2013 年

1. 被访谈人：杜玉彬，男，2011年满87岁，沥尾村第十五小组村民，道公师傅；访谈时间：2012年1月15日。

感。主要表现在：一是哈亭建筑装饰用了突出的“龙”的元素。山心哈亭、沥尾和巫头的哈亭门廊几根大柱子上都有飞龙腾云的浮雕，山心哈亭和红坎哈亭屋顶塑有“双龙戏珠”的塑像。二是京族服饰特别喜欢绣龙画凤，凡京族女子的长衫和胸兜，都绣有“龙凤呈祥”的图腾。还有哈节期间游神使用的天蓬伞上绣有各种龙的图案。三是在海边专门建立有“龙王庙”，庙宇建筑上方和大门也镶有龙的图案或安装“双龙戏珠”的雕塑。由此看来，京族对“龙”的崇拜和喜爱不仅反映在生活中，更重要的是对“龙”的敬畏和崇拜，这和中原“龙文化”是一脉相承的。

3. 突出的道教信仰

在春节前后的集体祭祀活动中，都有一位年长的“师傅”担任主持，在祭祀仪式上按照道教的习惯，需要经过请师、招天兵天将、念经做法、占卦、送兵马、谢师等程序。如沥尾村村翁苏维坤又是村里德高望重的“师傅”，2012年春节前举行的“年晚福”祭祀仪式上，在哈亭，村民代表祭拜之前，先由苏维坤师傅请师父、兵马入朝，诵读祭文，以摔“杯珓”占卜，占得了顺卦之后，才能允许村民代表磕头祭拜哈亭众神。在海边祭海神的程序与此相同。据苏维坤师傅说，他们祖辈相传的是“正一道”法事。87岁的杜玉彬所继承的道公师父是“阮一郎、阮二郎”“杜三郎”等，这些都是道教中的“法名”。这就说明京族祖先的宗教信仰也是深受中原文化影响的。

▼ 京族道公师傅杜玉彬供奉的神台／任才茂 摄／2013年

4. 对土地神祭拜

除了祭拜祖先，京族也和汉族一样在哈亭旁和家宅旁专门设立土地公庙。沥尾哈亭西侧建有约高150厘米，宽180厘米的土地庙，庙内中间书写“奉将土地神之位”，右侧是“土旺人从旺”，左边是“神安宅亦安”。各家住宅的土地庙结构和神位安排与哈亭的大同小异。每逢春节、哈节或红白喜事，京家人都必须拜祭这位土地神。拜祭土地神习俗也反映了京族与中原汉族在神灵崇拜方面有着极为相似的同一性。

▲ 散年也拜土地神 / 赵军 摄 / 2013 年

5．“对联”的广泛应用

京族本民族没有自己的文字，其祖先在越南时候，曾经借用汉字创造“字喃”，但已逐渐失传。从普通家庭贴春联，到设立家神神台要贴对联，建立哈亭也使用汉族的“对联”，建立各种庙宇还是离不开“对联”。如杜氏神台的对联是“祖德英灵护弟子，神恩显赫保家安”，横批“满堂吉庆”。山心吃亭大门对联更是富有博大精深的中华文化韵味：“毓秀萃山心端凭观音望海，发祥中此地妙在龙尾回湾。”[1]

（二）浓厚的海洋民族色彩

京族春节习俗事项，也具有突出的民族性。京族人民在长期的渔业生产生活过程中，形成了富有特色的民族性格，表现在民俗行为上，虽然受到中原文化的影响，但京族人民并没有照搬，而是进行改造，形成带有自己民族特色的民俗。

1．祭拜英雄祖先

春节前后，沥尾各家各户多次到哈亭祭祀，祭祀的对象，除了镇海大王之外，还有他们祖先最初从越南登岛时迁移过来的“广达大王”“安灵大王”“兴道大工”，如“兴道大王”，全称“陈朝上将敕封兴道大王”。据

1．2013年2月19日，笔者到沥尾、巫头等村田野考察所录。

《京族风俗志》载："十三世纪的越南陈朝国公节制兴道王陈国俊，死后被封为越南一些地方的'村社保护神'。'兴道''广达''安灵'诸大王，都是京族祖先在越南原居住地的村社保护神。京家祖先由不同地方陆续迁居三岛，将各自原居地的村社保护神也带来了。"[1]

京族人还十分怀念和崇拜历史上曾经为村民做出过重要贡献的村中的首领人物，通过集体祭拜英雄祖先，达到团结村民，教化子孙弘扬祖先优秀品质的目的。如英雄祖先杜光辉、苏光清等是哈亭中的"左昭右穆"神位中最为重要的神祇。在苏维坤师傅手抄本祖传的经书中，这样记述苏姓英雄祖先苏光清的生平：

"京族统领苏光清，苏氏家族，德拜祖先，颂篇诗文，世代相传。子孙敬念，名苏光清，祖上承师，父亦大师。父苏庭贵，生儿五子，光祥光达，光玉光显，三子光清，父送学府，勤习经史，聪慧伶明。官府看中，留府干事，不负尽力，年轻为官。逢错必改，决意进取，里役副总，宁海总官。统领乡民，驱逐洋船，船运鸦片，害怕逃离，强贼邪道，企图劫村。率领村民，打其四散，不畏困难，差使勤恳，保家卫国，尽职奉献。他做大师，字号法仙，文墨精通，法显无边。光清生平，战贼护村，操心哈亭，守乡为民，爱国爱家，民称父官，呼名清总，敬称统领。"[2]

2. 鲜明的海神信仰习俗

京族渔民的信仰习俗与其他沿海地区的信仰习俗既有相似之处，也有自己的特点，即以海神为核心的多元信仰习俗。由于涉海行业具有高风险特点，京族民众养成了强烈的忧患意识和较强的禁忌习俗，因而虔诚崇拜海神、水神或有关的神祇，最初信奉的神灵与海洋密切相关，从而形成了供奉镇海大王、海公、海婆等神灵的自然崇拜。白龙镇海大王是信仰神格的最高

1. 符达升，过竹，韦坚平等. 京族风俗志[M]. 北京：中央民族学院出版社，1993.
2. 被访谈人：苏维坤，男，是年87岁，沥尾村村翁（族长），道公师傅，手抄传世经书《苏族各将文朝》；访谈地点：苏族老祖屋苏维坤家中；访谈时间：2012年1月13日；访谈人：任才茂。

▲ “年晚福”祭祀海神的纸船和纸马 / 任才茂 摄 / 2013 年

者，被认为具有保护渔民出海平安、驱赶海贼、管辖海域安全和赐予人民生产丰收的四大法力。

由于海上风云变幻莫测，家人出海平安归来也成了京族人最虔诚的祈祷。他们把镇海大王的牌位放在哈亭中供奉，而且每年春节前夕，众村民抬着祭品到海边祭拜镇海大王。京族人还在渔船的船头设“海公”和“海婆”的神位，在海边修建“海公庙”和“海婆庙”，每次出海前都要在神位前焚香祷告，祈求出海平安和渔业丰收。在新年里第一次出海捕鱼、放鱼网之前，也要到海上拜祭海神，祈求神灵的庇佑。

3. 丰富的海洋饮食文化

京族是一个靠海吃海的海洋民族，京族人主食以围海造田种植的大米为主，以海沙种植的玉米、红薯、芋头杂粮为辅。每到春节来临，京族的菜谱仍然少不了包括鱼、虾、蟹、贝类、沙虫干等具有海洋风味的食品。“鲇汁”“白食饐”“京族炒粉”、“糯米糖粥”和“风吹稿”[1]是京族最有特色的过年小吃。鲇汁是用小鱼腌制而成的上等蘸汁，山心村的鲇汁产量最丰，有“鲇汁之乡”美称。

1. 符达升、过竹、韦坚平等. 京族风俗志[M]. 北京：中央民族学院出版社，1993.

（三）多元的外来文化特征

由于京族祖先在迁徙到中国沥尾之前，其在越南土地上，曾经受到法国文化和外来宗教等诸多文化的影响。同时，沥尾地处中越边境地区，在近现代又受到美国文化、东南亚各国文化等不同国家文化的影响，所以其春节民俗所表现出来的是多元文化影响的民俗特色。有个别京族家庭还信仰天主教，春节期间还到江平镇的天主教堂参加礼拜。

总之，以沥尾村为代表的京族春节习俗的文化特点，是具有极其浓厚的中原汉族文化烙印的，以鲜明的海洋民族文化为内涵的，同时又具有海纳百川的胸襟，受到外来国际文化影响，形成了“多元一体”的民俗文化共同体。

参加调查及收集素材人：

本调查报告所述内容，除了标明有吴洁参与调查和收集的素材之外，其余均为任才茂调查和整理。

吴　洁，女，1990年生，京族，沥尾村19组村人。

参与调查时间：2012年1月21日～2013年2月1日，被采用的相关原始资料在文中已作注。

临桂县凤穴村汉族春节习俗调查报告

李桥明

前言

2012年1月7日至2月7日，调查者在家乡广西省桂林市临桂县临桂镇麒麟村委凤穴村做了关于汉族春节习俗的田野调查。2013年1月25日至2月25日，做了进一步的调查，补充前次调查的缺失之处。在这两次调查中，调查者都亲自参与春节的筹备工作，例如：做糍粑、除尘、祭祀灶神、购买年货、杀年猪、制作腊肉腊肠、拜年、走亲戚、吃众酒，等等。根据两年间对春节习俗的调查访谈，结合自己从小到大在家乡的见闻，调查者将此地汉族人的村落概况、生计形式、春节节日仪式、节日活动、节日习俗等组成部分做了细致描述。调查者经过两次实地调查，近两个月的走访，十多个人的访谈记录，最后整理成此调查报告。调查报告以田野调查资料为主，文献资料为辅，力求表现凤穴村的春节全貌。

一、村落的历史地理背景

（一）地理环境和生计形式

调查者的家乡是临桂县，它位于桂林市西郊，县城为桂林市西城工业开发区，距桂林市区6千米。建县始于汉代元鼎六年（前111年），距今已两千余年，从三国到清末，临桂县城都是郡、州、路、府治所在，有“桂都首邑”之称。2005年底，全县辖5个镇、4个乡、2个民族乡，以汉族人口为主，少数民族很多。临桂是一块风水宝地，历史上人才辈出，被誉为“状元之乡”；临桂地理位置优越，陆空交通便利，基础设施齐全。县境地处亚热带季风区，全年以东北风为主要风向，湿度较大，四季分明，雨量充沛。

临桂镇凤穴村位于临桂镇西北部，北与灵川相邻，东连桂林市郊，在桂柳高速公路附近，新建的湘桂高铁穿过村寨。凤穴村地理环境幽雅，背靠大岭，左侧和右侧都是土岭，它是一个典型的依风水而建成的村落。村前是开阔的田野，村民的农田主要集中在这个地方。村寨的房屋主要以泥瓦房为主，房子的外墙用泥土垒成，屋内是木架结构。房子的布局大多数是五房一厅，也有一部分是三房一厅。村寨历史悠久，村巷大多很狭小，道路都是用青石铺成。

该村分为两个生产队，分别是一队和二队。最开始一队和二队的田亩数是均等的，但后来二队人口增长快，造成现在一队人均3.6亩，二队人均2.3亩的情况。近十年来，由于二队死亡率比出生率高，加上二队的女孩出嫁多等因素，使得二队多出了100多亩农田，村民把这些多出来的农田平摊到户。这些田不是自家所有，而是暂时归农户耕种，遇到修路、婚嫁、小孩出生等新增人口出现而需要变更农田归属的时候，就会把这些田分给新来人口，这类农田有个别称叫“机动田”。全村主要以水稻种植为主，一年两季，第一季在清明节前后育苗，“五一”前后播种，到7月中旬收割；第二季紧接着第一季稻谷收割后播种，所以7月是村民们最为忙碌的时候。村民往往把这个时候叫作“双抢”，抢收割，抢播种，若是没把握好时间就会延误第二季的播种，因为立秋之前必须要把第二季的禾苗插完，不然就会影响收成。2012年春节过后，外县有6个老板来村子里，以每亩每年500元的价格租了100多亩的农田来种金橘，合同期限为20年。有部分人以副业为主，如村子里规模化养鸡的有2家、养鸭的有6家、养猪的有5家。村寨虽然距离桂林市较近，但是只有几家以种植蔬菜为主。未结婚的年轻男女常年在深圳、广州、东莞一带打工，过年时才回家；结婚后的年轻夫妻通常不去很远的地方打工，而是在桂林找些事情做；也有部分村民在湘桂高铁、桂林市二环路上打短工。村民的主要经济收入是副业，水稻种植已经退居其次了。

（二）人文历史概况

全村共有五个姓氏，分别是李、秦、龙、阳、王，李姓分为两个家族。其中一个家族来村里定居较早，据墓碑[1]考察得知，该家族在明末的时候，从江西迁移而来；另外一个李氏家族来得较晚。村寨以李（后来的李姓）、秦为大族，全村82户，316人。龙姓只有4户，阳姓1户，王姓也只有一户。据李仕强说："李氏家族（先定居的）在以前是很兴旺的，后来由于和阳氏家族争村口的池塘，打官司输了，赔不起钱就迁走了一部分，因此李氏家族逐渐没落了。"现在李氏（先来定居）家族在村子里只有7户，在桂林城区有11户。20世纪80年代，凤穴村是远近闻名的村寨，出过不少大学生。村中舞文弄墨的老者也很多，文化氛围较重，舞狮子远近闻名。

二、春节的由来和历史传承

问起春节起源于何时，村民都答不知道，他们只知道祖辈的祖辈就开始过这个节日了。对于春节的由来，村民就有几种说法了。一队的秦大爷（年龄89岁，村中最老的）说："以前土改的时候，既盼望着过年，也不想过年，因为一到年底，地主、债主就会登门而来讨租、讨债。同时，过年全家人可以团聚在一起，高高兴兴地过个年，更寄托了他们对来年的期望。"李春生（小学教师）则说："以前有一种猛兽叫作年，每到农历的最后一个晚上都会出来吃人，第二天没有被吃掉的人，则串门祝贺，后来就逐渐演变为过年了。"旁边的阳丽嫂说道："过年就是请去世的祖先回来，和自家人一起团聚，好好的招待，希望他们来年保佑家人身体健康，五谷丰登。""不管是团聚说、年兽说还是祖先崇拜说，其主要内容都是寄托了生者的希望，希望自家人身体健康，生活富足"，李秀峰如是说。随着社会经济的发展，农民生活的富足，现在过年的活动越来越丰富，但春节的历史传承依旧保留

1．该墓碑是李姓家族最老的一个墓碑。

着，家家户户都祭拜祖先，过年时期的禁忌也一代一代的传下去。以前的节日活动，如舞狮，舞龙，唱彩调在春节时，不定期的举行。

三、春节前的准备

（一）祭灶君

过了腊八之后，过年的气息就越来越浓了，人们也开始为过年做准备。过大年之前有个小年，也就是祭祀灶神。民间祭祀灶神有“官三民四乞丐五”和“官三民四船家五”的说法。以前官府通常是在农历的二十三祭祀灶神，而民间老百姓则在农历的二十四这天祭祀灶神，乞丐、船家在农历二十五这天祭祀灶神。该村以农历二十四为小年。

在小年早上，家庭主妇通常要在灶前或者是橱柜上贴一张灶神的画像（一张红色的纸，约有16开大，上面印着灶神的画像），画像边上写着“上天言好事，回府降吉祥”等吉祥用语。现在村民祭祀灶神，主要是对灶神的信仰寄托，希望通过对灶神的祭祀给家人带来平安幸福，同时也寄托来年的希望。祭祀灶神最重要的是祈求五谷丰登，家人平平安安。从这天起，村中过年的气氛越来越浓，村寨中时常可以听到小孩放鞭炮的声音，家家户户都在忙着过年前的准备了。

（二）村民的节前准备

1. 购买年货

村民们通常在圩日里，到镇上的集市购买各种年货。过年前的倒数三个圩日，是一年中最热闹、最拥挤的日子。人们一大早就去市场购买年货，家里养有鸡、鸭，种有水果的，通常都会把这些农产品拿到市场上去卖，然后买一些自己所需要的年货。倒数第二个圩日几乎家家户户，都会去赶圩。老人家去圩场主要是为了理发，添点日常用品。大人去赶圩主要是为了购买年货，为小孩购买衣服、鞋子之类的，小孩子去圩场大多数是为了凑热闹，购买玩具、烟花鞭炮等。即便不是购买年货的，也会去凑凑热闹，感受一下过年的气氛，尤其是离圩场很近的村子，那里的人们若有空闲时间，几乎次次都会到圩场上走走看看。

2. 除尘

“尘”与“陈”谐音，所以“除尘”也叫“除陈”。年前除尘有除旧迎新的含义，蕴含了人们“辞旧迎新”“破旧立新”的愿望，其寓意是把一切不吉利的东西通通扫出去。

村民除尘没有固定的日子，人们在什么时候除尘，主要是看自家是否有时间安排，但是村民通常都是过了小年之后才开始除尘。人们除尘的工具主要是长扫帚，它是用竹枝、竹叶和一根长长的竹竿做成，竹枝、竹叶做成扫帚，然后把它绑在长长的竹竿上。用竹枝、竹叶做扫帚，主要是考虑到竹叶不粘灰尘，蜘蛛网之类的，再加上取材容易，所以家家户户基本上都是用竹叶来做除尘的工具。除尘的范围，包括家里的里里外外，屋顶，地板、暗沟、被褥窗帘、家具、杯子、盘子、各种器皿等，最主要的地方是厨房，因为农村的厨房大多数是烧茅草、木材之类的，加上厨房是煮饭做菜的地方，因此这里的灰尘最多，必须要认真仔细地打扫干净。同时也要把家门口、小巷打扫干净，还要拔掉家门、小巷、院子里的杂草；家里的鸡窝、鸭窝、猪栏、牛栏打扫干净，换上新的稻草。据村民们说：“前些年村里几乎家家户户都养一头牛和几头猪，过年前都会把牛粪、猪粪清理得干干净净。房屋打扫干净后，也要把自身打扫干净，该理发的就去理发。以前年底的时候，都会有理发师来村里，老人和小孩子就在村里理发，很少去镇上理发店。如今走村串街的理发师没有了，老人家只能叫自己的儿孙骑车带去街上理发。”

3. 腌制腊肉、腊肠

七八年前，村里家家户户都养几头猪，过年时专门留着一头杀。往往在腊月二十几杀年猪，这样就可以用自家的猪肉，制作丸子、圆子，扣肉，等等。杀猪的时候，会叫邻居或者家族里面的人来帮忙，晚上主人家则会叫亲朋好友来吃晚饭。按照村里的习俗，一般都是男性去主人家吃饭。现在村民很少自己养猪，都是在年前二十天左右到集市买猪肉回来，自己腌制腊肉、制作腊肠。据村民说："早点做好腊肉、腊肠，到过年的时候，吃起来更香，更有嚼劲，过了小年后腌制的腊肉只有过年后吃，才会有腊肉的味道。"制作腊肉的方法：首先把猪肉切成块状，每块大概有两斤重；然后用盐和米酒腌制一个晚上，第二天拿出来，风干水分，若天气晴朗，两到三天后，就可拿到厨房里挂着。在煮饭、煮菜时，燃烧的柴火慢慢的把猪肉熏好。腊肠的制作方法：先把猪肉切成一小块一小块的，大概有拇指大小，肥瘦参半，喜欢吃瘦点的腊肠，就少放一些肥肉，多放些瘦肉，反之亦然；然后用盐和酒腌制一个晚上，第二天就可把碎肉灌进猪小肠里面。有些人比较喜欢吃甜的腊肠，那么就会在制作腊肠的时候，多放一些白糖到猪肉里面。做成腊肠后，拿到通风的地方风干，最后拿到厨房里面挂着，给它自然熏好。现在有越来越多的人，把鱼风干，做成腊鱼，甚至有人把鸡鸭的肾风干，制成腊肉。不过腊鸡鸭的比较少，因为村民认为鸡鸭炖汤更加有口感。

4. 制作糍粑、年糕

过了腊八，村民们就开始制作糍粑了，家家户户都做，一般人家做十几斤，少数人家要做二三十斤。糍粑主要是用在过年时，回赠给客人的礼物，六个或十二个不等，一般的表亲送六个，舅舅、姑妈之类的至亲就赠送十二个糍粑。现在有些村民图方便，就拿上糯米去镇上用机器打成粉制作糍粑，但是大部分村民们还是喜欢用传统的方式制作。村民说用传统工艺做出来的糍粑有嚼劲，机器制作的糍粑口感不如传统工艺的。传统工艺制作糍粑的过程：首先，用木质的大桶（又称饭甑，桶的底部有许多小孔，便于水蒸气上来）把糯米蒸熟；然后，一小部分一小部分的盛出来，放到石舂里，用木棍捣成黏糊状；最后，把黏糊状的糯米放到涂有茶油的尼龙纸上，以防止糊状的糯米黏着板子，在尼龙纸上做成一个个圆形扁状的糍粑，每一个大小约碗口大，等糍粑稍微硬点，就六个一组，按大小秩序叠起来。一两天后，把所有的糍粑用水泡着，村民说："这样可以防止糍粑开裂，也易于保存，防止糍粑起霉。浸泡糍粑的水，也要定期的更换，假如时间久了，不更换新水，那么糍粑就会发出一种难闻的气味，糍粑也会变坏。"在制作糍粑的时候，通常是几家人合伙制作，这样分工比较明确，效率也高很多，最重要的是可以加深几家人的感情，分享快乐。年轻力壮的男性舂糯米，女性制作糍粑，小孩就在一边玩耍。在制做的时候，大家有说有笑，还时不时的吃点糯米，其乐融融。有些村民还会从山上采些黄栀子回来熬水，然后放进糯米饭里，一起放进舂里舂。这样做成的糍粑就是黄色的，颜色鲜艳。同时，黄栀子还是很好的中药，它具有清热、泻火、凉血的功能，村民平时喜欢用火来烤糍粑吃，糍粑上加了黄栀子就起到了清热泻火的作用。糍粑有几种吃法：糖水糍粑、油炸糍粑、油煎糍粑，还有火烤糍粑，等等。煮好的糍粑，方便易拿，很适合村民外出干活作为午饭吃。由于糍粑原料丰富，制作简易，口感很好，加上方便携带，所以很受村民们喜欢。

5. 贴春联、贴年画

贴春联。春联通常是由男性来贴，村民很重视贴春联，即使家住城里的，到大年三十这天也会专程回老家，把家中的对联换新。李仕强说道："自家的大门很重要，它就是这家人的脸面。大门是一家人进出的通道，也是家与外界的联系点与分割点。大门在村民的信仰观念中有着重要的意义，它既是引入生气之门，也是保护居住安全的重要屏障，所以对大门特别的重视。人们往往在大门上悬挂一些辟邪之物，避除不祥，保护一家安全。大年三十贴春联、贴门神就是一种辟邪之物。所以贴对联的时候，一定要精心挑选对联，根据大门的情况，选择对联的大小，再根据自家的情况选择对联的内容，人们往往喜欢买那种很精美的对联，贴在大门上，而一般的门则贴一般的对联。"李仕强还说："贴对联也要很讲究，农家人贴对联，都是表达来年风调雨顺、五谷丰登、全家安康的期望；做生意的人，则希望财源茂盛，发家致富；今年家里有人要初考、高考的人家，就贴一些学业有成的对子。若今年家中有人过世，则今年的春节不贴春联，来年才能贴。"

贴香火。贴春联最重要的要属贴神龛上面那张写有"天地宗亲师之神位"字样的香火了。贴香火的时候有严格的时间限制，通常是在大年三十的凌晨贴上。贴香火一般是由家中结婚的男性长辈来贴，在没有长辈的情况下，才允许未结婚的男性贴香火。贴完后，家中的女性长辈要给未婚男性一个红包，以求吉利。贴的时候，不能贴歪了，“天地宗亲师之神位”那几个大字要正对着香炉。同时，不能让屋顶的木片压住“天”字，若压住了，就表示不吉利。现在，越来越多的人热衷于去镇上定制香火。村民普遍认为定制的香火耐用、美观，而且很适合农村新房屋的摆设。（香火的制作方法：首先，店主按照客户的要求尺寸，用一张红纸把“天地宗亲师之神位”等字样，打印出来；然后，用镜框装好。制作一个香火大概要花150元左右。）

贴门神。门神是贴在门上的形象，门神形象主要有秦叔宝、尉迟恭、张飞和关羽等，尤其是以秦叔宝和尉迟恭两人最为普遍。村民们认为贴门神即可以保护一家人的安全，挡住不干净的东西，同时也很美观，能给大门添加喜气。每年的除夕，村民都将去年的旧门神取下来，换上新的门神画像，以重新获得门神法力的庇护。因此，贴门神成了村民过年的一项重要活动。

贴年画。家里的年画旧了，就要重新换上新的年画。几乎所有的年画都寄寓着一种或几种吉祥的意思，而且一目了然。如画面上是一个白胖可爱的大娃娃，手里抱着一条活蹦乱跳的大鲤鱼，就象征来年生个大胖子；如果画面上是一棵摇钱树和一个聚宝盆，就象征新的一年能招财进宝。此外，还有风景画、花鸟画，也都寓有吉祥如意、人寿年丰的美意。很多村民家中都贴有毛泽东、周恩来、朱德等人的画像，贴得最多的要数毛主席的画像了，几乎家家户户都有，这充分的表明了村民对他们有着很深的敬爱。

6. 年三十的准备

今天是一年当中最后一天，村民早早起床，准备除夕夜所需要的各种东西。李仕强一早起来，洗漱完毕后，就开始准备早餐。早餐非常的简单，一锅饭加上几个小菜，家人吃完后就各自忙自己所要做的事情。小孩贴春联、包丸子，大人杀鸡、杀鸭、做年糕，老人则帮忙烧火。

李仕强和阳仕秀主要是负责杀鸡、杀鸭、做丸子、扣肉、年糕等事情。李志远则负责贴春联。李仕强说：“每一户，通常都会杀一只成年的公鸡，用来祭拜神灵祖先，公鸡尾巴上要留有三根长长的鸡毛，同时还要把鸡爪扭曲塞进鸡肚子里面。”丸子几乎是每家过年必备的，从市场上买回油豆腐，然后把做好的肉馅塞进油豆腐里面，蒸熟就可以吃了。丸子肉馅的主要材料是半肥瘦肉、木耳、香菇、淀粉、葱，等等。现在也有越来越多的村民直接把肉馅揉成一团，然后直接放进油锅里油炸，皮黄了即可起锅，这样做的丸子香，好吃，村民把这种丸子叫“裸丸子”。丸子象征着一家团团圆圆，幸福吉祥。阳仕秀主要是负责做年糕和做豆腐，做豆腐都是用传统简单的方法来制作，没有任何添加剂，做出来的豆腐原汁原味，家家户户都非常喜欢，尤其是那些回乡下走亲戚的城里人。水豆腐的制作方法：先把黄豆（通常是用黄豆来制作，做成的豆腐是白色的，而黑豆做出来的豆腐是黑色的，较不美观）提前用温水浸泡一个晚上，第二天把黄豆打成豆浆；然后，把豆浆煮开，放进水桶里冷却，还要放一点量的石膏，以便于豆浆凝固；最后，把凝固好的豆腐脑放入制作豆腐的模板里，过一段时间就做成豆腐了。年糕主要是用来祭拜神灵祖先，过了初一和初二，家人才可以食用。年糕是村民每家必做的一种祭品，它的制作原料是：糯米粉、黄糖水、芋头块、蒜叶还有油渣等，年糕可以做成咸的或甜的，依据家人的喜好而做。年糕做好后，还要用红纸剪出一朵花放在年糕的顶部。年糕，“糕”与“高”谐音，寓意着生活水平步步高升，表达了人们对幸福生活的向往。等所有的事情忙完，家中的每个人都洗漱干净后，就开始烧香、放鞭炮，吃年夜饭了。

四、节日仪式与活动

（一）祭祖敬神

从年三十到正月初二的晚上，每天吃饭前（大概是早上九点钟，晚上六点左右），都要进行祭祀祖宗神灵的活动，请祖先一起回家过年，人神共聚。祭祀的过程是，首先把各种祭品摆放在神龛前面，祭品主要有公鸡（尾巴上有三条长长的尾毛，蒸熟）、一块半斤重的五花肉、年糕、三个丸子、一块四四方方的水豆腐（豆腐上放一张小红纸）和各种糖果以及三双筷子。香火下的金炉前，要放三个盛满酒的小酒杯和一个碗，碗内盛满清水。然后是烧香，烧香的过程是：先在香炉里面插九根（插三炷，一炷三根，并排着插），然后在厨房的灶前插三根（祭祀灶神），最后在大门口再插九根。插香后就是烧纸钱，过程同插香一样，不同的是，在香炉前烧纸钱时，家中的小孩要过来叩拜，拜三次，同时还要倒三次酒在神龛前面的地板上。在大门口烧纸钱的时候，还要泼水饭（水饭的材料是，米饭、清水、肉汤、肉等）。最后才是放鞭炮，鞭炮要选择炮纸“真红”（炮纸颜色特别红艳的款型），看起来红红火火的，代表吉利。

（二）除夕吃年夜饭守岁

年夜饭，又叫团年饭、年更饭，它是一年当中最重要的一顿饭。在传统社会里，它是人们一年中最丰盛的一顿饭，也是年节中最重要的节日习俗。俗话说“一年不赶，赶三十晚”，“有钱没钱，回家过年”，外出工作的人，如果有时间，他们不管多远都会赶回家，赶的就是一顿年夜饭，赶的就是和家人的团聚。除夕晚上，人们将丰盛的年菜摆满一桌，合家团聚，围坐桌边，共吃年夜饭。既是在享受满桌的佳肴，也是在享受那份欢乐团圆的亲情。

下午五点三十分左右，李志远就烧香放鞭炮了，然后大家围坐在圆桌前，开始吃年夜饭，家族中至亲的伯伯、叔叔都会聚在一起吃年夜饭（轮流在各家吃）。吃团圆饭要讲究规矩和礼数，长幼尊卑依次序入座，不得乱次。尽管各家的菜品不一样，但年夜饭中的菜品都有一定的寓意。例如，用油豆腐做成的丸子，象征着合家团圆；鸡和鱼，鸡谐音“吉”，吉祥如意；“鱼”谐音“余”，即年年有余，鱼头通常不吃的，要留待新年；“豆腐”谐音“斗富”，即丰裕富足之意；还有白菜，表示“清清白白”；火锅是家家必须有的，火锅煮沸，热气腾腾，温馨撩人，寓意着红红火火。村民有个习俗，年夜饭可以吃狗肉，但是初一是绝对不可以吃的，过了初一后就可以吃了。这里没有年三十吃饺子的习俗，年夜饭主要还是以米饭为主。

吃过晚饭，就拿出水果、瓜子、糖果出来，大家围坐在一起聊天，看“春晚”。阳仕秀拿出糖果瓜子后，又去厨房里面忙碌了，只见她用一张张小小的正方形或长方形的红纸贴在橱柜、水缸、锅、灶台等之上。她说："贴在上面，寓意着一年都吉祥如意"。大家围坐在火炉边，一边看着"春晚"，一边东南西北的聊着，聊今年的收成，也聊明年的计划，渐渐地，一幅清晰的来年计划图就出现了。几位长辈都说，现在的"春晚"一年不如一年好看，舞台背景是越来越美丽、奇幻，但没有以前那种喜庆、热闹的氛围了。李志远说道："现在，越来越多的年轻人吃过年夜饭后，就跑去城里玩，泡网吧、约会、逛街之类的；也有部分年轻人，聚在村中的小卖部里，玩金花、推牌九、翻点数之类的博彩"。在年三十这晚，村民家中的客厅灯火通明，即便人都去休息了，客厅中的灯也会亮着，直到天亮，大家起床后才熄灭。在村子里，人们普遍认为，有"开门爆竹"一说，即在新的一年到来之际，家家户户开门的第一件事情就是燃放爆竹，以爆炸声辞旧迎新。当午夜子时，新年的钟声敲响，整个村子的爆竹声震响天宇。小孩则在门口、楼房顶、庭院里，燃放烟花。这个时候，整个村寨都是灯光通明，庭前是响个不停的鞭炮声，村寨上空是美丽的烟花，这一切鞭炮声、欢呼声把除夕的气氛推向了最高潮。爆竹声持续很久，才渐渐的安静下来，然后大家又坐在一起聊天。差不多到凌晨的时候，家中又开始忙碌起来，外出玩耍的人也陆陆续续回家。阳仕秀就开始打扫客厅，打扫干净后，又去把厨房里的水缸装满水并且放了几片大白菜的叶子。白菜的叶子具有生命力，把它放进水缸里寓意着一年四季缸里的水都是活水，具有生命力，这样做也是为了祈求家人身体健康。

(三) 大年初一挑新水、拜年

初一的清晨，天刚刚亮，阳仕秀挑起水桶到井边挑新水，在打水之前要在井旁边烧香、烧纸钱、放鞭炮，并且还要在井边放三个生鸡蛋。阳仕秀说："在初一这天早上，家家户户都要到井里挑一担新水，这预兆着新的一年将会交好运。这一传统一直延续下来，即便村中有自来水了，村民还是会在新年的第一天，去井边挑水。"在初一这天，村民有很多禁忌，比如，不许动刀杀生，不许拿扫帚扫地，也不许说粗话，更加不允许吵架，这些禁忌一直被村民所牢记。起床后，村民都换上干净得体的衣服，小孩穿上新买的衣服，在村巷里、晒谷场上欢快地跑来跑去。早上起来，晚辈第一件事情就是向长辈拜年，祝福长辈健康长寿、万事如意。长辈受拜后，要将事先准备好的压岁钱分给晚辈。

吃完早饭，大概十点左右，李志远和他妹妹就去他们伯伯家、叔叔家拜年，同时也会去邻居家走走，道一声好，问候一声，表达新年里的祝福。不管谁去谁家拜年或者是玩耍，主人都会热情地拿出家中好吃的东西来招待客人。若是小孩去人家拜年，当小孩离开时，主人都会给一个红包，表达祝福和关爱。初一这天，在外面不管遇到什么人，都会说一些吉利的话，如“恭喜发财”“大吉大利”等吉祥话语。

随着时代的发展，拜年的习俗也不断增添新的内容和形式，现在村子里人们除了沿袭以往的拜年方式外，还兴起了电话拜年、短信拜年和网络拜年等，这些新的拜年形式主要以年轻人为主流。

拜完年后，村中的小孩就会成群结队地到城里去买玩具、买烟花，等等。在大年初一这天，村民还会在村里重要的公共场所——令公祠里开村会，选举下一届村干部的人选（村民选村干部主要是以抓阄的方式产生）及移交工作任务。老人家通常不出来，待在家里面烤火，和晚辈聊天。在这天，村子里没有集体活动。据老人回忆，在十多年前村中会组织人来表演节目，例如舞狮子、唱彩调，等等。

初一这天，村民有个惯例，就是午餐不吃。若谁饿了，就自己吃点零食，晚餐吃得很早，下午五点左右就吃完了。晚饭后，最开心的要属小孩了，他们在球场上，兴奋地等着夜幕降下来，手早已经是痒痒的了；有些小孩还没等到天黑，早就开始放烟花、鞭炮了。这个时候，大人也会来凑热闹。

（四）年初二以后走亲访友

从初二开始，村民就开始走亲戚了。初二这天，出嫁的女儿一般都要回娘家，若自己家里没有客人的话，则全家人一起回娘家。带去的礼物主要有：一块腊肉（或者是一只母鸡）、两瓶酒、一包糖果、一包黄糖和一箱水果（通常是带苹果，不带梨）。以前黄糖都是用报纸包起来的，包好后中间放一张红纸；现在人们都是拿一个红色的塑料袋装起即可。到娘家后，女儿就跟母亲、兄弟姐妹坐在一起烤火聊天，聊各家的情况；小孩子们则到外面去玩，放鞭炮，玩塑料枪之类的；男性长辈通常会围在一起打牌，直到吃饭时才结束。酒桌上，大家都是至亲，没有太多的约束，谁能喝就多喝些，尽兴的时候还会猜码划拳。

接下来的几天，村民就去拜访其他的亲戚朋友，通常都是以亲疏来安排拜访的次序。在初七这天，村民是不去走亲戚朋友的，村民都认为初七不是个好日子，不能把晦气带给亲戚朋友。和朋友相聚都是安排在后面，大家都是好友，不会介意时间先后，只要能来，都会热情的招待。大家聚在一起聊聊天，喝点酒，其乐融融。走亲访友一直持续到元宵节前后才结束。

（五）闹元宵

正月十五，也就是元宵节，是我国一个很传统也很隆重的节日，也叫元夕、元夜，或上元节，因为这是新年第一个月圆之夜。因历代这一节日有张灯、观灯之俗，故又称灯节。是春节这个大节的最后一个重要时间节点，人们吃完早饭后就开始制作汤圆。汤圆以糯米粉制成，做成圆形，又黏又圆，象征亲密团圆之意。汤圆可以分为带馅和不带馅两种。汤圆馅可以用各种原料做成，有香、辣、甜、酸、咸各种口味，但常见的多为甜馅和咸馅。甜馅如花生、白糖芝麻、黄糖芝麻之类的，象征生活甜甜蜜蜜；咸馅如韭菜、肉末、葱、蒜之类的。元宵节晚上，米饭才是主食，汤圆只作为副食品。大家吃完晚饭后，年轻人就跑去城里面逛街看热闹。

五、结语

时间过得很快，一转眼就过完元宵节了。很多外出打工的人，在初八之前就已经返回工作的岗位上。新的一年已经开始，田地里已经有很多村民开始忙碌着。他们播下的是种子，更是对来年的期望。此次调查也初步告一段落，关于村民怎么过春节以及春节的一些风俗还有许多有待研究的地方，希望以后能够有机会继续了解村民的春节习俗。

两次的详细调查使调查者对凤穴村的春节习俗认识得更加清楚、深刻。传统的一些节日习俗、节日活动在不断的消失，例如舞狮子、舞龙灯、唱彩调，同时一些新的元素又添加到春节里，比方说，新的拜年形式，如短信拜年、手机拜年、网络拜年，等等；唱彩调改为放电影；乡（镇）政府举办的一些活动，如打篮球等，也进入到春节活动里。总的来说，凤穴村的节日氛围还是很浓厚的，各种节日习俗都在传承着，这也为调查者提供了很多宝贵的材料，感谢那些在调查中给调查组予帮助的人，谢谢他们的无私帮助。

附：主要信息提供者

李春生，男，48岁，汉族，桂林市临桂县临桂镇麒麟村委凤穴村人。

李秀峰，女，37岁，汉族，桂林市临桂县临桂镇麒麟村委凤穴村人。

李仕强，男，63岁，汉族，桂林市临桂县临桂镇麒麟村委凤穴村人。

阳仕秀，女，63岁，汉族，桂林市临桂县临桂镇麒麟村委凤穴村人。

秦次德，男，52岁，汉族，桂林市临桂县临桂镇麒麟村委凤穴村人。

博白县龙潭镇客家春节习俗调查报告

陈金梅

博白县龙潭镇客家春节习俗丰富多彩，从农历十二月二十三到正月十五，均有各种习俗活动。主要有十二月二十三祭灶、二十五“出年界”、年三十守岁、年初一拜年吃斋、正月十五老爷出游等活动，持续二十几天。

龙潭镇的客家春节习俗较多，过节氛围较为浓郁。其最具特色的正月十五“老爷出游”突出地体现了当地人的精神信仰。龙潭镇较大，村寨较多，而正月十五“老爷出游”为镇上居民每年春节最精彩的民俗，因此调查者本次调查选择了龙潭镇龙潭街为主要调查点。

一、龙潭镇概况

龙潭镇隶属广西玉林市博白县，位于县南部，唐朝垂拱年间曾设龙池县，清代设龙潭堡，民国设龙潭区，1957年设龙潭巨龙人民公社，1984年设龙潭镇。龙潭镇与陆川县、北海市合浦县、广东廉江市相临，属于“两省一市”交接地，为广西北部湾经济区五大功能组团之一的铁山港（龙潭）组团的组成部分，是玉林市唯一的临海镇，有龙潭河。龙潭镇地势东北高、西南低，大部分属低丘台地和小平原。境内白石嶂为最高山峰，海拔253米。属海洋气候，年平均气温22.8℃，无霜期为351天，年均降雨量1649.9毫米。全镇境内气候温暖，雨量充沛，适宜种植水稻、花生、胡椒、甘蔗等热带作物。主要矿产有石灰石、铁矿石和金矿等。

龙潭镇居民全部为客家人，全镇管辖13个村委会，一个居委会，308个村民小组，总面积160平方千米，总人口10.83万人，是博白县28个乡镇中的大镇。镇域面积159.69平方千米，耕地面积4040公顷，其中水田2867公顷，坡地1173公顷。龙潭镇是国家杂交水稻繁殖种基地、玉林市林果、名贵花卉、冬菜、冬药材、糖蔗、速丰桉、禽畜养殖基地。玉林龙潭产业园已开始建设，有167公顷，另有水、电、路、污水处理、垃圾处理基础设施正在建设。全镇已形成了以有色金属冶炼、建材、食品加工、塑料、印刷、服装、交通运输行业为主体的外向型经济。玉林龙潭产业园建设格局已初步形成。

早在唐宋以前，博白县即有客家人入居；大多数系在明清时期迁入[1]。龙潭客家也不例外。在龙潭，很多姓氏都编撰了族谱，有较为清晰的宗族迁移记录。如在龙潭大安村兰头潭朱氏大宗祠敦笃堂的族谱上就清楚地记录有该姓氏聚居此地的由来：据族谱所记，该地朱姓实为朱熹（文公）的后裔。明弘治年（1488年），首迁该地的始祖公洪珍公（朱熹第十三世友通公之子），在灵山县任教谕解组归里，途经博白考察，发现此地山川秀丽，气候温和，物产丰富，是一块理想的并可进一步开发的宝地，遂于次年（1489年）毅然弃祖居地——江西安远古田镇下庄村，迁到博邑东平竹根山（今大安村兰头潭）定居创业。[2]

龙潭每个村屯均有社坛，龙潭镇也不例外。龙潭镇以姓氏聚集而居，根据姓氏和迁徙情况，分为五个社。社坛主要供奉“伯公”。逢年过节，有喜事时，均到社坛处祭拜。随着现代化的发展，城镇上的社坛逐渐被水泥路和楼房覆盖，人们祭祀更倾向于有建筑依托的庙宇。每个庙宇均由香公管理，较为方便。现在，镇上的社坛只有在重要节日时才会被民众临时搭建出来。

龙潭镇庙宇众多，现以龙潭街伏波庙最为出名。而镇上周边各村大部分有各自的祠堂。龙潭镇的庙宇和祠堂里不仅供奉道教、佛教的造像，还有耶稣等神像，当然，最常见的还是当地的地方性神灵造像。

1．彭会资．博白客家[M]．南宁：广西师范大学出版社，2006．

2．刘道超．社神崇拜在当代之盛行及原因探析——以广西博白客家社区为例[J]．广西师范学院学报（哲学社会科学版），2010(2)．

▲ 伏波庙 / 陈金梅 摄 /2012 年

二、节前准备活动和仪式

(一) 拜“伯公”

龙潭客家人有祭拜灶神的习俗，灶神即当地人所称“伯公”。在县志中有记载：“中华人民共和国成立前，每家厨房都设有“灶君神位”，两旁贴上‘有德能司火，无私可达天’之类对联。每逢年节，在供奉诸神及祖先时，也供奉“灶君”。每年腊月二十三日为灶君节，传说灶君上天奏事，人们须拜祭灶君，以祈保佑阖家福寿安康。节后，农家大搞清洁卫生，准备辞旧迎新。此习沿袭至今。”[1] 如今龙潭街民众的厨房大部分为现代厨房，使用煤气灶等科技产品，大部分家庭已不在厨房内安置灶君神位。但每年十二月二十三日那天，家家户户都要杀鸡，备茶酒，抬出八仙桌在自己家门口供

1．博白县志编纂委员会．博白县志[M]．南宁：广西人民出版社，1994：964．

奉“伯公”。人们在祭拜时说些吉祥话语，烧纸钱，放鞭炮。也有一些家族直接将灶王爷迁居至祖宗堂，在祖宗牌位的右下角给灶王爷设立一个牌位和一张供台，因而每次当祖宗享受香火时，也要祭拜灶王爷，只是供品和牌位皆低于祖宗的规格。经过了腊月二十三一天以后，客家人开始进入春节的各种准备活动中，迎接春节的到来。

(二) 节前准备

龙潭客家民众一般从小年，即祭拜“伯公”那天开始置办年货，特别是腊月二十八、二十九临近过年时期，这一活动达到高潮。人们置办的年货除了大鱼大肉外，还有很多特制的小食品，如年糕、糍粑等。在过春节前家家户户开始忙碌着做年糕。年糕的种类有两种，一种是用糯米粉合着黄糖做外皮，用芝麻、冬瓜糖、花生米分别炒香碾碎做馅。另外一种是只用糯米粉做外皮，把生糯米、虾米、五香粉等配料一起炒熟搅拌均匀做馅。做馅的糯米可以蒸熟，然后合着其他的配料搅拌均匀。粽叶是用做包年糕的。以前过春节做年糕的时候一般都是要做这两样年糕，现在，大多数家庭只做自家人喜欢吃的年糕了，或者直接买水果或者用其他一些食品代替。年糕比较耐存放，过年家里来人的时候，主人家都会把年糕拿来招待客人，可煎、可炸、可蒸，或者在串门的时候带上自家做的年糕送人，表达诚心。糍粑是客家人过年时节不可缺少的食品，从年前几天开始，人们就动手碾糯米，过年的糍粑中，油糍是最重要的。糯米碾成粉末，放少量烧开的的水搅拌成团，再把团捏成一个个小小的圆形或椭圆形的样子，放到烧开的油中炸熟。油糍是人们过年时最喜欢的，走亲戚也喜欢互送油糍。

农历十二月二十五，是客家人的入“年界”，即加紧准备过年。入年界之后，要教育小孩不能打骂，不能讲不吉利的话。在此前后，要择定吉日在屋内打扫，家家户户都要把房子的内外打扫干净，寓意除旧迎新，把前一年的不好的、旧的东西都清理，迎接新的一年的到来。与之相反的，大年初一到大年初三是不可打扫房间的，房间里面的东西代表着钱财、好运，如果扫了则表示自己把钱财好运都扫出了自己家。

三、春节期间活动和仪式

（一）“年三十晚”

龙潭客家称除夕夜为“年三十晚”。大年三十，各家厅堂都要挂起祖宗画像，在大门口贴上红春联，谷仓门上、禽畜栏前，家俱床铺以及水缸边上都要贴上红纸条，叫作“封岁”，也叫“上红”，大人小孩都要用柠檬叶煮水洗澡，把一年的晦气全部洗干净，穿上新衣，干干净净过年。

客家人在吃团圆饭前要祭拜祖先，目的是告知祖先过新年了，家人团团圆圆，热热闹闹，希望求得祖宗的保佑。同时，村里面会派人到祠堂里面上香，俗说“装香”。“装香”的人一般都是已结婚的男子（但是没有严格的要求，女子也可以）。祠堂里一般有六个香炉，在祠堂的正上方有一个专门摆放香炉的木板。面对祠堂，从左到右分别供奉观音、上祖（及祖宗）和五代灶君等神像。在祠堂的门口两边左边代表门神，右边则代表社坛、庙坛等众神。“装香”的时候分别在这六个位置各装两支香。

不管是家庭祭祖还是祠堂祭祖，这时镇上居民会准备丰盛的祭品，如整只的熟鸡、猪肉、盐巴、饭、茶、酒、年糕、饼干、水果等。除了会变质的熟食外，“年卅晚”的祭品将会摆放到正月初五“开小正”。客家民众祭祀拜神所用的荤菜都在“年三十晚”之前准备好，避免大年初一杀生。

“年三十晚”祭祖之后，吃团圆饭。饭毕，全家开始守岁。龙潭客家人守岁讲究点长明灯，每个房间要整夜灯火通明，叫“点岁火”，有些地方牛栏、猪栏也要点上灯。旧时多为油灯，现则是各家各户尽量能把家中所有灯打开，直至天亮大年初一的到来。在灯火通明的“年三十晚”，家人一起话家常，迎接新年钟声的响起。

（二）年初一

十二点一到，鞭炮声、烟花声四起，震耳欲聋。人们开始忙碌起来，依次进行接神拜神、互相拜年等仪式和活动。龙潭客家人年初一接神拜神的对象既包括各路神仙，也包括祖先。客家人认为：人生在世喜食什么，那么敬祖时就用什么食物，加上年初一禁止杀生，因此年初一祭品大部分为水果和点心。镇上居民在接神拜神的仪式活动中，往往表现得恐落人后。他们接神拜神的时间都按照年历来决定，每年不同，各家八仙桌摆放的位置也有所不同。虽说如此，但只要龙潭街里有人开始放鞭炮，其他人就会加入到放鞭炮的行列中来。因为他们认为，谁先接到神，拜到神，表示自己对神越尊重，在新的一年里，就会得到更多神的庇佑。

接神拜神之后，最欢乐的要数小孩们了。这时，他们对大人们说着“新年好”“恭喜发财”等吉利话语，大人们则以“压岁钱”做回应，以期孩子们健康成才。从“年三十晚”开始，越来越多的禁忌出现，如不许说脏话、不许碗筷落地等。大约近一小时的接神拜神和拜年之后，大部分人选择休息，直到天亮。

大年初一，大家就开始忙于相互拜年了。但一般不串门，主要在公共场所拜年，说吉祥吉利话。这天民众自发进行舞龙舞狮活动，部分人选择一整天或早餐吃素。后者的午饭和晚饭也不重新做，并讲究年初一晚饭也是一家人吃团圆饭，菜肴均为“年三十晚”吃剩的，不兴新做饭菜。一是“年三十晚”较为丰盛，一般吃不完，第二天接着吃，以免浪费；二是人们认为这些饭菜可以延续上一年的好运和丰收；三是春节第一天禁止杀生，没有办法准备。

（三）年初二

年初二一般是走亲戚拜年的日子。俗话说“初一崽，初二郎”，女婿要带着妻子小孩，提着礼物到岳父母家拜年。但在这之前，各家各户要进行“烧开年纸”。“烧开年纸”是当地人对年初二这天的祭祀活动的称呼。年初二开始可以杀生，镇上居民会特意为这一天起早杀鸡，趁天还没亮前在自家门口和祠堂祭祀神仙和祖先。其他祭品也是重新准备，和“年三十晚”祭祖差不多。

年初二走亲戚拜年则无明确规定，可根据各家各户的情况而定。一般不能在亲戚家过夜，走亲戚拜年都要带上礼物，特别是自制的。主人家不能让客人空手而归，会回赠礼物。

▲ 各种神像 / 陈金梅 摄 /2012 年

(四) 正月十五“老爷出游”活动与仪式

在龙潭街的众多庙宇中，伏波庙最为出名。伏波庙位于龙潭镇北边，为香火较旺的庙。伏波庙位于县城南一百五十里之龙潭圩镇北边，为纪念汉军伏波马援将军所建。在伏波庙里，除了供奉马援将军外，还有数十个神位。除了下文提到一系列的武将外，还有其他常见的文昌、康王、释迦牟尼、观音、菩萨等都接受供奉。这也是当地庙宇的一个特色。当地居民用“老爷”来称呼众多神祇，这一尊称，原来指马援将军，后来用于统称供奉在庙里的所有神祇。因此，龙潭镇正月十五闹元宵活动也叫“老爷出游”。香公是负责管理庙宇的人。伏波庙的香公叫李书州，四十来岁，十几岁跟随师父学法，后当兵。退伍后，在镇公安局担任司机工作七年，后因孩子超生离职。九年前开始做伏波庙香公，“老爷出游”活动每年均由其主持。除了管理伏波庙外，平时给当地民众请愿、占卦、还愿，偶尔出去做法。据他介绍，龙潭镇庙宇众多，较大为伏波庙。各庙的香公法术不同，主要根据庙宇的香炉形状来判断。

龙潭镇龙潭街的“老爷出游”游神仪式，历时十小时左右。具体仪式如下：

布坛：布置祭坛。正月十三上午，伏波庙的香公在离庙大约五十米远的六角亭设坛，并在六角亭前面接连搭起大棚。六角亭周围用塑料围着，在后部摆一张大神桌，旁边放几张用红纸包好的神椅。神桌后面用黄纸做底，再贴上关公图像和对联“面如红日引，手使金锤驱尽出外”。亭中间摆放一张方桌和圆桌，供上香和摆放祭品用。六角亭六个柱子也分别贴上对联：“曲奏阳春春不老”“人歌神寿寿无疆”“一手黄金财主佬”“金棒打尽妖魔”“慧眼分清鬼怪”等。六角亭外用桌子拼成大祭坛，并铺上红纸。另外，在六角亭右边放一个香炉。临时布置的祭坛类似一个庙宇，从外形上看像一把打开的扇子。当地老人告诉我们，六角亭原是一个庙址，坍塌后由民众集资修建成亭子，供老人们娱乐使用。每年老爷出游时，在此布坛。

请神：请“老爷”出庙。祭坛布置好后，由伏波庙香公和当地老人负责请神。请神主要仪式是由香公祭拜，上香，念咒语，大意是告诉各位神今天邀请他们出来，请他们保佑等。香公会用阴阳卦来确定老爷是否愿意出庙，一般每个神都卦几次，在香公指示下老人双手抱神像出庙。每年请神的数量不一，主要看香公做法和阴阳卦的意象。2011年调查者在当地调查期间的老爷出游共请出八个老爷。请神大约花一个小时。

把神像请到祭坛后，香公上新香，摆香炉。香公和老人祭拜结束，民众开始摆上自己带来的祭品进行祭拜。龙潭香纸需要折叠成空心三角形。

祭祀：当地居民一般会用苹果、柑橘、柚子等水果和发糕、米饭等祭品前来祭祀，用红纸写上户主的名字。根据观察，这两天的祭祀中，既有个人拿着祭品祭祀，也有一家人来祭祀，还有家族代表拿个族谱来祭祀。个人祭祀较少，一般是未成家男女来求姻缘，时间较为灵活，且晚上较多；一家人祭祀较多，一家大小均出现，与祭祖相似，各家分工合作进行；家族代表也比较少，均因家族成员在外地或工作，无法赶来参加，由家族代表进行祭祀。主要仪式是跪拜，说完祝词后，拿出族谱逐一念家族成员名字，以求保佑和福气。在祭祀的过程中，民众可以请求香公帮助请愿，各种请愿均可，如财运、姻缘、求子、平安等，并给一定的香油钱。当地人一般都在祭坛的功德箱捐钱，五块十块，甚至一百不等，主要给香公组织活动来使用。

▲ 民众到临时祭坛祭拜／陈金梅 摄／2012年

除了当地人可以到祭坛祭祀外，外地人也可到祭坛进行祭祀。还有附近乡镇的居民特地赶来祭祀。民众可以在正月十三祭坛布置好后，到正月十五上午游神开始前这段时间前来祭祀。为了让祭坛的香火不断，香公和老人们全天轮流在值守。

降神：即与神仙相会，进入癫狂状态。正月十五的早上，依旧有很多人来到神坛中祭拜，并有很多民众围在祭坛周围。老人们更换新的祭品，主要是整只的熟鸡、米饭、酒、茶、发糕等，放上了两头新杀的生猪，接着在祭品前面摆放了两条长凳。香公为出游做准备，拿来老爷神像的座椅，并给神像座椅上捆上红布。座椅像小椅子，做工较为讲究，有祥云等图案。在祭坛，有些民众拿来新祭品祭拜，围观的人越来越多，大家都等待着“降生童”的出现。“降生童”，是当地人对老爷出游时神灵附身的人的称呼，大部分为镇上的民众担任，有时也有别的镇的人来担任，至于是谁，数量有多少，香公和民众都不知道。大约八点，有中年男子从围观的人群中走了出来，坐到祭品前的长凳上。坐下后，他开始东张西望，晃起脑袋。他成为第一个“降生童”。他晃了一两分钟脑袋后，身体开始晃动。这个时候，民众认为这个“降生童”降起来了，接着，他站了起来，晃动的同时双手捶前胸。在一旁的香公见状，开始念咒语，并卦阴阳卦。另外一边，另一个香公开始准备令箭，用红纸包好。令箭要用铜打造而成的，每只重约500~600克，长约50厘米，一头尖利，另一头铸成一定形状，大部分都是花的形状，如莲花等，并绑上红绳，准备大约二三十支。香公说“这些都是每年都有的，准备这么多是因为不知道有多少‘降生童’”，而且每个降生童不一，要以阴阳卦来决定。香公念完咒语和占卦结束后，拿到相应的令箭，在神像面前祭拜，拿起提前准备好的神水（白色状，有淡淡的酒味，估计由水和酒混合而成）给进入状态的“降生童”。“降生童”接到令箭后，双手向神像祭拜，紧接着，口喝神水，喷向令箭，将箭头从右嘴角缓缓插入口腔，用力使“令箭”沿口腔深入，让“令箭”从左脸部穿左腮而出，然后用牙咬住箭身，再弯曲令箭贴住右脸，以红绳将令箭的后部固定在头上，这个过程叫“令箭穿腮”。民众在一旁看着“降生童”进入癫狂状态。第一个“降生童”令箭穿腮时，第二个“降生童”出现了，这是位中年女子。她双脚成“八”字跳入，双手捶胸，继而打起武术。大约三四分钟后，她在长凳上坐着，和第一个“降生童”一样晃脑晃身，双眼紧闭，等待香公指令。这时，第三、第四个“降生童”陆续出现，每个出现的动作都不一样，有碎步跑的，有喃喃自语的。香公就更加忙起来了，要给每个“降生童”指令。没有得到指令的“降生童”或在长凳上晃脑晃身，或站起来做各种动作。在这个过程中，他们只能听到和接受香公的指令，不为周围的民众和吵闹的锣鼓声所动。有些“降生童”在“令箭穿腮”时不能一次性完成的，则进行第二次、第三次；有些则需要香公一旁的帮助，如大声喝喊，或再加神水。每个“降生童”令箭穿腮后，均坐在长凳上。2011年出现了八个“降生童”。其中两个较为特殊。一个为娘娘，是人们早已知道的，她是当地的神婆，平时在家务农，帮人算卦占卜等。她不用令箭穿腮，穿着有所区别。她穿的是粉红色为主的戏服，手拿令旗；另外一个为“天后娘娘”，她在令箭穿腮前把提前准备的服饰穿好，为黄色的花旦戏服。另外的“降生童”则穿着自己普通的衣服。通过对当地人的访谈，调查者了解到当地人都不知道谁会成为“降生童”，也不担心自己成为“降生童”，并认为“降生童”是由神定

▲ “降生童”准备游神 / 陈金梅 摄 /2012 年

的，不由自己控制，代表神说话。因为有神灵附身，所以插令箭时不会感觉到疼痛，也不会流血，假的则不然。另外神灵附身并不是一次就能够成功的，当地人认为，神灵选中一个“降生童”后，这个人进入半癫狂状态，但能不能最终降成功，要经过考察，有人连续几年“降”，但是最终没有穿腮成功，一般认为神明选中的人，必须要品行端正，还要没有食用黑狗肉的“前科”才有可能最终成为神明的代言人。一旦真正完成了令箭穿腮，这个人只要之后没有德行的问题或者吃狗肉，接下来的三五年，都有可能会成为降生童。而当地人相信，成为降生童能有好运，生活中也会诸事顺意。

请神过程大约持续一个小时，围观的民众越来越多，部分人开始祭拜坐着的“降生童”。香公等待一段时间后，觉得没有“降生童”出现了，就开始给“降生童”们发红色令旗。每面令旗上均有大大的“令”字，并有“替天行令”“威武将军”“威震四海”等字。

游神：授完令旗后，其他香公开始把神像请到游行的座椅上。“降生

▲ 出游队伍 / 陈金梅 摄 /2012 年

童”们拿着令旗挥舞着站成一排，等待神像就坐，准备出游。游行路线早已固定，主要是镇上各社和所有庙宇，2011年还游行到部分重要政府部门，如政府大楼、公安局等。约上午九点半左右，由锣鼓队、神像队和“降生童”组成的队伍开始出游了。神像队以前每个神像由一人抱着，一人在前拿着香烛。现改成把神像安在摩托车上，摩托车头绑好香烛，游神过程香火不能断，其他人则开始步行。大约十几分钟，来到了第一个社坛处。社坛都是临时搭建的，用四方桌和红布或吉祥彩布做顶，摆好香火。属于该社的各家把大圆桌扛出，两桌并列排开，圆桌上面摆满了各家准备的祭品，主要有水果、米饭、发糕、点心、整只熟鸡等。每个社坛的祭品均摆成十几米的长龙。游行队伍到达后，“降生童”们开始围圈或三三两两跳起舞来，其中天后娘娘还唱了起来，主要唱该社的来历和祝福。“降生童”在跳舞和唱歌时，人们开始烧香、烧纸、放鞭炮。大约十分钟后，神像已经摆好在社坛内供奉，“降生童”依次坐在神像前面，接受众人的祭拜。当地人一般是全家祭拜，以中年妇女和小孩为主，大部分来做客的亲朋好友也加入祭拜之中。祭拜过程大约十几分钟，游行队伍到每一社坛后的活动，均耗时一小时左右。

当游行队伍走到镇上的主干道时，彩车[1]和准备好的各种舞龙队、舞狮队、鼓乐队、民间鼓乐队、花旗队等都会加入。到队伍中来，各个队伍都由各社代表组成，各队之间相互较劲，跟随或接近游神队伍时特别卖力表演。龙潭镇今年还请了广东湛江的彩叉队来帮忙，把镇上小孩化妆成古代著名人物坐着马车、花轿等游行。

▼ “降生童”到达社坛后起舞唱祝语 / 陈金梅 摄 /2012 年

▼ 社坛 / 陈金梅 摄 /2012 年

当游神队伍游行到镇上的庙宇时，游行队伍里的香公则负责与庙宇香公沟通，随后让神像和“降生童”进入庙宇，此时主要由香公和庙宇香公进行祭拜，仪式较为简单。经过比较发现，“降生童”在临时搭建的社坛有较多程序，如跳舞、唱词，甚至与观众交流，如在其中一个设坛中，一个六十岁左右的老人与“天后娘娘”对唱后，自行进行摇晃、扭动身体的状态。这时，师公给其头上绑上红绳，授予令旗，让其加入队伍。

整个游行过程中，均有人负责拿着功德箱，接受观众的香火钱，并且一路均有人在两旁放鞭炮。

1．彩车，当地的民间组织，主要是各地有大型节日时，根据古代人物形象或戏剧形象来塑造游行队伍，主要为当地人提供游行的工具，即马车、轿子等，以及为人物化装造型。

整个游行路线由香公决定，香公说部分社坛是根据先辈迁徙到此地的先后和各社实力而定，庙宇也大体根据年龄和供奉的神像来确定；而临时增加的就由社坛或庙宇的远近来决定了。因为游神过程比较长，每年都要到傍晚六七点才能结束。有些较远社坛的民众则从上午等到下午，游神队伍经过之后，人们才回家，宴请亲朋好友。

在临时增加的地点仪式更为简单，游行队伍到达目的地后，放鞭炮即可。当地人的说法是因为这些是政府部门，在游行活动中出资较多，也需要我们的老爷保佑。

转坛：游神队伍走完最后一个社坛时，已是傍晚七点多了。天色已暗，白天被挤得水泄不通的街道已冷清不少，家家户户都在宴请亲朋好友。回到主街道后，游神队伍直接回到祭坛。老人们把神像安放好之后，开始念咒语和占卦。“降生童”们祭拜各位老爷，在老人们的帮助下，解开头上红绳，自行把令箭快速拔出，用神水漱口，恢复常态，嘴角没有任何痕迹。这些“降生童”从进入状态到卸下令箭，历时近十二个小时，游神期间不吃、不喝、不拉，并且又唱又跳，除了坐着接受民众祭拜，其他大部分时间均步行。在整个游行过程中，“降生童”并没有表现出任何疲惫的状态，到每一个社坛和庙宇均表现兴奋，直至结束。因为结束较晚，“降生童”卸下令箭后马上离开，未能进一步访谈。调查者发现，在整个过程中，除了开始进入状态，“降生童”不理会和不知道旁人外，其他时间均有意识，调查者要拍照时还积极配合。

送神：正月十六中午，开始送神回庙，准备的是新的简单的祭品。香公祭拜结束后直接把神像送回庙里供奉，过程同样讲究香火不能断。

四、其他活动

（一）拜华光师傅

龙潭镇的客家人在春节期间供奉华光师傅较为隆重。华光师傅，即华光大帝，又称灵光马元帅，三眼灵光、华光天王、马天君等，系道教护法四圣之一。相传华光师傅姓马名灵耀，因生有三只眼，故民间称之为“马王爷三只眼”。

华光师傅的牌位在博白客家人里几乎每家每户都有，华光师傅牌位其实就是人们的镇宅之器。在家里供奉华光师傅，需要叫风水师傅把它“请”到家里来：一般新宅入住后，宅主人会请风水师傅来“请”华光师傅，待看好日子选好时辰后，风水师傅就在吉日吉时把华光师傅“请”进来。在“请”的时候，风水师傅嘴里会念些咒语，例如：“上有天，下有地，华光师傅顶天立地……”在念咒语的同时手握毛笔在一张方正红纸的中间竖着书写“华光大帝之灵位”，在红纸两侧上方写上“左千里眼、右顺风耳”；写罢咒语也随即停止，然后把红纸找位置贴上并置办好贡品台，“请”就此完成。华光师傅的位置要根据房屋的坐向来安放，不过一般都会把他安放在门口进屋的右边。

供奉华光师傅的仪式过程一般是在家里进行的。“初三、十六，割块猪肉，华光师傅，慢饮慢用……”这是博白客家坊间流传的关于华光师傅的一句俗语。一句简单俗语，透露出了关于供奉华光师傅的时间和供品等信息。“初三十六”反映的是博白客家人供奉华光师傅的时间一般是在农历正月的初三和初十六的早上或中午，供奉完之后人们才开始吃午餐。“割块猪肉”指的就是供奉华光师傅的供品了，当然除了水煮整块猪肉是供品必需品外，鸡、豆腐炸、金菜、木耳、茶酒也是必不可少的；另外，供奉的时候不用燃放鞭炮和烧纸，烧三炷香即可。“华光师傅，慢饮慢用”反映的是博白客家人在供奉华光师傅时所说吉利语，意思是：“华光师傅，今日那就给您饮给你食，您一定要保佑我们全家平平安安、顺顺利利、大发大旺……请您慢饮慢用。”

因为华光师傅为各家镇宅之器，所以部分客家人在平时的每月的初三和十六都给其上香，而在春节期间的供奉特别讲究。

（二）祈福和还福

龙潭镇居民在春节期间除了大量的祭祀祖先活动之外，祈福、还福也是人们关注的活动。祈福，就是人们祈求神灵保佑，以便获取平安幸福，一般从正月初一就开始。还福，就是答谢神灵，一般在农历十二月进行。祈福的内容多种多样，求子的、升学的、升官的、生意的、平安的等。

在龙潭街，祈福分两种形式。一是在自己家中进行。在家中进行则需要到露天的地方，以便能看到天空，如天井、阳台、楼顶等。祈福前，摆上三茶五酒、各式供品（如糖果、饼干、金菜、木耳、年糕、四季瓜果等）烧上三炷或九炷香保佑人丁平安、六畜兴旺、生意兴隆、仕途通达等；二是到庙宇神前祈福，这时一般需要庙宇香公的帮助。祈福人到达庙宇后，向香公表明来意。香公简单问到祈福人姓名、生辰八字等信息后，让其在神像前摆上供品，直跪等待。香公一边根据祈福人信息和来意念咒语，一边占阴阳卦。阴卦不好，阳卦保佑。香公会一直占卜到全是阳卦才结束，祈福人给了香公香钱后离开。

祈福必然要还福，还福是向神表示谢意。通常每年正月祈福，农历十二月还福。若祈福不还，那就是对神的不敬。俗话说：有借有还，再借不难；祈福还福，年年丰足，因此，还福也是岁末的一项重要拜神活动。还福的供品用三牲，即：鸡、猪肉、鱼。诚心叩拜，感谢一年来神的庇佑。

（三）正月十五偷青

在龙潭街周边村落，还保留着每年正月十五到别人的菜园里偷菜的习俗。每逢元宵节的晚上，人们可以暂时做一回“贼”，“偷”一点菜园里的青菜。一般菜主家是不计较的，因为他们觉得有人偷他们的菜是因为他们收成好；间或有骂那也倒好，因为据说“贼”被骂得越狠毒就越“旺相”。正月十五元宵节的晚上，大人小孩子们三五结伴乘夜幕掩护，摸到邻村的菜地，拔几只大萝卜，几棵青菜或一把蒜苗带回家去烹食。客家话，生菜谐音生财，萝卜叫菜头，谐音“彩头”，蒜谐音“算”，取其意“好打算”。这便是所谓的“偷青”。“偷”的名声，虽不好听，但偷青者大都不以“偷”为耻。只要不把菜地搞得一塌糊涂或偷个精光，菜园主人都会是豁达大度的。菜园主人在当晚如果早有准备，守候在菜园旁边，当这群偷青的不速之客到来时，便会大方地分给每人几只萝卜、一点青菜和蒜苗，让他们欢欢喜喜带回去，绝不让他们空着手失望而归。

结语

龙潭镇客家春节历时二十多天，从小年祭祀“伯公”开始逐渐进入过年状态，大年三十守岁，到年初一开始的拜神守禁忌，继以正月十五为核心的第一轮新月的老爷出游。从时间进度上看，是一个张弛有度的过程。在整个春节期间，龙潭客家人追求的是家庭团圆，营造的是浓厚的崇宗敬祖的氛围。民众通过到庙宇祠堂、祭坛、社坛等地方，或用食品“贿赂”神灵，或请求香公占卜，目的均是为个人、家庭和家族祈福。龙潭客家在正月十五闹元宵这天举行“老爷出游”活动，未发现任何关于元宵的含义，更多的是表达当地人的信仰世界。可以说，龙潭客家的春节文化与当地人的精神传统息息相关，“老爷出游”的仪式一方面是源于当地人对神灵的信仰，另一方面，人们在仪式中达到的“忘我”状态，又令当地人的信仰得到巩固和承袭。

附：主要信息提供人

李书洲，男，汉族，龙潭镇龙潭伏波庙师公。
龙玉辉，男，汉族，龙潭镇龙潭街社区支书。
朱其森，男，汉族，龙潭镇龙潭街社区主任。
庞叙文，女，汉族，龙潭镇龙潭街人。
梁　煜，女，汉族，龙潭镇龙潭街社区人，玉林师范学院学生。

兴业县大平山镇陈村汉族春节习俗调查报告

陈基东

2014年1月27日至2月7日，调查者在家乡广西兴业县大平山镇陈村做春节习俗的田野调查，通过深入访谈、查阅文献资料、参与记录等方式，对2005年进行的春节习俗调查进行补充调查。两次调查，调查者先后以普通参与者和重要组织者的身份参与到春节活动中。根据调查所掌握的资料和调查者记事以来对陈氏宗族春节活动的所见所闻所感，形成此调查报告。

一、调查点概况

(一) 兴业县大平山镇陈村的自然环境和概况

兴业县地处桂东南，玉林市西北部。南朝陈天嘉二年（561年）置石南郡、石南县，唐朝始设兴业县。1952年8月，政务院批准撤销兴业县，归并玉林县。1997年4月，国务院批准设立兴业县，辖13个镇，总面积1487平方千米，2008年底人口为70万人，其中壮族等少数民族1万人。兴业县属亚热带季风气候区，年均气温21.8℃，无霜期345.5天，年降雨量1592毫米；交通便捷，黎湛铁路、324 线国道和南宁至广州高速公路过境，县城距离玉林市区36千米。[1]

大平山镇位于兴业县东南部，北距兴业县城12千米，南离玉林市区17千米，总面积117平方千米；辖21个行政村、1圩、55个自然村、260个村民

1. 根据兴业县人民政府网站“兴业县概况”网页（http://www.yulin.gov.cn/info/77802）和“兴业县简介”网页：（http://www.yulin.gov.cn/info/57159）整理。

小组，2012年底人口为5.34万，其中农业人口4.85万人，以汉族为主，操粤方言。大平山镇四面环山，地势周高中低，鸣水江、雅桥江、西水江流经境内，是兴业县农业大镇，以种植优质水稻为主，养殖业是传统主导产业，位居玉林市榜首。2012年全镇人均纯收入6483元。[1]

陈村位于大平山镇东北面，距兴业县城12千米，离玉林市区15千米，玉石（玉林—石南）公路、国道324线和黎湛铁路依村而过，村内主干道为水泥路，并与村外玉石公路、324线国道相连接，交通十分便利。全村辖陈村、大园李、陈秘、邱屋、鸣水5个自然村、21个村民小组，有陈等11个姓，2012年底有农户1107户、总人口4206人，水田3179亩。传统主导产业为养殖业和种植业，90%以上的农户为养殖户，有"广西养鸡第一村""全县养殖第一村"之称；种植业以水稻（一年两熟）和白菜、葱、芹菜、蒜、潮菜、辣椒、茄子、马铃薯等经济作物为主。2012年全村人均纯收入达1.2万元。村内有1所小学和4所幼儿园，小学服务于陈村行政村和新岭行政村；建有卫生室、养老院、老人幸福院、文化广场、农家书屋、阅览室等。[2]

自然村陈村为村委驻地，是5个自然村中最大的，分为上陈和下陈。上陈位于村落东段，有陈、龙2个姓，龙姓只有1户，陈姓有1户为新中国成立后迁居到此，其余陈姓为同宗族人；下陈位于村落的西段，杂居有陈、庞、李、杨、梁、吴等6个姓。村落南北两面为丘陵，背靠南面丘陵而建，村落布局坐南朝北，呈东西狭长状，东连大园李，西接黎湛铁路和国道324线交叉口，有水田1700亩、坡地和山林（松树林为主）2400亩。村民自筹资金建成3个自来水站，户户通自来水。20世纪80年代末90年代初先后安装了有线广播和有线闭路电视，现均已不用；2013年安装了网络数字电视。2007年起按人头收取生活垃圾转运费，聘专人转运处理生活垃圾。上陈旧村落的泥砖

1．根据大平山镇镇长覃德峰2014年1月27日提供的《广西玉林市兴业县大平山镇简介》（打印稿）和陶惠沽、梁培撰稿的《大平山镇镇志》（打印稿，2013年8月1日）整理。

2．根据大平山镇党委书记周鸿杰《陈村简介》（打印稿）和对庞德旺的采访资料整理。被采访人：庞德旺，男，1954年生，陈村村委秘书；采访时间：2014年2月6日；采访地点：庞德旺家。

木结构房屋现已无人居住，大部分已倒塌，近二十年来一幢幢新建的钢筋水泥楼从旧村落向南面、东面延伸，东面与大园李相连在一起。上陈陈氏宗族筹资建设家族文化广场。[1]

（二）陈氏宗族源流

陈氏宗族为汉族，最早到自然村陈村定居，集中居住在村落东段的上陈，现有238户，人口近1000人，户口已从本村迁出的族人有100多人。村中常住陈氏族人主要以种植蔬菜、养鸡、养猪、做建筑工、到广东打工、在当地私营企业工作等方式谋生。近年来，传统种植业日渐衰落，年轻人大多不愿意种地，也不懂种地。

陈氏宗族先祖原居浙江天台县，经多次迁徙到此定居。对此，陈氏家谱有详细记载：

“鼻祖九致公，讳鼎，名赵卿，号唐臣，浙江天台县人，……宋绍兴由赐进士出身，授翰林正字同修国史升驾部郎中任江西省隆兴道推官，晋升广西靖江节度使，授文林郎，祖生于宋建炎二年戊申（1128年），……配吴氏，……生三子崇仁，崇义，崇礼。”[2]

一代祖公为粤桂陈氏始祖，生于宋绍兴十八年戊辰（1148年）……”。[3]

四代祖宋咸淳年间由博白侨居玉林城大西街居焉，为玉林支陈氏始祖……”

据说，十一代祖西野公路过陈村所在地，发现此地风水好，于是就搬到此定居。[4]

至今，陈氏宗族已繁衍至第二十七代。

1．根据对庞德旺的采访资料和调查者的实地考察记录资料整理。被采访人：庞德旺，男，1954年生，陈村村委秘书；采访时间：2014年2月6日；采访地点：庞德旺家。

2．仕登公裔孙续修．玉林市城外三房陈氏族家谱．1998：167．

3．仕登公裔孙续修．玉林市城外三房陈氏族家谱．1998：168-169．（部分标点符号为调查者标注）

4．被采访人：陈业成，男，（1926—2008年），曾任陈村村委支书；访谈时间：2005年春节前；访谈地点：陈业成家。

（三）陈氏宗祠

陈氏宗祠位于陈氏宗族古民居群前面，是陈氏族人的家庙。陈氏宗祠是陈氏宗族举行春节祭祀活动的主要场所之一，平时也用于族人聚餐、红白喜事摆筵席等。据陈业成老人说，陈氏宗祠乃陈村陈氏宗族第十一代祖西野公所建，约建于明嘉靖年间，距今400多年。大跃进时期，大炼钢铁需要砖和木料，1958年从外地来了100多人要拆陈氏宗祠，陈氏族人利用把集体社食堂搬进陈氏宗祠的做法，使陈氏宗祠免除灭顶之灾。在“破四旧，立四新”运动中，陈氏家谱、屋顶飞檐和陈氏宗祠寝堂内神龛上的陈氏祖先牌位被毁，精美的壁画被喷上石灰水，写上毛主席语录。但陈氏宗祠总体建筑没有受到破坏，才得以保存至今。2004年底陈氏族人筹备维修资金，于2005年对陈氏宗祠进行了修缮。修缮项目主要包括：对原土夯的地面和砖铺的天井进行水泥硬化；在大门正面墙体和宗祠内墙体底部和部分廊柱贴上瓷砖。

陈氏宗祠为砖（浅红色砖和青砖）木结构，建筑面积310多平方米，飞檐（残存）黑瓦，雕梁画栋的痕迹仍依稀可见。轴线上的布局分为前、中、后三进，前进为大门与木质屏风之间，中进为享堂，后进为寝堂。三进之前均有三级台阶，取步步高升、三级连升之意。前进左侧有一土地神神主台，屏风上挂有一个大红色中国结和两串炮仗（即鞭炮）工艺品；前进的两侧各有一间房。绕过屏风后，是一个约40平方米的天井，天井两侧是连廊。天井往上，是享堂，享堂中轴线两侧约2.6米处各有一面墙，墙上有小拱门、大拱门和方形门3个门，使得墙看起来像柱子。穿过享堂往上走，是一个约10平方米的天井，天井两侧的连廊各有一个小门，通向宗祠外。从天井拾阶而上，便到了寝堂，寝堂中间设有神主台，神主台上摆有香炉，顶上有一层阁楼。寝堂两侧各有厢房一间。宗祠的前、中、后三进均有连廊相通，这样，即使雨天，不用打伞亦可在宗祠内随意走动。

每年除夕前一两天，热衷家族事务的族人会把陈氏宗祠打扫干净，并做好过年的布置工作。农历十二月二十八日上午，陶衍贞、谭瑞芬等近10名中老年妇女将宗祠打扫干净，并把宗祠周围排水沟和宗祠前空地上的杂草铲掉；也是这一天，陈国彬[1]书写宗祠的对联、堂福和横额，并在族人协助下张贴好（见文后附录）。

二、陈氏宗族春节前的准备工作

（一）准备年货

陈氏族人准备年货的时间一般安排在农历十二月中下旬。从准备的渠道及时间来划分，主要可分为三类：一类是自家产出的年货，如鸡、腊肠、腊肉和生菜、油麦菜、苦麦菜、芥菜、竹筒青、油菜花、潮菜、萝卜、葱、芹菜、蒜等时蔬，需要时宰杀或采摘即可；一类是购买即可使用或食用的年货，如苹果、橙子、橘子、柚子等水果，酒、饮料、糖果、饼干等食物，水仙、橘子树等有美好寓意的花卉盆栽，对联、利是[2]、门神、春帖、灯笼、彩带等春节装饰品，炮仗、烟花、香和纸宝、煤油（点煤油灯用）、蜡烛（包括环保且实用的电蜡烛、电池蜡烛）等祭祀用品，以及新衣服、新鞋子等；一类是需用自家或购买的原料加工制作的白散、炒米糖、扣肉、炸鱼、炸猪肉皮等。

白散、炒米糖、扣肉等是春节玉林传统美食，也是陈氏族人春节必备的美食。

白散，即米花，状如圆盘，白中微黄，甘香酥脆，稍压即碎裂成数块。俗称"白散"，即取其洁白松散之意。白散的制作过程，包括选料、笼蒸、打胚、晒胚、过糖水、油炸等六道工序。由于制作白散的时间跨度一般需要2个月的时间，糯米质量要求高，工序复杂，且如果糯米选不好，或某一工序的度掌握不好，均有可能造成白散碎裂或油炸时不膨胀散开，进而影响口感。因此，现在制作白散的人家越来越少了，多数的人家或从市场选购，或

1．男，1943年生，陈氏宗族第二十五代，最近十多年来均由其书写宗祠的对联、堂福和横额。
2．贴在门楹上的长方形红纸，上面写"新春大吉""老少平安""出入平安"等四字吉祥语。

请亲戚制作时顺便多制作一些，或几户人家合起来制作。陶衍贞（调查者奶奶）家有蒸笼、木模、竹筛等成套制作工具，现已多年不用，以往排队借用的景象更是只存在于记忆中。

炒米糖，黄中带亮，颗粒均匀，状如蜂蛹，软硬适中，香甜酥脆。20世纪90年代起，玉林炒米糖复杂的纯手工传统制作方法已基本被由爆米机与手工相结合的制作方法所取代，制作工序从选料、拌糖笼蒸、碓舂熟米、爆米花、熬煮糖油、成型六道工序演变成爆米花、熬煮糖油、成型三道工序。从调查者记事时起，炒米糖已是这种新的制作方法。较之传统制作方法，它简便得多，且不一定要用糯米，黏米也可以。现在由于市场上卖的炒米糖价格便宜，口感也与自家制作的差不多，所以，很多人家便从市场上购买，不亲手制作了。但也有人家出于对市场上卖的炒米糖的质量问题有顾虑等原因，仍亲手制作。农历十二月二十八日下午一点，陈国才的妻子、儿子陈家建、侄媳全海其（调查者母亲）在陈国才家制作炒米糖。陈家建用杆秤按照1.2：1的比例称黄糖和爆米机爆出的米花，将黄糖和米花分成了若干份。米花用塑料袋分开装起来，将一份黄糖放进炒菜的铁锅里，加一碗水，由陈国才妻子生火熬煮糖油，20分钟后糖油开始沸腾，全海其在灶台旁用木质饭勺将周围的糖油刮到中间去，以免烧焦。3分钟后，全海其用炒菜的不锈钢铲子从锅里铲了少许糖油放进灶台上盛有冷水的陶瓷碗里，并与陈家建一同先后用手指拿捏糖油，查看糖油是否能凝成糖珠（即球状），以判断糖油浓度及黏性。2分钟后，他们认为糖油的黏性合适了，随即将铁锅从灶台上抬到地上，接着将刚才称好的一份米花倒进铁锅里，用饭勺和铲子快速搅拌。2分钟后，待糖油均匀地黏附在米花上，一颗颗白色的圆圆的米花变成了黏附在一起的黄色米花后，立即用铲子转移到两个簸箕上，用手摊平，压实压平。13分钟后，陈家建用菜刀纵横交错地将晒箕中已散温凝固的炒米糖切成方形的小块。调查者迫不及待地将一小块放进嘴里，咀嚼起来，香甜酥脆蔓延满口。随后，陈家建将一块块的炒米糖装进塑料袋中。这时，在家外面玩耍的陈家建儿子陈景源似乎闻到了香味，跑回家来，从父亲手中接过一小块炒米糖，蹲在地上细细品味起来。制作这样一份炒米糖大约需要40分钟。炒米糖的制作持续到下午三点。

（二）宰杀鸡、鸭、鹅、猪等禽畜

陈村有正月初一不杀生的风俗。年三十、下年正月初一祭祀、食用所需的家禽，一般集中在年三十上午宰杀，主要因为年三十祭祀时需要鸡，且午饭过后不久，家家户户就开始准备年夜饭了。在陈村，杀一整头猪以备过年之需的现象并不多见，一般都是在办酒席或者其他重大活动需要时才宰杀。农历十二月二十九日下午，陶衍贞家杀猪。往年，她家也没有杀一头猪来过年的情况。今年杀猪，主要是因为来年正月初二，2013年新婚的三孙女要回娘家走亲戚。届时，将有近七十人的近亲聚餐一天，以款待新婚夫妇俩。

（三）十二月二十四日至二十九日扫屋

扫尘，陈氏族人称为“扫屋”，他们认为扫屋尤其是打扫厅堂和厨房时不得触犯神灵，须在腊月二十三日“祭灶”、送灶奶奶上天之后方可进行。绝大多数人家都选择在二十四日至二十九日期间对房前屋后、屋里屋外进行一次彻底的大扫除，将这一年中不好的东西全部扫出家去。扫屋时，一般绑一个软一点的扫把在长竹竿或长棍子上，或者砍一棵小一点的竹子，削掉其他的竹叶，保留顶部的竹叶，用来扫掉屋顶四壁的蜘蛛网等；用抹布擦拭干净柜子、桌椅等各类家具；尤其是要将厨房的锅碗瓢盆搬到天井来，仔仔细细刷洗干净，将灶台上的油污等擦洗干净；最后将地板打扫干净。扫屋的时候，也会清理家中的废旧品，能卖的就卖给收废品的小贩。有的人家用油漆粉刷一遍多年未粉刷的门窗。农历十二月下旬，陈氏族人一般也会理发，以新姿态去迎接新的一年。

（四）大年三十贴春联、利是、门神或春帖，挂灯笼

贴春联、利是、门神或春帖、灶君神位，是陈氏族人过年前必须的工作，贴中堂、挂灯笼则并不是每家都进行。张贴工作，一般在大年三十的白天完成，男女老幼均可，邻居也可以帮忙。20世纪90年代，陈氏宗族中还有

毛笔字写得好的族人帮写春联。随着他们的逝去，后来多数人家都是从街市上选购印制精美的春联、利是、门神或春帖、堂福。此外，也还有极少数的人家到街市上请人写春联，当然，要付酬劳。农历十二月二十九日上午，陈国彬书写了陈氏宗祠的对联，并在族人的协助下张贴好。大年三十，陈家旺、陈湖在家前和路旁的荔枝树、三角梅等树上挂上小灯笼，红色的灯笼衬着绿叶，显得格外鲜艳、抢眼，增添了喜庆气氛。

利是，是玉林当地对于春帖、春条的称谓，是印制的单条四言吉利语，呈长条状，宽约10厘米，长约20厘米。吉利语有新春大吉、恭喜发财、龙马精神、龙腾虎跃、上落平安、富贵双全、花开富贵、一本万利、招财进宝、五谷丰登、六畜兴旺，等等。利是，或单独张贴，或与春联一起张贴。单独张贴时，大多数情况下只贴一张，贴在房门的门楣和窗楣上，吉利语内容根据房间的功能等来选用，如老人的卧室门贴“老少平安”、上学子女的卧室门贴“学业进步”、厨房门贴“五味馨香”、沐浴间门贴“沐浴健康”等，或将吉利语为“出入平安”的利是贴在车上；有时在朝向路边的大门（此处所指的大门在功能上一般不作为家屋正式的大门）门楣上贴三张、五张或七张，张与张之间的距离至少要大致相等。与春联一起张贴时，贴在贴有春联的大门或厅门的门楣上，根据门楣的长度贴五张或七张，吉利语根据需要及内容不重复的原则挑选，一般有新春大吉、恭喜发财、迎春接福、福星高照、金玉满堂、丁财两旺（或人兴财旺）、出入平安（或四季平安）、一帆风顺、万事如意等。

门神的形象多为秦叔宝和尉迟恭，或张飞和关羽。从大小规则来分，门神一般有两种，小的贴在单扇门上（一般贴在旧式木门，不贴在防盗门）；大的贴在双扇门上（如厅门），张贴时要对折从中间割开。春帖，多为斗方春帖，大多为福字（贴时倒过来贴，寓意“福到”）和面对面、拱手作揖的金童玉女，贴在防盗门和旧式单扇木门上。灶君神位贴在厨房灶台正面紧挨的墙上，上面印有定福灶君之神位（中）、有德能司火（右）、无私可达天（左）、东厨（右上角）、司命（左上角），以及龙、鱼、莲花、鸳鸯、聚宝盆等图案。中堂，也叫堂福，有的人家用镜子材质的，无须更换；有的人家用纸质的，则每年须重新张贴。

三、春节祭祀活动

(一) 腊月二十三日祭灶

祭灶，是我国民间一项流传甚广的习俗。陈氏族人祭灶的时间是农历十二月二十三日，俗称“小年”。在当地，祭灶被视为春节祭祀活动的开始。陈氏族人将祭灶称为“送灶奶奶上天”，灶君为女性，与很多地方以男性为灶神有别。至于为什么是女性，他们也不懂其中的缘由。祭灶，多在傍晚进行，仪式的主角主要是家庭主妇。祭品有茶、面条，无酒。祭祀时，先点3炷香，插在贴有灶君神位的墙上的插香筒里，然后在灶台上由里向外摆上1杯茶、2碗面条、2双筷子。在灶奶奶“享用”祭品的过程中，斟3次茶，口念“保佑家人平平安安，顺顺利利”。一会儿后（意为灶奶奶享用过后），叩拜，烧一对纸宝、一只宝心、三张纸钱（均为金黄色）和一张灶经（上有两只马、八卦），奠茶，此时一般口念“茶落地，顺顺利利，事事顺利”。最后，放炮仗，把祭品拿走，整个祭灶过程结束。年三十，灶奶奶返回人间，傍晚家家户户均进行祭祀，迎接灶奶奶回来。大多数人家将“迎接灶奶奶”的祭祀仪式与家祭结合在一起，只点3炷香，请灶奶奶到厅堂与历代祖宗一起享用祭品；也有人家单独举行祭祀灶奶奶仪式，祭品与厅堂神台祭祀祖宗的家祭相同。

(二) 大年三十祭祖敬神

大年三十，陈氏族人经常将一句民谚“一年不忙忙三十日”挂在嘴边，用以形容这一天的忙碌状态。这一天，陈氏族人除了贴春联、利是、门神（春帖）、灶君神位、中堂，挂灯笼，宰杀家禽，准备除夕夜年夜饭等过年准备工作，以及吃年夜饭（团圆饭）和守岁外，更重要的是举行社祭、祠祭、家祭和祭灶在内的祭祀活动。大多数人家的社祭、祠祭、家祭安排在上午，祭灶与年夜饭前的家祭结合在一起进行。早上8点左右，大多数的人家就开始祭祀的准备工作了，宰杀家禽，准备祭品和祭祀所需的蜡烛、香、纸宝、炮仗等。祭品有公鸡（当地称为“熟鸡”的阉鸡，或称为“生鸡”的非阉鸡；以熟鸡居多）、扣肉（要撒点盐在扣肉皮上）、水果（以苹果、橘子居多，没有梨）、糖、饼干、茶、酒。宰杀家禽的工作多由男丁负责，准备祭品等工作多由家庭主妇负责，祭祀活动的主角为家庭主妇，由她们带领子女去祭祀。家庭妇女成为祭祀活动主角的原因，主要是多数人家的成年男丁大多不太喜欢操持祭祀活动。祭祀的顺序为社祭→祠祭→家祭，先神后人（祖宗），先远后近（祠祭祭远祖，家祭祭近祖）。9:10左右，调查者随同母亲、婶婶、堂弟、堂妹等共10人，约上邻居陈湖家、陈伟勇家一同骑摩托车、电单车前往社头坡。行政村陈村的5个自然村各自有自己的社神。社头，是陈村村民对社神的称呼，是陈村的村民共有的社神。社头坡是村民对自然村陈村社神所在地的称呼。陈村社头位于村落的中段、陈村学校（小学）旁，掩映在7棵据说有700多年树龄的参天古樟树下。社头由三部分组成，一是长方形的砖混材质供桌以及垂直立于其上的社神神主位，社头上用红色油漆书写“樟木神主之位”；二是供桌左边的土地神位，其替身为一块石头；三是供桌前的前后通透、左右砌有砖墙的屋宇，屋宇的屋顶是金黄色的双筒瓦和飞檐，屋脊上是金黄色的双龙戏珠瓦饰，正面的墙柱上有一副对联“顺风顺水顺人意　得财得福得天时”。当调查者等10多人到社头坡时，社头的供桌旁已围着不少村民，供桌上也已摆满了茶杯、酒杯和祭品。社神神主位前的香炉里插着香和30多根蜡烛，有些香和蜡烛倒在香炉周围，燃起熊熊的火焰。调查者的3位堂弟利用这火焰将一对蜡烛、一把香点燃，然后将蜡烛和3炷香插在香炉里，插3炷香在土地社位前，插3炷香在屋宇对联“顺风顺水顺人意”下面的代表天神位的香炉里。同时，母亲和婶婶们在供桌上从社神神主位往前摆上3个茶杯、5个酒杯和祭品（土地神位前也摆一些水果、糖、饼干），并斟茶、斟酒。祭祀中，共斟3次茶、3次酒。一会儿后，调查者家人开始在屋宇下叩拜神灵，首先背对社神神主位，朝向天神的方向，拜天地；然后，转身面对社神神主位，拜社神；最后，走到土地神前，拜土地神。每位神灵各拜3拜。叩拜神灵后，调查者母亲烧纸宝，再叩拜社神。之后，调查者母亲和婶婶们奠茶、奠酒，即端起茶杯、酒杯将茶、酒洒在供桌前。最后，弟弟陈基军把炮仗挂在屋宇前一棵枯死的古樟树残存的躯干上，并点燃。在炮仗噼噼啪啪地爆炸时，调查者母亲等已在收拾祭品，准备往回走，前往陈氏宗祠。

在陈氏宗祠内举行的祠祭，祭祀的是陈氏族人共同的历代先祖。祭祀仪式的步骤与社祭大体一致，顺序也是点蜡烛、香→斟茶、斟酒→摆上祭品→叩拜→烧纸宝→奠茶、奠酒→放炮仗。不同之处主要有四个方面：一是寝堂神主台上的香炉左右两边各有一盏煤油灯，煤油灯从除夕到来年正月初三要一直燃亮；二是香要18炷，在神主台、神主台底香炉、寝堂前右边柱子（代表门神）、享堂前右边柱子（代表门神）、土地神主位、宗祠前天神位各插3炷；三是除了寝堂神主台和宗祠大门进门右边土地神主位的供桌上各摆有3个茶杯、5个酒杯外，神主台底香炉前还摆有1个茶杯、2个酒杯，这些茶杯、酒杯常年摆在那里，以便族人祭祀时可不用带；四是祭品除了与社祭使用相同的之外，在寝堂神主台和土地神神主位供桌上各有2个柚子和一些水果、糖、饼干，这些固定的祭品从年底到来年的正月十五一直都在供桌上，要到正月十六完灯祭祀后才可分食。大年三十白天，到宗祠祭祀先祖的陈氏族人，人来人往，几乎不会间断。

祠祭后，就是回到自家厅堂举行家祭，主要是祭祀本家近祖。祭祀仪式的步骤、祭品的种类与祠祭基本一致。插香的位置除神主台（八仙桌）、神主台底香炉、厅门和大门右边的墙上的插香筒（代表门神）外，还有灶君神位。神主台上，那盏煤油灯也燃亮到正月初三，除茶杯、酒杯外，还有6双筷子，摆在酒杯的间隙和酒杯的两边。祭品比祠祭时多了白散和炒米糖，也是一直祭祀到正月十六完灯后才分食。陶衍贞的四个儿子已分家，但仍共用一个厅堂。在春节祭祀活动中，每个儿子家为了能得到祖宗的保佑，都会准备一份代表自己小家的水果尤其是柚子，以及白散、炒米糖、糖、饼干等祭品。祭灶，也有的另外准备一份祭品单独祭祀，但时间安排还是和家祭结合在一起。

在除夕夜年夜饭前，要先举行家祭和祭灶。祭品除了一直摆在神主台上的白散、炒米糖、水果、糖、饼干等外，还有年夜饭的饭菜。饭3碗，摆在菜与酒杯之间。菜品和数量一般与年夜饭的一致，也就是家人吃什么，祖宗就吃什么。祭祀时，有的是整盘菜端上来，有的则是用碗装一小部分。祭灶可与家祭结合，也可以分开单独祭祀。

（三）大年三十吃年夜饭、守岁

除夕这一天，各家各户吃过午饭，贴好春联等之后，便开始着手准备这一年最后一个晚上的年夜饭。尽管现在年味逐渐变淡，除夕夜年夜饭仍是家家户户一年之中最重要的一顿饭。在此起彼伏的炮仗声中，一家人围坐在餐桌边，共享丰盛并承载着浓浓亲情的美味佳肴，其乐融融。陈氏宗族年夜饭的美味佳肴，少不了扣肉、鱼和鸡。扣肉是当地逢年过节、酒席必备的菜品，有“无扣不成宴”之说。鱼和鸡，则分别寓意年年有余、吉祥如意。天气冷时，当地人喜欢打火锅，以防止菜刚端上桌子便凉了。2013年的除夕天气较热，打火锅的人家也比较少。与邻居相比，陶衍贞家今年的年夜饭还是如往年一样——一惯地早。17:00分刚过，一家14口人，已在二儿子家围坐成两桌，享用这一年中最重要的一顿饭。18:20分，邻居陈国才家才开餐。

天色随着人们共享年夜饭而渐晚，根据习俗，除夕夜是要守岁的。对于陈氏族人来说，现如今的守岁，已不是传统意义上的守岁，也不会通宵不眠，大多是守到零点，燃放完新年的第一响炮仗后即休息了。守岁的形式也随着时代的发展而逐渐多元化。比如，老人在家里看央视“春晚”，年轻人结伴逛街、玩耍，中年妇女、男人打纸牌，中青年妇女到家族的文化广场跳广场舞，小孩在文化广场上追逐玩耍、打篮球等，青少年燃放炮仗和火花，有的尤其是返乡过年的人们则忙着用手机为亲朋好友、领导同事、生意伙伴送上新年的祝福，维系自己的人际关系网。这些丰富多彩的守岁形式，随着时间的流逝，逐渐向新旧交替的午夜子时燃放新年第一响炮仗的习俗汇聚。“春晚”，这时更像是一个计时的工具，在“春晚”的主持人准备开始数十秒倒计时之前，各家各户已做好燃放炮仗的准备工作，当倒计时数到

“零”、新年钟声敲响之时，在这个岁之元，月之元，时之元的“三元开泰”时刻，整个村落淹没在此起彼伏、响震天宇的炮仗声和烟雾中，漆黑的夜被地面或空中竞相绽放的大大小小的烟花照亮。在燃放完自家新年第一响炮仗后，陈氏族人便上床休息了。半个多小时后，热闹非凡的夜渐渐寂静下来，人们也慢慢进入了新年的第一个梦乡。

（四）正月初一族人集体举行社祭、祠祭

放炮仗，是正月初一陈氏宗族家家户户起床开门后的第一件事情。早晨6点多，天刚刚亮，此起彼伏的炮仗声把大多数仍在睡梦中的人们吵醒了。在陈氏族人的观念中，正月初一争相早起放炮仗这一习俗，已没有《荆楚岁时记》所记载的“以避山臊恶鬼”的色彩，而是辞旧迎新的一项内容，更多的是祈求新的一年红红火火、顺顺利利，为节日增添喜庆的气氛。

正月初一祭祀的顺序是家祭→社祭→祠祭。炮仗放完后，族人会在自家家屋厅堂祭祀祖先，点上蜡烛、香，祭品为白散、炒米糖，柚子、苹果、橘子等水果，以及糖、饼干等。与此同时，家中晚辈开始向长辈拜年，一般会说“恭喜某某发财”之类的祝福语，对年长的长辈则说“祝愿某某健康长寿”，这时，长辈就要将事先准备好的“压岁钱”分给晚辈。发“压岁钱”时所涉及到的辈分问题，主要是从年龄大小来区分，年长的是长辈，年幼的是晚辈，而不是同宗族人所排的字派前后来界定，尽管族人还是明白谁是哪个字派的，也就是哪一代的。出门前，大人会换上干净得体的衣服或新衣服新鞋子，小孩则几乎都是穿上新衣服新鞋子。

早餐过后，甚至还没吃早餐，家家户户便将装在圆形托盆里的白散、炒米糖、水果、糖果、饼干等祭品和炮仗拿到陈氏宗祠中，放在用于摆放祭品的供桌（木质八仙桌）上。2013年陈氏族人新购买了10张八仙桌，总数达到了16张。今年正月初一祠祭时，族人不用再担心供桌不够用，而要像往年那样早早地就把自家的祭品摆上来。不过，不少的族人还是早早地来到宗祠，争取一个靠近祖先神主台的位置，将自己的祭品摆上，以求得祖先更多的保佑。早上8点，石壁山和牛岭还笼罩在晨雾中，供桌上已摆有二十多份祭

品。族人正陆陆续续地将祭品摆上来，并在相应的位置插上香和蜡烛。炮仗放在寝堂前左边的走廊上，要拿多少炮仗到宗祠，没有规定，完全由各家自愿。十年前，各家各户拿过来的炮仗还有专人登记，在红纸上记下姓名和炮仗的长度，然后贴在宗祠大门旁的墙上；现在已不做登记。各家各户的妇女和小孩摆好祭品、放下炮仗后，又返回家中，等候集中的锣鼓声。

8:40分，年轻人敲响了通知族人到陈氏宗祠集中的锣鼓声。他们把牛皮鼓装在特制的轮车上，从家族的文化广场出发，敲锣打鼓顺着水泥路逆时针绕着走一圈，往陈氏宗祠走去。听到锣鼓声，族人便会会集到陈氏宗祠。路上，族人相遇会面，便笑容满面地相互恭贺“新年快乐”“恭喜发财”“吉祥如意”等新春贺语，大人会根据亲属的远近亲疏关系给小孩子发“压岁钱”，成年男人间则会相互分发香烟。9点左右，祭品已摆满了16张八仙桌，八仙桌上还有几枝柏枝，一盘盘的炮仗也已堆了一堆，大部分的族人也已聚集在宗祠前空地上。这时，宗祠外锣鼓喧天，中青年男丁里三层外三层地围观敲锣打鼓；宗祠内陶衍贞、谭瑞芬等6位中老年妇女正围成一圈准备社祭所需的祭品。祭品为从宗祠供桌上随意拿的3盘祭品和一个内装糖果的金元宝。9:20分，在陈其等族人的简单商量后，金黄色的狮子随着富有节奏的锣鼓声舞动起来，族人紧随狮子相互簇拥、交谈着向社神所在地社头坡方向走去，祭祀社神。9:25分，族人到达社头坡，随即将祭品摆上供桌，点蜡烛、香，斟茶、酒，把成盘的炮仗展开摆在地上，而舞狮队则在旁边表演助兴。一番简短的准备之后，便开始叩拜神灵，先是天地，而后社神，最后土地神。狮子在先，族人在后。狮子在舞狮队员（非专业舞狮队）的舞动下，踩着鼓点，伴随着锣鼓声，行进、下跪、磕头、起身、后退等叩拜动作，栩栩如生。因场地窄小，族人分成多批叩拜，男女没有规定先后，但大体是男丁抢先，之后才是妇女和小孩。族人说着祈求神灵保佑顺利之类的吉祥语，头股相接地叩拜起来。叩拜之后，是奠酒，烧纸钱，放炮仗。炮仗燃响后，舞狮队进行精彩的表演。此时，狮子宛如一个调皮的小孩在玩炮仗，嘴巴一张一合，时进时退、时快时慢地去抢正在燃响的炮仗，在炮仗爆炸后释放出的烟雾中时隐时现。炮仗燃放完后，族人便收拾好祭品，在舞狮队的带领下返回陈氏宗祠。

回到宗祠后，族人便开始祠祭准备工作，点蜡烛、香，摆放炮仗。与五六年前将炮仗挂在宗祠的廊柱和宗祠前的灰砂墙（现已拆掉）上不同，近年来族人将炮仗首尾相接摆在天天行走的水泥路上，从标志上陈、下陈分界的水井旁摆到上陈文化广场后随路分成两叉，一叉往右顺着文化广场通向陈明小卖铺，一叉继续往前通向陈家旺小卖铺，总计约1千米长。近十位业字辈（第二十五代）、国字辈（第二十六代）的中老年配偶被安排坐在寝堂前右边走廊的条凳上，族人也被召集到宗祠内来。10:08分，陈氏宗族[1]正月初一祠祭开始。主持人陈基东[2]首先站在寝堂前中间的位置，宣读2013年度获得陈氏家族奖学金[3]的名单，并请他们到寝堂上来。2014年共有10人次小学生获奖励、1人获升入中专就读奖励、2人（一本、二本院校各1人）获升入大学就读奖励、1人获升入硕士研究生阶段就读奖励。陈基东、陈建为获奖的11人[4]共发放了奖学金4000元，并为获奖者拍照。在族人为获奖者鼓掌的掌声落下后，陈基东开始向全族族人作新年致辞。致辞的内容：一是

1．并非所有的族人均到场，2014年春节参加祠祭的族人在300人左右，约占整个家族在村内常住人口的三分之一。

2．主持人一般为德高望重的老人或任职村干部的族人等，近十年来担任主持人的有陈业成（已故，曾任陈村村委支书）、陈国其（现任陈村村委组织委员）、陈基东（第二十七代基字辈年龄最大的男丁，于2010年春节起由陈其、陈家裕等推举开始担任，推举理由是其为家族中学历最高的，具有硕士研究生学历；往年陈其、陈家裕辅助其主持祠祭的叩拜、捐款、发放奖学金等仪式，今年由陈其、陈建辅助。

3．陈氏家族奖学金是2010年春节前，陈其、陈家裕等推举陈基东担任正月初一祠祭主持人时，由陈基东倡议设立，目的是鼓励族人勤奋好学，立志成才，光宗耀祖；奖励资金来源为族人自愿捐款，从2010年春节起，每年正月初一祠祭时捐款，至今捐款共计62370元。奖学金从2011年春节起发放，至今共计发放15000元，共奖励42人次，奖励的是上一年度学习优秀或升上高中阶段以上学段学习的族人（含户口已迁出本村者；此外还包括上陈龙姓和非同宗的陈姓两户人家的小孩，且均有1人次获奖），小学期考获一等奖的奖励100元／人·次，初中、普通高中获年级期考总分前十名的奖励200元／人·次，升入中专就读的奖励200元／人，升入普通高中就读的奖励400元／人，升入大学就读的分别奖励600元／人（三本或高职高专院校）、800元／人（二本院校）、1000元／人（一本院校），升入硕士、博士研究生阶段就读的分别奖励1000元／人。

4．实际应到12人，其中1人为非同宗的陈姓人家子女，不参加陈氏宗族祠祭活动。

向族人传达2014年广西教育发展大会出台的一些促进教育发展政策，希望族人多关心自家子女的学习，支持子女读书；二是祝愿族人在新的一年里身体健康、工作顺利、学习进步、生意兴隆、万事如意等；三是倡议族人继续为陈氏家族奖学金捐款。接着，进入自愿捐款环节。陈基东、陈建、陈其首先把钱款放进了功德箱，部分获奖者、国字辈配偶最年长者陶衍贞、大人、小孩甚至妇女搀扶蹒跚学步的幼儿陆续将钱款放进了功德箱，钱款多则有几百元，少的也有十元，共计捐款8150元。10:29，自愿捐款环节结束，陈其宣布进入叩拜环节。叩拜先拜天地，后拜祖先；先是辈分大的老年人，再到其他族人。族人在享堂靠近寝堂的位置铺了一张草席，供辈分大的老年人叩拜用，享堂内的族人随即往草席的两旁挪移，让出一条通道，以避免老年人叩拜时拜到自己。辈分大的老年人分为男女两批，先男后女，男的只有业字辈的陈业流（1932—）1人，女的有业字辈的配偶吴祖兰（1939—）、李月卿（1944—）和国字辈的配偶陶衍贞（1933—）、谭瑞芬（1940—）共4人。辈分大的老年人叩拜完后，族人将草席拿走，两旁的族人又会到了一起。在陈其的指挥下，族人转身向大门口的方向下跪叩拜三下天地，再转身向寝堂下跪叩拜三下祖先神。几百人济济一堂，下跪，起身，再下跪，再起身，形成的人浪煞是壮观。拜毕，族人迅速退出宗祠。紧接着，青年从水井旁那头点燃了炮仗。噼噼啪啪的炮仗爆炸声盖过了一切声音，炮仗爆炸所释放出的烟雾也渐渐笼罩住水泥路。在炮仗声中，上陈文化广场的篮球场内，面向青少年的游园活动已开始。炮仗燃放持续了大约20分钟，白色的烟雾散去后，水泥路上散落的红色炮仗纸，为春节增添了几分喜庆气氛。这时，各家各户断断续续到宗祠把自家的祭品取走，路上遇到族人时均邀请品尝。至此，陈氏宗族正月初一集中进行的社祀和祠祭活动结束。

正月初一的午餐一般不举行家祭，也有的煮面条祭祀。这一餐，大多数人家因家人各自玩耍，其实也很难凑到一块吃饭，如调查者家就几乎每年都是流水席。晚餐前要家祭和祭灶，程序与年三十的基本一致，祭祀所用的菜是这一餐家人食用的菜品。这一天，族人也有一些禁忌，比如，不杀生、不扫地、不得骂人吵架、筷子掉地上要说“快乐”（“快落”的谐音）、打碎碗要说“岁岁平安”（“岁”谐音“碎”）。

（五）正月初二抢风水

正月初二的祭祀要早起抢风水[1]。祭祀依然是包括社祭、祠祭、家祭和祭灶。祭祀抢风水是要抢社神的风水，因社神为上陈、下陈所共有，所以，陈氏族人不但要与本族族人抢风水，还要与上下陈其他家族的族人抢风水。不过，并非所有的人家都很重视这一习俗，有的则是无法早起而放弃抢风水。抢风水的人家，早的凌晨3、4点，晚的最迟天亮前，就要起床杀鸡（一般为阉鸡）。匆忙准备好祭祀所需的鸡、扣肉（皮上放些盐）、茶、酒、蜡烛、香、纸宝、纸钱、炮仗后，便又在夜色中匆忙赶到社头坡。在祭祀社神时，如遇到其他村民来祭祀，都会寒暄几句并相互祝愿。社祭之后，陈氏族人从社头坡返回宗祠祭祀祖先，祠祭不用抢风水。家祭和祭灶并不是祠祭完成后回到家马上要举行的，一般是在早餐前才举行。中餐、晚餐前也举行家祭和祭灶。这样的一日三餐前的家祭和祭灶，一般会持续到正月初三。

（六）正月初二至初十走亲戚

陈氏宗族正月走亲戚的习俗随玉林当地的习俗[2]，根据亲戚由亲及疏的关系，从正月初二开始走，一般最晚走到正月初十。上年新婚夫妇回娘家，与祭祀抢风水一起，同为正月初二最重要的两项习俗。新婚夫妇回娘家要带上猪肉、面条、饼干、水果等，且需每家（以厨房计）准备一份，而每家则要煮一餐饭款待新婚夫妇。这个家的范围，往上至少延伸至新婚夫妇祖父所派生出的家庭，更广的会延伸至新婚夫妇曾祖父甚至高祖父所派生出的家庭。如果严格按照这一习俗，新婚夫妇要花少则一两天，多则四五天才能吃

1. 此说根据谭瑞芬的说法。另据《玉林市志》：玉林当地有正月初二“烧开年纸”的习俗，用大阉鸡祭祀祖先、社头（土地庙）和灶君，烧了开年纸才能走亲戚。——玉林市志编纂委员会．玉林市志[M]．南宁：广西人民出版社，1993：1148．

2. 玉林市志编纂委员会．玉林市志[M]．南宁：广西人民出版社，1993：1148．

完每家的这一餐。所以，近年来新婚夫妇的岳父母一般会跟相关的家庭商量，将款待新婚夫妇的餐数作适当的合并，以减少数量，节约时间，减少浪费。比如，上年结婚的陈基玲回娘家，高祖父所派生的所有家庭的成员聚到其父母家，吃午餐和晚餐。午餐开销由陈基玲祖父所派生的4个家庭分担，晚餐开销由高祖父所派生的另外8个家庭分担。已婚多年的夫妇一般也在正月初二这一天带上孩子回娘家，从孩子的角度来说则是去外婆家，比如，陈基玲的姑妈、两个堂姐等均在这一天回娘家。

关系疏远些的亲戚，多数安排在正月初三以后，也没有某天不能走亲戚的禁忌。由于近年来生活好过了，道路好走了，交通工具也从自行车换成摩托车甚至小汽车，亲戚间也走动得更勤了。由于各家各户均安装了固定电话或配置了手机，通信方便快捷，近年来到哪家去走亲戚，都是事先约好了的，不用像十多年前那样担心要去的亲戚家没人在家，或在家却准备不足而早早就出门，以便早点到亲戚家了。走亲戚时，长辈均会给晚辈压岁钱，晚辈并不局限于未成年的晚辈。

（七）正月初十挂灯

陈氏宗族上年添男丁的家庭，正月初十这一天要挂灯[1]，摆挂灯酒，宴请亲戚朋友。正月初九下午，添男丁的家庭要在家里备上茶、白散、炒米糖、水果、糖、饼干等，去喝茶的族人要给主角男丁红包。正月初十早上，添男丁的家庭的亲戚朋友备上彩礼来喝挂灯酒，吃中餐和晚餐。主人家要在上午选一个吉时将用彩纸扎的花灯挂在自家厅堂。主角男丁的外婆要备发糕、面包等以分发给关系近的亲戚，有的会分发给所有族人。

（八）正月十五元宵节

正月十五，是元宵节，陈氏族人对元宵节并不是很重视，可能跟在外谋

1．政村陈村所辖的自然村陈村下陈不挂灯，自然村陈秘挂灯不一定在正月初十，有的在正月初八，自然村大园李、鸣水、邱屋正月初十在社神搭棚挂灯。

生的族人一般正月初八左右已外出有关。陈氏族人一般不制作汤圆，近年来到超市里买速冻汤圆于元宵夜食用的风气慢慢形成。这天在自家家屋举行家祭，祭祀祖先和灶君是必不可少的内容，但也不隆重。上年没有添男丁的家庭，在正月十五晚餐前举行家祭后，整个春节的祭祀活动就全部结束了。上年添男丁的家庭，则是在正月十六举行完灯祭祀，烧掉花灯，春节祭祀活动宣告结束。

小结

当今中国社会现代化进程加快推进，传统文化在与现代化的碰撞和融合中发展。陈村陈氏宗族以春节为载体，将社祭、祠祭、家祭和祭灶结合起来，尤其是正月初一全族族人举行社祭和祠祭，既传承着传统中国农业社会节俗文化，也有助于促进家族成员和睦共处。近年来，春节祠祭活动中又增加了筹资修缮宗祠、修建文化广场和捐资助学等内容。这或许可以为我们提供一个不尽完美却又真实的个案——在中国社会现代化背景下，乡村社会传统文化如何传承与发展。可惜的是，由于调查者乃陈氏族人，又是家族春节祭祀活动的组织者之一和家庭中的一员，可能无法以更加客观的“他者”眼光实地考察陈氏宗族的春节习俗，也因主持活动和参加自家活动，而错过一些或许有意义的活动细节。

附：主要信息提供人

陈业成，男，1926—2008年，陈村陈氏第二十四代，退伍军人，曾任陈村村委支书。

陈业强，男，1934年生，陈村陈氏第二十四代，曾在玉林市人民政府林业局等单位工作，1997年发起、主编、续修玉林市城外三房陈氏家谱，1998年完成。

陈树团，男，1943年生，陈村陈氏第二十四代，广西兴业县松龄春酒厂厂长(法人代表）。

陈国其，男，1949年生，陈村陈氏第二十五代，时任、现任陈村村委组织委员。

谭瑞芬，女，1940年生，热衷于家族祭祀。

附录一 陈村陈氏宗祠平面图

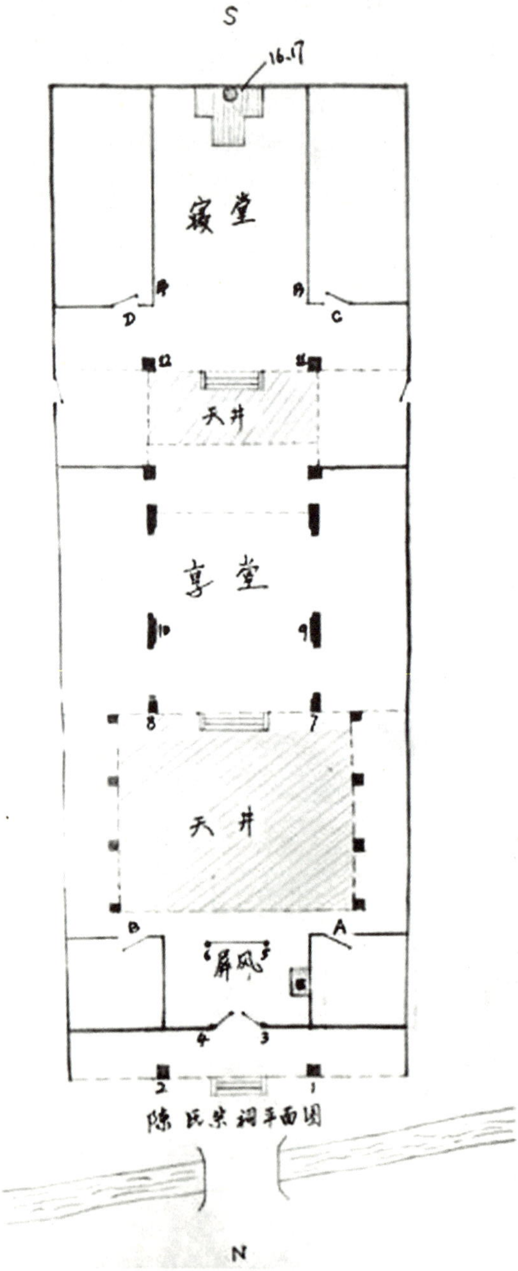

附录二：陈氏宗祠的对联及门楹横额

（一）对联

1．千古耒朝多石碧（注：石碧岭，海拔331米，位于村前、宗祠正对面，是陈氏宗族山林、坡地和坟山所在地之一。）

2．万年钟毓有牛山（注：牛山，即牛岭，海拔要石壁岭低，位于村后、宗祠左后方，是陈氏宗族坡地和坟山所在地之一。）

3．颖川绵旧德

4．西野廊新模

5．进以礼退以义

6．尊所爱敬所亲

7．培养紫芝三岛瑞

8．番昌丹桂满园香

9．燕贻昭日月

10．缵序永乾坤

11．三级连升高地步

12．一堂共叙乐天伦

13．祠宇告成敬祖宗在此联族属在此竹村椒实庙貌堂堂先灵步降

14．馨香肆祀歌学慰于斯宴突豆于斯复宥瓜绵肇恩代代后裔趋仓

15．土地神位堂福：（从右至左）土旺金生沾吉庆、本祠福德兴旺土地之神位、地灵人杰纳祯祥。

16．神主台堂福（下）：（从右至左）奕世圣朝科甲第、陈家堂上历代高曾祖考妣一派先亲之神位、祖宗德业国家基。

17．神台堂福（上）：（从右至左）香烟篆出平安字、九天开化文昌帝君、万文星主紫微大帝、大慈大悲灵感观音大帝、北极玄天镇武上帝、恒天护国关圣帝君、灯蕊结成富贵花。

（二）门楹横额

1．明月，2．清风，3．左昭，4．右穆。

南宁市春节习俗调查报告

李宇鑫

当今中国社会正处于快速发展的时期，由于城市化进程不断加快，许多城市在近二十年来的发展日新月异。对于在城市中过年的人来说，国家的法定节假日制度、单位的节假日加班制度；政府、社会组织对节日活动的组织；单位、社会组织之间的联谊等，都极大地影响了人们春节期间的活动内容。今天在城市里居住的居民，除了祖辈都生活在此的原住居民外，还有在城市化进程中大量涌入的外来人口。以南宁为例，南宁居住着来自全国各地乃至世界各地不同民族的人，尽管绝大部分外来人口来自广西各地，但仍然使得南宁的春节呈现出多元化的特点。

一、城市概况

南宁，简称邕，是广西壮族自治区的首府。南宁历史悠久，在东晋大兴元年（318年）建制，名晋兴县。唐太宗贞观八年（634年）定名邕州，故而今天南宁市简称为“邕”。中华人民共和国成立后，南宁城及附近的16个自然村从邕宁县划出，成立南宁市。1958年广西壮族自治区成立，南宁市被确立为自治区首府。2005年南宁市城区重新划分，行政区划为六区六县（青秀区、兴宁区、江南区、良庆区、邕宁区、西乡塘区，横县、隆安县、武鸣县、马山县、上林县、宾阳县），共84个镇、15个乡、3个民族乡、24个街道。[1]

1．参考《中国南宁》网页版，南宁市政府门户网站，行政区划版块。采用至2014年调查期间为止的最新信息。地址：http://www.nanning.gov.cn/AboutNN/glnn/xzqh/201012/t20101205_2764.html。

世居南宁的老南宁人语言以南宁白话（粤方言之一）为主，居住在南宁市的各族人民均能使用普通话进行日常生活的沟通。老南宁人喜欢看戏，粤剧是在南宁很受欢迎的剧种之一。春节期间，南宁市新会书院有“粤剧天天演”的表演活动。因为中国—东盟博览会在南宁持续召开，南宁已经成为东盟各国了解北部湾经济的重要窗口。随着国际交流日渐频繁，西洋交响乐、芭蕾舞、歌剧等西方文化艺术在南宁也广受人们的欢迎。广西音乐厅、南宁剧院等上演的交响音乐会、歌剧演唱会、话剧表演等，上座率也十分可观。南宁城市道路旁、公园内，均有许多公共娱乐设施供人们休闲活动。

今天，生活在南宁城里的不仅有世居南宁，普通话里也带着南宁白话口音的老南宁人，还有许许多多来自全国甚至世界各地的人。在城市里为过年做准备，逛年货市场必不可少。调查者观察了南宁市最为大型的两个年货会，部分景区、政府单位的春节活动，并对几个在南宁过春节的家庭进行了调查走访，撰写出这篇调查报告。

二、节前的年货会与返乡进城潮

城市的春节与乡下有很大的区别，今天的南宁城市里真正的“老南宁人”只是南宁人的一部分。自然、传统的，原汁原味的南宁特色的春节在这样一个持续发展的城市中不断发生着变化。今天我们看到的南宁春节，是多元文化在城市交融以及政企参与、商家争鸣的结果。在南宁，春节前最忙碌的有各个景点的员工，他们要设计各式各样的新年活动以满足在南宁过年的人们的需求；还有商场的工作人员，他们要策划春节假日期间的销售计划，以吸引因为放假而出门逛街的各类消费群体；此外是环艺工人，他们要将整个城市装扮出“年味儿”来。

进入腊月以后，南宁市的商场、住宅小区、道路等从外观上开始与“年”接轨，红色的装饰元素出现在大街小巷里，所有的广告也都换成了红底色，并且与春节相接轨。2014年是马年，广告随处可见马的踪影，商场促销也挂上“马上打折”等字样。在南宁城，节前人流量最大的几个地方，分别是年货会的现场、水街和车站。

（一）会展中心年货会与展览馆年货会

尽管现在商场里什么都能买到，但是在年前，人们还是喜欢去逛年货市场，似乎在年货市场里买的东西，才是真正的“年货”。正因为如此，进入腊月以后，有许多外地商家陆续来到南宁，租借各大年货市场的摊位，摆卖自己的产品。在这些年货市场中，有两个年货市场最大型，知名度最高，也最受人欢迎，它们分别是会展中心年货会和展览馆年货会。这两个年货会分别处在南宁新城区与老城区的中心，有不同的顾客群体。

1. 会展中心年货会

南宁市国际会展中心是中国—东盟博览会永久会址，其主建筑为标志性的大穹顶，以朱槿花为造型，由十二片花瓣组成，代表广西的十二个世居民族。会展中心坐落于南宁市新城区——琅东的中心竹溪立交旁，自2004年竣工之日起，成为南宁市著名的标志性建筑。“洋气”“高端”“上档次”“有面子”“大型”“国际范”是南宁人及包括周边地区对会展中心各类会务、展览展销、婚庆等业务的印象，也是很多人选择买年货到会展的原因。而会展中心年货会打出的广告也是以此为主要吸引，在展区的设置上安排了包括“港澳台年货展区”“东南亚美食节八大展区”及红酒、糖果、茗茶、家居、进口服装、箱包、南北特产、家电等。历年的会展中心春节年货博览会均会举办特惠活动、献爱心活动等为年货会增添色彩。年货会的广告或相关报道则发布在各大媒体，如广西会展网、时空网、南宁日报、人民网广西频道等平台。

虽然本质上依然是一个“过年的市集”，不过这个市集的货品与东盟博览会相挂钩，兼有外地乃至东南亚各国商品和本土的特产相结合，无论从规模上、品质上，都体现了南宁作为广西首府的特征。到年货会凑热闹、买年货的人以中青年居多，尤其是周边地区在南宁工作的年轻人，喜欢逛会展中心的年货会。他们认为这里的年货品种齐、品质高，而且符合年轻人的需求，能买到一些不一样的年货，而不是一成不变的传统年货。另外，居住在附近的居民和周边地区到南宁来办“年货”的人，也喜欢凑个新鲜热闹，而且他们选择到会展中心购买年货，还可以拍照回去给自己的亲朋看。

2. 展览馆年货会

展览馆位于南宁市中心，与人民公园相毗邻。展览馆年货会的年货以传统年货为主，也有来自全国各地的特产，这些特产以食品为主，如台湾的高粱酒、新疆大红枣、各式蜜饯等。到展览馆年货会买年货的多是世居南宁的老南宁人，或者是已经在南宁定居多年，工作与家庭关系均已落户南宁的人。他们逛年货市场的目的是为了置办自家新年用的食品和串门时的礼物。虽然展览馆年货的品种也很齐全，但是以干货、食品成品居多。

陈女士在南宁已经居住了近二十年，由于丈夫的父亲过世，他们将母亲接到南宁生活，因此她和她的丈夫在定居南宁后每一个春节都在南宁度过。展览馆年货会是她每年必去的年货会，有时与儿子一起去，有时与丈夫一起去。南宁城市发展很快，几十年前，南宁市人的主要活动范围只有今天的兴宁区，展览馆即位于兴宁区内。尽管如今的年货会、年货规模都与过去大不一样，但老南宁人仍然喜欢在这个地方置办年货。

年货中腊肠、黄年糕、各类粽子、粉利、沙糕等这些过去由人们自家做的南宁传统特色小吃和盆栽金橘树所占比例最大，这是因为随着城市的发展，很多人从过去自己独栋的房屋搬迁到楼房里，住上了单元房，很多传统食品不再方便在自家制作，因此，这些食品必须从市集或年货会购买。为了满足这些周边居民的实际需求，展览馆年货会的年货也以这些不再方便制作，但是在南宁过节习俗里又必须有的食品为主。

（二）返乡潮与进城潮

在城市里，每到春节，都有很多人回家过年，而南宁不仅回家过年的人很多，进城过年的人也很多。

2002年12月23日，国务院批准撤销南宁地区设立地级崇左市，辖原南宁地区南部凭祥市和崇左、扶绥、大新、宁明、龙州等县。原南宁地区邕宁、横县、马山、宾阳、隆安、上林划归南宁市。今天在南宁生活、工作的人，除了一部分“老南宁”以外，有很多是现在划归南宁市的六个县城的居民。受城市化进程的影响，有很多周边县城的人到南宁市买房，南宁中心城区的扩大，也使得一些本来居住在南宁周边的居民被纳入了城市的版图。此外，还有在南宁读书毕业后直接落户南宁的学生、进城务工的农民、因为工作关系居留南宁的人等。多种类型的居民，使南宁在春节前同时出现了返乡潮与进城潮。

开出租的李司机是崇左市人，父母都在崇左市居住，他每年腊月二十八前后就会与女朋友一起回崇左过年，一般到初三才返回南宁。回家前他也会到会展中心的年货市场逛逛，买礼物给自己的父母。腊月二十八是居住在南宁的外乡人返乡的高峰期，这一天，南宁市琅东客运站与火车站的人流车流都达到了最高峰。在南宁工作的外地人在接受访谈的过程中，也大都表示自己在腊月二十八这天准备回家过年。回城的时间则大都集中在初三和初六。初三回城的人大多是家在原南宁地区的人，这些人回家的车程在两小时以内。他们在周末及节假日返回父母家比较方便，因此对他们来说初三开年以后，家里也没有什么事了，早一些回城，可以避开车流，还可以回到南宁后休息两天再上班。初六回城的人主要是父母家在行政区划变更前的南宁地区范围外，且在政府机关及事业单位、国企等遵循国家规定假期的地方工作的员工。他们春节长假回家与父母团聚，同时要依照国家放假的规律回城。

广西大学毕业的麻同学是横县人，2013年毕业后留在南宁工作，不过，在他的工作关系正式落户南宁前，就已经连续三年在南宁过年。在他考上广西大学后，他的父母就在南宁市买了住房。虽然他的父母工作关系仍然在横县，但是，在入住新房一年后，麻同学家将自己家的祖先台请到了南宁的新房。人们相信，自己家的“太公”（对祖先的称呼）是跟着祖先台一起走的。因为“太公”在南宁了，所以年必须要和“太公”一起过。这种在家中安放祖先台的习俗，在撤销前的整个南宁地区都很普遍。人们过年要随“太公”，并且初一和十五要进行祭祀，因此在南宁买了房，并将祖先台请到了南宁的人家，即使自己的工作关系是在南宁地区的六县或者崇左、大新等地，也要到南宁的房子里过年。据麻同学介绍，像他们家一样因为在南宁买了房，请了祖先台而必须专程赶到南宁过年的人不在少数。他父母的朋友，户籍在天等县的黄先生家也是如此。在2009—2013年，春节前2～3天，麻同学的父母就早早来到南宁。虽然是到南宁过年，但年货都是从横县带来的，包括过年用的活阉鸡、在横县家里炸好的扣肉、横县特产大粽、自家做的年糕、荔浦芋头、横县芝麻饼，一早买好的粉利、香烛、纸钱、夜明烛、香等。来到南宁后，全家一起打扫房屋，贴春联、窗纸，在神台前摆出供桌，准备大年三十和初一的敬祖仪式。

三、过年期间的活动

（一）除夕日的活动

大年三十这天，有的单位还没有放假，不过，这样的单位只是少数。大年三十下午，人们照例要逛年前最后一次市集。不过，由于城市里逛市集不像县城或者是乡下那么便利，所以现在住得离老城区稍远一些的人都不太遵循这个习俗。需要的东西都在腊月里陆续办好，大年三十只需要准备年夜饭即可。不过住在旧城中心的人依旧按老习俗过年，老水街是旧城中心现存最古老、最大型的市集。大年三十这天下午三点到四点之间，南宁的老水街可谓是热闹非凡。水街上的摊铺以卖菜为主，兼营水果和南宁及周边地区的土产。临近春节，菜市里水果摊上卖得最多的水果是柑橘，而且传统的南宁人一定要买带叶子的。柑橘、金橘都有大吉大利的寓意。过去，一家一户一个院子或者是一栋自建的小楼，人们更喜欢买整棵的金橘树盆栽，而且是买两棵放在自家门前，最是好意头；现在很多人改住公寓套间，家里放盆栽多有不便，但用柑橘来敬神的习俗还是必不可少的。带叶子的柑橘是放在供桌上敬神用的，柑橘的叶子据说还有驱邪的功用。虽然现在有些人不太信这些说法，但是新年人们仍然愿意讨个谐音的好彩头。另外，叉烧、腊肠腊肉、粽子、鱼在大年三十这天都特别好卖。尤其是鱼，因为年年有余的彩头，鱼也是大年三十饭桌上必备的菜肴，而鱼都是新鲜的好吃。因此大年三十的水产价格都涨了不少。过去，南宁地区大年三十都有煮粽子的习俗。现在很多家庭没有自己做粽子的条件，但粽子是要上供桌的。因此，大年三十水街的粽子摊生意相当好。但大年三十这天，来逛街的人都不会逛得太晚，摆摊的人也收摊很早，四点钟以后，市集的人就渐渐少了。

四点钟以后，各家各户都要开始准备年夜饭。传统一些的家庭，年夜饭前要祭祖，而且过年必须要吃鸡。“无鸡不成宴”，白切鸡是年夜饭里的重头戏，如果年夜饭的鸡不做成白切的，家里的老人便会不高兴。过年吃的鸡和平时吃的鸡不一样，平时人们常吃小母鸡，当地土话谐音称“项鸡”，当地人也戏称为“女青年鸡”；过年时吃的则是阉鸡。很多传统的家庭都会在年前数天就买好阉鸡，养在笼子里，每顿喂些米饭。吃阉鸡的传统与用白切鸡敬祖的习俗是分不开的，阉过的鸡个大、肉厚、皮色金黄，往祖先桌上供，很是好看。现在人们平时吃鸡，常买开水鸡，也有买带毛称的鸡，但即使是买活鸡，也为图方便在鸡行里杀了才带走。过年吃的鸡不一样，大多数人家还是保存了在烹饪前才杀的习俗。一般最少要杀两只，大年三十杀一只，开年杀一只。大年三十这天，鸡一般是下午杀。杀鸡时一般提着鸡脚，将鸡的喉管割开后，对着早已准备好的小碗放血。白切鸡的火候是最难掌握的，要皮肉全熟，但骨头里又要带着血丝为最好。扣肉也是南宁市传统春节饭桌上必不可少的一道菜。扣肉是一早就炸好的，此时将香芋与扣肉切片夹在一起蒸。年夜饭桌上的鱼，必须是整鱼。过去很多人家喜欢做红烧鲤鱼，不但有年年有余之意，还有鲤鱼跳龙门的好意头。南宁的红烧鲤鱼在鲤鱼烧好以后，还要浇上酸荞头和西红柿做成的浇汁。但现在很多人家因为清蒸鱼更为方便、健康，所以红烧鲤鱼在年夜饭菜桌上已经相对少见。

传统的南宁人，以及与南宁传统习俗很接近的南宁辖区六县等地生活的人，家里仍然保持着供奉历代祖先神位的传统。大年三十这天，在年夜饭开始之前，人们就将供桌在神位前摆好。根据最传统的老规矩，祖先台前要点两盏油灯，现在这样做的人已经很少，大多数以蜡烛代替。另外还要摆上香炉，插上三炷香。供桌上的供品是有讲究的，碟子、杯子的个数都是单数。

最少要摆三碟菜：整鸡、扣肉、鱼，多了不限，但必须是单数；两旁放一些水果，橘子必须是带叶的；最前方是酒和茶，可以各三杯，也可以各五杯。但是现在有些人家也不那么讲究，只在供桌上放上不一定带叶的柑橘、苹果和鸡。此后就是重头戏了，入席吃饭的人，每个人都要先到祖先台来“拜拜”，本地话发音叫“xie太公”。“xie太公”的时候，要默念或者是说出自己来年的愿望，然后要请太公保佑自己来年心想事成。拜完后条件允许的会烧些纸钱、纸扎的生活用品，以希望太公在地下也能过个丰年。

一系列仪式完成后就是年夜饭，全家聚在一起吃饭、看电视、聊天。吃完饭后，各人就陆续去洗澡，大年三十这天不论天多冷，都是一定要洗澡的，否则就是“一整年不洗澡”。虽然是大年夜，但是出来烧炮竹、吃宵夜的人还是不少。有一对从重庆来南宁做烧烤生意的夫妻，已经六年没有回家过过年，大年夜也不休息，坚持摆摊。有的摊贩说，大年三十到初七这几天摆夜宵摊，收入比他们平时摆两个月还要高。由于现在的年轻人很多都是独生子女，因此大年夜很多双方家庭都在南宁的年轻夫妇，虽然在夫家吃饭，但是吃完饭也有不少人要回娘家看看父母，一起看看春晚。

过去，南宁市禁止燃放烟花炮竹，有许多年轻人在过年期间，会买一些很小的焰火棒、冲天炮到江边的河堤燃放。这两年解禁以后，到了大年三十的十二点，炮竹声便此起彼伏，半个小时后声音才渐渐零落。

（二）大年初一到初六及元宵节的活动

1. 年初一的活动

新年第一天，万事都要讨个好意头。按照惯例，自己家人是大年夜十二点如果还在守岁的，就互相恭喜对方新年快乐，万事顺意，但孩子们的红包是到第二天早上，吃早饭前后才给。

年初一要上班的人有不少，南宁人有春节期间“行街”（逛街的方言发音）的传统，寓意新年“行大运”。因此，大型的商场、电影院、公园、景区都是正常开放的。如果初一早上不需要上班，早餐和午饭就要并在一起吃。初一起床后也要拜拜太公，供品已经换了，换成粽子、粉利、年糕。大年初一要吃粽子，横县大粽在整个旧时的南宁地区，现在的一市六县都很受欢迎。大年初一这天南宁和南宁周边地区要吃炒粉利，粉利象征未来一年顺顺利利。做法是粉利刨丝，胡萝卜也刨丝，芥蓝茎劈开，酸菜切丝，荷兰豆切丝，一起翻炒。粉利、粽子、年糕都是主食，所以早餐能吃得很饱。初一的早餐按传统是九点至十点之间进行，吃完了就出门，到午饭时间或饿的时候只吃一些小点心，就可以了。

因为年初一要“行大运”，因此电影院、公园、景区的生意都很好。南宁人有初一十五要烧香的传统。青秀山风景区是南宁人到寺庙烧香比较喜欢去的一个地方。在2014年春节年初一，青竹立交、青秀山下的青环路都发生了严重的交通拥堵，青竹立交尤为严重。青秀山和青环路上的孔庙、民族博物馆三个景区形成了一条整体的出行线路，这几个单位在上级领导的要求下也为春节期间的活动颇费苦心。就2014年来说，青秀山仍然是南宁人年初一烧香、祈福的主要活动地点，孔庙则举办了新春庙市，并请书法家现场写春联、赠春联，等等。民族博物馆每年春节期间要布一个新的展览，然后根据展览内容与观众互动，发放红包。2014年春节，民族博物馆一次性开放四个展览，同时配套活动，也引来不少观众参加。其他的公园也都有组织活动，尤其是年初一的活动是这些公园春节活动的重点，主题每年各不相同。

在旧时的南宁，春节期间有民间组织的龙狮队给商铺挨户拜年，优秀的狮队传承了南狮文化的精髓。如今，南宁的狮队不仅数量锐减，而且狮队表演的技术含量比起过去已经低了许多。由于狮队表演精彩程度不断下降，如今狮队春节期间已经很少在南宁市城区内出现，即使有拜年狮队，活动范围也仅限于经济开发区、江南区等非商业中心地带。现隶属南宁市辖区的六县中还有一些优秀的狮队存在，但这些狮队不会到南宁巡游拜年。

在南宁市长期生活、过春节的，除了世居南宁的老南宁人以外，还有很多外来人口，和南宁人初一出门行大运、逛公园、看电影的习俗不同，他们不少人遵照自己老家的传统来过年。

陈女士与黄先生夫妇在南宁定居二十年了，每年春节都在南宁度过。陈女士是柳州人，黄先生是容县人，这些年他们在南宁过春节都和南宁人一样，大年三十守岁烧炮，大年初一出门“行大运”。黄先生喜欢打牌，但年三十和年初一都不打，而是和家人一起度过。不过过了初一他就恢复了自己的生活规律，由于他退休了，所以他的生活规律是白天在家看电视，晚上出门打牌。

有些地方的习俗，初一是要走亲访友的，横县的麻同学家往年初一都要接待几个同住在南宁的老乡上门，互换红包，而且初一上门不能空手，是他们老家的习俗。从年初一到十五，麻同学都要给神台上香。往年麻同学与他的父母在家等待朋友上门，2014年却和以往有些不一样。这一年，麻同学家在年前有了白事，横县与南宁市在春节前家中有白事的情况下习俗是一样的。春节，谓之过年，过了年三十，白事无论发生在多久以前，都是“去年的事”了，但同时又要遵守一个“七”数，四十九天之内是不能去别人家上门的。麻同学家往年多是与麻同学外婆家的姐妹一起过年，初一，同样是定居在南宁的阿姨会带着他的表妹来上门拜年，有时舅舅舅妈也会来。2014年却不太一样。麻同学的父亲刚刚过世不久，按照横县的习俗，白事后的春节，麻同学母亲的娘家人是不来的。但麻同学父亲的兄弟可以来，因为他们同是麻家人，白事也是一家的。由于丧事刚刚办完，从来没有在麻同学家过过年的大叔小叔，今年一起来到麻同学南宁的家，和麻同学及其母亲，吃年夜饭、守岁，过春节。因为神台供的是麻家的太公，所以他们在这里烧香、过年没有什么不妥。因为出现了白事，初一到十五之间神台前的香火必须保持，如果一炷香快燃尽了，必须立即点燃另一炷香。晚上为了避免燃着的香中断，还要有人值夜。

2. 年初二到年初六的活动

南宁市的居民年初二到年初六的活动除了走亲访友之外，还有各居委会举办的活动，以及景区、单位举行的各类游园活动。此外，由于现在私家车已经较为普及，不少家庭会在春节放假期间全家一同出门踏青游玩。

居委会的活动因居委会筹集的资金（活动经费）、居委会生活的街坊的亲近程度、街道所在的地区而有所不同。一般地，旧城区生活在同一小区的居民，大多相互认识，春节期间也比较喜欢聚在一块举办活动，新城区则正相反。2006年春节，南宁市福建园社区的居民，就请来星级饭店的主厨，现场教学宴席常见菜肴的做法，并在小区露天设宴，让小区里年长的老人聚在一块吃饭。同时进行的还有游园活动，居民们在活动中增进感情交流。在这里，人们通过居住的地缘关系享受着传统社区特有的过年氛围。但这类活动在新城区（青秀区下辖的东盟经济开发区，西乡塘区下辖的高新经济开发区等）的社区内就无人组织开展。

过年期间，在景区公园内都有持续的游园活动，与居委会不同，这些景区公园的部分游园活动项目是以带动消费为目的的，也有公益性质的免费活动。免费活动大多由国家全额拨款的事业单位主办，目的是在烘托年节气氛的同时，也提高自己单位的知名度和影响力。2014年春节，南宁的花花大世界、人民公园、良凤江公园等公园，都开展了不同的游园活动。另外，市内的各大剧团、杂技团、乐队等都在节假日进行表演。春节期间这些剧团、乐队推出了应景的演出，如“南国之春”传统乐器演奏会等。

年初三，南宁市迎来了春节期间第一个返城的高峰。

这天汽车站最为热闹。年初三返城的大多是父母家在南宁周边地区的居民。这些地区与南宁本地的春节习俗比较接近，人们从乡下带回来的东西也是南宁本地居民春节期间走亲访友常用的礼品。人们带得最多的要数土阉鸡。随着城市里养殖场出产的鸡日渐增多，土鸡的身价得到了提升，许多平日不讲究吃土鸡的人，过年也要买些好鸡，所以返城的人们带得最多的，就是土阉鸡。并不是到任何一位亲友家都能带上土阉鸡的，只有到关系最亲密的朋友、血缘最近的亲戚家时，人们才会带上阉鸡作为礼物。

年初四到初六，很多人会在家或继续走亲访友，大多数年轻人会选择在家休息，因为在初七上班后又要投入到忙碌的工作中去了。

初六的晚上最热闹的是火车站。这天晚上，许多第二天要上班的居民都从较远的老家赶回南宁。他们带回的是自己老家的特色食品，能够在上班后分给同事，也分享自己回老家的感受和见闻。

3. 元宵节的活动

在城市里，元宵节是不独立放假的，南宁也不例外。但元宵节这天，有些单位和企业会发包装好的汤圆，并允许员工提前下班。晚上，有一些居委会会举办活动。这些活动有游行表演、猜灯谜等。另外市里的南湖公园有时会在元宵节放各式焰火，引来许多市民观看。

随着城市化进程加快，在南宁的春节活动中，政府和社会组织的影子随处可见，传统的年味逐渐减淡，更不必说不列入国家法定节假日的元宵节。但尽管如此，元宵节吃汤圆的习俗在南宁仍然延续着，这一天无论是祖辈世居南宁的老南宁人，还是新迁居南宁的市民，都会煮上一锅汤圆，和家里人一同分享。

结语

城市的发展日新月异，在现代化的进程中，春节因其在节日中的特殊地位，以及国家为春节而设的长达7天的假期，成为了集中体现文化交流与变迁的节日载体。在城市春节中，这种交流与变迁不仅体现为传统文化向现代社会生活方式的转变，还表现为来自不同地域的文化通过人口的流动在城市里聚集。在南宁，春节作为传统节日与传统农时的关系已经十分淡薄，在一些年轻人的眼里，春节除了看春晚、穿新衣、有压岁钱以外，与普通的节假日差别已经不大。各政府单位、社会组织，在春节文化变迁的过程中试图以不同的方式，构建出符合现代生活方式的“新节俗”。这种“新节俗”的地域差异已经不再明显，不仅在全国各地的城市均可见到，而且已经影响到远离城市的乡村。现在，不少少数民族自治县、乡，都在春节期间组织文艺晚会或者游园活动。从南宁春节来看，春节在城市居民的生活中，依然具有传承传统文化的功能；但与此同时，城市的居民如何在脱离了传统生活的春节中寻找到“过春节”的意义，是城市春节中“年味儿”能够保持下去的关键所在。

附：主要信息提供人

麻寒冰，男，26岁，原籍横县，现定居南宁。

陈业琼，女，60岁，原籍柳州，已定居南宁20年。

陈　嘉，男，32岁，原籍南宁。

李司机，男，30岁，原籍崇左，现定居南宁。

另因部分材料源自2006年调查者在南宁市生活报担任实习记者时获得，当时未曾记录信息提供人姓名，因此无法在此一一列出。

宾阳县芦墟镇炮龙节调查报告

岑学贵

前言

农历正月十一舞炮龙是广西宾阳县县城芦圩镇及其周边地区黎塘、邹圩镇等地的一项民间文化活动。活动有一套严密、完整的组织机构和规定的时令性。

宾阳县芦圩镇的“炮龙节”是典型的在传承借用传统文化符号的基础上创新发展的节庆日，不过当地老百姓不称之为“炮龙节”，而以节日的活动称之为“舞炮龙”（附录一《宾阳县志》关于炮龙节的记载）。1993年，宾阳县政府把正月十一定为“炮龙节”，并于1994年举办了“首届宾阳炮龙节”，本来是节日活动的“舞炮龙”正式以“炮龙节”的节日名称被定格下来。因此报告中的“炮龙节”也涵盖了1994年以前的“舞炮龙”活动。

炮龙节是广西宾阳县春节的重要组成部分，当地老百姓称之为第二个春节，媒体称之为“东方的狂欢节”。期间宾阳县芦墟镇老百姓举行丰富多彩的民间娱乐活动，活动融合了舞炮龙“游彩架”“丁（灯）酒节”“百家宴”等民俗文化内容，并且随着历史的发展而不断丰富。2007年起在宾阳县委、县政府实施“炮龙文化”精品战略思想指导下，为打造“百龙舞宾州”特色品牌，在传统炮龙节民俗的基础上，增加炮龙晚会、炮龙表演比赛、优秀非物质文化遗产项目和民间文艺大展演、龙娃龙女形象大使选拔等内容，将活动时间改为每年的正月初九至正月十一。2008年6月入选第二批国家级非物质文化遗产项目名录，2011年5月荣获“中国最佳非物质文化遗产节庆”的称号。

炮龙节原只是在宾阳的新宾区、黎塘、邹圩等地举办的节庆民俗活动，后来经过电视直播、网络宣传等多种渠道和途径宣传，其知名度超越了地域，受到世人关注。2013年，我国台湾的蜂炮也参与了炮龙节活动。通过电视网络联线直播，泰国、马来西亚等国家也能够了解到炮龙节的盛况。

调查者曾于2008年2月到宾阳做过实地调研，了解了炮龙节的相关发展历史及主要活动。2012年2月，在宾阳县委宣传部安排下，在宾阳县人民政府吴显辉、宾阳县广播电视局农云等的协助下，调查者与研究生盘兴国再次到宾阳考察，在宾阳县芦圩镇东门街、三联街参加了炮龙节的所有活动，并完成了调查报告的主体部分。2013年2月炮龙节期间，在宾阳政府吴显辉、东门街炮龙队队长李福远的协助下，补充了实地调查的一些相关图片。随后，通过查阅相关资料和通过电话联系补充采访，充实了调查材料。在此基础上，完成了本篇调研报告。

一、宾阳县及芦圩镇简介[1]

宾阳县系广西壮族自治区南宁市下辖的一个县属，地处桂中偏南，东经108° 31 '～109° 15 '，北纬22° 54 '～23° 37 '，北回归线南缘；西南与南宁市兴宁区交界，东南与横县毗连，西与武鸣县相接，东邻贵港市，西北与上林县接壤，东北靠来宾市。全县土地面积2314平方千米。属亚热带季风气候区，气候温和，雨量充沛，年均年气温20.8℃，降雨量年均1595.3毫米。

宾阳县创建于西汉元鼎六年（前111年），古为百粤之地，夏至周为荆州地，秦为桂林郡，唐贞观五年（631年）改置宾州，民国元年（1912年）改为宾阳，至今不变。县城距广西首府南宁市80千米，下辖16个乡镇，190个村委会，45个街道居民委员会，1881个自然村。

芦圩镇属宾阳县下辖的一个大镇，为县府所在地。该镇自明清时期就为

1. http://www.binyang.gov.cn/news_list-767.aspx宾阳政务网。

远近闻名的商埠，属广西商贸四大古镇之一[1]，距南宁市80千米，南梧（南宁—梧州）二级公路沿该镇东南两面穿过，距桂柳（桂林—柳州）高速公路王灵站仅20千米，距黎湛（黎塘—湛江）铁路，京广铁路黎塘站也仅有30千米，交通便捷，是南宁至柳州、玉林、梧州之交通枢纽，被列为全国重点古镇之一。芦圩镇于2003年3月由新宾镇、宾州镇合并后，又于2005年7月调整河田乡并入。炮龙节期间舞炮龙主要在芦圩镇的南街、三联街地域内产生，传承发展世代流传至今。芦圩镇老百姓以说客家方言为主，在广西，宾阳县芦圩镇这一带老百姓所说的客家话方言被称为宾阳话，这与炮龙节的起源之间的关系还有待深入的研究。

舞炮龙是芦圩群众特有的一种传统舞龙形式。始于何时，未能查考。每年农历正月十一、十三或十五之夜，常有举行。“炮龙”比一般常见的彩龙略大，长7节、9节、11节不等。举舞之前，一般由组织者发动捐献、筹备，公布“龙路”，向全镇各户各单位发出喜帖，敬请届时“爆竹增光”。举舞时，先行“开光”仪式，然后由“龙牌”、锣鼓、八音开路，举火篮、火把相随，按“龙路”行进。舞龙者分几套人马（有时龙也不止一条），轮流举舞，头戴藤帽，赤膊上阵，任由鞭炮烧灼。各家各户均备炮竹相迎，龙到之处，鞭炮齐响，热闹非凡。因炮龙到每家门前必须待鞭炮放完才行前进，有的户燃放鞭炮达十万头，故舞完所有大街小巷，一般连续一昼夜，甚至两昼夜以上。舞者坚持不懈，炮龙被烧毁三四条，也在所不惜，全城街巷铺满鞭炮纸屑。[2]

二、炮龙节起源的传说

炮龙节及舞炮龙的发生、发展的轨迹至今没有发现十分令人可信的历史

1. 广西四大古镇：桂林市大圩、宾阳芦圩、贵港市桥圩、梧州市苍梧县戎圩。
2. 引自宾阳县志编纂委员会编《宾阳县志》，广西人民出版社，1987年版。

文献。当前，主要有如下几种说法。

传说一：送灯之说。

当地农村过去有这一习俗，在过去的一年里，如果某户人家的儿子在全村新生男孩[1]中是第一个出生的，这户人家的户主或那个男孩的父亲就在正月十一[2]这天牵头买酒菜让全村来吃“灯酒”（丁酒）。全村人集资买祭品拜祭社坛，并请艺人为之专门扎一只精致花灯。傍晚时分，全村老少在族老的带领下，拜祭本族社坛后，敲锣打鼓，舞龙舞狮，燃放鞭炮把花灯送到那户人家，之后把花灯挂在厅堂的横梁上，以示祝贺。现在，宾阳县很多乡镇都有这种风俗。人们认为，舞炮龙就起源于灯酒节。

传说二：驱疫说

相传，在清朝年间，宾阳城里发生过流行性霍乱。为了防止霍乱蔓延，因为火药中有硫黄，有人提议用火药熏，而舞龙放炮既吉祥又驱疫，于是得到响应，每年都举行舞炮龙活动，这种习俗一直沿袭到现在。

传说三：风水说

相传明朝万历年间，宾阳县城最早的缔造者集结在此地做生意，从而使宾阳发展成为广西古代四大古镇之一。当时的风水先生说这是“四龙拜祖”的宝地，认为宾阳老街集市，就是现在炮龙老庙的所在类似社坛平坦的高地，向南延伸的几条街道像四条龙。因此，每年在此开光就取“兴隆”之意。

以上几种说法都没有足够的史料可考。关于第一种说法，因当前还有活态民俗灯酒节在举行，似乎更为可信。第二种说法是现在宾阳官方网上采用

1．这个男孩，人们称之为“头灯”。假如当年有多个男孩出生，依此类推，“头灯二”“头灯三”等。

2．为什么会在正月十一过灯酒节而不在其他时间，目前当地老百姓也说不清楚。据广西师范大学2009级来自宾阳的大学生覃婷说，她小时候听过母亲说的故事：宾阳县城这块土地上住着一条母龙，而公龙却在天上。所以，它选择每年的正月初十一这天来到凡间，与母龙相聚，同时也降福这片土地上的人们，它选择降落的地点就在宾阳的老庙。所以，每年炮龙的主开光场所就在这座老庙里。

较多的一种表述，这是值得进一步研究的。当然，驱疫法也有可信之处。古代，当医药条件还较为落后的情况下，先人们往往借助于举行各种驱邪仪式以求得安康，这不言自喻。概言之，炮龙节源起于哪种说法已无从考证。然而，值得肯定的是，炮龙节发自于民间，具有深厚的群众文化基础。

鉴于炮龙节丰富的文化内涵和广泛的群众基础，1993年，宾阳县政府召开“文化经济会议”，把传统的正月十一灯酒节定为“炮龙节”，正式把这一民间民俗文化活动纳入了“政府行为”，并于1994年2月2日（正月十一）举办了“首届宾阳炮龙节”。这一年全镇（包括芦圩和新宾）12条街，共有28条龙同时起舞。晚上6点58分[1]，舞炮龙活动正式开始。

1994年以来，宾阳县政府对舞炮龙的开展给予支持和保护，并作出了发展、扶持的改革内容。2005年6月16日、17日，宾阳县召开旅游工作会议，将“炮龙节”列为旅游开发项目之一。2006年，成立宾阳县炮龙协会，各相关乡镇、街区也相应成立了炮龙协会。2007年1月，人大常委会将“炮龙节”列入人大会议，由过去民间零散组织转为政府引导，成立了由县委书记、县长担任组长的炮龙节活动领导小组，各乡镇和相关社区也相应成立了领导小组，组织引导炮龙节活动，并于2007年开始，举行了首届“百龙舞宾州”活动。2008年，宾阳炮龙节列入我国第二批非遗产名录。

三、炮龙节的前期准备

炮龙节的主要活动尽管只是在正月十一晚上举行，但准备时间跨度还是较长的，相关的准备工作涉及龙队组建、制作炮龙等多方面。

1．从那以后，基本上都在晚上6点58分开光。为什么选择这个时刻？是不是与“6”和“8”的数字崇拜对应？当地主办者不置可否。

（一）组建舞龙队，筹集捐款，规范制度

▲ 靖安龙队捐款公示 / 岑学贵 摄 /2012 年

一般在前一年冬至前后就已经开始组建理事会。理事会的任务是多方面的，一是负责组建炮龙队。二是筹集用于购置炮龙及购买舞炮龙所需要的物品所需的款项并贴出红榜进行公示。三是规范各种规章制度，如舞龙者严禁丢龙、严禁非龙队者抢龙；严禁抢龙入屋及严禁燃放大炮或鸡母带仔炮[1]等，这也是历年来没有发生因炮龙而出现严重灼伤现象的原因之一。

各街道都很注重舞炮龙队的组建。当地俗称舞炮龙的队员为“龙脚”。“龙脚”（舞炮龙队员）的“海选”要求相对较高，要求年龄在20岁～30岁之间的青壮年男子。理事会往往发出通知，号召本社区的青年踊跃参加炮龙队，当地青年都以能够参加炮龙队而感到自豪。因此，即使在外打工的青年，也往往专程赶回参加炮龙队或参加炮龙节活动。各炮龙队伍单独有名字，如东门街炮龙队是“熙春社”。炮龙队有明确的分工，有队长及队员，他们的名单都公布于众。2010年开始，有不少女性开始参加组建炮龙队，但她们只是参加表演，并没有参加到当晚的舞炮龙活动之中。

炮龙队的组建，既增强了社区街道内的互相了解，也增强了凝聚力及文化认同感。

（二）制作炮龙及相关器具

炮龙的器具、制品都是凭民间老艺人代代相传的技艺进行制作的。一般情况下，在炮龙节到来之前的三个月左右，甚至更长时间就开始制作炮龙。

1. 大枚鞭炮与小枚鞭炮在同一挂，点燃后就会巨响和间隔产生小声，当地称这种鞭炮为“鸡母带仔炮”。

现在，制作炮龙的传承人有邹玉特[1]、伍学规[2]、吴荣新[3]。2008年炮龙节列为国家非遗产名录之后，每年的炮龙多出自邹玉特之手，炮龙分龙头、龙身和龙尾，有七节、九节、十一节之龙身不等。

▲ 邹玉特在介绍及展示他制作的炮龙／岑学贵 摄／2012年

炮龙制作工艺十分讲究。龙头、龙尾都是用竹篾编织框架后，再裱上纱纸，涂上彩色和粘上龙鳞[4]。龙身由龙布和龙肚制作而成。龙头、龙身、龙尾用麻绳维系连成一体。龙珠，用铁丝制作成圆形和裱上纱纸后，涂上红颜色，再用一条红色木棍固定并能够转动。

▲ 龙牌／岑学贵 摄／2012年

龙灯，又称为龙牌。用木料、竹篾编织成框裱上纱

1. 邹玉特，男，1954年4月出生，汉族，宾阳县宾州镇三联街人，自治区级非物质文化遗产项目代表性传承人、广西民间高级工艺师、南宁市民间艺术家协会会员。据邹玉特介绍，他的祖先三代都极其爱好各种民间艺术，经常参与各地民间活动。他自小常跟随在父亲邹永生身边，亲眼看到父亲扎龙、扎狮及制作彩架，在耳濡目染中对宾阳的民间艺术产生了浓厚的兴趣。到了15岁算是正式学习技艺，在父亲的言传身教下，22岁就能独立进行炮龙、醒狮、彩架等民间艺术品的制作。

2. 伍学规，男，1949年10月出生，汉族，宾阳县宾州镇同仁街人，自治区级非物质文化遗产项目代表性传承人，宾阳炮龙协会理事。

3. 吴荣新，男，1956年4月出生，宾阳县宾州镇三联街人，自治区级非物质文化遗产项目代表性传承人，现任宾阳县芦圩镇三联社区居委会主任。

4. 龙鳞的颜色不同代表不同的身份：金鳞代表老龙，银鳞代表嫩龙。

▲ 制作龙帽 / 岑学贵 摄 /2012 年

▼ 火篮 / 岑学贵 摄 /2012 年

纸、红纸后，再画上二龙抢珠和写上对联及“龙灯”这两个字；中间用一支木棍支撑，龙灯箱内以前用蜡烛照明，现在已经更改成用电光照明。此外，引导龙灯还有用篾编织装裱而成的虾、鱼等灯盏，一起组成龙灯队。

龙帽。用竹篾编织，圆顶而尖，涂上黑色，以便防火。

龙裤和龙带。舞炮龙队员下身所穿的灯笼裤，用黄布缝制而成；龙带，龙队员系的腰带，也是用黄布制成。

火把，主要是用干竹篾捆绑而成。用竹篾做火把，一是易燃，二是耐烧。火把的主要作用是用来驱散舞炮龙时产生的烟雾。这也是舞炮龙时舞龙队不被烟雾呛鼻的原因之一。

火篮用于堆放干柴，游行的时候，火篮可以照明、引路、驱烟、取暖，还可以衬托炮龙吐气吞火的神态。

(三)制定“龙路”

所谓“龙路”，就是炮

龙节当晚炮龙行进的路线。龙路由炮龙理事会和街道办事处一起商讨划定。划定“龙路”的目的是预防各街道段、各社坛所舞的龙在行进中相遇及同一条龙重复经过同一户人家。“龙路”制定下来以后，以“龙帖”的形式发到每户居民手中，说明舞龙路线并提醒居民做好迎接炮龙的准备。制定“龙路”也是很谨慎的事情，因此，一旦方案定下来，炮龙就必须按照路线行进，如东门街的“龙路”起点都是东城门。

（四）迎龙

在炮龙节当天或正月十一前几天，各街道或村镇指派队员到邹玉特家里或制作炮龙的其他艺人家里迎接炮龙。迎接炮龙是不能马虎的仪式之一。舞龙队一路敲锣打鼓，按划定好的“龙路”出发，到扎龙师傅家后，舞龙队的队长燃香正对龙头祭拜龙神，意为请龙神“回家”，祭拜完毕后，龙尾先出扎龙师傅家的门口，龙头最后出门。据当地的舞龙队员说这样是为了遵从龙的习性，相传龙一旦进了房屋后，如果要退出房屋，它就会是龙尾先出门，龙头最后出门的。2012年调查组考察时看到，较远的社区会开卡车到扎龙传承人邹玉特家里迎龙，把炮龙上车之后开始燃烧鞭炮，在一路鞭炮声中把炮龙迎接回去。

炮龙迎接回去之后，正月十一之前，一般会安放在宗族的祠堂里或各街道的社坛口。当地老百姓认为，宗族的祠堂能够保护没有开光的炮龙。没有社坛或祠堂的街道就把龙摆放在理事会会长的家门口。据说，以前龙头要朝舞龙当晚出发的方向摆放[1]，但是近几年来都没有对此有太多的讲究。

（五）亮龙

炮龙节当天，各街道把炮龙摆放到街道醒目的地方，当地称此举为“亮龙”。亮龙的目的一是供居民及游客观赏，二是传递当晚有舞炮龙活动、传达欢迎人们届时参加活动的信息。2008年以来，炮龙节的影响越来

1. 颜姿．广西宾阳炮龙节仪式研究[J]．广西地方志，2007年第3期．

越大，吸引许多外地游客。因此，每年到亮龙的时候，往往能引来众多的游客参观留影。

▲ 亮龙 / 岑学贵 摄 /2012 年

▲ 东门街在敲锣打鼓造势 / 岑学贵 摄 /2012 年

（六）造势

正月十一大早，整个宾阳县城各大街小巷锣鼓喧天，热闹非凡。其目的是通过敲锣打鼓为当晚舞炮龙造势，吸引更多的游人关注。同时，也是炮龙新老队员们切磋技艺的时刻。2012年，在东门街考察现场发现，炮龙队员们轮流敲打各种乐器，长者们还不厌其烦地指导年轻人。

除了以上相关准备工作之外，在正月初九初十还通过政府指导举办文艺晚会及其他非物质文化展览、摄影展览等相关活动。这些相关活动是在传统舞炮龙的基础上创新发展的内容，在此不一一介绍。

四、主要活动

正月十一是宾阳县城过春节的高潮，当天的活动以舞炮龙为主，同时融合了多项民俗活动，按时间顺序，大体可以排列为“游彩架”——“丁（灯）酒宴”“百家宴”——“舞炮龙”——送龙升天——喝龙粥。

（一）游彩架

正月十一上午10点，在县城举行游彩架活动，即彩架游行。

广西以壮族为主，当地并没有游彩架这一民俗活动。显然，宾阳的游彩架活动系外来文化。彩架原称“彩飘”，源自广东。据记载，同治十三年（1874年），祖籍广东、居住在新宾外东街的广东陆路督军李若珠从老家带回一套彩架道具，并发动乡亲父老捐款，指导本街老艺人按我国古典文学作品中的人物形象造型，制作了4台彩架。初引进时叫“游色架”，民国二十年（1931年）后改称“游彩架”，其制作技艺“秘不外传”。新中国成立后，这一民间文艺形式得到发展提高。除“文革”期间受到中断外，一般每年或隔一两年都举行一次。改革开放以后，游彩架成为炮龙节的重要组成部分之一。参加彩架游行队伍的架数、形式、人员等都大大增加，内容也随着时代变化而与时俱进。

▼ 彩架／岑学贵 摄／2012 年

现在的“游彩架”活动，已经不纯粹是民间活动，而是政府主导，民众参与。上午10

点，由县政府相关部门在中心广场举行“游彩架”启动仪式。仪式上，来自各街道各社区的民众，都尽可能展示他们的彩架制作工艺的精美绝伦及表演艺术。以前，彩架用肩抬，现在，基本上都做成了推车推动。彩架上往往让数个孩童扮饰某一特定情景的形象造型，装配巧妙，神气妙趣。彩架的表现题材主要以民间的传说故事为蓝本，比如民间传说《梁祝》《刘三姐》《穆桂英》《西游记》等。同时，人们也能巧妙地融合现代题材到彩架的人物造型上，如“大地飞歌”等。饰演形象造型的孩童均为聪明、俊俏、大胆的七八岁儿童。当地民众都以自己的孩子能够上彩架而骄傲和自豪。

游行的队列由彩色台架、舞龙、舞狮、彩灯、音乐柜等组成。游行队伍往往绵长数里路，引来众多市民及游客参观，整个街道沉浸在一片欢乐的海洋之中。

游彩架活动，是宾阳各社区传统文化展演的重要窗口与途径之一。

（二）“丁酒宴”（灯酒宴）及家族聚会

炮龙节这一天，宾阳同时举办“丁酒宴”　。[1]

“丁酒宴”俗称“灯酒会”或“吃灯酒”，是以各街道的姓氏或社坛为单位，在所属的祠堂或街道上摆上长街宴，聚在一起宴饮的活动。在此“灯”谐音“丁”，乃“求嗣取丁”之意。当地的习俗是，在正月十一为新生男丁入家谱或入户口，即“报丁”，而当年添丁的人家要在宗族的祠堂或者是家门口挂灯，因此把这种庆生的宴饮叫作“吃灯酒”或“灯酒会”。

宾阳老百姓热衷于过灯酒节，还有另一个重要原因。当地人无论是在外工作或生活学习，在正月十一和清明节这两个节日里一定得回家。期间，除了到祠堂拜祭先祖外，还要进行“报丁”修族谱及对族产进行分配；虽入族谱，但是不回乡祭祖的人是没有资格享受族产的。这些相关的活动，也让他们找到宗族归属感。

1．现在，宾阳县周边的上林县、横县、马山县汉族、壮族还有在农历十一这一天举办“灯酒节”的习俗。

“灯酒会”活动从组织到开展有许多讲究。发起人称为“灯酒头”（人）或“灯头”，由上一年生男丁的家长担任。如果上年有多个男丁出生，自然有多个“灯酒头”（人）。

“灯酒头”（人）要捐一只阉鸡或一个猪头，多捐不限。“灯酒头”负责筹集“灯款”及聚餐所有事务。“灯款”的数量一年与一年不一样，具体数额由当年的“灯酒头”根据实情摊派，其他的住户按自家的喜好捐如猪肉、鱼等。

灯酒节的主要活动是“取灯”和“乡饮”。过去，灯酒节这一天要举行隆重的取灯仪式[1]。现在这些相关的仪式都已经简化，直接到门面取回花灯甚至已经取消。因此，灯酒节是以“乡饮”为主了。

这一天，同一街道的民众都很积极参加灯酒宴的各种准备工作，一般每户还要出两到三个人帮忙做灯酒宴，或烹饪，或洗刷。鸡整只煮熟后，“灯头”们就要拿着鸡到祠堂、庙宇或社坛中（各街道都有独立的简易的社庙）举行祭拜仪式。拜祭后，把鸡腿砍下归还给“灯头”，称之为“回礼”[2]，然后，才召集街道的各户集中聚餐。由于聚餐的人数较多，多是露天聚餐，往往受到天气影响，所以有时不一定都全体集中在一起聚餐，而是把做好的菜肴分给各家各户。2012年灯酒节，由于下较大的雨，南街就是采取分菜肴

1．过去取灯的主要仪式：灯会前，取灯者选择生有三男二女的男人为“抱花岳父”和一位擅长山歌的“抱花岳母”，向灯会头人报告取灯意图，交齐取灯款额，头人找人制作一盏贴有麒麟（意为麒麟送子）、玲珑的“莲花灯”。取灯仪式在社庙或祠堂举行，由师公或巫婆请神、宣疏、开光后，“抱花岳父”提着“莲花灯”，众人在“头人”引导下，敲锣打鼓给取灯人家送去。到了取灯人家厅堂前，“抱花岳母”在厅里唱起“无儿凄苦歌”；厅外的师公、巫婆或者善歌的“头人”唱着“帝母送子歌”；接着双方又唱互贺互谢歌，取灯人便开门迎接送花队伍进入厅堂。在厅堂里，众人又为事主大唱祝福歌，“抱花岳父”将“莲花灯”挂在厅壁上，事主端出礼品拜祭祖先和孤独神（俗称床头婆）。拜祭后，众人又唱祝贺歌。歌毕，头人带领灯会参加者去赴宴，其余留下在取灯者家里闹宴。按当地百姓的解释，“回礼”是表达留下馈赠以续香火之意。“灯头”要带“回礼”到家中拜祭自家的祖先和“床头婆”，以保新添男丁快长快大，平安健康。

2．按当地百姓的解释，“回礼”是表达留下馈赠以续香火之意。“灯头”要带“回礼”到家中拜祭自家的祖先和“床头婆”，以保新添男丁快长快大，平安健康。

▲ 准备鞭炮／岑学贵 摄／2012年

到户的形式举行。

以前，参加聚餐的只限于男子。据说，与灯酒节并列的还有元宵节的花婆节[1]。花婆节限于女子参加，主要目的是祈求已婚妇女能够身怀六甲，传宗接代。现在，已经没有单独的花婆节，因此，女子也都参加了灯酒节。

宾阳的灯酒宴颇有古代“乡饮”[2]的遗风。灯酒宴既是对一年来有喜得贵子（民间称之为“添丁”）的人家表示庆贺，又是希望来参加的各家各户也人丁兴旺，事业兴旺发达，同时也借此化解矛盾，联络感情。通过灯酒宴，民众获得归宗认祖的归宿感。

此外，由于灯酒节不是全家人都去参加的，因此，当天许多家族还另外举行家族聚会。当天，各家各户远嫁的女子及在外地的年轻人都赶回来参加，其乐融融。同时，还趁着“人多势众”之时，为晚上炸炮龙以各种形式准备尽可能多的鞭炮。

1．被访谈人：刘洪志，女，1967年2月出生，初中文化，百家宴经理；访谈时间：2013年8月25日；访谈人：岑学贵。

2．乡饮，是我国历史上流行范围广、延续时间长的一种礼仪性饮宴活动。由地方官员举办，具有宣扬礼教和团结地方绅士的政治意义。乡饮习俗起于周朝，当时，每三年选举乡间贤能，在乡校里由乡大夫主持举行乡饮活动，邀请贤能之士和年高德上者为宾。明朝时，朱元璋下诏，每年正月和十月，全国各地乡村都要举行全体村民大会餐，名曰“乡饮”。届时，全体村民在进餐之前，聆听年高望重者发表训词报告和宣读朝廷最新颁布的法令文件，所有行为不轨者将在此受到批评教育。

（三）百家宴

百家宴在《宾阳县志》（附录一《宾阳县志》关于炮龙节的记载）并没有记载，不是炮龙节传统活动中的内容，而是带有明显的旅游性质的文化推介行为，然而，这种行为却得到了当地居民及游客的共鸣。百家宴是2009年在炮龙节期间，于灯酒宴基础上延伸出来的旅游促销活动，当年的活动由炮龙节旅游观光工作组主办、宾州古城三联街社区和南街社区协办。此后，一直保持着这个活动内容。

据考查，在广西举办百家宴的只有在三江侗族自治县林溪乡，其举办百家宴是有传统的[1]。“百家宴”也是侗族一种特殊的饮食习俗，又名“合拢饭”“长桌宴”，是侗家集体待客的宴席，是侗族待客的最高礼仪。但为何在宾阳这里会举办百家宴？当地老百姓也说不清楚。据介绍，因为炮龙节这一天来宾阳参加活动的外地游客较多。游客们一方面要解决食宿问题，另一方面是想体验当地的民风民俗，于是在正月十一的下午（各年的时间不完全一致），当地居民在巷子内举行灯酒节聚餐的同时，也欢迎游客按人头交纳少量的费用[2]后，即可加入他们的聚餐。整条巷子，热闹非凡，蔚为壮观。当天的百家宴，往往会在醒目的地方张贴出菜谱。2012年，百家宴的菜单是十五菜一汤。由此可知，百家宴当是“灯酒宴”衍生出来为游客而设的“泛灯酒宴”。百家宴不是每个社坛都举行的，主要集中在东门街和三联街。

（四）开光仪式及新年祝福

开光即对龙进行点睛的仪式。下午6点30分前后，各龙队敲锣打鼓，鸣放鞭炮把炮龙送到社坛或炮龙老庙举行开光仪式。一路上，炮龙受到民众的

1. 传说，侗寨曾经发生过水灾，一位仙人救了侗族人民。为了表达对仙人的救命之恩，各家各户都做了可口的饭菜请恩人品尝，但恩人又不可能一一品尝，于是大家想出一个办法，把所有的饭菜集中在一起，让恩人随意品尝。从此，百家宴就成为了侗族人民对尊贵客人表达尊重的一种方式。（被访谈人：杨永和，男，侗族。时任广西三江侗族自治县文化局书记。访谈时间：2008年8月12日。访谈人：岑学贵）

2. 2012年游客每人交费60元即可入席。

▲ 道公（左）到湛福义家接过公鸡／岑学贵 摄／2012 年

▲ 道公用鸡血点化炮龙眼睛／岑学贵 摄／2012 年

夹道欢迎。由于炮龙老庙所在之处街道窄小，近年来，各路支队直接到附近的村（街道）社庙举行开光仪式。

下面是2012年炮龙节期间东门街的开光仪式基本流程：

开光之前必须准备一只公鸡。公鸡由龙队所在街道上一年度出生男丁的人家湛福义提供。下午，湛福义的奶奶准备好公鸡，并且虔诚地交给道公。

当晚6时58分[1]在炮龙老庙或街道庙社为炮龙举行开光仪式。会首（或道公、法师）先是提着公鸡到庙宇举行祭祀，并刺破鸡冠[2]，然后，提着公鸡

1．也有记录是在晚上七点整开光的（颜姿：《广西宾阳炮龙节仪式研究》，《广西地方志》2007年第3期）。但2012年东门镇强调在当晚6时58分开光，据说是来自当地对“8”（“发”）的崇拜。

2．据说，以前道公是直接咬破鸡冠（颜姿：《广西宾阳炮龙节仪式研究》，《广西地方志》2007年第3期），但2012年、2013年开光仪式上都没有看到此现象。

到炮龙前，一边念祝福吉祥语，一边用鸡冠之血醮上炮龙眼睛，使炮龙眼睛放光发亮，此时才完成了开光仪式的第一道流程。过去，为龙点睛后，直接掀开蒙在龙眼上的红布即算完成了开光仪式。现在，直接打开安装在龙头中的电子照明开关即表明“画龙点睛”了，龙即有了灵气。

随后，东门街道德高望重的长者湛少平[1]发表新年讲话，祝福生活幸福安康，希望邻里团结等。长者湛少平发表新年祝福结束后，道公再次对龙身洒酒点化，算是真正完成了开光仪式。此时，等待多时的炮龙队已经按捺不住，舞动起了炮龙，瞬时，万炮齐鸣，炮龙飞腾，群情高昂，一片欢腾。

2013年，在炮龙老庙和东城区同时举行开光仪式。开光仪式之前，由宾阳县党委书记黄宁宣布第八届百龙舞宾州活动正式开始。来自我国台湾省的盐水蜂炮参加了开光仪式。开光仪式还通过广西电视台进行了直播。

（五）舞龙炸龙

舞炮龙有着严密的组织，除炮龙外，还有龙珠、龙牌（龙灯）、锣鼓、文武场开路，照明（火把灯）及护龙队首尾随龙而进，火铳队则负责燃放火药（铁硝、火药及砂等制作）增加龙随云腾而起之势。一般是龙牌先行，然后是八音、锣、鼓、镲，紧接着是照明、引路及取暖所用的火篮，距火篮一米之后是引珠，炮龙在引珠的引导下，在鞭炮声中翻腾飞舞。炮龙的左右两边是举火把的人，火把主要用于驱散燃放鞭炮所产生的烟雾。

▼ 会首发号施令 / 岑学贵 摄 /2012 年

舞炮龙由总指挥（亦称会首）发号施令，要求按照

1．湛少平，男，85岁。湛福义的祖父。

制定的龙路前进。

舞炮龙，蕴含将往年的“晦气”燃烧而尽，并且祈求来年风调雨顺、五谷丰登及喜添贵子之意。同时，能够参加舞炮龙，也是男子汉阳刚之气得以展示的体现。因此，舞龙者分多套人马，轮流举舞，炮龙队队员都个个身系腰带，头戴炮龙帽（以此保护头发），赤膊上阵（据说，以前只穿短裤，如今发展为穿舞龙裤），精神抖擞，任凭鞭炮在身上炸响，毫无畏惧。

龙队将要路过的各家各户，都在炮龙将到来之际，焚香迎龙备炮。各家各户尽可能准备更多的炮竹，多数的人家还专门请外地的亲戚在这一天赶来帮助燃烧鞭炮，更欢迎游客帮忙放炮炸龙。当地民众认为，鞭炮烧得越多，炮龙在自己的家门前停得越久就越吉祥，新的一年就更加兴旺发达。自然，龙队就有自行遵守鞭炮声不断，龙舞不止的约俗，以至有时候炮龙在某一大户人家门前狂舞一两个小时的现象。点燃的鞭炮不断从四面八方抛向“龙身”，来自高楼扔下的鞭炮往往最多。尽管鞭炮在龙头、龙身上炸开，然而炮龙仍然依次到各家各户门前在“狂轰滥炸”中翻腾起舞，给每户人家叩头送福。当晚，大街小巷里，人们“全副武装”，戴上帽子、手套、口罩，穿上厚厚的外套，并用棉花塞紧耳朵；勇敢的游客还燃起串串鞭炮往龙头上丢，认为能炸到龙头就能带来一年的好运。

（六）钻龙肚，抢龙须，抓龙鳞

钻龙肚、抢龙须、抓龙鳞当然也是舞炮龙活动中的内容，并不是独立的活动单元，但当地人往往会把这些内容单独提出来谈论。

当地人认为，钻龙肚能给自己和家人带来一年的吉祥如意，“钻龙肚”能去除一年的晦气，让龙神所具有的灵气保护自己。因此，当龙在炮光中翻腾时，各家各户的大人小孩及来自各地的游客都跃跃欲试，在鞭炮声中伺机钻进龙肚；还有说法是钻龙肚能够使小孩健康成长、乖巧聪明，因此有不少人抱子抱孙去钻“龙肚”，以求吉祥；另有说法是钻龙肚能够使情侣快成眷属，因此有的情侣为了“考验”他们的爱情，也勇敢地手拉手从炮龙身下钻过。

在当地民众看来，龙身上每一件器物都代表着吉祥，认为如果抢到龙须挂在厅堂中能够全年吉祥如意，挂在猪栏上能够带来六畜兴旺，即使只能够抓到几片龙鳞，都感到无比幸运。据说龙珠能够带来一年的生意兴旺、财源广进或喜得贵子，因此，游客们在钻龙肚时往往对龙珠“虎视眈眈”，冒着烟火去抢龙珠。炮龙队自然把保护龙珠当作神圣的使命。

(七) 送龙升天，喝龙粥

过去，制作的炮龙较少，往往会舞到通宵达旦甚至是次日七八时。现在，每一条村街都有一条炮龙，一般舞到当晚23时左右就完成了。即使如此，炮龙从村头街尾，鞭炮燃尽，民众狂欢意尽，炮龙也可谓被炸得“体无完肤”，只剩下一个龙骨架。

舞龙结束之后，东门街当晚[1]烧掉龙骨架送龙上天。除非遇到大雨，否则他们不会改变这个时间。

送龙上天也有许多讲究。舞龙队员把龙架堆放在一起，龙头放在最上面，炮龙队以龙架为中心，围成一圈，对龙架进行简单的拜祭后，由族中长者指挥人们燃起火堆，奏响八音，把龙投进火中，让它随着熊熊的烈火升天，这叫作“送龙归天”或“烧龙架”。仪式象征着送龙归天，希望龙把灾祸带走，来年降福人间，带来祥瑞之气。

▼ 送龙上天 / 岑学贵 摄 /2013 年

以前，就着烧龙架的大火架起一口大锅下水、米、碎肉、佐料等熬一大锅“龙粥”。不过，近年没有在东门街看到在现场煮龙粥的场

1．有的街道在元宵节才举行送龙升天仪式。

面。当地认为，喝了龙粥之后，龙所带来的旺气会一直持续到来年。

至此，炮龙节中的舞炮龙活动全部结束。

（八）迎接龙珠

在宾阳，有关于“摘龙珠得龙子（儿子）”的说法。迎接龙珠不是炮龙节当天的活动，而是炮龙节的延伸。舞炮龙结束后，并没有专门的接龙珠仪式，但向来受到当地人的特别重视。近几年来，有竞争购买龙珠的活动，有的是为了祈求生意兴隆，或是为了祈求人丁兴旺。得到龙珠的人家，把龙珠带回到家里的祖堂，举行祭拜仪式。前年得到龙珠的人家，第二年主动出资支持龙队活动。

六、结语

宾阳的炮龙节具有特定的时令性，舞炮龙更是当地春节中重要的民俗活动。通过近几年的考察可知，炮龙节在传承春节文化方面有如下突出特点值得关注与研究。

（一）炮龙节对民族传统文化的传承与创新

在当地老百姓中并没有炮龙节这个概念。宾阳炮龙节其确切的起源已经无据可考。1993年之前还只是由民间创办的“小打小闹”的节庆民俗文化活动。之后，通过政府主导，炮龙节集舞炮龙、灯酒节等于一身，其功能不仅发生了许多变化，举办的时间、仪式也发生了许多变化。在炮龙节活动前几天甚至更长的时间，都举行了以炮龙节为中心主题的各种文化活动。正月初十举行“百龙舞宾州文艺晚会”，晚会的主角是政府而非民间。2008年，专门让当时任广西壮族自治区文联主席的潘琦创作了歌词《炮龙雄风》（附录二《炮龙雄风》歌词），由著名作曲家徐沛东作曲，著名青年歌唱家王宏伟歌唱。由此，《炮龙雄风》成为历届炮龙节活动反复播放的歌曲，进而也提高了炮龙节的影响力。可以说，炮龙节既是古老又是年轻的称呼。

炮龙节以“舞炮龙”为中心主题，以正月十一为中心神圣时间，在正月初九、初十举行了相关的大型炮龙之夜晚会、炮龙表演比赛、优秀非物质文化遗产项目和民俗文艺大展演经贸洽谈、文化推介等，这种对传统活动的“更名”看来是“名不正则言不顺”的。然而，“舞炮龙”“灯酒”等文化基因能够与时下生活结合起来，受到了当地老百姓的认同。此外，把本来与本地文化无关的“百家宴”通过“移花接木”的方式在宾阳举办，让游客“身临其境”地感受当地的饮食文化，再加上能够加入炸炮龙的狂欢之中，因此，这也并没有让游客感觉到这是“伪民俗”；反之，这种对传统的有意“改造”，让当地民众为之认可，外地游客为之趋之若鹜。传统民俗舞炮龙、吃灯酒等在炮龙节中得到继承，同时，又纳入了现代新元素，使传统文化活动得到了创新与发展。

（二）炮龙节与民族文化资本化

炮龙节带动了当地的文化旅游，振兴了当地的文化产业，这已经是不争的事实，其运行机制就是民族文化资本化。

民族文化资本化有多种方式与途径，炮龙节不失为其中之范式之一。其资本化进程也许可回溯到2003年政府决定把正月十一确定为“炮龙节”。经过几年的探索，完成了这一文化产业诉求，最为直接的显性效果就是促进了当地的旅游及经济发展。从如下表格的数据变化可见一斑。

2007—2013年宾阳炮龙节期间外地旅客数量及旅游收入情况[1]

年份	旅客人数	旅游收入
2007年	20万人	不详
2008年	33万人	不详
2009年	50万人	0．8万亿

1．部分数据由宾阳县委宣传部提供；部分综合媒体报道。

续表

年份	旅客人数	旅游收入
2010年	53万人	1．3亿元
2011年	55万人	1.1亿元
2012年	56万人	1.3亿元
2013年	57.5万人	1.45亿元

从上表反映情况可知，旅游人数从2007年的20万人增加到2013年的近60万人。近几年来宾阳县城在炮龙节当天宾馆住宿爆满，出现一房难求的局面，这已经不足为奇。其带来的旅游消费是显性的，而游客带来的口碑宣传则是难以估计的资产。炮龙节之所以具有生机活力，其原因之一是融合到年节的生活之中，并且合理资源化。

（三）炮龙节与民族文化认同

炮龙节除了带来显性的文化旅游效益之外，更重要的是增强了民众传承炮龙文化的自觉性与文化认同，其途径主要是炮龙节的一系列仪式。

仪式是一种特殊的非常态实践行为方式。仪式实现了个人与社会的认同，消解了他们之间的差异，并由此建立起一个社会共同体和一定的社会秩序。涂尔干强调，“不管是社会生活还是仪式，都经历了一种循环。一方面，个体从社会那里获得了其本身的精华，这给了他与众不同的特性和相对于其他存在的特殊地位，给了他知识文化和道德文化。所以，人类本性中最具有特色的属性是从社会中来的；另一方面，社会也只有在个体之中并通过个体才能存在和生存”，“只有在人类意识中，社会才能是真实的，才能找到自己的容身之地，而这个地方恰恰是我们可以给它的。对社会而言，神仅仅是它的符号表达，而没有个体就没有社会，一如没有社会也就没有个体”。[1]炮龙节期间，除了百家宴的宴饮活动直接表现为一种现实的商业活

1．[法]爱弥尔·涂尔干著，渠东、汲喆译．宗教生活的基本形式[M]．上海：上海人民出版社，1999(1)：455．

动，其他许多活动都具有仪式性质的象征意义。迎接炮龙、开光仪式、灯酒节的祭祀活动等，无不是一种象征行为。正是这种仪式之下，增强了当地民众的文化认同感及民族凝聚力，尽管人们都不相信有所谓的“神灵”存在，但是，人们都有一个共同的信念，认为“炮龙”能够降福消灾。

需要特别强调的是，从炮龙节的筹备到舞炮龙，从灯酒节的筹款到百家宴的开展，无一不需要协作。在这种协作之中的默契，增进了了解，消除了误解。灯酒宴尽管还有“重男轻女”的遗风，但是，通过“报丁”及组织乡饮，人们能够“归宗认祖”、分清长幼辈分，增强文化认同，更何况，现在参加灯酒宴的已经不限于男性，新生女婴的家庭也同样可以参加。从这个意义而言，“灯酒宴”的宴饮精神随着生活的变化而发生了改变。

民俗文化是一种生活文化而不是文物，更不是一种“遗留物”。民俗会随着生活的改变而改变，其功能可能会发生位移甚至偏转。舞炮龙在活态传承中催生了炮龙节的定名。炮龙文化孕育了勇敢、拼搏、进取的精神，也许，这正是炮龙节生生不息的根本原因。

附：主要信息提供人

吴显辉，男，汉族，宾阳县政府干部。

农　云，男，汉族，宾阳县广播电视局，电视台台长。

邹玉特，男，汉族，1954年4月出生，宾阳县宾州镇三联街人。

伍学规，男，1949年10月出生，宾阳县宾州镇同仁街人。

吴荣新，男，汉族，1956年4月出生，宾阳县宾州镇三联街人。

刘洪志，男，汉族，宾阳县宾州镇人。

湛福义，男，汉族，宾阳县宾州镇三联街人。

李福远，男，汉族，宾阳县宾州镇三联街人。

参考文献

1. 廖正城主编. 广西壮族自治区地理[M]. 南宁: 广西人民出版社, 1988.
2. 广西壮族自治区地方志编纂委员会. 广西通志(民族志)[M]. 南宁: 广西人民出版社, 2009.
3. 汪受宽. 西部大开发的历史反思(下) [M]. 兰州: 兰州大学出版社, 2009.
4. 陈晓丹编著. 中国历史博览[M]. 北京: 中国戏剧出版社, 2009.
5. [清]谢启坤修, 胡虔纂, 广西师范大学历史系、中国历史文献研究室点校. 广西通志卷八十七. 舆地略八. 风俗一[M]. 南宁: 广西人民出版社, 1988.
6. [清]华本松纂, 陈如金修. 百色厅志全·卷三·风俗[M]. 台湾: 台湾成文出版社, 1967.
7. [清]陶墫修, 陆履中、常静仁纂. 恭城县志 全[M]. 台湾: 台湾成文出版社影印版, 1968.
8. [民国]江碧秋修, 潘宝箓纂. 罗城县志 全[M]. 台湾: 台湾成文出版社, 1975.
9. [民国]覃玉成纂. 宜北县志 全[M]. 台湾: 台湾成文出版社, 1967.
10. [民国]何景熙修, 罗增麟纂. 凌云县志 全[M]. 台湾: 台湾成文出版社, 1973.
11. [民国]黄志勋修, 龙泰任纂. 融县志 全[M]. 台湾: 台湾成文出版社, 1975.
12. 广西壮族自治区地方志编纂委员会编. 广西通志: 民族志[M]. 南宁: 广西人民出版社, 2009.
13. 广西壮族自治区编辑组修订整理. 广西瑶族社会历史调查(第一册) [M]. 南宁: 广西人民出版社, 1984.

14. 周光大．韦明山．韦仕元调查，韦明山．周光大整理．广西苗族社会历史调查：融水苗族自治县苗族风俗习惯伦理道德调查[M]．南宁：广西民族出版社，1987.
15. 阮大荣，陈凤贤，陈登才，锦春，周光大，吴凤斌，林金崑，司徒卿调查整理．广西京族社会历史调查[M]．北京：民族出版社，2009.
16. 莫凤欣等编著．中国节日文化大观[M]．南宁：广西人民出版社，2009.
17. 郑正英．广西京族民间故事研究[D]．台湾：台湾国立云林科技大学汉学资料整理研究所研究生，2006.
18. 曹廷伟编著．广西民间故事辞典[M]．南宁：广西教育出版社，1993.
19. 壮族百科编纂委员会编．壮族百科辞典[M]．南宁：广西人民出版社，1993.
20. 中国地域文化通览广西卷[M]．北京：钟文典、刘硕良主编，中华书局，2013.
21. 广西壮族自治区地方志编纂委员会编．广西通志：民俗志[M]．南宁：广西人民出版社，1992.
22. [民国]胡朴安．中华全国风俗志[M]．上海：上海书店影印版，1986.
23. [民国]田曙岚．广西旅行记[M]．北京：中华书局，1935.
24. 廖明君．大山里的黑衣壮：那坡黑衣壮文化艺术考察[M]．南宁：广西人民出版社，2004.
25. 刘萍．黑衣壮族群祭祖仪式的审美人类学考察——以百色市那坡县城厢镇弄文屯为例[D]．桂林：广西师范大学，2005.
26. 覃圣敏．壮族春节习俗研究[J]．南宁：广西民族研究，1989(3).
27. 周英举，杨奕桓．武鸣骆越风情[M]．南宁：广西民族出版社，2011.
28. 黄庆勋．武鸣县志[M]．南宁：广西人民出版社，1998.

29. 巴马瑶族自治县县志编纂委．巴马县志[M]．南宁：广西人民出版社，2003．
30. 蒙建军主编．巴马瑶族历史与文化[M]．南宁：广西民族出版社，2006．
31. 凌云县志编纂委员会．凌云县志[M]．南宁：广西人民出版社，2007．
32. 覃乃昌．广西世居民族[M]．南宁：广西民族出版社，2004．
33. 凌云县志编纂委员会．凌云县志[M]．南宁：广西人民出版社，2007．
34. 贾星文．融水苗族自治县志[M]．上海：三联书店，1998．
35. 三江县民委．三江侗族自治县民族志[M]．南宁：广西人民出版社，1989．
36. 吴浩主编．中国侗族村寨文化[M]．北京：民族出版社，2004．
37. 姚丽娟．侗族地区的社会变迁[M]．北京：中央民族大学出版社，2005．
38. 李根富、史文志编著．湖南侗族史料：节俗[M]．北京：线装书局，2007．
39. 《毛南族简史》编写组、《毛南族简史》修定本编写组．毛南族简史[M]．北京：民族出版社，2008．
40. 李澜．波川村调查[M]．北京：中国经济出版社，2010．
41. 蒙国荣、谭贻生、过伟．毛南族风俗志[M]．北京：中央民族大学出版社，1998．
42. 莫家仁．毛南族[M]．北京：民族出版社，2005．
43. 环江毛南族自治县志编纂委员会．环江毛南族自治县志[M]．南宁：广西人民出版社，2002．
44. 防城港市地方志办公室．防城港年鉴2010[M]．南宁：广西人民出版社，2011．
45. 符达升、过竹、韦坚平等．京族风俗志[M]．北京：中央民族学院出版社，1993.
46. 京族简史编写组．京族简史[M]．北京：民族出版社，2008－10.
47. 陈建宪．民俗文化与创意产业[M]．武汉：华中师范大学出版社，2012.
48. [英]尼克·史蒂文森．文化与公民身份[M]．长春：吉林出版集团有限责任公司，2007.
49. 马翀炜、陈庆德．民族文化资本化[M]．北京：人民出版社，2004.
50. [法]爱弥尔·涂尔干著．渠东、汲喆译．宗教生活的基本形式[M]．上海：上海人民出版社，1999.
51. 京族简史编写组．京族简史·绪论[M]．北京：民族出版社，2008.
52. 罗长山．越南传统文化与民间文学[M]．云南：云南人民出版社，2004.
53. 广西壮族自治区编辑组．广西京族社会历史调查(5)/中国少数民族社会历史调查资料丛刊/国家民委民族问题五种丛书[M]．北京：民族出版社，2009.
54. 广西壮族自治区编辑组．广西壮族社会历史调查(7)/中国少数民族社会历史调查资料丛刊/国家民委民族问题五种丛书[M]．北京：民族出版社，2009－06.
55. 彭会资主编．博白客家[M]．桂林：广西师范大学出版社，2006.
56. 谢菲．博白客家人生礼仪饮食食俗的调查与研究——以龙潭镇大安村为个案[D]．桂林：广西师范大学，2007.
57. 刘道超．社神崇拜在当代之盛行及原因探析——以广西博白客家社区为例[J]．广西师范学院学报（哲学社会科学版），2010－31(2).
58. 博白县志编纂委员会．博白县志[M]．南宁：广西人民出版社，1994：964.
59. 吴承德、贾晔主编．苗族芦笙[M]．南宁：广西人民出版社，1992：81～82.

60. 梁彬、王天若编．广西苗族民间故事选[M]．南宁：广西壮族自治区民间文学研究会出版，1982．
61. 宾阳县志编纂委员会编．宾阳县志[M]．南宁：广西人民出版社，1987．
62. 颜姿．广西宾阳炮龙节仪式研究[J]．广西地方志，2007(3)．
63. 过伟编．广西民俗[M]．兰州：甘肃人民出版社，2003：319．
64. 《中国各民族宗教与神话大词典》编审委员会编．中国各民族宗教与神话大词典[M]．北京：学苑出版社．1993：357．
65. 滕兰花、袁丽红．清代广西三界庙地理分布与三界神信仰探析[J]．广西民族研究，2007－04：138～146．
66. 顾朴光．中国面具史[M]．贵阳：贵州人民出版社，1996．
67. 曲六乙、钱茀．车方傩文化概论[M]．太原：山西教育出版社，2006．

后记

《中国节日志·春节(广西卷)》，在课题组十九位成员的努力下，历时三年多，经过辛苦的文献资料搜集和田野调研，最后整理成调查报告和相关图片、影像资料，编写综述和志略、相关文献，在此基础上又反复修改，经过专家委员会的一审再审，数易其稿，今天终于付梓了。

《中国节日志》是国家社科基金特别委托项目，由文化部民族民间文艺发展中心负责组织策划招标，课题于2011年5月投标获批，课题组成员随即组织学习节日志体例和节日调查方法及其报告的写作，并克服春节期间的种种不便和困难，前往各地进行田野调研。在之后的一年多时间里，大家对调查资料进行了整理，撰写成调查报告，陆续用电子邮件发给我，经过我多次审阅和督促，又进行了一次又一次的修改，然后于2013年11月在上海大学参加了第一次审稿会，与会的文化部民族民间文艺发展中心的领导和专家李松、张刚、徐万邦、潘其旭、张士闪等人，对整理的志书文稿进行了审阅，肯定了课题组前期所做的工作，并提出了有建设性的修改意见。随后，我和李宇鑫组织大家再次对志略、综述和调查报告进行修改、补充完善；我自己又于2014年春节赴仫佬族和毛南族等地进行田野考察，督促相关资料的补充完善；然后主要由李宇鑫与大家沟通联系，组织调查报告的修改工作。2014年5月，课题的综述、志略和调查报告全部撰写完成，根据复审专家再次审阅的意见我又进行了局部修改，最终定稿。

文化部民族民间文艺发展中心对此项工作高度认真负责，我们课题组成员也不敢有丝毫懈怠、敷衍，当代志书最注重的是真实生动地记录各地各民族当下的春节实况，春节志是需要大家牺牲与家人团聚的时间，克服春运的各种困难深入到各地各民族地区进行亲身的感受，记录下第一手资料，我跟大家一样经历了不平凡的舍亲离家在陌生的环境中过春节并进行节日习俗的观察访谈的过程。在此，我要向各位同人表达衷心的感谢。在这里要细数大家的功劳和付出，为了彰显各位的劳动成果，不妨一一列举。

参与本课题组的成员有李宇鑫、任才茂、黄洁、刘丽琼、彭晔、陈金梅、岑学贵、盘福东、陆潇玲、莫纪德、苏珍暖、陈基东、罗树新、李桥明、周颖虹、周洁、盘立等。十八篇调查报告涵盖了壮族、汉族、瑶族、苗族、侗族、仫佬族、毛南族、京族八个民族十七个调查点。具体的分工是任才茂负责《东兴市沥尾村京族春节习俗调查报告》和《凌云县泗城镇金保寨蓝靛瑶春节习俗调查报告》，李宇鑫负责《南宁市春节习俗调查报告》和《巴马县东山乡文钱村布努瑶春节习俗调查报告》，黄洁和徐赣丽负责《三江县林溪乡高秀村侗族春节习俗调查报告》，彭晔负责《融水县拱洞初七坡会调查报告》《融水县拱洞村苗族春节习俗调查报告》，盘福东、盘立负责《全州县六字界村瑶族春节习俗调查报告》，莫继德负责《恭城县观音乡水滨村平地瑶春节习俗调查报告》，刘丽琼负责《武鸣县锣圩镇玉泉村壮族春节习俗调查报告》，陆潇玲负责《那坡县龙华村壮族春节习俗调查报告》，苏珍暖负责《百色市泮水乡和平村壮族春节习俗调查报告》，罗树新负责《罗城县仫佬族春节习俗调查报告》，周颖虹负责《环江县下南乡波川村毛南族春节习俗调查报告》，岑学贵负责《宾阳县芦圩镇炮龙节调查报告》，陈基东负责《兴业县大平山镇陈村陈氏宗族春节祭祀调查》，陈金梅负责《博白县龙潭镇客家春节习俗调查报告》，李桥明负责《临桂县凤穴村汉族春节习俗调查报告》。节日文献主要由周洁负责，综述和志略由徐赣丽、李宇鑫和黄洁承担了全部工作，全书的编目安排、体例设置、统稿、审阅和前期修改等工作由课题负责人徐赣丽承担，书稿的后期修改工作主要由徐赣丽、李宇鑫承担。各位为了完成课题，克服了种种困难，付出了辛苦的劳动，也经受了耐心和意志的考验。其中特别要提的是任才茂先生，不辞辛劳调研搜集了五六万字的资料；还有李宇鑫小姐分担了大量琐细的工作。

《中国节日志·春节(广西卷)》的出版，要感谢文化部民族民间文艺发展中心李松主任、张刚副主任、编辑部副主任王学文博士和编辑魏玮先生对我们工作的重视和支持，以及中肯到位的修改意见，其中魏玮还承担了大量的编辑插图工作。另外，我们也要感谢光明日报出版社对于本书的大力支持。

由于书稿内容较多(总计35万字)，书稿编写过程中和完成后曾请一些相关专家审阅，但囿于我们课题组成员的能力和学识有限，存在纰误和疏漏之处在所难免，敬请读者诸君指正和海涵。

徐赣丽

2014年9月于上海

图书在版编目（CIP）数据

春节．广西卷／徐赣丽主编．--北京：光明日报出版社，2015.10
（中国节日志）
ISBN 978-7-5112-9066-3

Ⅰ．①春… Ⅱ．①徐… Ⅲ．①春节－风俗习惯－广西
Ⅳ．①K892.1

中国版本图书馆CIP数据核字(2015)第200876号

春节（广西卷）

主　　编：徐赣丽

责任编辑：祝　菲　朱　然　　　责任校对：傅泉泽
封面设计：龙　惠　　　责任印制：曹　诤

出版发行：光明日报出版社
地　　址：北京市东城区珠市口东大街5号，100062
电　　话：010-67078251（咨询），67078870（发行），67019571（邮购）
传　　真：010-67078227，67078255
网　　址：http://book.gmw.cn
E-mail：gmcbs@gmw.cn
法律顾问：北京德恒律师事务所龚柳方律师

印　　刷：北京华联印刷有限公司
装　　订：北京华联印刷有限公司
本书如有破损、缺页、装订错误，请与本社联系调换

开　　本：710×1000　1/16
字　　数：450千字　　　印　　张：32.75
版　　次：2015年11月第1版　　　印　　次：2015年11月第1次印刷
书　　号：ISBN 978-7-5112-9066-3

定　　价：133.00元